A COLABORAÇÃO

BEN URWAND

A COLABORAÇÃO

O pacto entre Hollywood e o Nazismo

Tradução
Luis Reyes Gil

Copyright © 2013, Ben Urwand
Todos os direitos reservados.
Tradução para a língua portuguesa © 2014 by Texto Editores Ltda.
Título original: *The Collaboration: Hollywood's pact with Hitler*

Diretor editorial: Pascoal Soto
Editora executiva: Tainã Bispo
Produtoras editoriais: Pamela Oliveira, Renata Alves e Maitê Zickuhr
Assistentes editoriais: Marcelo Nardeli e Maria Luiza Almeida
Diretor de produção gráfica: Eduardo dos Santos
Gerente de produção gráfica: Fábio Menezes

Preparação: Vivian Souza
Revisão: Lara Stroesser Figueirôa
Índice: Jane Pessoa
Capa: Rico Bacellar
Diagramação: Vivian Oliveira

Dados Internacionais de Catalogação na Publicação (CIP)
Angélica Ilacqua CRB-8/7057

Urwand, Ben
   A colaboração : o pacto entre Hollywood e o
Nazismo / Ben Urwand; tradução de Luis Reyes Gil. –
São Paulo : LeYa, 2014.
   368 p

   Bibliografia
   ISBN 978-85-441-0052-3
   Título original: *The Collaboration: Hollywood's pact
with Hitler*

   1. Cinema 2. Guerra Mundial – Hollywood – Nazismo
3. Alemanha – História 4. Hitler, Adolf, 1889-1945 I.
Título II. Gil, Luis Reyes

14-0368   CDD–791.430973

Índices para catálogo sistemático:
1. Cinema – Alemanha - História

2014
Texto Editores Ltda.
[Uma editora do Grupo LeYa]
Rua Desembargador Paulo Passaláqua, 86
01248-010 — Pacaembu — São Paulo — SP
www.leya.com.br

SUMÁRIO

PRÓLOGO   7

1. A OBSESSÃO DE HITLER POR CINEMA   17
2. ENTRADA EM HOLLYWOOD   54
3. "BOM"   110
4. "RUIM"   145
5. "DESLIGADO"   176
6. LIGADO   226

EPÍLOGO   278

NOTAS   285
AGRADECIMENTOS   351
ÍNDICE   353

PRÓLOGO

ONZE HOMENS ESTAVAM SENTADOS EM UMA SALA DE PROJEÇÃO EM BERLIM. APENAS alguns eram nazistas. Na frente da sala, estava o dr. Ernst Seeger, chefe da censura desde bem antes de Hitler chegar ao poder. Perto de Seeger, seus assistentes: um produtor, um filósofo, um arquiteto e um pastor. Mais atrás, os representantes de uma companhia distribuidora de filmes e duas testemunhas especializadas. O filme que iam assistir viera da América do Norte e tinha por título *King Kong*.

Quando o projetor começou a rodar, um dos representantes da companhia de cinema começou a falar. Ele leu em voz alta um texto que destacava a natureza ficcional dos eventos na tela. Conforme falava, os outros na sala assistiam à ação se desenrolando. Viram um gorila enorme se apaixonar por uma linda mulher e depois cair do Empire State Building. Um dos personagens murmurou algo sobre a bela e a fera, e o filme chegou ao final.[1]

Era hora de passar para os procedimentos oficiais. O dr. Seeger olhou para a primeira testemunha especializada, o professor Zeiss, do Ministério da Saúde alemão. "Na sua opinião especializada", Seeger perguntou, "esse filme poderia ser prejudicial à saúde de espectadores normais?".[2]

Zeiss não estava com disposição de cooperar. "Primeiro", disse ele, "preciso saber se a companhia que está tentando vender esse filme é alemã ou americana".

Seeger respondeu que era uma companhia de distribuição alemã.

Zeiss estourou. "Estou espantado e chocado", ele gritou, "que uma companhia *alemã* tenha ousado buscar permissão para um filme que só pode ser prejudicial à saúde de seus espectadores. Ele não só é meramente incompreensível como é, na verdade, uma impertinência exibir um filme desses, pois ele NÃO É NADA MAIS DO QUE UM ATAQUE AOS NERVOS DO POVO ALEMÃO!".[3]

Fez-se um breve silêncio. Seeger então pediu que o especialista não julgasse os motivos da companhia dessa maneira, mas limitasse suas declarações à sua área de especialização.[4]

Zeiss voltou à questão original. "É uma provocação aos nossos instintos raciais", disse ele, "mostrar uma mulher loira de tipo germânico na mão de um macaco. Isso ofende os sentimentos raciais saudáveis do povo alemão. A tortura a que essa mulher é exposta, seu medo mortal... e as outras coisas horríveis que alguém só poderia imaginar num frenesi alcoólico são prejudiciais à saúde da Alemanha".

"Meu julgamento não tem nada a ver com as façanhas técnicas do filme, que eu reconheço que há. Nem me importo com o que outros países pensem que seja bom para o *seu* povo. Para o povo alemão, esse filme é intolerável."[5]

Zeiss havia exposto seu ponto de vista com o zelo de um bom nacional-socialista. Ninguém poderia colocar reparo em seus motivos. Já o dr. Schultz, médico assistente em um hospital psiquiátrico de Berlim, defendeu a posição da companhia de cinema. Ao contrário de Zeiss, estava calmo e comedido, e negou todas as acusações anteriores.

"Em cada uma das instâncias em que o filme potencialmente parece perigoso," disse, "ele é na verdade meramente ridículo. Não devemos esquecer que estamos lidando com um filme *americano* produzido para espectadores americanos, e que o público alemão é consideravelmente mais crítico. Mesmo que se admita que o sequestro de uma mulher loira por uma besta lendária é um assunto delicado, isso ainda não vai além dos limites do permissível".

"Psicopatas ou mulheres," acrescentou ele, "que poderiam ser lançados ao pânico pelo filme, não devem fornecer os critérios para essa decisão".[6]

Os membros da comissão ficaram num impasse. Ambos os lados haviam apresentado argumentos defensáveis; ninguém estava ali para julgar simplesmente. Seis meses antes, todas as instituições culturais da

Alemanha haviam sido postas sob a jurisdição do Ministério da Propaganda, e desde então ninguém sabia realmente o que era permissível e o que não era. Com certeza, ninguém queria ficar do lado errado do novo ministro da propaganda, Joseph Goebbels. Seeger, portanto, requisitou a posição do ministério a respeito do caso, e marcou uma segunda audição para a semana seguinte.

Havia só mais uma coisa que Seeger precisava fazer. Ele escreveu a Zeiss e pediu-lhe que esclarecesse melhor sua declaração original. O *King Kong* seria prejudicial à saúde alemã simplesmente por colocar em risco o instinto racial?

Quatro dias depois, Seeger recebeu uma resposta. "Não é verdade", escreveu Zeiss, "que eu tenha dito que o filme coloca em risco o instinto racial e que seja perigoso para a saúde de alguém *por essa razão*. Mais exatamente, minha opinião de especialista é que o filme é, *em primeiro lugar*, perigoso à saúde da pessoa, e que ele, *além disso,* coloca em risco o instinto racial, o que é *outra* razão pela qual ele constitui um risco à saúde".[7]

A carta de Zeiss pode não ter sido muito clara, mas com certeza deu a impressão de que ele encarava o filme como um risco à saúde. A comissão agora só precisava da opinião do Ministério da Propaganda. Uma semana se passou sem nenhum indício de resposta, e depois mais uma. Seeger foi obrigado a adiar a reunião seguinte. Por fim, chegou uma carta. Depois de toda a confusão, o Ministério da Propaganda anunciou que *King Kong não* era nocivo ao instinto de raça. Seeger rapidamente reconvocou a comissão.

Poucas pessoas compareceram dessa vez. Os especialistas já haviam dado seu depoimento, e o narrador não era mais necessário. Em vez de empregar uma voz sobreposta, a companhia de distribuição quis mudar o título do filme, de modo que os espectadores alemães pudessem reconhecer seu valor como puro entretenimento. A companhia apresentou uma sétima sugestão de título – *A Fábula de King Kong, um Filme Americano de Truque e Sensação* – e então a reunião teve início.

Seeger começou resumindo o enredo do filme. "Numa ilha ainda não descoberta nos Mares do Sul, animais de tempos pré-históricos ainda conseguem existir: um gorila de 15m de altura, serpentes do mar, dinossauros de vários tipos, um pássaro gigante e outros. Fora desse império pré-histórico, separados por um muro, vivem negros que oferecem sacrifícios humanos ao gorila, King Kong. Os negros raptam a estrela loira de uma expedição de filmagem na ilha e a dão de presente a King Kong no lugar de uma mulher de sua própria raça. A tripulação do navio invade o império do gorila e trava terríveis batalhas com as bestas pré-históricas, a fim de sobreviver. Eles capturam o gorila depois de deixá-lo inconsciente com uma bomba de gás e o levam para Nova York. O gorila foge durante uma exibição, todos correm em pânico e um trem que passa por um elevado é descarrilado. O gorila então escala um arranha-céu com sua garota-boneca na mão, e alguns aviões conseguem derrubá-lo de lá".[8]

Após concluir a leitura, Seeger anunciou a grande notícia. "Como o especialista do Ministério da Propaganda declarou que o filme não fere os sentimentos raciais alemães, a única coisa que resta definir é se o filme põe em risco a saúde das pessoas."[9]

Seeger não parou para apontar que havia algo muito estranho a respeito da posição do Ministério da Propaganda. Ele mesmo havia acabado de dizer que os negros no filme presentearam uma mulher branca a King Kong "no lugar de uma mulher de sua própria raça". Ele estava invocando a afirmação feita por Thomas Jefferson 150 anos antes de que os homens negros preferiam mulheres brancas "tão uniformemente como é a preferência do Orangotango pelas mulheres negras em detrimento daquelas de sua própria espécie".[10] Em outras palavras, ele estava levantando um problema racial óbvio do filme. Essa imagem não pareceu ofender, no entanto, o Ministério da Propaganda. No Terceiro Reich, era perfeitamente aceitável mostrar o desejo de um "Orangotango" por "uma mulher loira do tipo germânico".

Era aceitável, apesar de essa mesma imagem ter sido usada contra a Alemanha durante a guerra mundial anterior. Numa campanha de propaganda massiva, os americanos e ingleses haviam retratado os alemães como gorilas selvagens que ameaçavam a pureza de inocentes mulheres brancas. A campanha havia inflamado muitos jovens alemães, levando-os a decidir se tornarem nazistas, mas não parecia mais estar na mente de ninguém.

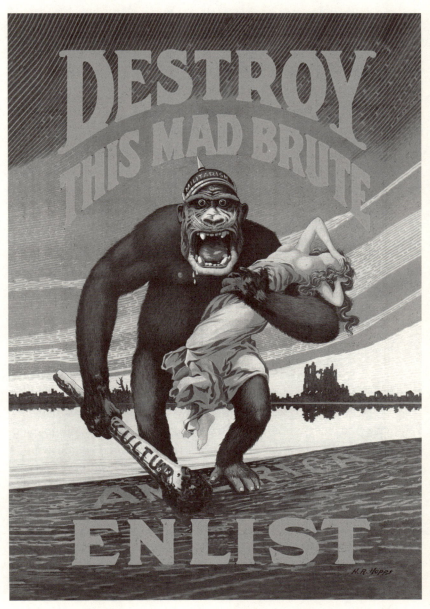

Um pôster de propaganda americana da Primeira Guerra Mundial. O gorila, segurando um porrete com a inscrição "Kultur" ["cultura"], representa um soldado alemão. *Copyright* © Getty Images.

Pôster promocional do filme *King Kong* (1933). *Copyright* © Getty Images.

E assim, em vez de examinar os problemas óbvios com *King Kong*, a comissão simplesmente voltou à questão original de se o filme poderia ser considerado prejudicial à saúde dos espectadores normais. Zeiss havia dito que *King Kong* era "um ataque aos nervos do povo alemão" e se referido a imagens particulares que segundo ele tinham um efeito danoso, mas não conseguira dar qualquer justificativa para o seu enfoque. A comissão, portanto, rejeitou seu depoimento e achou que "o efeito geral desse típico filme americano de aventura no espectador alemão é meramente prover entretenimento *kitsch*, de modo que não se pode esperar nenhum efeito incurável ou persistente na saúde do espectador normal". O filme era simplesmente "irreal" demais para ser crível, como um "conto de fadas". A comissão então aprovou *King Kong* com o novo título, *A Fábula de King Kong, um Filme Americano de Truque e Sensação*.[11]

No entanto, Seeger não se sentia inteiramente confortável lançando o filme na sua forma presente. Decidiu não mostrar os *close-ups* de King Kong segurando a mulher aos gritos na sua mão, pois segundo Zeiss eles eram particularmente danosos à saúde alemã. Tampouco mostrou o descarrilamento do trem de passageiros, pois a cena "abala a confiança das pessoas nesse importante meio de transporte público".[12]

Em 1º de dezembro de 1933, *King Kong* estreou simultaneamente em trinta cinemas por toda a Alemanha.[13] O filme teve resenhas variadas na imprensa. O principal jornal nazista, o *Völkischer Beobachter*, elogiou as façanhas técnicas, mas criticou a vulgaridade do enredo. "Não se sabe se foram os americanos ou os alemães que sentiram a necessidade de chamá-lo de um filme de truque e sensação", o jornal dizia. "Portanto, desconhece-se se isso pretendia ser uma desculpa ou uma justificativa. Tudo o que sabemos é que quando nós, alemães, ouvimos a bela palavra 'fábula', imaginamos algo bem diferente desse filme."[14]

O jornal pessoal de Goebbels, *Der Angriff*, começou sua resenha colocando a questão de por que *King Kong* foi um sucesso tão incrível nos Estados Unidos. "Arriscamos dizer que isso teve pouco a ver com tecnologia e tudo a ver com o enredo. Esse filme mostra a terrível luta da todo-poderosa natureza – representada por King Kong e os dinossauros gigantescos – contra o poder civilizado da raça branca altamente desenvolvida... Será que a civilização triunfa no final? Dificilmente! Na verdade, King Kong é o herói trágico desse filme."[15]

A discussão sobre *King Kong* percorreu todo o caminho até os mais altos escalões do Terceiro Reich. Segundo o chefe da imprensa internacional, "um dos filmes favoritos de Hitler era *King Kong*, a conhecida história de um macaco gigante que se apaixona por uma mulher não maior do que sua mão... Hitler foi cativado por essa história atroz. Ele falava dela com frequência e a fez ser projetada várias vezes".[16]

A fascinação dos nazistas por *King Kong* não se encaixa bem com o relato aceito de Hollywood na década de 1930. No imaginário popular, essa foi a "era de ouro" do cinema americano, a grande década na qual os estúdios produziram filmes memoráveis como *The Wizard of Oz* [O Mágico de Oz], *Gone with the Wind* [E o Vento Levou], *Mr. Smith Goes to Washington* [A Mulher faz o Homem] e *It Happened One Night* [Aconteceu Naquela Noite]. Foi a década em que os filmes de Hollywood alcançaram um nível de perfeição com o qual antes apenas se sonhava.

"Tinha-se a sensação", um crítico eminente escreveu a respeito do ano de 1939, "que uma arte havia encontrado seu equilíbrio perfeito, sua forma de expressão ideal... Aí estão todas as características de maturidade de uma arte clássica".[17]

Um fato importante sobre os filmes de Hollywood dessa época, no entanto, é que eles eram muito populares na Alemanha nazista. Entre vinte e sessenta novos títulos americanos chegavam às telas na Alemanha todo ano até a eclosão da Segunda Guerra Mundial, e influenciaram todos os aspectos da cultura alemã.[18] Um observador casual que andasse pelas ruas de Berlim veria a evidência disso por toda parte. Havia filas de gente para entrar nos cinemas, fotos de estrelas de Hollywood nas capas das revistas e resenhas apaixonadas dos últimos filmes nos jornais. Mas, por todo esse sucesso e evidência, os estúdios americanos eram obrigados a pagar um preço terrível.

Este livro revela pela primeira vez a complexa rede de interações entre os estúdios americanos e o governo alemão na década de 1930.[19] Ele desencava uma série de documentos secretos de arquivos dos Estados Unidos e da Alemanha para mostrar que os estúdios chegaram a um arranjo definido com os nazistas nesse período. Segundo os termos desse arranjo, os filmes de Hollywood podiam ser exibidos na Alemanha, até mesmo filmes potencialmente ameaçadores como *King Kong*.

A ideia de um livro sobre as negociações de Hollywood com a Alemanha nazista foi desencadeada por um breve comentário que o roteirista e romancista Budd Schulberg fez já bem no final da sua vida. Schulberg disse que na década de 1930, Louis B. Mayer, o chefe da MGM, projetava filmes para o cônsul alemão em Los Angeles e cortava tudo aquilo que o cônsul objetasse.[20] O comentário foi chocante; se verdadeiro, parecia deitar por terra uma ideia aceita sobre Hollywood, que foi reciclada em dezenas de livros – ou seja, a de que Hollywood era sinônimo de antifascismo durante a sua era de ouro.[21] A ideia do homem mais poderoso de Hollywood estar trabalhando junto com um nazista deflagrou uma investigação de nove anos que resultou neste livro.

A primeira viagem de pesquisa não foi nada promissora. Os registros dos estúdios de Hollywood nos arquivos de Los Angeles eram dispersos e incompletos, e tinham muito poucas referências às atividades do cônsul alemão. Os papéis comerciais forneciam apenas detalhes superficiais dos negócios dos estúdios em Berlim. Os 350 filmes americanos que foram permitidos ou proibidos pelos nazistas (todos os quais foram consultados) não revelaram muita coisa por eles mesmos. Esses materiais de nenhum modo davam uma ideia completa da relação entre Hollywood e o Terceiro Reich.

Os arquivos alemães eram diferentes. Um rápido exame dos registros no Bundesarchiv revelou não apenas as opiniões de Hitler sobre filmes americanos, mas também uma série de cartas das filiais de Berlim da MGM, da Paramount e da Twentieth Century-Fox para os auxiliares de Hitler. Essas cartas adotavam um tom adulador, e numa delas havia até uma assinatura "Heil Hitler!".[22] Isso não era tudo; o Arquivo Político do Ministério Alemão do Exterior também guardava relatos detalhados sobre as atividades do cônsul alemão em Los Angeles.

Visitas a outros arquivos começaram, então, a compor a história. Os roteiros de diversos filmes, produzidos ou não produzidos, encontrados na Biblioteca Margaret Herrick e na Biblioteca de Artes da Universidade do Sul da Califórnia, ganharam um novo sentido no contexto dos bilhetes do cônsul de Los Angeles. Os registros de *copyright* na Biblioteca do Congresso guardavam a última cópia que restava do primeiro roteiro cinematográfico antinazista, que o cônsul evitara que fosse realizado. Os registros de vários grupos judeus em Los Angeles continham as verdadeiras opiniões dos diretores dos estúdios de Hollywood. Os registros da censura alemã estavam cheios de intepretações fascinantes dos filmes americanos. E o material do Departamento de Comércio e Estado nos Arquivos Nacionais revelou em grande detalhe os negócios que os estúdios estavam fazendo na Alemanha.

No decorrer da investigação, uma palavra se repetia com constância nos registros tanto alemães quanto americanos: "colaboração" (*Zusammenarbeit*). E, aos poucos, ficou claro que essa palavra descrevia com precisão o arranjo particular entre os estúdios de Hollywood e o governo alemão na década de 1930. Do mesmo modo que outras companhias americanas, como IBM e General Motors, os estúdios de Hollywood colocavam o lucro acima dos princípios em sua decisão de fazer negócios com os nazistas. Eles injetaram dinheiro na economia alemã numa variedade de maneiras embaraçosas.[23] Mas, como o Departamento de Comércio dos Estados Unidos reconheceu, os estúdios de Hollywood não eram simples distribuidores de bens; eram provedores de ideais e cultura.[24] Tinham a oportunidade de mostrar ao mundo o que realmente acontecia na Alemanha. Nisso o termo "colaboração" assumia seu pleno significado.

Os diretores de estúdio, que eram em sua maioria imigrantes judeus, foram a extremos excepcionais para preservar seus investimentos na Alemanha.[25] Embora poucos comentassem isso na época, esses homens seguiram as instruções do cônsul alemão em Los Angeles, abandonando ou mudando toda uma série de filmes que teriam exposto a brutalidade do regime nazista.[26] Esse foi o arranjo da década de 1930, e, ao final de uma longa pesquisa, de repente ficou claro por que a evidência estava dispersa em tantos lugares: era porque a colaboração sempre envolve mais do que uma parte. Nesse caso, a colaboração envolveu não apenas os estúdios de Hollywood e o governo alemão, mas também uma variedade de outras pessoas e organizações nos Estados Unidos. Se esse é um capítulo obscuro na história de Hollywood, então ele também é um capítulo obscuro na história americana.

No centro da colaboração estava o próprio Hitler. Hitler era obcecado por filmes e compreendia seu poder de moldar a opinião pública. Em dezembro de 1930, dois anos antes de ele se tornar ditador da Alemanha, seu partido fez manifestações contra o filme da Universal Pictures *All Quiet on the Western Front* [Nada de Novo no Front] em Berlim, levando às primeiras instâncias de colaboração com os estúdios americanos. Pelo restante da década, ele se beneficiou imensamente de um arranjo que nunca foi discutido fora de uns poucos escritórios em Berlim, Nova York e Los Angeles.

É hora de remover as camadas que têm escondido a colaboração por tanto tempo e de revelar a conexão histórica entre o indivíduo mais importante do século XX e a capital mundial do cinema.

1

A OBSESSÃO DE HITLER POR CINEMA

TODA NOITE ANTES DE IR PARA A CAMA, ADOLF HITLER ASSISTIA A UM FILME. Escolhia o título ele mesmo, de uma lista que lhe era mostrada no jantar, e então conduzia seus convidados a seu cinema particular na Chancelaria do Reich (ou, se estivesse de férias, na Berghof, perto de Berchtesgaden). Todos os membros de suas instalações domésticas – auxiliares, criados, até os motoristas de seus convidados – tinham permissão de se juntar a ele. Quando todo mundo tomava assento, a projeção começava.[1]

Nesse ponto, algo bastante estranho acontecia: Hitler parava de falar. Mais cedo, no jantar, ele teria entretido ou entediado seus convidados com seus monólogos, e, antes disso, ditado a seus secretários.[2] Agora, de repente, ficava quieto. Por esse curto período, que começava mais ou menos entre 20h00 e 21h00 horas e se estendia noite adentro, ficava absolutamente cativado pelas imagens da tela.

Depois do filme, ele voltava a falar de novo. E dava logo sua opinião sobre o que havia visto. Seus auxiliares anotavam suas opiniões, que caíam em três categorias principais. A primeira categoria era "bom" (*gut*). Ele dizia que um filme era "bom", "muito bom", "muito bonito e emocionante" ou "excelente".[3] Com frequência, ele admirava alguma coisa em particular: "a atuação muito boa de Hans Moser", "o desempenho muito bom de Zarah Leander".[4] Às vezes, até fazia distinção entre os diversos aspectos de um filme: "personagens e tomadas: boas; enredo: não muito interessante".[5]

Isso levava à segunda categoria: "ruim" (*schlecht*). Ele dizia que um filme era "ruim", "muito ruim", "especialmente ruim" ou "extraordinariamente ruim".[6] Usava palavras como "repulsivo" ou expressões como "a mais poderosa das porcarias".[7] Ele destacava certos atores: "ruim, particularmente o Gustaf Gründgens", "não gostei por causa do mau desempenho do Gründgens".[8] Em outras ocasiões, lamentava que o talento do ator havia sido desperdiçado: "Imperio Argentina: muito bom; direção: ruim".[9]

Hitler entretendo convidados num jantar na Berghof, perto de Berchtesgaden (1939). Copyright © Getty Images.

Finalmente, havia sempre a possibilidade de Hitler não assistir ao filme até o final. Nesses casos, o filme era "desligado" (*abgebrochen*): "desligado por ordem do Führer", "desligado após os primeiros 100 m", "desligado após os primeiros minutos".[10] Às vezes, ele desligava o filme simplesmente porque não estava gostando dele. Outras vezes, suas razões eram mais complicadas. Uma noite, por exemplo, ordenou ao projecionista que desligasse um filme sobre a Primeira Guerra Mundial; então deu sua explicação: "O Führer é da opinião que tais questões deveriam ser tratadas apenas em grandes produções".[11]

Nunca ninguém tinha permissão de interromper as projeções noturnas de Hitler. Quando o primeiro-ministro britânico Neville Chamberlain visitou-o em 15 de setembro de 1938, duas semanas antes da famosa conferência em Munique, a programação foi a seguinte: das 17h30 às 20h10, Hitler discutiu o destino da Tchecoslováquia com Chamberlain em seu escritório; das 20h15 às 20h20, relatou os resultados da discussão ao seu ministro do Exterior, Joachim von Ribbentrop; por fim, depois de um rápido jantar, assistiu a um filme alemão estrelado por Ingrid Bergman. Apesar de ter tido uma conversa muito boa com Chamberlain, ele ainda certificou-se de dar sua opinião honesta a respeito do filme: disse que "não era bom".[12]

Ao longo do tempo, houve apenas uma mudança relevante nas sessões de filmes de Hitler. Seus auxiliares se queixaram de que um ano tinha 365 dias e que não havia bons filmes alemães suficientes para satisfazê-lo. Fizeram, então, uma requisição de mais filmes dos Estados Unidos. Hitler ficou contente com isso – viu como uma oportunidade de aprender mais sobre a cultura americana – e, como de hábito, suas opiniões foram anotadas.[13] Eis uma lista do que ele assistiu, a maior parte em junho de 1938:

Way Out West [Dois Caipiras Ladinos] (Laurel e Hardy*): bom!
Swiss Miss [Queijo Suíço] (Laurel e Hardy): o Führer aplaudiu o filme
Tarzan: ruim
Bluebeard's Eighth Wife [A Oitava Esposa de Barba Azul] (estrelando Gary Cooper, Claudette Colbert, dirigido por Ernst Lubitsch): desligado
Shanghai [Xangai] (estrelando Charles Boyer e Loretta Young): desligado
Tip-Off Girls [Garotas de Isca]: desligado[14]

Era uma lista típica. Não importa o que Hitler assistia, suas opiniões sempre se encaixavam nessas mesmas três categorias. Seus auxiliares às vezes conseguiam até adivinhar antes da projeção quais seriam suas opiniões. Sabiam, por exemplo, que ele era grande fã dos desenhos do Mickey Mouse.[15] Em julho de 1937, ele fez uma solicitação de cinco títulos, incluindo *Mickey's Fire Brigade* [A brigada do Mickey] e *Mickey's Polo Team* [O time de pólo do Mickey].[16] O chefe do Ministério da Propaganda, Joseph Goebbels, tomou nota disso e fez uma surpresa a Hitler

---

* No Brasil, "O Gordo e o Magro". (N. do T.)

alguns meses mais tarde: "Dei de presente ao Führer 32 dos melhores filmes dos últimos quatro anos e doze filmes do Mickey Mouse (incluindo um maravilhoso álbum de arte), no Natal. Ele ficou muito lisonjeado e extremamente feliz com esse tesouro que, espera-se, irá trazer-lhe muita alegria e descontração".[17]

Os membros do círculo íntimo de Hitler também sabiam que uma de suas atrizes favoritas era Greta Garbo. Sua reação a *Camille* [A Dama das Camélias] (registrada do diário de Goebbels) foi particularmente memorável: "Tudo se assenta na presença da grande e única arte da divina mulher. Somos deslumbrados e arrebatados da maneira mais profunda. Não limpamos nossas lágrimas. Taylor é o parceiro ideal de Garbo. O Führer se incendeia. Ele acha que uma má escolha de parceiro masculino com frequência pode destruir as realizações das mulheres. Mas nesse filme tudo se encaixa perfeitamente".[18]

Nem todos, porém, sabiam das preferências de cinema de Hitler e, em algumas poucas infelizes ocasiões, seus gostos foram criticados. Depois que ele assistiu a uma comédia pastelão do Gordo e o Magro chamada *Block-Heads* [A Ceia dos Veteranos], por exemplo, ele disse que o filme era bom porque continha "um monte de boas ideias e de piadas inteligentes".[19] O resenhista do jornal nazista *Der Angriff*, ao contrário, não gostou nem um pouco desse tipo de humor: "Tudo é tão focalizado na mais simples comédia pastelão, da maneira mais primitiva e exagerada, que você consegue prever tudo o que vai acontecer a cada cena... É fácil imaginar os americanos erguendo seus braços no ar e rindo, conforme o filme se desenrola. Uma nação que gosta de um filme assim deve ser extremamente simplória".[20] Os censores alemães acabaram proibindo esse filme em particular não pelo humor, mas pela maneira com que retratava a Primeira Guerra Mundial. Eles fizeram objeção à ideia de que Stan Laurel [o Magro], no papel do soldado americano bobalhão, teria estado guardando uma trincheira de 1918 a 1938, e não aprovaram o aviador alemão, de forte sotaque, que avisou Laurel que ele podia voltar para casa.[21] Hitler reagiu de modo diferente à cena: no seu entender, era apenas engraçada.

Mas essas eram divergências menores no esquema das coisas. De vez em quando, Hitler reagia a um filme de uma maneira que ninguém poderia ter previsto. Ele gostava particularmente de assistir a um filme da Paramount chamado *Tip-Off Girls,* especialmente depois que alguns criminosos alemães fizeram uma série de assaltos por meio do uso de bloqueios de estrada. Ele pediu uma cópia de *Tip-Off Girls* ao Ministério da Propaganda, junto com uma tradução por escrito dos diálogos.[22]

Ele acompanhou com muita atenção a cena de abertura: dois homens dirigem um caminhão por uma rodovia e de repente param ao ver uma mulher deitada no meio da pista.

> — Você se machucou? — um dos homens pergunta.
>
> — Sim, o que houve, garota? — diz o outro.
>
> —Ah, eles me jogaram para fora do carro — ela consegue responder.
>
> Então, de detrás de arbustos, um gângster aponta uma arma para os dois motoristas.
>
> — Tudo bem, rapazes, isso é um assalto — diz ele. — Quero o seu caminhão e tudo o que há dentro dele. Vamos lá, mexam-se.
>
> Conforme seus capangas tomam o caminhão, o gângster puxa a mulher de lado.
>
> — Belo trabalho, Reena, — diz ele — Deegan vai ficar satisfeito.
>
> — Esse é o meu trabalho, Marty — satisfazer Deegan.[23]

Não demorou muito para Hitler desligar o filme.[24] *Tip-Off Girls* era decididamente ruim, mas não foi por isso que ele parou de assistir. Na verdade, ele percebeu que tinha algo mais importante a fazer. Três dias mais tarde, apareceu uma lei que havia sido pessoalmente redigida pelo Führer. Era uma lei peculiar, porque consistia em apenas uma frase: "Quem colocar um bloqueio de estrada com a intenção de cometer um crime será punido com a morte".[25]

Esse episódio incomum indica a verdadeira motivação por trás da rotina noturna de Hitler. Sem qualquer dúvida, ele sentia muito prazer em ver os filmes. Mas era também seduzido por eles. Acreditava que continham um poder misterioso, quase mágico, que de algum modo lembrava suas próprias habilidades como orador.[26] Portanto, a partir de uma sensação de admiração e respeito, ele se permitia virar um espectador. Parava de falar, deixava que as imagens se desenrolassem à sua frente, e, às vezes, sentia-se até oprimido pelo poder delas.

É difícil localizar exatamente quando sua obsessão por filmes começou. Talvez tivesse sido trinta anos antes, em 1910, quando levava uma vida muito diferente. Naquela época, ele se hospedava numa pensão para homens em Viena e um dia concebeu uma promissora estratégia de negócios com um homem chamado Reinhold Hanisch. Hitler pintava cartões-postais da cidade, Hanisch os vendia pelos bares e eles dividiam os ganhos.[27]

Hanisch contou o resto da história: "Na Páscoa, fomos bem e tínhamos um pouco mais de dinheiro para gastar, e então Hitler foi ao cinema. Eu preferi beber vinho, o que Hitler abominava. No dia seguinte, soube que ele estava planejando um novo projeto. Tinha assistido a *The Tunnel* [O Túnel], um filme feito a partir de um romance de Bernhard Kellermann, e me contou a história. Um orador faz um discurso num túnel e se torna um tribuno muito popular. Hitler estava animadíssimo com a ideia de que essa era a maneira de fundar um novo partido. Eu ri dele e não o levei a sério... Mas ele teve mais sucesso com outras pessoas, pois elas estavam sempre dispostas a se divertir, e Hitler era uma espécie de diversão para elas. Havia um debate contínuo. Muitas vezes, a casa dava a impressão de que havia uma campanha eleitoral em curso".[28]

A história de Hanisch é dúbia em vários aspectos. Para começar, é muito improvável que Hitler tenha feito seus primeiros discursos bem-sucedidos ou tenha tentado fundar um partido político tão cedo em sua vida — segundo a maioria dos relatos, ele descobriu suas ambições políticas somente depois da Primeira Guerra Mundial. Além disso, o filme que Hanisch citou, que de fato continha um discurso magnífico, foi lançado não em 1910, mas em 1915.[29] Mesmo assim, seria um erro descartar a história de Hanisch completamente. Havia vários filmes populares sobre oradores em 1910, e é possível que Hitler tenha visto um que o tenha convencido de sua verdadeira vocação muito antes de ele descobrir oficialmente seu talento.[30] Isso parece especialmente plausível à luz de um aspecto final: enquanto ditava um capítulo muito incomum de seu *Mein Kampf* [Minha Luta], o próprio Hitler fez essa conexão.

O capítulo, que Hitler chamou de "O Significado da Palavra Falada", era uma espécie de meditação sobre sua própria capacidade oratória. Começava com uma declaração simples: "livros", dizia ele, "não serviam para nada". Um escritor jamais poderia mudar a visão do homem comum da rua. Havia apenas uma maneira de inspirar mudança, disse Hitler, e era por meio da palavra falada.[31]

Ele explicou por que era assim. A primeira razão era que a grande maioria das pessoas eram inerentemente preguiçosas e dificilmente escolheriam ler um livro se ele fosse contra o que elas acreditavam ser verdade. Era possível que dessem uma olhada num folheto ou cartaz anunciando uma posição contrária, mas nunca lhe dariam atenção suficiente para mudar sua visão. No entanto, do mesmo modo que Hitler descartava completamente a palavra escrita, ele pensava num recente desenvolvimento tecnológico muito mais promissor:

> A imagem em todas as suas formas, até chegar ao filme, tem maiores possibilidades. Nesse caso, o homem precisa usar seu cérebro ainda menos; basta olhar, ou, no máximo, ler textos extremamente curtos, e desse modo muitos irão mais prontamente aceitar uma *apresentação pictórica* do que *ler* um *artigo,* seja qual for sua *extensão.* A imagem lhes traz num tempo muito mais curto, eu diria que quase num só golpe, o esclarecimento que eles só obtêm em material escrito após uma árdua leitura.[32]

Nesta passagem notável, Hitler não apenas revelava seu fascínio por cinema; estava na realidade imaginando como o cinema poderia um dia rivalizar o poder da oratória. Estava dizendo que a nova tecnologia poderia ser capaz de transformar as opiniões de um grande grupo de pessoas rapidamente e sem confusão. Mas alimentou esse pensamento apenas por um momento, pois de repente lembrou da sua segunda grande vantagem como orador: ele ficava diretamente diante de outras pessoas, e as trazia para o seu lado ao perceber e responder às suas reações. Se sentia que elas não o entendiam, tornava suas explicações mais simples. Se elas não conseguiam acompanhá-lo, falava mais devagar, com mais cuidado. E se não eram convencidas pelos exemplos que dava, simplesmente oferecia exemplos diferentes.[33]

De todas essas maneiras, os poderes de Hitler como orador eram superiores àqueles do cinema. Ele podia fazer algo que um ator na tela nunca poderia: oferecer uma nova performance a cada vez. Mas do mesmo modo que estava a ponto de descartar "a imagem em todas as suas formas, até chegar ao filme", lembrou de mais uma coisa: quando as pessoas se reuniam em grupos à noite, com frequência experimentavam um efeito inebriante, que mexia com o poder de suas convicções. Hitler percebeu que as pessoas ficavam mais propensas a ser convencidas por seus discursos depois do pôr do sol. Elas também eram mais propensas a ser seduzidas por um pouco de teatro. "O mesmo se aplica a um filme!", disse Hitler, embora um filme não tivesse o dinamismo de uma performance ao vivo.[34] Se os filmes fossem passados por volta das 21h00 – exatamente quando ele e muitos outros frequentadores de cinema iam assistir a filmes –, podiam exercer um efeito poderoso.

Essas eram apenas algumas observações esparsas, é claro. Não deviam ser interpretadas como uma teoria coerente do cinema. Mesmo assim, eram a primeira indicação de uma obsessão que iria permanecer com Hitler até seus últimos dias.

Há uma lenda interessante por trás da gênese do *Mein Kampf*. Quando Hitler cumpria uma curta sentença pela tentativa de golpe frustrada de 1923, tinha o hábito de perturbar os outros internos da prisão de Landsberg com seus infindáveis monólogos, e alguém sugeriu que em vez disso ele escrevesse suas memórias. Hitler gostou da ideia e começou a ditar imediatamente ao seu motorista Emil Maurice, e mais tarde a Rudolf Hess, ambos também internos em Landsberg. Os outros prisioneiros ficaram felizes por poder retomar sua normalidade, mas logo os velhos hábitos se instalaram de novo, pois todo dia Hitler insistia em ler as redações à sua plateia cativa.[35]

As páginas que Hitler ditava naqueles dias eram, quase sempre, pouco originais e bastante imprecisas. Ele reciclava argumentos de discursos que dera incontáveis vezes antes e descrevia suas experiências de um modo que mostrava pouca consideração com a verdade. Historiadores têm se provado certos ao apontar todos os problemas de suas afirmações. Mas seus embelezamentos eram não só imprecisos; eram também o resultado de anos assistindo a filmes. Sua imaginação histórica fora profundamente moldada pelo cinema. A influência era particularmente visível na maneira de recontar o episódio isolado mais importante de sua vida, um que ele iria narrar em muitos de seus primeiros discursos.

Quando jovem, dizia Hitler, ele não tinha grandes pretensões. Desejava ter nascido cem anos antes, durante as Guerras Napoleônicas. Ficava sentado numa pequena sala em Munique, lendo.[36] Mas, acrescentou, "desde a primeira hora eu estava convencido de que no caso de uma guerra... Eu largaria os livros de vez".[37] Com a eclosão das hostilidades em agosto de 1914, Hitler alistou-se no exército alemão. Ao recordar sua experiência de guerra uma década mais tarde no *Mein Kampf*, podia-se notar todos os seus anos de espectador de cinema. Ele transformara sua vida num filme: "Como se fosse ontem, imagem após imagem passa diante dos meus olhos. Vejo-me vestindo meu uniforme num círculo dos meus queridos companheiros, apresentando-me pela primeira vez, fazendo exercícios de rotina etc., até que chegou o dia de marcharmos para a luta".[38] Depois vinham grandes tomadas panorâmicas da paisagem enquanto o regimento de Hitler marchava para oeste ao longo de Reno. Um único pensamento ocupava a mente dos homens naqueles dias: e se eles chegassem ao *front* tarde demais? Mas não precisariam ter se preocupado. Numa manhã úmida e fria, conforme marchavam por Flanders em silêncio, foram atacados pela primeira vez. O silêncio transformou-se em estampidos e estrondos, e depois em algo totalmente diverso: "Vindo de longe, a melodia de uma canção chegou aos nossos ouvidos, ficando cada vez mais próxima, passando de companhia a companhia, e do mesmo modo que a Morte mergulhava sua mão ansiosa nas nossas fileiras, a canção chegou até nós também e a passamos adiante: '*Deutschland, Deutschland über Alles, über Alles in der Welt!*'"*.[39]

A canção ressoou alto e os homens lutaram com coragem, e depois, quando as notas finais deixaram de se fazer ouvir, a realidade se instalou. Os homens no regimento de Hitler ficaram conhecendo o sentido do medo. As risadas e a alegria sumiram, e eles passaram a questionar se deveriam sacrificar suas vidas pela Pátria. Todo homem ouviu uma voz na sua cabeça dizendo-lhe para abandonar a batalha, e depois de vários meses cada um conseguiu superar essa voz. No final, os jovens voluntários tornaram-se velhos soldados calmos e determinados.[40]

---

* "Alemanha, Alemanha acima de tudo, acima de tudo no mundo!" (N. da E.)

A verdadeira ameaça, quando ela chegou, veio numa forma bem diferente. O inimigo lançou folhetos de aviões, e os soldados leram a seguinte mensagem: o povo alemão desejava a paz, mas o Kaiser não iria permiti-la. Se os soldados parassem de lutar do lado do Kaiser, então a paz seria restabelecida. Hitler admitiu não ter reconhecido o perigo desses folhetos na época. Ele e seus companheiros simplesmente riram deles, passaram-nos aos seus superiores, e continuaram lutando com a mesma coragem de antes.[41]

Somente quando Hitler voltou para casa pela primeira vez é que ele testemunhou os efeitos dessa propaganda inimiga. Em Berlim, os soldados "jactavam-se de sua própria covardia" e em Munique era ainda pior: "Raiva, insatisfação, imprecações, por todo o lugar que você fosse!"[42] Hitler escolheu seu alvo usual: os judeus. Ele disse que os judeus ocupavam os principais postos de autoridade na Alemanha porque os homens mais corajosos estavam todos lutando no *front*, e, pegando as sugestões dos folhetos inimigos, estavam criando divisão entre os bávaros e os prussianos, e plantando as sementes de uma revolução. Hitler ficou desgostoso com esse estado de coisas e voltou ao campo de batalha, onde se sentia mais confortável.[43]

Este relato particular da guerra era, sem dúvida, extremamente problemático. Para começar, Hitler deixou de mencionar que onze dias depois de chegar ao *front*, ele se tornou mensageiro do exército – um posto perigoso, com certeza, mas que não tinha comparação com o de um soldado regular.[44] Tampouco mencionou que os judeus em seu próprio regimento foram especialmente corajosos, e que os judeus alemães serviam no exército em proporção igual ao resto da população.[45] Mas esses detalhes não vinham ao caso. Ele construía a sua história, conduzindo-a a um clímax dramático a fim de dar credibilidade à mentira mais persistente de todas.

Depois de voltar do *front*, disse Hitler, ele encontrou condições muito piores do que antes. Seu regimento estava defendendo o mesmo território que havia conquistado anos antes, e os jovens que vinham em substituição eram indignos comparados aos primeiros voluntários. Apesar desses reveses, no entanto, seu regimento manteve-se firme. Era ainda o mesmo grande "exército de heróis". Depois, na noite de 13 de outubro de 1918, o exército inglês usou um novo tipo de gás cujos efeitos eram praticamente desconhecidos dos alemães, e Hitler foi pego no meio do ataque. "Umas poucas horas mais tarde, meus olhos haviam virado dois carvões incandescentes", disse ele. "Tudo ficara escuro à minha volta."[46] *Fade out*.

Hitler acordou no hospital com uma dor imensa nas órbitas dos olhos. Não conseguia ler os jornais. Sua visão foi voltando aos poucos. Justamente quando sua visão voltava ao normal, um pastor local visitou o hospital e fez um breve discurso aos soldados. O velho homem tremia enquanto dizia que a guerra havia terminado e que a Alemanha tinha se tornado uma república. Ele elogiou os rapazes por terem servido a Pátria com coragem, mas agora eles tinham que colocar sua fé nos vencedores. Hitler ficou muito contrariado. Depois de todas as batalhas do exército, ser traído por uns poucos covardes em casa! Essa era o mito da "punhalada pelas costas" que Hitler iria defender tão vigorosamente mais tarde, e conforme ele mergulhou em sua consciência, o efeito foi arrasador. "De novo, tudo ficou preto diante dos meus olhos", disse.[47] Ele rapidamente extraiu uma moral dessa sua experiência: "Não se deve fazer pactos com judeus; há de ser firme: ou isso, ou aquilo".[48] Então tudo se desfez gradual e completamente, e o seu "filme" terminou.

Mas ele tinha algo mais a dizer. Tinha uma análise importante a fazer dos eventos que havia acabado de descrever. Num capítulo curto de *Mein Kampf* intitulado "Propaganda de Guerra", ele esboçou uma interpretação do conflito que iria explicar muitas de suas ações posteriores.

Na opinião de Hitler, qualquer luta contra um inimigo tinha que ser travada em dois *fronts*. O primeiro *front* era o campo de batalha físico, no qual ele acreditava que o exército alemão havia tido sucesso. O segundo *front* era o âmbito da propaganda, no qual ele insistia que o governo alemão havia fracassado. Hitler disse que por quatro anos e meio os oficiais alemães haviam produzido materiais que eram completamente inúteis na luta contra as forças Aliadas. Os alemães haviam sofrido com a ilusão de que a propaganda devia ser inteligente e divertida por um lado, e objetiva por outro. Como resultado, haviam tentado fazer o inimigo parecer ridículo, quando deviam tê-lo feito parecer perigoso. Depois, quando a questão da culpa de guerra foi levantada, os oficiais alemães aceitaram responsabilidade parcial pela eclosão das hostilidades. "Teria sido correto", Hitler apontou, "colocar cada pedacinho de culpa nas costas do inimigo, mesmo que isso não correspondesse realmente aos fatos verdadeiros, como era o caso".[49]

O problema, disse Hitler, era que quem produzia essa propaganda moldava seus folhetos, cartazes e tiras em quadrinhos segundo os gostos da burguesia. Em vez disso, deviam pensar nas massas. E Hitler conhecia a psicologia desse grupo muito bem. "A receptividade das grandes massas é muito limitada, sua inteligência é pequena, mas seu poder de esquecer é enorme", disse ele.[50] Considerando esses atributos, as autoridades deviam ter insistido em alguns poucos pontos claros que pudessem ser assimilados por todos. Se as autoridades tivessem feito isso, sua propaganda poderia ter sido tão poderosa quanto as armas que os soldados usavam no campo de batalha.[51]

Na verdade, poderia ter sido mais forte. Hitler prestara atenção às ações de ambos os lados ao longo da Primeira Guerra Mundial, e notou que aquilo que os alemães haviam deixado de fazer, os ingleses e americanos haviam feito de modo brilhante. Embora os ingleses e americanos perdessem batalhas reais, sua propaganda retratava os alemães como bárbaros e hunos, e como os únicos culpados pela eclosão das hostilidades. Essa propaganda primeiro estimulou seus próprios soldados e depois começou a corroer de fato o povo alemão. E justo quando o grande exército alemão estava prestes a declarar vitória no campo de batalha, alguns poucos vilões em casa foram capazes de tirar vantagem da situação e apunhalar o exército pelas costas.[52]

Hitler mal podia conter sua admiração pela campanha de propaganda dos ingleses e americanos durante a guerra. Se ele tivesse sido encarregado da propaganda na Alemanha, disse, teria se equiparado a esses esforços, e o resultado seria bem diferente.[53] E, no entanto, em seu relato do brilho da ação inimiga, um detalhe estava curiosamente ausente. A propaganda que o deixara tão impressionado não havia tomado a forma apenas de folhetos lançados do céu. Algumas das imagens mais poderosas estavam contidas nos filmes de Hollywood. Os americanos usaram a nova tecnologia para auxiliar a propaganda que, na opinião de Hitler, ajudara a derrotar os alemães. Em *To Hell with the Kaiser!*, o perverso líder alemão corta o mundo em pedaços e dá os Estados Unidos ao seu filho; em *The Kaiser, the Beast of Berlin*, ele comete uma série de atrocidades; e em *The Great Victory*, ordena que todas as mulheres solteiras se submetam a seus soldados para que ele possa repovoar o Reich. Num exemplo particularmente horrível, *Escaping the Hun* continha até uma cena opcional na qual soldados alemães empalam um bebê com suas baionetas.[54]

Hitler não menciona nenhum desses filmes no *Mein Kampf*, nem diz nada sobre os "filmes de ódio" que os americanos continuaram lançando depois que a guerra terminou. Esses novos filmes, como aqueles que os precederam, eram cheios de imagens de agressão e brutalidade, e durante a década de 1920 incomodaram um grande segmento da população alemã. Um cidadão teve uma reação particularmente reveladora ao assistir a um filme da MGM, *Mare Nostrum* (1926), no qual espiões alemães afundam um inocente navio de passageiros. "É uma coisa repulsiva, perversa, o que essa companhia americana de cinema fez, mostrando tais coisas ao público oito anos depois que a guerra terminou", disse esse espectador. "Os personagens alemães são retratados de uma maneira tão exagerada e pobre que você se sente sufocar de aversão... E você sabe que como resultado o resto do mundo vai começar a desgostar de qualquer coisa alemã. Os Estados Unidos estão sempre lançando por toda parte palavras como paz e reconciliação, mas esse filme é uma vergonha para toda a indústria americana de cinema."[55]

Mare Nostrum foi um dos muitos filmes mudos sobre a Primeira Guerra Mundial lançados na década de 1920. A opinião pública alemã insurgia-se contra essas produções de Hollywood. No entanto, nem o próprio Hitler se pronunciou a respeito. Depois, em novembro de 1930, os censores alemães reviram um novo filme de guerra que prometia fazer mais sucesso do que qualquer outro até então: o filme da Universal Pictures *All Quiet on the Western Front* (*Im Westen nichts Neues*), baseado no romance *best-seller* de mesmo nome de Erich Maria Remarque.[56] Os censores fizeram uns poucos cortes e lançaram o filme na Alemanha.[57]

Do ponto de vista de Hitler, esse filme era particularmente ameaçador. Ainda no ano anterior, seu associado Joseph Goebbels havia assistido a *The Singing Fool* [A Última Canção] e observado: "fiquei surpreso com a tecnologia já tão avançada do som do filme".[58] Agora, em 1930, aparecia um filme que usava a nova tecnologia de gravação do som de uma maneira sem precedentes. Eis como começava *All Quiet on the Western Front*:

Eram os primeiros dias da guerra na Alemanha e um professor de colegial fazia uma preleção aos alunos. Ele olhava para eles de modo intenso, fazendo gestos com as mãos de uma maneira teatral, mas ninguém conseguia ouvi-lo – um desfile de soldados estava acontecendo do lado de fora e a música se sobrepunha ao que ele dizia. De repente, o som da banda vai sumindo e suas palavras ficam claras. "Minha querida classe", ele dizia, "é isso o que temos que fazer. Atacar com toda a nossa força. Aplicar cada grama de força para conseguir a vitória antes do final do ano". Ele cruza as mãos, justificado pelo que está prestes a dizer, e começa a berrar: "Vocês são a vida da Pátria, vocês, garotos! Vocês são os homens de ferro da Alemanha! Vocês são os alegres heróis que irão repelir o inimigo quando forem chamados a fazer isso!".[59]

Era um bom orador, qualquer um podia ver isso. Conforme a cena continua, no entanto, fica claro que não se trata apenas de um orador fazendo um discurso; esse era um filme que usava seus próprios recursos para mostrar o poder da oratória. E agora usava um desses recursos: cortava para uma tomada de um garoto olhando para o professor, hesitante: "Pode ser", o professor dizia, "que alguns digam que vocês não deveriam ter permissão de ir ainda, que são jovens demais, que têm casas, mães, pais, que não deveriam ser separados disso". Conforme o professor fala, o filme corta mais uma vez, agora para o processo de pensamento do garoto. Ele chega em casa de uniforme pela primeira vez, e sua mãe cai em prantos ao vê-lo. Nesse instante, ele ouve o orador ao fundo – "Os seus pais se esquecem tanto da sua Pátria que preferem que ela morra no lugar de vocês?" – e de repente o seu pai olha para ele com orgulho. O filme corta dessa sequência de sonho e volta para o garoto sentado na sala de aula, dando sinais claros de que vai sendo convencido.

O orador deu voz às dúvidas dos garotos, e do mesmo modo inflama suas esperanças. "Será que devemos fugir da honra de vestir um uniforme?", pergunta ele, enquanto outro garoto se imagina de uniforme, rodeado por um grupo de garotas. "E se as nossas jovens admiram aqueles que o vestem, será que é algo de que devemos nos *envergonhar*?", diz ele, e a câmera se move de volta para o segundo garoto, revelando que também se convence disso.

O professor do colegial em *All Quiet on the Western Front* (1930) convence seus alunos a se alistarem no exército alemão.

Agora o orador ganha ímpeto. O filme faz cortes cada vez mais rápidos entre ele e sua plateia, e quando está absolutamente convencido de si mesmo, aparece num *close-up* extremo e pergunta a um dos garotos o que ele irá fazer. "Eu vou", responde o garoto. "Eu quero ir", diz outro. Logo todos concordam em ir e o professor fica satisfeito. "Sigam-me!", ele grita. "Alistem-se agora!". "As aulas estão suspensas!", os garotos gritam em resposta e então vira tudo um caos.

"Quase sempre", Hitler escreveu no *Mein Kampf*, "eu enfrentei uma reunião com pessoas que acreditavam no oposto do que eu queria dizer, e queriam o oposto do que eu acreditava. Então havia o trabalho de duas horas para arrancar 2 ou 2 mil pessoas de sua convicção anterior, golpe a golpe, a fim de destruir os alicerces de suas opiniões prévias, e finalmente... Eu tinha à minha frente uma massa insurgente da mais sagrada indignação e do ódio mais ilimitado".[60]

A descrição que Hitler faz de sua capacidade oratória no *Mein Kampf* corresponde exatamente ao que ocorre no início de *All Quiet on the West-*

ern Front. A cena inicial revela não só o poder da oratória, mas também faz uma decomposição dela, uma análise, e mostra como funciona. A cena é como uma versão cinematográfica do capítulo de Hitler sobre a palavra falada. Mas depois de estabelecer o poder da oratória, o filme se volta para o seu perigo. Pelas duas horas seguintes, *All Quiet on the Western Front* mostra os efeitos da decisão dos garotos de entrar para o exército alemão. Eles começam seu treinamento no quartel local onde seu oficial superior, o sargento Himmelstoss, os exercita com rudeza e manda-os rastejar na lama, e quando eles chegam ao campo de batalha, todos fazem xixi nas calças. Durante sua primeira batalha, um garoto perde temporariamente a visão, entra em histeria, e corre em direção à linha de fogo do inimigo; mais tarde, outro garoto faz o mesmo. Eles a toda hora ficam sem comida e entram na maior excitação quando localizam alguns ratos para comer, matam a tiros centenas de soldados inimigos à distância e combatem com centenas de outros nas trincheiras, e quando têm sorte suficiente para sobreviver a todos esses horrores, com frequência ainda têm partes do corpo amputadas. Desde o momento em que saem da sala de aula, cada imagem do filme é um argumento contra a afirmação original do orador de que a guerra é honrosa, e mostra, ao contrário, que ela é um inferno.

Depois, um dos poucos garotos ainda vivos, Paul Bäumer, ganha uma semana de licença para visitar a família. Quando chega andando pela cidade, entorpecido, tudo lhe parece diferente: as lojas estão fechadas, as ruas vazias; não há mais desfiles. Ocasionalmente, ele se depara com alguma visão horrível, como um menino sentado na guia brincando com uma baioneta, mas não reage; continua simplesmente andando em direção à sua casa, e quando a mãe lhe diz que ele parece mudado, reage com a mesma expressão vazia. Mais tarde naquele dia, ele vai ao bar local, pois seu pai quer apresentá-lo a um grupo de amigos, e ele olha com descrença quando lhe mostram mapas de batalha e dizem o que o exército precisa fazer. Ele tenta discutir, mas eles não o levam a sério, então dá um jeito de ir embora e fica vagando pelas ruas um pouco mais. Em seguida, ouve uma voz que conhece bem: era o professor do colegial que o convencera a ir para a guerra.

"Paul!", o professor grita. "Como você está, Paul?" O professor fazia uma preleção a um novo lote de alunos e estava emocionado por ver um soldado de verdade, que poderia dar sustentação aos seus argumentos.

"Olhem para ele", diz o professor – e o filme corta de um garoto para outro, cada um mais impressionado que o anterior – "forte, bronzeado e alerta, o tipo de soldado que cada um de vocês deveria invejar". Ele pede a Paul para contar-lhes o quanto eles eram necessários no *front*, e quando Paul resiste, ele insiste um pouco mais, dizendo que seria suficiente descrever um único ato de heroísmo ou de humildade. Por fim, Paul vira-se para se dirigir a eles.

Mas seu discurso é decepcionante. Ao contrário do professor, que falava com grande entusiasmo, Paul desaba na carteira e diz que para ele a guerra se resumia a tentar não ser morto. O filme corta para uma tomada dos garotos murmurando sem acreditar e outra do professor tentando responder, e depois, de repente, Paul muda de tom. Ele olha bem nos olhos do professor e diz que não é bonito e doce morrer pela Pátria; é sujo e doloroso. Quando o professor protesta, Paul olha para os garotos. "Ele diz a vocês, *Vão lá e morram*" – e depois, voltando de novo para o professor – "AH, MAS SE VOCÊS ME PERMITEM, É MAIS FÁCIL DIZER 'VÃO LÁ E MORRAM' DO QUE FAZER ISSO!" Alguém na classe acusa Paul de covarde, então Paul volta-se para os garotos uma última vez – "E É MAIS FÁCIL FALAR DO QUE VER ACONTECER!".

"É mais fácil falar do que ver acontecer." Nenhuma frase capta melhor a questão central de *All Quiet on the Western Front*. O filme começa com um orador estimulando garotos ingênuos a se alistarem e depois força o espectador a ver as consequências: imagens horríveis de morte e destruição. Do início ao fim, *All Quiet on the Western Front* é essencialmente uma declaração de guerra do cinema à palavra falada.

É também algo mais. Ao mesmo tempo que *All Quiet on the Western Front* reconhecia o poder da oratória a fim de condená-la, o filme fazia um relato da Primeira Guerra que discordava frontalmente da versão embelezada de Hitler. Para ele, a guerra havia sido uma dádiva de Deus; ele havia fantasiado sobre ela de uma maneira completamente cinematográfica no *Mein Kampf*. Mas *All Quiet on the Western Front* contradizia tudo o que ele imaginara. Em vez da agradável memória de se exercitar com os "queridos companheiros", os primeiros dias de uma academia militar eram humilhantes para todos. Em vez de ouvir *Deutschland über Alles* soando ao fundo de sua primeira cena de batalha, os garotos haviam molhado as calças. Em vez de se tornarem velhos soldados calmos e determinados, estavam constantemente com medo. Em vez de honra e coragem, havia apenas derrota e desespero. Quando Hitler e Paul Bäumer voltaram para casa, ambos se sentiram muito desorientados, mas Paul fez alarde "de sua própria covardia" justamente da maneira que Hitler achava tão deplorável. *All Quiet on the Western Front* dava exatamente a interpretação da guerra que Hitler mais desprezava, e de uma maneira mais convincente do que ele jamais poderia igualar.

Finalmente, o filme atacava até mesmo a análise de Hitler da propaganda de guerra. Numa cena que foi cortada da versão alemã, um grupo de soldados tenta chegar a uma conclusão sobre quem havia sido responsável pela eclosão da guerra.[61] O argumento típico era apresentado – algum outro país começara a guerra – e então um dos amigos de Paul surge com uma possibilidade diferente.

"Eu acho que talvez o Kaiser quisesse uma guerra", diz ele.

"Não acho", alguém replica. "O Kaiser já tem tudo o que precisa."

"Bom, ele ainda não havia tido uma guerra até então. Todo imperador que se preze precisa de uma guerra que o torne famoso. Afinal, a história é assim!"

Em outras palavras: não havia folhetos inimigos. Os soldados alemães haviam chegado independentemente à conclusão de que o Kaiser era o culpado por toda a sua dor e sofrimento.

E, no entanto, mesmo que *All Quiet on the Western Front* defendesse que a Alemanha havia perdido a guerra no campo de batalha, que a propaganda não havia tido papel nenhum no desfecho, e que a palavra falada era uma arma perigosa nas mãos de um demagogo – em resumo, embora *All Quiet on the Western Front* oferecesse argumentos contra quase tudo o que Hitler defendia –, um último desdobramento era necessário antes que qualquer ação pudesse ser tomada contra o filme. Nas eleições de setembro de 1930, poucos meses antes de *All Quiet on the Western Front* ser lançado na Alemanha, os nazistas obtiveram vitórias esmagadoras no Reichstag, aumentando sua representação de 12 para 107 cadeiras. De repente, Hitler se tornara uma figura política chave, e Joseph Goebbels estava prestes a instigar o que ficaria conhecido como a "guerra dos filmes".[62]

Na sexta-feira, 5 de dezembro de 1930, a primeira exibição pública de *All Quiet on the Western Front* na Alemanha foi programada para um cinema de Berlim chamado Mozartsaal. Os nazistas haviam comprado cerca de trezentos ingressos para a sessão das 19h00, e muitos outros membros do partido aguardavam do lado de fora. A confusão começou quase imediatamente. Quando o professor fez o discurso incentivando os alunos a irem para a guerra, algumas pessoas da plateia começaram a gritar. Quando os soldados alemães foram forçados a se retirar pelos franceses, a gritaria ficou mais discernível: "Os soldados alemães eram corajosos. É uma vergonha que um filme ofensivo como esse tenha sido produzido nos Estados Unidos!", "Abaixo esse governo da fome que permite um filme desses!".[63] Por causa do tumulto, o projecionista foi obrigado a parar o filme. As luzes da sala foram acesas e Goebbels fez um discurso na primeira fileira do balcão superior, no qual afirmou que o filme era uma tentativa de destruir a imagem da Alemanha. Seus companheiros esperaram que ele terminasse e então jogaram bombas de fedor e soltaram ratos brancos no meio da multidão. Todos foram correndo para a saída e o cinema foi colocado sob guarda.[64]

Policiais em guarda em frente ao Mozartsaal em Berlim, após o motim nazista contra *All Quiet on the Western Front*. Copyright © Getty Images

Nos dias que se seguiram, as ações dos nazistas obtiveram um apoio popular significativo. Tudo parecia a seu favor. Logo após os distúrbios, no sábado, 6 de dezembro, a questão foi levada ao Reichstag, e um representante do Partido Nacionalista Alemão apoiou Hitler. No domingo, *All Quiet on the Western Front* foi retomado no Mozartsaal sob forte proteção policial e, na segunda-feira, os nazistas reagiram com mais manifestações. Na terça-feira, tanto a Federação Alemã de Proprietários de Cinemas como a principal entidade estudantil da Universidade de Berlim se pronunciaram contra o filme. Na quarta-feira, o chefe de polícia de Berlim, Albert Grzesinski, que era social-democrata, decretou uma proibição de quaisquer manifestações ao ar livre, e o principal jornal nazista respondeu "Grzesinski está protegendo esse vergonhoso filme judeu!". Mais tarde nesse dia, os membros do gabinete alemão assistiram a *All Quiet on the Western Front* nos escritórios do Conselho de Cinema. Até esse momento, o ministro do Interior e o ministro do Exterior haviam aprovado o filme, e apenas o ministro da Defesa havia colocado objeções.[65]

A situação chegou a um clímax na quinta-feira, 11 de dezembro. Incentivados pelas ações nazistas, cinco estados – Saxônia, Braunschweig, Turíngia, Württemberg e Bavária – apresentaram petições para proibir *All Quiet on the Western Front*. Às 10h00 daquele dia, o mais alto conselho de censura do país reuniu-se para definir o destino do filme. Vinte e oito pessoas estavam presentes, um número bem maior do que qualquer uma dessas reuniões conseguira reunir antes ou viria a fazê-lo depois. O conselho era formado pelo dr. Ernst Seeger, censor-chefe da Alemanha; Otto Schubert, representante da indústria de cinema; dr. Paul Baecker, editor de um jornal agrário nacionalista; professor Hinderer, teólogo; e senhorita Reinhardt, professora primária e irmã do falecido general Walter Reinhardt. Também estavam presentes representantes dos cinco estados que haviam protestado e os delegados da Defesa, do Interior e do Ministério do Exterior. O advogado da Universal Pictures, dr. Frankfurter, estava acompanhado por um major aposentado e por dois diretores de cinema.[66]

Com todos apertados na sala de projeção, e pelo segundo dia seguido, *All Quiet on the Western Front* foi projetado. Seeger então perguntou a opinião daqueles cinco estados que haviam apresentado queixa por se oporem ao filme. Cada representante deu seu depoimento, e Seeger contou um total de três objeções: o filme ofendia a imagem da Alemanha; era um perigo à ordem pública; e se fosse permitido, então o resto do mundo iria pensar que a Alemanha aprovava a versão ainda mais ofensiva apresentada no exterior.[67] Essas objeções haviam sido formuladas cuidadosamente dentro da lei de cinema alemã, que proibia filmes que "colocassem risco à ordem pública, ofendessem crenças religiosas, provocassem alguma ameaça ou efeito imoral, ou fossem um risco à imagem alemã ou às relações da Alemanha com outras nações".[68]

Seeger voltou-se, então, para o delegado do Ministério da Defesa, o lugar-tenente da marinha von Baumbach, e pediu que comentasse a primeira objeção. Von Baumbach começou dizendo que após a guerra as diversas nações do mundo haviam trabalhado arduamente para estabelecer relações amistosas com a Alemanha. No entanto, havia uma área em que o espírito do Tratado de Locarno não conseguira penetrar: "a área do cinema!". Os americanos continuavam fazendo filmes que ofendiam a imagem alemã. Von Baumbach deu alguns exemplos de *All Quiet on the Western Front*: os soldados alemães, disse ele, constantemente choravam de medo; suas faces eram mostradas sempre distorcidas; eles comiam e bebiam como animais; e só se mostravam animados quando matavam ratos a pancadas. Essas imagens elaboradas podem parecer aceitáveis à primeira vista, mas eram danosas à Alemanha, e se Carl Laemmle da Universal Pictures não gostou dessa opinião, então alguém deveria ter-lhe perguntado: "Por que vocês produzem agora mais um filme de guerra que não pode ter a mesma versão projetada na Alemanha e no resto do mundo?"[69]

O representante do Ministério do Interior, dr. Hoche, então tomou a palavra. Ele disse que *All Quiet on the Western Front* continha tantas imagens de morte e derrota que deixava os espectadores alemães agoniados e deprimidos. Em épocas mais tranquilas, isso talvez não fosse problema. Mas o destino do filme não podia ser determinado no vácuo. Obviamente, o povo alemão vivia um período de profunda aflição psicológica e de conflito interno. A crise econômica ganhava corpo e havia ainda dívidas de guerra a serem pagas. O problema não era que alguns poucos grupos extremistas estivessem artificialmente exaltando os ânimos; mas sim que *All Quiet on the Western Front* se apoderara da genuína ansiedade de um grande número de pessoas. A fim de preservar a ordem pública, o filme devia ser tirado de exibição na Alemanha.[70]

Cartum nazista no qual soldados poloneses, franceses e tchecos riem da retirada alemã em *All Quiet on the Western Front*. A legenda diz: "Um povo que tenha amor-próprio precisa tolerar isso? Durante quatro anos, a Alemanha resistiu ao mundo".

Tudo isso era mais do que suficiente para Seeger. Ele não tinha vontade de examinar cada uma das objeções ao filme. Se pudesse mostrar que o filme transgredia um único aspecto da lei, então todos poderiam ir para casa. Ele começou seu julgamento destacando que *All Quiet on the Western Front* continha estereótipos alemães prejudiciais. A ação perversa do sargento Himmelstoss de afundar os garotos na lama representava uma rude agressão alemã e dava ao espectador a impressão de que a Alemanha era responsável pela eclosão das hostilidades. E enquanto os soldados franceses morriam de maneira tranquila e corajosa, os alemães ficavam sempre uivando e berrando de medo. Portanto, *All Quiet on the Western Front* não era uma representação honesta da guerra, mas uma representação da agressão e da derrota alemãs. O público, é claro, reagira desaprovando. Independentemente da filiação política de cada um, o filme ofendia toda uma geração do povo alemão que havia sofrido tão terrivelmente ao longo da guerra. Seeger proibiu *All Quiet on the Western Front* com base na ideia de que prejudicava a imagem da Alemanha e disse que não era preciso fazer maiores considerações.[71]

Assim, seis dias após os protestos em Berlim, *All Quiet on the Western Front* era retirado das telas da Alemanha. "A vitória é nossa!", proclamou o jornal de Goebbels.[72] Os nazistas aparentemente haviam vencido a guerra dos filmes. Isso não era nenhuma surpresa, pois os membros do Conselho de Censura eram todos muito conservadores, e toda a questão havia sido cuidadosamente orquestrada do início ao fim. O advogado da Universal Pictures, dr. Frankfurter, havia até anunciado que iria recolher o filme de circulação de qualquer modo. Sua companhia havia consultado as autoridades competentes do governo, e os dois grupos haviam concordado em acatar a decisão do Conselho de Justiça, qualquer que fosse.[73] E, no entanto, um último acontecimento na reunião da censura acabaria tendo consequências mais importantes do que a proibição do filme.

O dr. Frankfurter sempre achara que o Ministério do Exterior – o melhor aliado dos estúdios na Alemanha – iria apoiar o filme. Mas quando foi a hora de o seu representante, um homem chamado Johannes Sievers, dar seu depoimento, ele registrou sua desaprovação em algumas poucas frases: "A posição original do Ministério do Exterior, que negou quaisquer problemas com o filme do ponto de vista da política externa, baseava-se unicamente no material disponível na época. Nesse ínterim, o Ministério do Exterior recebeu comunicações do exterior que identificam o efeito nocivo do filme para a imagem da Alemanha. Portanto, chegamos à conclusão de que o filme deve ser visto como ofensivo à imagem do país. O Ministério do Exterior, portanto, recomenda a proibição do filme".[74]

O dr. Frankfurter ficou surpreso. Ele mal havia pronunciado uma palavra até esse ponto, mas agora achou que não podia mais se conter. Ele perguntou ao ministro que "comunicações do exterior" seriam essas e quando elas haviam sido recebidas.[75]

"As comunicações foram recebidas no período entre a inspeção original do filme e a que foi feita hoje", respondeu Sievers. "Consistem em relatórios oficiais e informação privada que, em geral, mostra que a recepção do filme ofende a imagem da Alemanha."

"Estou certo ao supor que essas comunicações se referem apenas à versão estrangeira do filme?", perguntou o dr. Frankfurter.

"Como os relatórios vêm de fora, eles só podem se basear na versão que está sendo exibida ali. No entanto, aqueles que escreveram os relatórios enfatizaram, todos eles, que estão preocupados não com cenas particulares, mas com a tendência geral do filme."

"De que países provêm esses relatórios?"

"Não posso dar detalhes, já que o Ministério do Exterior está em contato com todos os países europeus e estrangeiros. Os relatórios vêm principalmente dos Estados Unidos e da Inglaterra."

O dr. Frankfurter mudou de assunto. "Os jornais de hoje de manhã dão a impressão de que o ministro do Exterior viu a versão atual do filme", disse ele.

"Não sei de nada a respeito disso", replicou Sievers.

"Será que o Ministério do Exterior mudou sua opinião sobre o filme como resultado de ordens superiores?"

Seeger interrompeu. A pergunta era inadmissível, pois dizia respeito ao funcionamento interno do Ministério do Exterior.

O dr. Frankfurter tentou outra abordagem. "Quando foi que o Ministério do Exterior mudou sua posição a respeito do filme?", perguntou ele.

"Recuso-me a responder a essa pergunta."

"É por que o senhor não quer responder ou por que não pode responder?"

"As duas coisas."

"Foi depois da primeira reunião de censura em Berlim que o Ministério do Exterior mudou sua opinião?"

"Sim, foi depois da reunião em Berlim."

Seeger interrompeu de novo. Não permitiria mais questões nessa direção.

"Tenho só mais uma pergunta", disse o dr. Frankfurter. "Alguma coisa parece estar faltando na declaração do representante, ou seja, a opinião. Quando o Ministério do Exterior muda sua declaração desse modo, deve fornecer-nos uma razão".

Mas Sievers havia entendido que Seeger estava do seu lado. "Não tenho mais nada a dizer", ele respondeu. E com isso a inquirição estava concluída.

Como se viu depois, o testemunho de Sievers não teve efeito sobre o caso. Ele havia dito que as comunicações do exterior se baseavam nas versões estrangeiras do filme, e a lei dizia respeito basicamente à versão exibida na Alemanha. Mesmo assim, ele admitira algo chocante. Dissera que o escândalo em torno de *All Quiet on the Western Front* levara vários consulados e embaixadas alemães ao redor do mundo a investigar o impacto do filme em seus respectivos países. Em outras palavras, o Ministério do Exterior estava fazendo algo muito invasivo: usando seus privilégios diplomáticos para determinar se *All Quiet on the Western Front* prejudicava a imagem da Alemanha fora das suas fronteiras. Esse era um desdobramento sem precedentes e desencadeou uma nova série de eventos.

Em Hollywood, o presidente da Universal Pictures, Carl Laemmle, estava preocupado com a controvérsia em torno de seu filme. Ele era nascido na Alemanha, e queria que *All Quiet on the Western Front* fosse exibido ali. De acordo com um dos representantes, sua companhia havia "perdido um ótimo negócio potencial, pois o filme teria sido um tremendo sucesso financeiro na Alemanha se pudesse ter sido exibido sem problemas".[76] Laemmle logo decidiu mandar um telegrama a William Randolph Hearst, o chefe de um imenso império de mídia nos Estados Unidos. "Apreciaria imensamente sua ajuda em apoiar meu filme *All Quiet on the Western Front* agora ameaçado pelo partido de Hitler na Alemanha", escreveu ele. "Se você sente que pode conscienciosamente fazer isso, um comentário com a sua assinatura na imprensa de Hearst seria uma ajuda inestimável."[77]

Hearst sabia que uma história era boa logo ao vê-la. Na sexta-feira, 12 de dezembro, um dia depois de *All Quiet on the Western Front* ter sido proibido na Alemanha, ele publicou um editorial que apareceu na primeira página de todos os seus jornais. Ele fez questão de defender *All Quiet on the Western Front* como um filme pacifista. Mas foi além e promoveu sua própria agenda. Durante anos, havia atacado a França pelos termos injustos do Tratado de Versailles. Agora, ele dizia que apesar do tratado, a Alemanha devia ainda lutar pela paz. "A França vai querer sua última libra de carne, é claro. A França será supremamente egoísta. É a natureza dela", escreveu. Não obstante, "a Alemanha não deve permitir ser forçada a ir para a guerra nem por aqueles fora de suas fronteiras que lhe sejam hostis, nem por aqueles dentro de seus limites que têm boas intenções, mas pensam de modo equivocado".[78]

O editorial, é claro, não fez diferença. *All Quiet on the Western Front* ainda não podia ser exibido na Alemanha. Laemmle foi obrigado a adotar outras medidas. Em junho de 1931, sua companhia reapresentou o filme às autoridades de censura alemãs, e ele foi aprovado para exibição nas associações de veteranos do *front* de guerra e nas organizações mundiais de paz.[79] Depois, em agosto, Laemmle apareceu com uma versão nova, muito editada, de *All Quiet on the Western Front* e estava convencido de que esta não iria ofender o Ministério do Exterior. Fez uma viagem à Europa para promover a nova versão e mandou uma cópia do filme para Berlim. O Ministério do Exterior logo concordou em apoiar *All Quiet on the Western Front* para exibição geral na Alemanha sob uma condição: Laemmle teria que dizer às filiais da Universal Pictures no resto do mundo que fizessem os mesmos cortes em todas as cópias do filme. Em 28 de agosto, Laemmle informou seus funcionários em Berlim que estava pronto a cooperar com a exigência. Seus funcionários então escreveram ao Ministério do Exterior: "Esperamos que essa deferência de nossa parte proporcione um caminho desobstruído para uma exibição irrestrita do filme na Alemanha".[80]

A aprovação de *All Quiet on the Western Front* prosseguiu sem quaisquer dificuldades e em setembro o filme chegou às telas da Alemanha pela segunda vez.[81] No início de novembro, Laemmle foi a Berlim e ficou satisfeito em descobrir que *All Quiet on the Western Front* estava "indo bem comercialmente".[82] O destino do filme nos demais países era outra história. O Ministério do Exterior quis certificar-se de que a Universal Pictures mantinha o pacto, então informou todos os consulados e embaixadas alemães sobre as oito supressões que Laemmle concordara em fazer. Alguns cortes eram relativamente pequenos: a cena na qual recrutas eram enfiados na lama, por exemplo, era agora mostrada apenas uma vez. Outros cortes eram bem mais substanciais, especialmente os numerados de quatro a sete:

Carl Laemmle, fundador e presidente da Universal Pictures. *Copyright* © John Springer Collection/Corbis.

4. Durante a conversa dos soldados sobre as causas e o desenrolar da guerra, a observação de que todo imperador precisa ter sua guerra.

5. A fala de Paul Bäumer aos seus colegas de classe no final do filme: "É sujo e doloroso morrer pela Pátria".

6. A história toda em torno dessa cena. Os garotos da escola e o professor não aparecem mais na segunda metade do filme.

7. O encontro de Paul Bäumer no bar com os velhos combatentes durante sua licença.

Depois de destacar as mudanças que Carl Laemmle havia concordado em fazer, o Ministério do Exterior pediu que um empregado de cada consulado e embaixada alemães fosse assistir ao filme e relatasse se alguma coisa estivesse errada.[83]

A primeira pessoa a descobrir um problema foi um funcionário da embaixada alemã em Paris. Em meados de novembro, esse representante assistiu a *All Quiet on the Western Front* num cinema na Avenue de la Grande Armée e notou que tanto os comentários ofensivos sobre o Kaiser como a segunda cena na sala de aula haviam sido mantidas.[84] O Ministério do Exterior então se queixou à Universal Pictures, e os funcionários da companhia ficaram "extremamente constrangidos": "Nós educadamente pedimos aos senhores – em nome de nosso presidente, o senhor Carl Laemmle – que aceitem nossa garantia de que esse até agora inexplicável descuido é um incidente isolado e que não se repetirá".[85]

Isso se revelou apenas um desejo de que fosse assim, pois, no mês seguinte, funcionários do consulado na Inglaterra e nos Estados Unidos assistiram à versão ofensiva de *All Quiet on the Western Front* em suas respectivas regiões, e logo informaram o cônsul alemão em Los Angeles, dr. Gustava Struve.[86] O dr. Struve então escreveu ao seu primeiro ponto de contato em Los Angeles – não à Universal Pictures, mas à organização que representava os grandes estúdios de Hollywood, a Associação Americana de Produtores e Distribuidores de Filmes. Essa organização, popularmente conhecida como Escritório Hays, não era um órgão do governo, mas um grupo privado, fundado em 1922 para lidar com os pedidos de censura feitos pelo governo. Seu chefe, Will Hays, era um ex-diretor geral dos correios, e o gerente para assuntos estrangeiros era um homem irascível chamado Frederick Herron.

A carta do dr. Struve ao Escritório Hays dizia o seguinte: "Estou incluindo aqui uma lista das cenas que devem ser retiradas do filme *All Quiet on the Western Front*, segundo o acordo entre a Universal Pictures Corporation e o governo alemão do último verão, em consequência do qual o filme mencionado foi acolhido na Alemanha. Essas cenas, que não foram cortadas nas apresentações em Londres e em São Francisco, segundo relatos provenientes desses respectivos lugares, são as seguintes: # 3, 5, 6 e 7".[87] Essa carta foi imediatamente levada a Frederick Herron, que tratava de todas essas questões. Mas Herron não tinha ideia do que o dr. Struve estava dizendo. Ele consultou toda a sua correspondência e não encontrou nenhuma referência às oito cenas que deviam ter sido suprimidas. "O único registro que temos sobre cenas censuráveis", escreveu ele, "diz respeito à cena na escola na qual o professor incita sua classe a se juntar às fileiras; à cena do político fazendo um discurso improvisado, em que se discute como a guerra deveria ser conduzida; e à do sargento exercitando os recrutas de uma maneira mais ou menos severa. Nenhuma dessas eu considero que seria legítimo censurar e disse isso na época... Estou bastante curioso para saber exatamente ao quê o dr. Struve faz objeção nesse filme no presente momento. Quem sabe o senhor pudesse fazer uma observação casual a ele de que talvez, se os membros do governo alemão em Berlim mantivessem suas promessas aos nossos representantes e aos representantes deste escritório, em vez de quebrarem suas promessas como têm feito várias vezes no passado, pudéssemos nos relacionar um pouco melhor".[88]

Herron estava obviamente furioso, mas sua raiva era mal dirigida, pois o dr. Struve estava absolutamente certo nessa ocasião: a Universal Pictures havia concordado em fazer os oito cortes pedidos. O problema real era que, em primeiro lugar, Carl Laemmle havia passado por cima do Escritório Hays ao fazer o acordo. Se tivesse consultado Herron, teria tido como resposta que *All Quiet on the Western Front* não tinha nada de censurável em sua forma original e que de maneira alguma ele deveria cortar o filme no exterior só para garantir seu lançamento na Alemanha. Mas enquanto Herron queria que a Universal Pictures fizesse pé firme com os alemães, Laemmle queria vender seu filme, e se isso implicava cortar cenas às quais o Ministério do Exterior fazia objeção, então as cenas tinham que ser cortadas.

Laemmle obviamente havia cometido um erro terrível. Nos próximos meses, ele assistiu à ascensão de Hitler ao primeiro plano e sentiu-se cada vez mais aflito em relação à situação da Alemanha. Em janeiro de 1932, ficou tão alarmado que escreveu uma vez mais a Hearst, dessa vez sobre uma questão bem mais importante do que o destino do seu filme. "Escrevo-lhe a respeito de um assunto que acredito firmemente ser uma grande preocupação não só da minha raça, mas também de milhões de gentios em todo o mundo", escreveu ele.

> Falando como indivíduo, tenho me preocupado muito há algum tempo com os membros da minha própria família na Alemanha, a ponto de já ter providenciado meios que lhes permitam sair do país às pressas e se manterem depois. Assim, minha preocupação atual não é tanto com aqueles que me são caros pessoalmente, mas com aqueles membros menos afortunados da minha raça que inevitavelmente ficariam à mercê de um violento ódio racial.
>
> Posso estar equivocado, e rezo a Deus que esteja, mas tenho quase certeza de que a ascensão de Hitler ao poder, devido à sua óbvia atitude militante em relação aos judeus, é o sinal de um massacre físico generalizado de muitos milhares de judeus indefesos, homens, mulheres e crianças, na Alemanha e possivelmente também na Europa Central, a não ser que alguma coisa seja feita logo para estabelecer definitivamente a responsabilidade pessoal de Hitler aos olhos do mundo exterior.[89]

Dessa vez, Hearst não escreveu nenhum editorial. Sequer mandou uma resposta. Estava fascinado com Hitler e não se dispôs a assumir uma posição ainda. Enquanto isso, Laemmle continuava a ajudar judeus a saírem da Alemanha. Passou a maior parte de seu tempo convencendo as autoridades americanas de imigração de que seria capaz de dar sustento a judeus individuais, e quando o governo americano começou a negar seus pedidos, abordou outros potenciais benfeitores. Na época da sua morte, havia ajudado a tirar pelo menos trezentas pessoas da Alemanha.[90]

E, no entanto, justamente na hora em que Carl Laemmle embarcava nessa cruzada, seus funcionários na Universal Pictures estavam seguindo as ordens do governo alemão. Nos primeiros meses de 1932, o Ministério do Exterior descobriu que havia problemas com as versões de *All Quiet on the Western Front* que eram exibidas em San Salvador e na Espanha. A companhia pediu desculpas, garantindo que "as cópias dos filmes estavam sendo tratadas como solicitado".[91] Depois disso, houve apenas queixas isoladas. A Universal Pictures havia feito os cortes solicitados em todo o mundo.

As ações tomadas pelos nazistas contra *All Quiet on the Western Front* desencadearam uma série de eventos que duraram mais de uma década. Não só a Universal Pictures, mas todos os estúdios de Hollywood, começaram a fazer grandes concessões ao governo alemão, e quando Hitler chegou ao poder, em janeiro de 1933, os estúdios passaram a negociar diretamente com seus representantes. A fim de compreender o resultado dessas negociações – a grande marca que Hitler deixou na cultura americana –, é necessário examinar a situação em Hollywood. Antes disso, porém, é preciso considerar um último aspecto da obsessão de Hitler por filmes.

Hitler adotara uma abordagem incomum em relação aos filmes. Primeiro, os consumia; na verdade, assistia a tantos que seus auxiliares ficavam preocupados, achando que iria exaurir o acervo do Ministério da Propaganda. Segundo, ele tomava medidas drásticas contra os filmes que se opusessem a tudo que defendia. Há uma estranha disparidade aqui e vale a pena pensar a respeito. Mesmo quando Hitler não gostava nada de um filme a que assistisse em uma de suas sessões noturnas, ele geralmente não ficava muito preocupado com isso. No máximo, reclamava de algum ator do qual não gostasse (geralmente Gustaf Gründgens), ou requisitava uma cópia do último filme de Imperio Argentina em espanhol, porque achava que a versão alemã dublada não fazia jus àquela atriz.[92] No caso de *All Quiet on the Western Front,* porém, ele provocou um tumulto que se fez ouvir no mundo todo.

A razão pela qual Hitler concedia essa atenção desproporcional a um filme em particular está contida na frase de seu capítulo sobre propaganda de guerra no *Mein Kampf*: "Quando o destino e a existência de um povo estão em jogo, toda obrigação em relação à beleza cessa".[93] Isso era característico de Hitler: embora assistisse a filmes toda noite, mesmo que seu fascínio por eles estivesse profundamente ligado à sua própria experiência como orador, ele não imaginava que a grande maioria deles tivesse algo a ver com propaganda. Apreciava as projeções à vontade, mas se aparecia algum filme que ameaçasse a existência da nação alemã – um filme como *All Quiet on the Western Front* –, então ficava em pé de guerra.

No centro do entendimento que Hitler tinha do cinema, portanto, havia essa rígida distinção entre arte e propaganda, uma crença de que essas duas coisas não tinham absolutamente nada a ver uma com a outra.[94] Ele aplicava essa distinção a cada aspecto daquilo que seu partido chamava de guerra dos filmes. Em seus embates com filmes americanos, visava apenas aqueles que considerava verdadeiramente perigosos – uma estratégia que teria implicações devastadoras ao longo da década. E em seus embates com filmes alemães, fez algo notável: tornou-se ele mesmo produtor de cinema.

Logo depois de chegar ao poder, Hitler encomendou à diretora Leni Riefenstahl a filmagem do Comício de Nuremberg de 1934, e o resultado foi *Triumph of the Will* [Triunfo da Vontade], o filme de propaganda nazista mais conhecido. Naturalmente, Hitler era o astro principal. Ele fez uma série de discursos a seus seguidores, e em seu primeiro discurso completo disse: "Hoje, vocês estão sendo vistos não só por milhares de pessoas em Nuremberg, mas por *toda* a Alemanha – que também vê vocês aqui pela primeira vez hoje!". O sentido era claro: ele estava dizendo que, graças à nova tecnologia do cinema, seus discursos aos fiéis membros do seu partido podiam agora ser vistos por todos na Alemanha.[95]

Essa observação traduzia a essência de *Triumph of the Will*: era um filme sobre a obsessão de um orador pelo cinema. Era a oportunidade de Hitler de mostrar suas habilidades oratórias e, como o final do filme deixaria claro, corrigir o dano infligido ao orador por *All Quiet on the Western Front*.

Num aspecto, ele conseguiu. Hitler com certeza mostrou com que habilidade conseguia cativar a atenção de sua plateia. Todas as suas técnicas eram claramente visíveis. Eis como ele fez seu discurso final: ele começa falando de modo hesitante, nervoso, como quem acha que está prestes a falhar. Por alguns momentos desconfortáveis, parece não ter absolutamente nada a dizer. Fica olhando para baixo no pódio, depois ergue os olhos para a plateia e finalmente começa a murmurar que as cerimônias estão chegando ao seu final. Sua voz não transmite emoção; seu corpo permanece parado. É claro que ele sabe da tormenta que está prestes a irromper, mas quer primeiro que sua plateia fique um pouco preocupada. Estava usando uma técnica que descreveu no *Mein Kampf* – lidar com as dúvidas de sua plateia uma por uma a fim de convertê-la –, só que, nesse caso, está fazendo com que eles duvidem de sua capacidade de terminar o discurso. Era uma maneira inteligente de envolvê-los na sua performance de modo que sentissem que estavam percorrendo aquela jornada junto com ele.

Em seguida, vem sua próxima técnica: ele muda a voz e os movimentos do seu corpo para impingir seus argumentos. Faz crescer a expectativa da plateia dizendo que antes seus inimigos de outros partidos políticos costumavam expurgar o Partido Nazista de seus elementos menos importantes. Em seguida, depois de dar à plateia tempo para digerir essa afirmação, grita que esse mesmo dever recai agora sobre o próprio Partido Nazista. "Hoje, devemos fazer um autoexame e expulsar do nosso meio os elementos que se tornaram ruins, e que, portanto," – de repente, chacoalha a cabeça e indica sua reprovação com um gesto de mão – "*não pertencem mais a nós*".

Ao falar, Hitler cultivava uma relação especial com seus ouvintes: não demonstrava nenhum respeito por eles. Ficava em pé diante deles com uma careta no rosto e recusava-se a validar seu entusiasmo. Só mudava a expressão para apoiar seu próprio raciocínio. "Antes, nossos inimigos nos deixavam preocupados e nos perseguiam", disse ele, sorrindo para indicar que seus inimigos não o preocupavam mais. Em seguida, retomava sua pose normal, e quando seus ouvintes aplaudiam, ele apenas os olhava com indiferença. Às vezes, agia como se o aplauso deles o interrompesse, e então erguia as mãos para fazê-los cessar. Outras vezes – especialmente no final, quando sabia que o mais ruidoso aplauso se aproximava –, virava o rosto, como quem diz que não tem a menor necessidade disso.

Essas eram as principais técnicas que Hitler empregava, e pediu que Leni Riefenstahl as registrasse para todo mundo ver. Mas Riefenstahl fez mais: usou uma variedade de técnicas suas para enfatizar esse efeito. Alternava *closes* de Hitler com tomadas extremamente longas da multidão para enfatizar o poder dele sobre a massa. Fazia questão de, nos intensos momentos finais de suas frases, cortar para a multidão em sua reação delirante. E colocava música encobrindo as falas normais de conversação dele, para que suas palavras fossem audíveis apenas durante seus discursos.[96] Esforçou-se para obter sempre o mesmo efeito: mostrar que Hitler exercia um poder místico sobre as massas, e então procurava fazer dele ainda mais um objeto de mistério.

Dois anos mais tarde, Riefenstahl fez o oposto. Filmou as Olimpíadas de Berlim de 1936, nas quais Hitler esteve presente em muitos eventos. No filme que resultou, ela retrata Hitler como um espectador comum, até capta algumas de suas reações usuais. Quando um competidor alemão faz um arremesso de martelo vencedor, ela mostra "bom": Hitler aplaudindo e sorrindo de alegria. Quando um dos atletas alemães deixa cair o bastão no revezamento, ela mostra "ruim": Hitler batendo a mão no joelho e murmurando algumas palavras de raiva. A única reação que ela não mostrou foi a de "desligado".[97]

Mas em *Triumph of the Will*, Riefenstahl tinha uma pauta mais ambiciosa. Estava restaurando a honra da nação germânica ao dar uma resposta ao filme que havia causado tantos problemas quatro anos antes, *All Quiet on the Western Front*. As duas tomadas finais do filme entregam essa conexão: *All Quiet on the Western Front* termina com os soldados alemães marchando silenciosamente em direção aos seus túmulos; *Triumph of the Will* termina com os nazistas marchando vigorosamente em direção à câmera. E, no entanto, num sentido crucial, o filme americano era na verdade mais fiel aos argumentos de Hitler do que o alemão. Hitler sempre dissera que o objetivo da palavra falada era converter a plateia de hesitantes em crentes convictos. Enquanto era justamente isso que acontecia na cena de abertura de *All Quiet on the Western Front*, em *Triumph of the Will* a multidão já havia sido conquistada antes de o filme começar. Num dos discursos, Hitler examina as dúvidas em relação à SA*, mas sabe que eles, antes de mais nada, não iriam questionar sua autoridade.[98] Em outro discurso, vê seus ouvintes levantando de seus assentos para demonstrar seu apoio, mas todos já eram nazistas comprometidos. Apesar de toda a extravagância de *Triumph of the Will*, o filme não mostra realmente o poder da palavra falada. No máximo, apenas revela os limites da imaginação de Hitler.[99] Ele po-

---

*Abreviação de *Sturmabteilung*. Milícia política do partido nazista. (N. do E.)

deria fazer qualquer filme que quisesse, mas havia meramente pedido que alguém registrasse seus próprios discursos.[100]

No entanto, havia um tipo de filme que era perfeitamente adequado aos poderes de Hitler: o noticiário. Uma oportunidade para ele combinar sua capacidade oratória com um tipo de filme que não precisava ter nenhum compromisso com a arte. Em *Mein Kampf*, ele diz que havia sonhado ser encarregado da propaganda; no final da década de 1930, teve essa chance. A partir dos primeiros sinais da agressão alemã (que ele admitiu, já que era ele mesmo o autor), Hitler supervisionou pessoalmente os esforços de propaganda nacionais.[101]

As suas primeiras intervenções registradas no âmbito dos noticiários tiveram lugar em junho de 1938, quando se preparava para uma guerra em grande escala com a Tchecoslováquia. Uma noite, ele assistiu a um dos noticiários propostos pelo Ministério da Propaganda e teve uma reação bastante intensa. Primeiro, fez objeção à apresentação das notícias normais: "Não quero que esses noticiários contenham apenas tomadas minhas. Eles devem incluir mais detalhes dos eventos reais. Os noticiários devem mostrar a construção de novos edifícios, invenções mecânicas e eventos esportivos. A construção da nova sala do Congresso em Nuremberg, por exemplo, não apareceu sequer *uma vez*." Em seguida, voltou-se para a situação da Tchecoslováquia: "O noticiário tem que ser editado de uma maneira politicamente mais divertida (*Die Wochenschau muss politisch witziger gestaltet werden*), de modo que, por exemplo, você veja primeiro tomadas dos nervosos preparativos tchecos. Depois, no final, você vê uma grande tomada dos soldados alemães. Não deve passar uma semana sem que sejam mostradas as últimas tomadas da marinha, do exército e das forças aéreas. Os jovens estão interessados principalmente nessas coisas".[102]

Hitler tinha algumas ideias definidas sobre como queria que seus noticiários fossem feitos. Além de suas regras sobre conteúdo (menos imagens dele, mais imagens do exército), acreditava que as várias tomadas precisavam ser organizadas de um modo mais efetivo, cativante. E com a experiência de anos pronunciando discursos, sabia exatamente o que precisava ser feito. Do mesmo modo que sempre conduzia seus discursos a um desfecho vigoroso, procurou certificar-se de que seus noticiários também terminassem com um clima poderoso. Também compreendeu que, enquanto na oratória o truque está no tom e nos gestos corporais, num noticiário o fator decisivo é a edição. Então recomendou que esse noticiário em particular começasse mostrando o medo do inimigo e depois cortasse para uma única imagem do poderio alemão.

"Bom": Hitler reage positivamente a um arremesso de martelo vencedor feito por um atleta alemão nos Jogos Olímpicos de Berlim de 1936. Fotograma do filme *Olympia,* de Leni Riefenstahl (1938).

Hitler continuou a supervisionar o esforço de propaganda quando as hostilidades começaram de fato. Pelo menos durante o primeiro ano da guerra, promoveu mudanças nos noticiários antes que fossem exibidos. Suas habilidades como orador mostraram-se especialmente úteis, pois ele editou as narrações que acompanhavam as imagens. Mas essas suas mudanças apresentavam poucas surpresas. Ele continuou corrigindo a tendência do Ministério da Propaganda de fazer grande alarde toda vez que ele aparecia na tela. Pegou uma caneta e cortou todas as referências à sua genialidade militar, deixando apenas as menções mais sucintas, como: "O Führer com seus generais no quartel-general do exército". Leu a próxima frase: "À esquerda do Führer, o general Jodl, à sua direita, o general von Brauchitsch". Observou que havia um erro e trocou a ordem.[103]

Ele também achava às vezes que o Ministério da Propaganda tendia a dar excesso de detalhes, ou a colocar os detalhes errados, a respeito das manobras do exército. Um noticiário sobre a invasão de Narvik, por exemplo, falava em soldados paraquedistas pouco treinados triunfando sobre forças britânicas altamente concentradas. Ele fez questão de eliminar a frase sobre a falta de treinamento dos soldados.[104] Ao cortar qualquer coisa que minasse a conclusão natural de uma vitória alemã, ele maximizava o rendimento a cada oportunidade. E, como usual, suas edições mais importantes concentravam-se no fim. Num noticiário abordando a vitória sobre a França, ele concluiu com tomadas do exército alemão em Paris, e cortou as linhas de texto sobre a batalha que iria se seguir.[105] Num noticiário sobre a derrota dos ingleses em Trondheim, cortou a linha "O ataque geral à Inglaterra é iminente" e simplesmente concluiu com a vitória.[106]

Só ocasionalmente Hitler quebrava suas regras habituais. Um noticiário sobre a bem-sucedida marcha do exército alemão pela Bélgica, por exemplo, continha um trecho curto sobre prisioneiros de guerra. O narrador primeiro dava os nomes dos generais capturados que apareciam na tela, depois vinham os prisioneiros comuns: "Belgas, franceses, negros, indianos, brancos, mulatos e amarelos... uma confusão colorida". Finalmente, numa fala que Hitler provavelmente aprovou, o narrador brincou com a promessa de proteção da França: "Bélgica! O exército francês está vindo ajudá-la!". Tudo isso foi mantido na versão final, mas Hitler acrescentou um novo fecho: "Como em 1918 no Reno, essas hordas destinavam-se a ser lançadas contra o povo alemão, dessa vez sobre toda a Alemanha, em nome da cultura e da civilização ocidentais".[107]

E assim, em certo aspecto, o sonho de Hitler de supervisionar o esforço nacional de propaganda tornou-se realidade. Ele editava os noticiários alemães, e fez isso com método e competência. Sem dúvida, orgulhava-se dessa parte da sua contribuição à guerra dos filmes. Sua grande vitória, porém, iria acontecer do outro lado do globo.

2

ENTRADA EM HOLLYWOOD
O LONGO BRAÇO DE HITLER ESTENDE-SE ATÉ O ESTÚDIO DE HOLLYWOOD[1]

O RELACIONAMENTO DE HITLER COM HOLLYWOOD COMEÇOU EM MEIO A grande turbulência. Em 5 de dezembro de 1930, um grupo de nazistas causou tumultos em Berlim na estreia do filme da Universal Pictures, *All Quiet on the Western Front*, e uma semana mais tarde o filme foi proibido na Alemanha. As ações dos nazistas foram decisivas para iniciar um arranjo totalmente novo com os estúdios de Hollywood, do qual Hitler se beneficiou enormemente como chanceler. Antes de examinar suas negociações com os estúdios, porém, é necessário voltar um pouco a atenção para outro evento que contribuiu de uma maneira bem mais discreta para essa mudança.

Apenas duas semanas antes do protesto nazista contra *All Quiet on the Western Front*, um diretor alemão chamado E. A. Dupont assistiu a outro filme americano sobre a Primeira Guerra Mundial, intitulado *Hell's Angels* [Anjos do Inferno]. Dupont tinha pouco em comum com os nazistas: era judeu, e seu último filme havia sido criticado pelos nacionalistas alemães por retratar a beleza de uma jovem judia. Quando ele assistiu a *Hell's Angels* num cinema em Londres, no entanto, ficou tão perplexo que publicou uma resenha devastadora num importante jornal alemão.[2]

Ele reconheceu que o filme era impressionante do ponto de vista técnico. O milionário americano Howard Hughes havia gasto uma quantia sem precedentes de dinheiro e tempo nele, e os resultados eram palpáveis. As cenas de aviação, especialmente as imagens de um piloto britânico voando para cima de um zepelim alemão, eram deslumbrantes e convincentes. Dupont, ao ver o zepelim alemão despencando em direção ao chão, não foi capaz de discernir "onde termina a verdade e onde começa a poesia".[3]

Hell's Angels, segundo Dupont, era um dos maiores, mais caros, mais interessantes e mais bem-sucedidos filmes já feitos, mas também um dos mais antigermânicos. Durante a Primeira Guerra Mundial, explicou ele, um ator de Hollywood chamado Erich von Stroheim ficou famoso ao criar o estereótipo do oficial alemão malvado. Filme atrás de filme, von Stroheim havia praguejado e berrado de maneira exagerada enquanto cometia toda sorte de atrocidades. Os personagens alemães de *Hell's Angels*, dizia Dupont, eram como filhos ilegítimos de von Stroheim. Sempre que diziam suas falas em alemão, propositalmente distorciam a língua de uma maneira provocativa, e essa prática poderia facilmente ter sido evitada. Na sua presente forma, o filme "mostrava muito talento, muitos milhões – e nenhum tato, nenhuma consciência".[4]

A resenha de Dupont recebeu considerável atenção na imprensa britânica. "A objeção de Dupont", publica um jornal, "consiste em que todo alemão é mostrado como uma caricatura do tipo militar, e que toda vez que se fala alemão este é uma mistura de alemão truncado com inglês. Seu argumento é que um filme que gasta tanto dinheiro deveria ter contratado alemães legítimos para fazer o papel de alemães, pois como a precisão técnica é tão convincente, o espectador médio irá acreditar fielmente que tudo o mais em *Hell's Angels* também tem essa precisão".[5] Nos dias que se seguiram à publicação dessa resenha, várias autoridades do Ministério do Exterior alemão tomaram conhecimento dos argumentos de Dupont.[6] Havia rumores de que o Ministério do Exterior poderia pedir à Grã-Bretanha que proibisse o filme, e a questão chegou a ser levantada no Parlamento britânico.[7] No final, porém, algo bem mais surpreendente ocorreu: os nazistas armaram tumultos contra *All Quiet on the Western Front*.

No período que se seguiu, dois cursos de ação possíveis em relação às produções de Hollywood foram por si mesmos sugeridos às autoridades alemãs. O primeiro era o acordo em relação a *All Quiet on the Western Front*, que foi fechado rapidamente. O segundo foi a intensa discussão em torno de *Hell's Angels*, que conseguiu se arrastar por mais de dois anos. A discussão começou no mais alto nível. No último fim de semana de setembro de 1931, o primeiro-ministro francês Pierre Laval e o ministro do Exterior Aristide Briand fizeram uma viagem oficial para se encontrar com o chanceler Heinrich Brüning em Berlim. A viagem foi um tremendo sucesso, exceto por um detalhe. No meio das discussões, o Ministério do Exterior alemão mencionou ao primeiro-ministro francês que *Hell's Angels* estava sendo exibido em vinte cinemas de Paris. O diretor do Escritório Hays para o exterior, Frederick Herron, mal conseguiu acreditar: "Isso foi levado à atenção de Laval recentemente em sua viagem a Berlim, quando ele ficou três dias supostamente para resolver problemas de extrema importância concernentes à segurança da Alemanha e do mundo em geral, e o Ministério do Exterior alemão rebaixou-se a ponto de introduzir isso nas discussões e arrancar uma promessa de Laval de que ele iria retirar a permissão de exibir *Hell's Angels* ao voltar para Paris. Na minha avaliação, é um dos acordos mais mesquinhos e absurdos que já vi. O ministro do Exterior francês deu sua palavra a respeito do assunto e, é claro, foi colocado numa posição em que pouco mais poderia fazer. É como um homem que faz uma visita e o anfitrião lhe pede para voltar para casa e despedir seu cozinheiro".[8]

Hell's Angels foi imediatamente retirado das salas de Paris. A distribuidora do filme, United Artists, entrou em contato como o Ministério do Exterior alemão e – considerando o que acontecera no caso de *All Quiet on the Western Front* – ofereceu cortar tudo o que fosse censurável. O Ministério do Exterior se recusou a aceitar e disse que o filme todo tinha que ser retirado. Frederick Herron incomodou-se com essa atitude inflexível. "Os alemães fazem esse tipo de coisa porque o mundo está num estado caótico e realmente precisa de paz e não de guerra", escreveu ele. "É um mau negócio quando a Alemanha tem condições de dizer à França de que modo ela deve conduzir seu país."[9]

As ações do governo alemão contra *Hell's Angels* foram muito diferentes daquelas que empreendeu contra *All Quiet on the Western Front*, e a razão tinha a ver com diferenças concretas entre os dois filmes. Enquanto *All Quiet on the Western Front* era um filme pacifista que mostrava o horror da guerra, *Hell's Angels* tinha um enredo questionável, que existia apenas para sustentar as fortes emoções que se seguiam. Dupont estava certo em apontar que o filme não tinha tato nem consciência, e com certeza a maioria dos alemães o teria achado inaceitável. Até mesmo o Escritório Hays tinha grandes problemas com ele: "A história de *Hell's Angels* é estúpida, ordinária, sórdida e barata. É como colocar sapatos gastos e sujos de lama numa mulher bem-vestida. A ideia como um todo é equivocada – a garota não passa de uma pequena prostituta, os rapazes são respectivamente um pedante e um covarde, e sua conduta é totalmente perversa".[10]

Entretanto, o Escritório Hays estava comprometido a representar *Hell's Angels* no exterior, e Frederick Herron era a pessoa responsável por apelar das ações do governo alemão. Em junho de 1932, após oito meses de negociações com todos os seus contatos estrangeiros, Herron achou que havia conseguido. "É uma rematada vergonha que tenhamos que gastar tanto do nosso tempo para lutar as batalhas de Howard Hughes", queixou-se. "Sem a ajuda desse escritório, seu filme HELL'S ANGELS dificilmente teria conseguido ser exibido em qualquer país do mundo fora da Inglaterra. Houve protestos em quinze ou mais países e o único no qual perdemos nossa batalha contra esses protestos foi a Espanha."[11]

Herron se precipitara: a batalha em torno de *Hell's Angels* ainda iria continuar mais alguns meses. Embora os alemães não tivessem conseguido proibir o filme na maioria dos países do mundo, havia um lugar onde eles exerciam total controle: a própria Alemanha. E esse fato deu-lhes uma ideia muito engenhosa.

Desde a Primeira Guerra Mundial, o governo alemão havia colocado inúmeras restrições de importação aos filmes. O governo baixou um embargo de tempo de guerra a filmes estrangeiros até maio de 1920 e depois regulamentou a metragem de filmes que podia ser importada anualmente.[12] Por fim, em 1º de janeiro de 1925, o governo introduziu o famoso sistema de cotas, segundo o qual era possível importar um filme estrangeiro para cada filme alemão que tivesse sido produzido no ano anterior.[13] O novo sistema teve o efeito desejado, pois a indústria de cinema alemã continuou relativamente forte na década de 1920, e a proporção de filmes americanos na Alemanha variou entre 30 e 45% – com certeza um número significativo, mas uma imensa queda em relação ao período anterior à Primeira Guerra Mundial, quando a Alemanha foi o segundo maior mercado de exportação de Hollywood. Outros países, que eram inundados por filmes americanos nesse período, logo começaram a seguir o exemplo da Alemanha e também impuseram cotas.[14]

Todo ano, o governo alemão acrescentava novas restrições ao sistema de cotas, e todo ano os representantes dos estúdios americanos em Berlim contestavam as mudanças. Em 1928, o governo definiu limites específicos ao número de filmes que podiam ser importados, e depois complicou ainda mais o sistema criando três tipos diferentes de licença de importação.[15] Em 2 de julho de 1932 – poucas semanas depois de Frederick Herron ter proclamado vitória no caso de *Hell's Angels* –, esperava-se que o governo fosse editar uma nova lei de cotas que obrigasse os estúdios americanos a produzir filmes na Alemanha. Depois de lidar por tantos anos com regulamentações de comércio "absurdas, ridículas e injustas", os executivos americanos estavam pensando seriamente em submeter a situação a um teste saindo do mercado alemão.[16]

Quando a lei de cotas de 1932 entrou em vigor, os executivos americanos iniciaram uma rodada particularmente intensa de negociações. Fizeram reuniões com altas autoridades do governo, sinalizaram que podiam deixar o mercado a qualquer momento e, no final, chegaram a um acordo na questão da obrigatoriedade de produções na Alemanha.[17] Todas essas discussões pareceram muito importantes na época, mas meio escondido na nova lei havia um acréscimo que eles não contestaram e que teria um impacto mais profundo e duradouro. Num pequeno trecho da lei, sob o parágrafo "Artigo Quinze", aparecia o seguinte pronunciamento:

> Pode-se recusar a autorização de filmes de produtores que, apesar das advertências feitas pelas competentes autoridades alemãs, continuem insistindo em distribuir no mercado mundial filmes cuja tendência ou efeito seja pernicioso ao prestígio da Alemanha.[18]

Essa sentença, que o Ministério do Exterior alemão introduziu sorrateiramente nas regulamentações, iria influenciar a produção de Hollywood pelo restante da década. Qualquer um que tivesse algum poder no sistema dos estúdios logo perceberia seu sentido. A questão não era que as companhias americanas não poderiam mais fazer filmes antigermânicos; o governo alemão jamais poderia fazer cumprir uma lei dessas. Ao contrário, esse artigo meramente declarava que se uma companhia distribuísse um filme antigermânico em qualquer parte do mundo, então tal companhia não iria mais obter autorizações de importação para o mercado alemão.

O Artigo Quinze revelou-se uma maneira muito eficaz de regulamentar a indústria americana de cinema. O Ministério do Exterior alemão, com sua vasta rede de consulados e embaixadas, podia facilmente detectar se havia algum filme ofensivo sendo exibido em qualquer lugar do mundo. Se algum fosse descoberto, o Ministério do Exterior poderia então impedir o estúdio correspondente de fazer negócios na Alemanha.[19]

Como o Artigo Quinze nascera da controvérsia envolvendo *Hell's Angels*, era cabível que a companhia responsável pelo filme, a United Artists, fosse o primeiro alvo da lei. Antes, porém, que a United Artists pudesse ser expulsa da Alemanha, esse artigo determinava que a companhia precisava receber "advertências expedidas pelas autoridades alemãs competentes". Em dezembro de 1932, as advertências foram expedidas num encontro insólito em Nova York. A autoridade encarregada dos procedimentos foi o vice-cônsul alemão, dr. Jordan, e como representantes da United Artists estavam o diretor de vendas, Al Lichtman, e o diretor de assuntos estrangeiros, Arthur Kelly.[20]

Nas observações iniciais, Lichtman e Kelly disseram que a questão era puramente financeira. A United Artists não havia produzido *Hell's Angels,* apenas distribuíra o filme, e a companhia iria perder cerca de US$ 1,5 milhão se o filme fosse retirado de exibição nesse estágio inicial.[21]

O dr. Jordan não se manifestou em relação a essas justificativas e simplesmente anunciou que o governo alemão estava invocando esse artigo da lei de cotas contra a United Artists. A reação de Lichtman foi abandonar a reunião.[22]

Kelly tomou a palavra de novo. Ele disse que a United Artists nunca tivera a chance de receber e trocar sugestões a respeito de *Hell's Angels*. Além disso, a United Artists havia recentemente distribuído o filme da companhia alemã Ufa, *The Congress Dances,* nos Estados Unidos, com um prejuízo considerável. Se os alemães promovessem essa retaliação contra a United Artists, os americanos poderiam facilmente revidar as retaliações contra a Ufa.[23]

De novo, o dr. Jordan não se pronunciou. Apenas repetiu sua advertência original: o governo alemão estava invocando o Artigo Quinze da lei de cotas contra a United Artists.

Kelly ficou muito agitado. Ele visivelmente endureceu. "Isso não tem a menor importância para nós, já que de qualquer modo não temos quaisquer negócios na Alemanha", disse ele.

O dr. Jordan não reagiu. Repetiu sua advertência uma vez mais "para não deixar dúvidas em relação às intenções do governo". Kelly respondeu que havia entendido muito bem o sentido da advertência.[24]

Nos dias que se seguiram, o dr. Jordan foi advertido por Frederick Herron para não provocar demais a United Artists. A companhia era muito poderosa e poderia facilmente adotar medidas retaliatórias perigosas. Por exemplo, fazer um filme antigermânico com um elenco de astros e estrelas que seria muito mais difícil de "proibir" do que *Hell's Angels.*[25]

Dez meses mais tarde, Arthur Kelly deu uma curta entrevista em Berlim dizendo que os filmes da United Artists eram "ligados demais à mentalidade americana" para que valesse a pena negociá-los na Alemanha.[26] Se realmente quis dizer isso, então mudou de opinião com muita rapidez, pois no ano seguinte apresentou uma série de filmes aos censores alemães.[27] Quase todos foram rejeitados na hora.[28] Um ano após o barulho em torno de *Hell's Angels,* a United Artists se tornava a primeira vítima do Artigo Quinze.

A criação de uma lei para regulamentar a produção de filmes de ódio em Hollywood era uma jogada forte do governo alemão, mas quase à mesma época outro esquema, ainda mais ambicioso, estava a caminho. Em janeiro de 1932, seis meses antes da introdução do Artigo Quinze, um agente especial do Ministério do Exterior alemão, dr. Martin Freudenthal, fez uma viagem aos Estados Unidos para estudar o sistema de estúdios americano. Durante um ano inteiro, tratou com alguns "dos maiores homens no setor" e ao final de sua viagem havia concebido um curso de ação bem diferente a ser seguido por seu governo.[29]

Outros países haviam organizado missões similares no final da década de 1920. Canadá, Chile, China e México haviam todos enviado representantes a Hollywood para assegurar que suas culturas seriam retratadas com precisão. O exemplo mais conhecido havia sido o do barão Valentin Mandelstamm, da França, que insistiu em ser pago por seus serviços e que a certa altura convenceu o governo francês a impor uma proibição temporária aos produtos da Warner Brothers.[30] Nenhum representante, porém, foi tão entusiástico quando Martin Freudenthal. Toda vez que Freudenthal tomava um trem, ele se dedicava a conversar com os passageiros sobre vários assuntos, "por exemplo, a igreja, as mulheres americanas etc.", numa tentativa de aprender mais sobre os americanos. A primeira coisa que notou a respeito dessas pessoas é que elas não reagiam bem ao excesso de formalidade; isso simplesmente fazia com que levantassem a guarda. Portanto, ele decidiu conduzir todas as suas interações de um jeito casual, informal, "livre e solto". Assim, por exemplo, quando Will Hays lhe contou que ele não era o primeiro representante a vir para Hollywood – que outros países eram sensíveis também à maneira com que eram retratados –, ele retrucou que a Alemanha era um "caso especial". A reputação da Alemanha havia sido sistematicamente destruída pelos filmes dos anos pós-guerra, e os estúdios precisavam ter "boa vontade" e resolver o problema.[31]

Ele tinha um argumento. Os representantes de outros países geralmente se preocupavam com questões de exatidão ou moralidade. Valentin Mandelstamm, por exemplo, identificou detalhes nos roteiros de filmes que eram "incorretos" ou que continham "erros fundamentais", e fez objeções a uma cena de *All Quiet on the Western Front* na qual um grupo de mulheres francesas permitiam ser seduzidas muito depressa.[32] Freudenthal, por outro lado, estava preocupado com o fato de a derrota alemã ser retratada constantemente nas telas e, na esteira da Primeira Guerra Mundial, isso era uma questão genuinamente importante.

Freudenthal logo compreendeu que sua tarefa não seria fácil. Havia grandes obstáculos no caminho. Para começar, a indústria do cinema estava mudando a cada dia. Devido às complexas relações do cinema com a arte, a economia, a tecnologia e, por último, mas não menos importante, com a política, ele não era um objeto de estudo fácil.

Além do mais, sua própria missão era muito precária. Até esse ponto, os representantes estrangeiros haviam tentado apenas protestar contra filmes ainda em produção, não filmes que já tivessem sido concluídos. Freudenthal estava protestando contra ambos, e tinha pouco a oferecer em troca aos estúdios.[33]

De longe, o maior obstáculo que ele encontrou foi o Escritório Hays. Os funcionários dessa organização, particularmente Frederick Herron, viam a si mesmos como os "guardiões" da indústria e ficavam inquietos ao ver Freudenthal interagir diretamente com os estúdios. No início de sua viagem, Freudenthal havia impressionado vários executivos de estúdios, e até lhe ofereceram um cargo no departamento de produção da Fox. Rapidamente, no entanto, os funcionários do Escritório Hays começaram a intervir e Freudenthal foi obrigado a fazer um "acordo de cavalheiros" com eles: prometeu não negociar com os estúdios diretamente desde que eles o consultassem em todos os casos relacionados com a Alemanha.[34]

Freudenthal conseguiu obter alguns ganhos com o novo acordo. Ele convenceu o Escritório Hays a usar sua influência para cancelar um filme da Paramount sobre o afundamento do navio Lusitania durante a Primeira Guerra Mundial. Também conseguiu que fossem feitos cortes significativos num filme da Fox chamado *Surrender* [Rendição], ambientado num campo de prisioneiros alemão. Outras negociações foram mais difíceis: quando ele fez objeções a um novo filme da RKO chamado *The Lost Squadron* [A Esquadrilha Perdida], os funcionários do Escritório Hays não o levaram muito a sério.[35]

Esse filme em particular tinha antecedentes interessantes. Tempos antes, quando *Hell's Angels* estava sendo filmado, o produtor, Howard Hughes, oferecera a um piloto chamado Dick Grace US$ 250 para participar de uma cena extremamente perigosa envolvendo o abate de um bombardeiro Gotha alemão. Grace havia recusado, dizendo que queria US$ 10 mil – um preço justo, considerando o risco envolvido. Hughes acabou pagando a outro piloto US$ 1.000 pelo serviço, e o terrível destino do bombardeiro Gotha era visível na cena final do filme.[36]

No ano seguinte, Grace publicou sua novela *The Lost Squadron* sobre um tirânico produtor de cinema, De Forst, que fazia filmes independentes de aviação em Hollywood. No início da sua novela, De Forst estava trabalhando num novo filme chamado *Hell's Free Acre*. No final, ele coloca ácido nos cabos de um avião para que ele caia e lhe dê a cena que precisa.[37] Dick Grace tinha bons contatos em Hollywood, e conseguiu convencer David Selznick a transformar *The Last Squadron* num filme da RKO. O filme era fiel ao livro exceto por dois detalhes: Selznick mudou o nome do vilão de "de Forst" para "von Furst", e contratou ninguém menos do que Erich von Stroheim para o papel.[38]

E então, por pura coincidência, o filme que pretendia ser um ataque a *Hell's Angels* acabou invocando seu estereótipo mais danoso. O principal personagem do filme, que obviamente pretendia representar Howard Hughes, era agora desempenhado por Erich von Stroheim, o pior vilão alemão das telas. Embora *The Lost Squadron* não fosse um filme de ódio no sentido convencional – não degradava o exército alemão –, Freudenthal sentiu que qualquer alemão que o assistisse ficaria profundamente ofendido com o diálogo de Stroheim. Freudenthal estava seguindo a deixa de E. A. Dupont e dizia que essa distorção proposital da língua alemã era a zombaria mais ofensiva de todas.[39]

Mas as autoridades americanas não falavam alemão, portanto não podiam compreender a crítica de Freudenthal. Frederick Herron mostrou-se particularmente resistente. Ele se reuniu várias vezes com Freudenthal para tratar de *The Lost Squadron* na filial de Nova York do Escritório Hays, e se recusou categoricamente a cortar o diálogo. Freudenthal então foi a Los Angeles e Herron avisou seus representantes de lá sobre a nova visita: "É provável que vocês fiquem mortalmente cheios desse homem, porque ele vem para se reunir por dez minutos e acaba ficando duas horas, mas não vejo nenhum jeito de evitá-lo, pois é ligado à embaixada como representante direto do embaixador".[40]

Algumas semanas mais tarde, Herron recebeu uma visita do vice-cônsul em Nova York, dr. Jordan, que levantou o assunto da cooperação americana na questão de *The Lost Squadron*. Herron ficou confuso, então o dr. Jordan lhe apresentou a prova: "Ele tinha um telegrama do Ministério do Exterior em Berlim dizendo que nosso novo reclamante, Freudenthal, havia feito um relatório sobre isso, e que sugeria que cortássemos todas as falas em alemão do filme, e que eu disse que faria o possível". Herron olhou para o telegrama sem acreditar e, como de hábito, perdeu as estribeiras: "Já disse que não poderia ajudar nesse tipo de acordo, que a gente já passou por cima dele em vários lugares do mundo e estamos prontos a retomar a questão sempre que vier à tona e rechaçá-la".[41]

No final, Freudenthal conseguiu alguns avanços com *The Lost Squadron*. Como resultado de suas ações, uma parte do diálogo em alemão foi cortado.[42] Ele também aprendeu uma importante lição de sua experiência: os americanos não estavam propositalmente querendo ofender os alemães. O retrato negativo que faziam dos personagens alemães era, na maioria das vezes, não intencional.[43]

Essa compreensão afetou toda a atitude de Freudenthal em relação à sua missão. Quando o governo alemão publicou o Artigo Quinze da lei de regulamentação dos filmes, ele estava no meio de sua viagem e não se mostrou exatamente entusiasmado com o novo desdobramento. Embora entendesse que a lei podia ser necessária em certos casos, em geral a considerava um equívoco. Depois de conhecer figuras poderosas da indústria do cinema, ele compreendeu que muito poucos momentos ofensivos dos filmes americanos eram propositais. Consequentemente, uma medida legal punitiva como o Artigo Quinze não fazia sentido. Freudenthal queria, em vez disso, trabalhar lado a lado com os estúdios americanos para evitar futuros retratos negativos do povo alemão.

É claro que Freudenthal não tinha ilusões a respeito da razão pela qual os estúdios aceitavam se reunir com ele. "As atitudes das companhias americanas em relação à minha missão variavam segundo seus interesses imediatos no mercado alemão", disse ele.[44] Em outras palavras, as companhias seguiam as recomendações dele pelo simples fato de querer vender mais seus filmes na Alemanha. Até aquele ponto, Freudenthal sempre reagira a essas solicitações dizendo que "questões de honra políticas não deviam ser vinculadas a questões de economia".[45] Com a publicação do Artigo Quinze, ele provavelmente deve ter achado muito mais difícil usar essa desculpa.

Ao final do seu ano nos Estados Unidos, Freudenthal voltou para a Alemanha para fazer um relato de suas experiências. As pessoas que lhe deram as boas-vindas eram totalmente diferentes daquelas que o haviam enviado em sua missão. Em 30 de janeiro de 1933, Hitler se tornara chanceler da Alemanha, e em 5 de março, os nacional-socialistas haviam obtido 43,9% dos votos nas eleições para o Reichstag, o que lhes permitiu formar uma coalizão governista com seus aliados nacionalistas. Em 31 de março, apenas oito dias após Hitler ter assumido poderes ditatoriais, Freudenthal encontrou-se com algumas das figuras políticas mais importantes da Alemanha. As lições que havia aprendido eram de grande interesse para o Ministério do Exterior, o Ministério da Defesa, o Ministério do Interior e, especialmente, para o recém-criado Ministério da Propaganda. Todos ouviram Freudenthal enquanto ele esboçava um plano que acabara de conceber para combater o problema dos filmes de ódio nos Estados Unidos.[46]

Ele começou destacando que os momentos mais bem-sucedidos de sua viagem haviam sido as interações com os diretores-gerais dos estúdios de Hollywood. Ele recebera permissão do Escritório Hays para encontrar-se diretamente com Carl Laemmle da Universal Pictures e, como resultado de seus encontros, Laemmle concordara em adiar a sequência de *All Quiet on the Western Front*, intitulada *The Road Back*. Pelo restante do ano, Freudenthal encontrou-se com o filho de Laemmle, Carl Laemmle Jr., e muitos outros filmes foram alterados em favor da Alemanha. "Naturalmente", disse Freudenthal, "o interesse da Universal em colaborar [*Zusammenarbeit*] não é platônico, mas motivado pela preocupação da companhia com o bem-estar de sua filial de Berlim e com o mercado alemão".[47]

Outros chefes de estúdio foram igualmente solícitos. Um executivo da RKO prometeu que sempre que fizesse um filme envolvendo a Alemanha iria trabalhar "em estreita colaboração" com o cônsul-geral local. Um executivo da Fox disse que também iria consultar um representante alemão em todos os casos futuros. Até mesmo a United Artists ofereceu "a mais estreita colaboração" (*engste Zusammenarbeit*) como retribuição por alguma compreensão no caso *Hell's Angels*. "Toda vez que essa colaboração era obtida", disse Freudenthal, "as partes envolvidas a consideravam não só útil, como prazerosa".[48]

À luz dessa experiência, Freudenthal propôs que um representante permanente ficasse instalado em Los Angeles para trabalhar diretamente com os estúdios em todos os filmes que tivessem relação com a Alemanha. O representante deveria estar oficialmente ligado ao consulado de Los Angeles e concentrar seus esforços em "educar e treinar" os estúdios sobre o sentimento nacional alemão. Deveria invocar o Artigo Quinze apenas como último recurso. "Prevenir doenças é muito melhor do que tratá-las no hospital", disse Freudenthal. "Para evitar a possibilidade de invocar o Artigo Quinze, uma colaboração amistosa no próprio local de produção é o mais recomendado."[49]

Do ponto de vista dos nazistas, o relatório de Freudenthal não poderia ter chegado em melhor hora. Hitler estava no poder há apenas oito semanas; o Reichstag havia sido dissolvido há oito dias; um novo início era inteiramente possível. Se, no entanto, Freudenthal tinha esperança de obter para si o cargo que estava descrevendo, com certeza ficou desapontado com o resultado final. Ele foi transferido para uma divisão legal do Ministério do Exterior e um diplomata alemão chamado Georg Gyssling, membro do Partido Nazista desde 1931, foi enviado a Los Angeles.[50] Não se sabe se Gyssling tinha muita experiência com cinema, mas ele mergulhou no seu novo trabalho com entusiasmo. Seus superiores em Berlim comentaram os resultados em duas palavras: "Muito eficiente".[51]

Quando Gyssling chegou a Los Angeles, o filme mais problemático sendo realizado era *Captured!* [Prisioneiros], uma produção da Warner Brothers ambientada num campo de prisioneiros alemão durante a Primeira Guerra Mundial.[52] A Warner Brothers prometera exibir o filme a um oficial alemão antes de distribuí-lo e, em 16 de junho de 1933, Gyssling foi convidado a dar sua opinião sobre um filme americano pela primeira vez.[53]

Desde o início do encontro, ficou óbvio que Gyssling era uma figura muito diferente de Freudenthal. Na tela, um grupo de soldados britânicos estava alinhado para uma inspeção e o comandante alemão do campo, um homem cruel, acertava um murro no queixo de um dos soldados. Enquanto o soldado caía ao chão, Gyssling mostrou-se inflexível em sua reação – essa cena tinha que ser suprimida. O comandante do campo então fez uma observação depreciativa sobre a Cruz da Vitória de outro soldado e Gyssling disse que essa cena também teria que ser cortada. Um terceiro soldado fez um pedido desesperado por água e Gyssling disse que nenhuma daquelas imagens poderia aparecer na versão final do filme.[54]

Conforme *Captured!* ia sendo exibido, ficava claro que raramente havia alguma coisa a que Gyssling não fizesse objeção. Soldados eram enfiados numa sala enorme e obrigados a tomar banho de chuveiro juntos e isso, segundo Gyssling, fazia o campo parecer ridículo. Os soldados se revoltaram contra os guardas e foram presos por essa razão – isso também era brutal demais. O comandante alemão do campo atira café no rosto de seu ordenança e este reage matando o comandante – de modo algum isso poderia ser mostrado. A lista prosseguiu, e ao final do filme, Gyssling havia requisitado um número imenso de cortes.[55]

Dois meses após essa reunião, *Captured!* foi lançado nos cinemas dos Estados Unidos sem os cortes pedidos por Gyssling.[56] Não se sabe bem o que aconteceu a essa altura, mas muito provavelmente Gyssling mandou uma de suas advertências à Warner Brothers. Primeiro, ele teria citado o texto do Artigo Quinze: "Pode-se recusar a autorização de filmes de produtores que, apesar das advertências feitas pelas competentes autoridades alemãs, continuem insistindo em distribuir no mercado mundial filmes cuja tendência ou efeito seja pernicioso ao prestígio da Alemanha". Depois, teria acrescentado uma frase dele mesmo: "Como esta carta tem o caráter de advertência no sentido da referida cláusula, peço que me informem sobre a decisão que irão tomar em relação à distribuição de *Captured!*".[57]

A Warner Brothers tinha muito a perder. Há anos ela vendia filmes à Alemanha, e empregava dezenas de pessoas num escritório de distribuição em Berlim. Em março de 1933, assim que Hitler chegou ao poder, seu drama policial realista *I Am a Fugitive from a Chain Gang* [O Fugitivo] havia causado sensação na Alemanha. Na estreia do filme, as pessoas lotaram os cinemas por 34 dias seguidos, e as resenhas tinham sido entusiásticas.[58] "Emoção após emoção, imagem após imagem passam rápido pelos seus olhos", o jornal nazista *Völkischer Beobachter* registrou. "Nossos diretores podem aprender muito com esse filme americano."[59] *I Am a Fugitive from a Chain Gang* foi o quinto filme mais popular na Alemanha em 1933 e a Warner Brothers esperava que seu musical de sucesso *42nd Street* [Rua 42] fizesse sucesso ainda maior.

A Warner Brothers foi logo consultar Frederick Herron a respeito da situação. Herron tinha mais experiência nesse tipo de coisa do que qualquer outra pessoa, pois havia sido o único a questionar a avaliação de Martin Freudenthal no ano anterior. Mesmo assim, as dificuldades de Herron com Freudenthal nem se comparavam ao que ele achou de Gyssling. "Vocês provavelmente já perceberam que esse cônsul aí está procurando encrenca", disse Herron. "Eu já sei exatamente o que vocês irão enfrentar; ele tem uma visão estreita e vocês irão descobrir que sempre, em qualquer negociação que tiverem com ele, vai haver encrenca."[60] Herron incentivou a Warner Brothers a fazer alguns, mas não todos os cortes pedidos por Gyssling em *Captured!* e depois deu um jeito de mostrar a nova versão a outro cônsul alemão, chamado Gustav Müller. Esse homem, pelo menos, não era nazista.

A segunda projeção oficial de *Captured!* teve lugar em 12 de janeiro de 1934, nos escritórios da Warner Brothers em Nova York. Müller revelou-se um convidado muito mais receptivo do que Gyssling. Assistiu ao filme com calma e paciência, comparou as edições na nova versão com aquelas solicitadas por Gyssling sete meses antes, e ouviu com atenção os comentários esclarecedores de Herron e do representante da Warner Brothers. No geral, a sessão foi muito produtiva. Sobre a cena do filme em que aparece um oficial britânico diante de um tribunal de guerra alemão, Herron explicou que a Warner Brothers havia removido uma série de *closes* dos juízes alemães, pois isso criava uma impressão muito desfavorável. Müller expressou sua aprovação da nova versão e pediu apenas alguns cortes adicionais. O representante da Warner Brothers então prometeu mudar todas as cópias de *Captured!* espalhadas pelo mundo segundo as especificações alemãs. As cópias americanas seriam editadas em uma semana; as outras iriam levar apenas um pouco mais de tempo.[61]

Tanto o Escritório Hays quanto a Warner Brothers ficaram satisfeitos com o resultado. "Isso é só um exemplo do que pode ser feito se você lida com pessoas inteligentes, e não com obstrucionistas como o dr. Gyssling", observou Herron.[62] Uma semana mais tarde, Herron trabalhou de novo com Müller, dessa vez num filme da Columbia intitulado *Below the Sea* [Tesouro do Mar]. Müller fez objeção às referências do filme ao

U-170, um tipo de submarino que os alemães haviam usado na Primeira Guerra Mundial. Perguntou à Columbia Pictures o que ela poderia fazer a respeito da seguinte frase, que ele lembrava como: "Hey, Schlemmer, imaginei que você talvez gostasse de saber que estou aqui bem do lado da sua velha banheira, o U-170". O representante da Columbia Pictures disse que seria muito difícil mudar a fala nesse estágio tão avançado, mas acabou concordando em apagar todas as referências ao U-170 na edição final do filme.[63]

Notícias dos dois casos logo chegaram aos jornais de negócios nos Estados Unidos. "Companhias de cinema americanas ainda estão com receio de ofender o governo alemão... Preferem continuar seus negócios lá apesar das atuais condições", relatou o *Variety*. "Duas companhias, a Warner Brothers e a Columbia, fizeram grandes concessões na semana passada para evitar problemas."[64] No entanto, na mesma hora em que essa notícia estava sendo impressa, a Warner Brothers de qualquer modo enfrentava problemas. Gyssling deve ter percebido que a companhia passara por cima dele ao lidar com outro cônsul, pois justamente na hora em que *Captured!* era editado em Nova York, ações mais sérias estavam sendo tomadas em Berlim. O Ministério da Propaganda enviou uma carta aos consulados e embaixadas alemães do mundo inteiro para anunciar que *Captured!* era o pior filme de ódio feito desde a Primeira Guerra Mundial e que o Artigo Quinze havia sido invocado contra a companhia.[65] Os interesses da Warner Brothers na Alemanha estavam arruinados. O filme *42ⁿᵈ Street* foi rejeitado pelos censores alemães por "mostrar muitas pernas" e a companhia fechou seu escritório em Berlim em julho de 1934.[66]

Pelo restante da década, os estúdios que ainda tinham negócios na Alemanha tomaram muito cuidado para manter bons termos com Georg Gyssling. Toda vez que embarcavam numa produção com alguma potencial ameaça, recebiam uma de suas cartas lembrando-os do texto do Artigo Quinze. Nesse sentido – como veremos num capítulo posterior –, não cometeram o mesmo erro da Warner Brothers. Simplesmente convidavam Gyssling até o estúdio de filmagem para uma exibição prévia do filme em questão e faziam todos os cortes que ele pedia. Num esforço para manter o mercado aberto para os seus filmes, aceitavam fazer exatamente o que o predecessor de Gyssling, Martin Freudenthal, havia vislumbrado: colaborar com a Alemanha nazista.

Todas as interações entre o governo alemão e os estúdios americanos até aqui consideradas baseavam-se em duas preocupações centrais. A dos alemães era a questão da honra nacional: sentiam que os estúdios vinham sistematicamente destruindo sua reputação desde a Primeira Guerra Mundial. Os estúdios, por sua vez, preocupavam-se com questões econômicas: sentiam que os alemães impunham restrições comerciais injustas ao seu produto. Essas duas preocupações conflitantes cristalizavam-se no Artigo Quinze. Se fosse num tempo e num lugar diferentes, a história poderia ter se encerrado aqui, mas a partir do momento em que Hitler chegou ao poder, um terceiro elemento foi acrescentado à equação, e o relacionamento entre Hollywood e o governo alemão tornou-se infinitamente mais complicado.

Como mostrado, desde a Primeira Guerra Mundial os estúdios americanos enfrentavam tremendas dificuldades financeiras na Alemanha. Antes da guerra, a Alemanha havia sido seu segundo maior mercado de exportação; após a guerra, a Alemanha encolheu e virou uma fonte pequena, mas importante, de receita externa.[67] Os americanos, é claro, ainda continuavam a fazer negócios bem melhores na Alemanha do que outros estúdios estrangeiros: apenas um punhado de filmes britânicos, por exemplo, chegava à Alemanha nesse período. Mesmo assim, os americanos sentiam-se constantemente frustrados pela regulamentação de cotas que o governo alemão implantara para proteger companhias locais de cinema como a Ufa. Em 1925, num esforço para reagir aos problemas que se acumulavam, o Departamento de Comércio dos Estados Unidos havia formado uma divisão separada de cinema e, eventualmente, o departamento decidiu enviar um delegado comercial, George Canty, a Berlim.[68]

Canty era um homem de negócios esperto e deu conselhos aos estúdios americanos sobre como reagir a cada nova resolução acrescentada às regulamentações de cotas. Quando os alemães insistiram que todas as dublagens deviam ser feitas localmente, por exemplo, não ficou muito preocupado, mas quando eles impuseram grandes restrições de agendamento a filmes estrangeiros, encorajou os executivos americanos a ameaçarem sair do mercado.[69] Foram poucas as ocasiões em que Canty se viu perdido em relação a como proceder. "Estou trabalhando um informe resumido a ser submetido ao Bureau assim que conseguir ter as coisas mais claras na minha mente", escreveu ele uma vez aos seus superiores em Washington, depois de ler um resumo das novas leis comerciais. "Estou fazendo o melhor possível para me apressar... antes que um estudo mais profundo do que precisamos... para proteger a indústria doméstica possa resultar num conjunto caracteristicamente alemão de regulamentações complicado demais para permitir que possamos operar de maneira bem-sucedida nele."[70]

Como Canty sabia bem, os nazistas haviam prometido simplificar o sistema de cotas caso chegassem ao poder. Em julho de 1932, um alto funcionário do setor de cinema proclamara que o Partido Nazista era "absolutamente a favor de intercâmbio e colaboração internacional". Embora o partido não fosse tolerar atrocidades como *All Quiet on the Western Front* ou *Hell's Angels*, os filmes americanos seriam sempre bem-vindos na Alemanha. Idealmente, a cota iria voltar à condição original: um filme estrangeiro autorizado para cada filme alemão produzido. "Mas se acontecer de não sermos capazes de produzir filmes suficientes para sustentar o mercado local", acrescentara o porta-voz nazista, "então definitivamente teremos que ampliar a cota. Não é nossa intenção ficar sentados de braços cruzados enquanto os donos de cinema perdem dinheiro apenas porque a Ufa está ditando nossa política de importação!".[71]

Surpreendentemente, o porta-voz nazista parecia estar dizendo a verdade. No ano posterior à vitória de Hitler nas eleições do Reichstag, as companhias americanas tiveram poucas dificuldades econômicas na Alemanha. George Canty encontrou-se com o assistente de Joseph Goebbels para assuntos de cinema, um homem chamado Mutzenbecher, e foi-lhe dito "que os americanos eram necessários junto com a espécie certa de alemães para ajudar o Partido a desenvolver o cinema até seu justo valor". Isso era exatamente o oposto da política do governo anterior e Canty adorou. "Dei-me a conhecer como alguém que articulava os interesses americanos numa cooperação que iria restaurar o mercado alemão ao seu justo valor", relatou ele.[72] Algumas semanas mais tarde, teve mais um "contato amistoso" com Mutzenbecher e outros nazistas de destaque no setor, e ficou combinado "que um arranjo de trabalho com os interesses americanos era absolutamente necessário a fim de romper com as barreiras para filmes no exterior... e que a colaboração com nosso escritório era praticamente o único modo em que esses assuntos poderiam ser adequadamente discutidos".[73]

Depois de anos em Berlim, Canty esperava que seus esforços finalmente produzissem efeito. Ele seria capaz de obter condições de negócios favoráveis para os estúdios americanos. Ainda tinha, é claro, umas quantas preocupações. Sabia que a ascensão de Hitler ao poder criara vários problemas mais gerais para as companhias estrangeiras operarem na Alemanha. Acima de tudo, preocupava-se com uma nova lei que impedia as empresas estrangeiras de levar seu dinheiro embora do país.[74] A lei, que era uma grande preocupação para muitas empresas americanas estabelecidas na Alemanha (como a General Motors e a IBM), não afetou imediatamente os estúdios, pois os nazistas consideravam o cinema um produto cultural, mais do que uma *commodity*.[75] Nos primeiros dias do Terceiro Reich, Goerge Canty achou que os nazistas se mostravam surpreendentemente cooperativos em todas as questões financeiras relacionadas ao cinema. O verdadeiro problema, ele logo descobriu, estava em outra parte.

Em meados de março de 1933, começaram a circular boatos de que todos os judeus que trabalhavam com cinema na Alemanha estavam prestes a perder o emprego.[76] Como era de esperar, em 29 de março a Ufa despediu vários de seus melhores roteiristas, diretores, atores e pessoal técnico especializado.[77] Na semana seguinte, um pequeno grupo dentro do Partido Nazista – a Associação dos Vendedores – enviou uma carta às companhias americanas de cinema na Alemanha insistindo que todos os empregados judeus fossem dispensados. A carta causou um considerável pânico, porque as companhias americanas empregavam não só uma grande quantidade de judeus, mas também um grande número de nazistas, e estes começaram a aterrorizar os judeus. Nessa situação caótica, os diretores das companhias decidiram dar uma licença temporária a todos os judeus para sua "preservação mental". Em seguida, organizações trabalhistas nazistas começaram a se formar dentro das companhias individuais, e um porta-voz da organização na Paramount anunciou que os empregados judeus não poderiam voltar.[78]

Canty decidiu reunir-se com seus contatos do Ministério da Propaganda para tratar da situação. Explicou o que estava acontecendo e eles lhe disseram para manter os empregados judeus fora do local de trabalho enquanto eles avaliavam a posição da Associação dos Vendedores. Canty quis seguir essa orientação, mas os executivos americanos não e, em 20 de abril, os empregados judeus voltaram ao trabalho. A retomada das atividades durou exatamente um dia. O chefe da Associação dos Vendedores ordenou aos exibidores que não comprassem filmes de vendedores judeus e o Ministério da Propaganda "ficou irritado" com os executivos desobedientes.[79]

Por volta dessa época, Max Friedland – executivo local da Universal Pictures e sobrinho predileto de Carl Laemmle – foi tirado da cama em Laupheim e levado à prisão. Ficou lá por cinco horas sem saber qual era a acusação.[80] O executivo da Warner Brothers, Phil Kauffman, teve seu carro roubado e levou uma surra de alguns capangas.[81] O executivo da Columbia Pictures seria o próximo da lista, então Canty arrumou-lhe documentos de identidade e aconselhou-o a sair da Alemanha. O executivo da MGM, Frits Strengholt, também estava se aprontando para ir embora, mas Canty disse às autoridades que ele era gentio e ele teve permissão para ficar.[82]

Após essa demonstração de força, os executivos americanos que restaram demitiram seus vendedores judeus, enquanto Canty retomava suas discussões com os vários departamentos do governo alemão. Quando o problema começou, Canty havia previsto o resultado num relatório ao Departamento de Comércio. "Suponho que alguns reajustes terão que ser feitos no pessoal de nossas companhias com o passar do tempo, já que elas estão indelevelmente marcadas como companhias judias", ele havia escrito. "Mas não quero dizer com isso que estejamos obrigados a nos livrar de todos os empregados judeus. Quase sinto que iremos acabar demitindo os dispensáveis e mantendo os indispensáveis, se não houver nada especificamente contra esses últimos; mas nessa fase nossos executivos de companhias precisarão ter a cabeça fria para poder lidar com as inúmeras pequenas dificuldades."[83]

A previsão de Canty revelou-se absolutamente correta. Ele apresentou listas dos vendedores judeus mais desejáveis ao Ministério do Exterior e conseguiu obter isenções para eles.[84] Os demais tiveram que ir embora. No início de maio, os estúdios de Hollywood anunciaram sua decisão. "As unidades de cinema americanas cedem aos nazistas na questão racial." Como relatou o *Variety*, "a atitude americana a respeito do assunto é que as companhias americanas não podem se dar ao luxo de perder o mercado alemão no presente momento, sejam quais forem os inconvenientes das mudanças de pessoal".[85]

É claro que a concessão afetou ambas as partes envolvidas. Ao mesmo tempo em que os estúdios foram obrigados a despedir vários de seus vendedores judeus, os nazistas concordaram em oferecer proteção aos vendedores que restaram. Canty foi "alertado claramente de que se houvesse alguma resistência da parte dos exibidores em relação às ordens do corpo nazista, [ele] deveria simplesmente trazer os casos individuais à atenção do Ministério, onde seriam tomadas as medidas policiais para fazer cumprir as ordens".[86] Durante os três anos seguintes, vendedores judeus distribuíram filmes americanos na Alemanha. Apenas em 1º de janeiro de 1936 os nazistas aprovaram uma nova lei proibindo todos os judeus de trabalharem no negócio de distribuição de filmes.[87]

A razão dessa concessão de 1933 era simples. Teria havido um grande declínio na produção alemã de cinema se os nazistas tivessem demitido todos os judeus da Ufa, e os filmes americanos eram extremamente necessários para compensar a diferença nos cinemas.[88] Os estúdios de Hollywood tinham um significativo poder de barganha nessa situação e uma de suas exigências foi manter metade de seu pessoal judeu. Eles também conseguiram obter condições bem melhores para a venda de seus filmes na Alemanha: a primeira cota sob o regime nazista continha menos restrições do que o usual e foi mantida por três anos em vez de um.[89] Os estúdios venderam um total de 65 filmes na Alemanha em 1933, um aumento em relação aos 54 de 1932.[90] "Em suma", relatou Canty, "tínhamos pouco motivo de queixa".[91]

Ainda assim, o expurgo de vendedores das companhias americanas que operavam na Alemanha introduziu um novo elemento no relacionamento entre os dois grupos. Os nazistas, em total coerência com suas políticas antissemitas, insistiam que todos os que trabalham com cultura na Alemanha fossem de descendência ariana. Isso teria passado totalmente despercebido na história do Terceiro Reich se não fosse um único fato: os fundadores dos estúdios de Hollywood, que estavam fazendo negócios com os nazistas, eram em sua maioria judeus. Como numerosos comentaristas apontaram, os homens que criaram o sistema de estúdios em Los Angeles eram imigrantes judeus descendentes do Leste europeu. Entre eles estavam William Fox, fundador da Fox; Louis B. Mayer, diretor da MGM; Adolph Zukor, diretor da Paramount; Harry Cohn, diretor da Columbia Pictures; Carl Laemmle, diretor da Universal Pictures; e Jack e Harry Warner, que dirigiram a Warner Brothers. "De 85 nomes envolvidos em produção", segundo observou um estudo da década de 1930, "53 eram judeus".[92]

Por que esses poderosos executivos (com exceção de William Fox, que perdeu o controle da Fox em 1930) escolheram fazer negócios com o regime mais antissemita da história? A escusa de ignorância pode ser descartada de cara. Um dos mitos mais persistentes a respeito da ascensão e queda do Terceiro Reich é que o mundo exterior não tinha conhecimento da extensão da brutalidade nazista. Na verdade, os eventos na Alemanha sempre foram relatados nos jornais americanos, embora não necessariamente na primeira página. Os executivos de Hollywood sabiam exatamente o que estava acontecendo na Alemanha, não só porque haviam sido obrigados a demitir seus vendedores judeus, mas também porque a perseguição aos judeus era de conhecimento geral na época.[93]

As ações dos executivos de Hollywood parecem especialmente problemáticas quando comparadas aos primeiros esforços da maior organização judaica dos Estados Unidos, o Congresso Judaico Americano. Em 27 de março de 1933, exatamente quando as companhias americanas estavam cooperando com os nazistas na questão dos vendedores, essa organização promoveu uma manifestação no Madison Square Garden para protestar contra o tratamento dos judeus na Alemanha. O presidente honorário do Congresso Judaico Americano, o rabino Stephen S. Wise, anunciou o motivo da manifestação em termos inequívocos: "Já passou a hora de se ter precaução e prudência... O que está acontecendo na Alemanha hoje pode acontecer amanhã em qualquer outro país da Terra a não ser que seja desafiado e repreendido. Não são os judeus alemães que estão sendo atacados. São os judeus. Devemos protestar. Mesmo que isso não adiante, pelo menos teremos protestado".[94]

Essas foram palavras corajosas, e o próximo movimento do Congresso Judaico Americano foi convocar um boicote aos produtos alemães. A ideia era controvertida na época: dois outros importantes grupos judaicos – o Comitê Judaico Americano e a B'nai B'rith – recusaram-se terminantemente a apoiar o boicote.[95] E na década de 1930, eram esses dois grupos que desfrutavam dos laços mais estreitos com os estúdios americanos. Logo após a manifestação no Madison Square Garden, os estúdios ignoraram a ideia do boicote. Depois, com a ajuda da Liga Antidifamação e da B'nai B'rith, os estúdios formularam uma última política que afetou não só suas relações com os nazistas, mas com a cultura americana em geral.

No final de maio de 1933, um roteirista de Hollywood chamado Herman J. Mankiewicz – o homem que mais tarde escreveria *Cidadão Kane* – teve uma ideia promissora. Ele sabia do tratamento dado aos judeus na Alemanha e pensou, "Por que não colocar isso na tela?" Rapidamente, escreveu uma peça chamada *The Mad Dog of Europe* [O Cachorro Doido da Europa], que enviou ao seu amigo Sam Jaffe, produtor da RKO. Jaffe ficou tão impressionado com a ideia que comprou os direitos de produção e largou seu emprego.[96] Esse produtor que, assim como Mankiewicz, era judeu, planejou reunir um grande elenco de Hollywood e dedicar toda a sua energia a um filme que iria abalar o mundo.

Nunca ninguém fizera um filme sobre a perseguição de Hitler aos judeus e Jaffe estava preocupado que alguém em Hollywood pudesse roubar sua ideia. Portanto, colocou um anúncio de página inteira no *Hollywood Reporter* e declarou sua intenção numa carta dirigida "a todo o setor cinematográfico". "Como sinceramente acredito que *The Mad dog of Europe* é o filme mais valioso que já tive sob minha propriedade", escreveu ele, "e porque desejo reservar tempo suficiente para prepará-lo e filmá-lo com o infinito cuidado que o assunto merece, por meio desta peço ao setor cinematográfico que tenha a gentileza de respeitar meus direitos de prioridade".[97]

Herman J. Mankiewicz, autor de *The Mad Dog of Europe* e de *Cidadão Kane*. Copyright © John Springer Collection/Corbis.

A seguir, Jaffe precisava encontrar alguém para transformar a peça num roteiro de cinema adequado. Ele teria pedido a Mankiewicz para fazer isso, mas Mankiewicz tinha contrato com a MGM, então foi obrigado a achar outra pessoa.[98] Acabou então contratando um roteirista desconhecido chamado Lynn Root, e viu que Root trabalhava rápido. Depois de um mês, Jaffe estava de posse do roteiro.[99] Abriu o texto na primeira página: "Esse filme é produzido no interesse da Democracia, um ideal que tem inspirado os feitos mais nobres do Homem", leu ele. "Hoje a maior parte do mundo civilizado alcançou esse estágio de esclarecimento."[100] Era um começo de peso; colocava as apostas bem alto. Jaffe leu o texto. Durante a leitura, o filme ganhou vida na sua mente.

Era julho de 1915. O ambiente era o lar dos Mendelssohn, uma patriótica família judaica que morava na Alemanha no primeiro ano da Primeira Guerra Mundial. Os Mendelssohn haviam recentemente enviado seu filho mais velho para o *front* ocidental e passavam a tarde com seus melhores amigos, os Schmidt. Os pais curtiam um jogo de xadrez, as mães organizavam um evento de caridade e as crianças brincavam lá fora. Nessa hora, chega um telegrama, e os Mendelssohn ficam sabendo que seu filho mais velho foi morto em combate.

O segundo filho dos Mendelssohn, um garoto de apenas dezesseis anos, decide levar adiante o legado do irmão. Ele falsifica a data de sua certidão de nascimento para passar por alguém de dezoito anos, e se alista na Força Aérea do Exército Imperial Alemão. Logo passa a ser visto como herói: abate dezenas de aviões inimigos e as pessoas dizem que ele é imbatível. Mas um dia os Mendelssohn recebem um telegrama anunciando que seu segundo filho também foi morto.

O terceiro garoto a partir para a guerra é o filho mais velho dos Schmidt, Heinrich. Ao contrário dos filhos dos Mendelssohn, Heinrich não é morto em combate. Luta bravamente até o fim. Quando volta para casa, no entanto, é uma pessoa completamente diferente. Demonstra raiva e amargura, e não consegue parar de se queixar do mau tratamento dispensado à Alemanha. "Impostos, dívidas de guerra, reparações – tudo é nossa culpa", queixa-se ele. "Estou cansado disso. O coração alemão tem que ser duro, forte e impiedoso, para esmagar nossos inimigos, dentro e fora."[101]

Heinrich, como muitos outros, procurava um líder diferente, e um dia conhece Adolf Hitler. Fica seduzido pelo charme de Hitler e releva as demais coisas. Entra para o Partido Nacional Socialista, participa da tentativa frustrada de golpe de 1923 e termina dividindo a cela de prisão com o grande líder. Os dois homens se dão muito bem até que alguém do passado de Heinrich chega para uma visita. Hitler fica chocado ao ler o nome no cartão de visitas.

"Ilsa Mendelssohn", diz ele. "Quem é ela?"

"Bem...", Heinrich começa.

"Judia!", Hitler grita.

"Sim."

"Você se diz nazista – e traz uma judia até a porta da minha casa."[102] Heinrich explica que havia proposto casamento a Ilsa Mendelssohn, uma amiga da família, pouco antes de partir para o *front* ocidental. Hitler mostra-se inflexível. "Se você é indigno, devo arrancá-lo do meu coração do mesmo modo que agora ordeno que arranque do seu essa garota judia", diz ele. "Decida agora. Você é um nazista – ou é amante de uma judia?"[103]

Como era de se esperar, Heinrich faz como Hitler pede. Ele se encontra com Ilsa e lhe diz como se sente em relação ao povo judeu: "nenhum judeu pode ser alemão. Eles são inimigos da Alemanha – parasitas alimentando-se do sangue alemão". Quando Ilsa protesta, Heinrich replica friamente: "não quero vê-la nunca mais. Falo sério. Nem você nem sua família judaica".[104]

Neste ponto, a cena muda. O filme passa para um noticiário. Importantes eventos históricos se sucedem, um após o outro: o Plano Dawes de 1924, o estabelecimento das relações entre Alemanha e Estados Unidos, as visitas de vários americanos importantes a Berlim. Então, quando tudo parece estar melhorando, a Bolsa entra em colapso. Bancos fecham, pessoas perdem seus empregos, o otimismo desaparece. No caos que se segue, o presidente Hindenburg nomeia Adolf Hitler chanceler da Alemanha, e logo depois Hitler assume poderes supremos.

O ambiente agora é a Alemanha no presente. Como esperado, Hitler leva adiante suas promessas de campanha. Um grande número de pessoas é obrigado a andar pelas ruas carregando placas nas quais se lê: "Sou judeu". Lama e sujeira são atiradas nessas pessoas. Ao fundo, veem-se lojas que foram fechadas. "Não compre aqui – Judeu!", está rabiscado nas portas. Pedras são atiradas nas vidraças das janelas.[105]

Apesar desses horrores, o Mendelssohn pai – professor de história na universidade local – estava decidido a ir trabalhar como de hábito. Quando entra na sala de aula, fica atônito com o que vê. Um aluno estava em pé contra a parede com um chapéu onde se lia "JUDEU". Uma pena estava enfiada no ombro do aluno e pingava sangue da ferida. Outro aluno escrevia na lousa "Meu professor é judeu." Mendelssohn tenta restabelecer a ordem, mas os alunos o desafiam. "Não vamos aceitar ordens de judeus!", um deles grita.[106] Por fim, outro professor entra na sala e diz a Mendelssohn que ele não pode mais trabalhar na universidade. Mendelssohn pega o menino judeu pela mão e sai com ele da sala de aula.

No mesmo dia, um evento importante tem lugar: Heinrich é nomeado comissário-chefe de sua cidade natal. A primeira coisa que fica sabendo ao voltar é que seu irmão se casara com Ilsa Mendelssohn e que eles haviam tido um filho. "Quer dizer que você continuou levando a vida em frente enquanto eu estava no *front*?" diz a Ilsa. "Certo, o que mais eu poderia esperar de uma judia?" Então ele se vira para o irmão e diz: "Sua história com ela acabou. Com ela e com a laia judaica dela".[107] Poucos dias depois, uma nova lei é anunciada nos jornais: "Hitler decreta que todos os arianos casados com judeus devem se separar ou ser mandados para campos de prisioneiros".[108]

Agora tudo acontece muito depressa. O último filho que restou ao professor Mendelssohn, um rapaz chamado Hans, é brutalmente assassinado por capangas nazistas. Mendelssohn recorre ao seu velho amigo Schmidt para obter ajuda e Schmidt procura o filho Heinrich, mas este se recusa a fazer qualquer coisa. "Não estou aqui para ajudar judeus", diz ele. "Estou aqui para expulsá-los. Eles são traidores da Alemanha... Temos que nos livrar desses vermes."[109]

Sem ninguém para ajudá-lo, o professor Mendelssohn vai até o necrotério sozinho para resgatar o corpo do filho. Descobre, então, que o filho foi marcado a ferro quente com suásticas. Em sua fúria, grita para um grupo de nazistas que estavam presentes: "Nós, judeus, somos bons para morrer no campo de batalha, mas não somos bons para viver na Mãe-Pátria". Os nazistas atiram nele e o matam. Então Schmidt chega e vê o que aconteceu. "Parem com esse banho de sangue... essa perseguição de inocentes", ele grita. Os nazistas o matam também.[110]

Quando Heinrich descobre as mortes, fica chocado. Finalmente percebe o erro de suas atitudes. Vai então correndo até seu irmão e Ilsa. Fornece aos dois documentos de identidade e manda-os cruzar a fronteira. Quando estão fazendo isso, um grupo de nazistas começa a disparar. Heinrich interpõe-se diante da metralhadora e é morto, e o carro dos dois consegue escapar. E com essa nota curiosamente otimista, o filme termina.

Sam Jaffe terminou a leitura do roteiro. Duas coisas ficavam imediatamente claras. Primeiro, que *The Mad Dog of Europe* não era o melhor roteiro de filme que ele já havia lido. O ritmo era truncado, os personagens não tinham profundidade e o texto era medíocre. O enredo continha reviravoltas em excesso e era difícil manter controle de todos os eventos que aconteciam. Ele teria que fazer um grande número de modificações para tornar o filme atraente para o grande público.

Apesar disso, a notícia não era de todo ruim. O tema continuava tão estimulante e original como lhe soara de início. Nada parecido com isso havia sido filmado antes. Mais que isso – e este era o ponto importante –, nada com esse tema conseguira ser tão surpreendente. A perseguição aos judeus era do conhecimento de todos na época e todos os eventos do roteiro já haviam acontecido ou podiam facilmente ter sido imaginados. Jaffe tinha em mãos um tema que estava na mente de todos, e seria a primeira pessoa a tratar dele. Decidiu levar o empreendimento adiante.

Várias forças haviam sido postas em ação para evitar que um filme como esse chegasse a ser produzido. Em primeiro lugar, estava Georg Gyssling, o encarregado de invocar o Artigo Quinze da regulamentação alemã de cinema. Até essa altura, Gyssling só usara o Artigo Quinze contra os filmes de ódio tradicionais, ou seja, filmes que depreciavam o exército alemão durante a Primeira Guerra Mundial. Como qualquer um poderia adivinhar, *The Mad Dog of Europe* era infinitamente mais ameaçador, pois fazia mais do que apenas remexer em velhas feridas – atacava o atual regime alemão. Aí estava um filme, "cuja tendência ou efeito era pernicioso ao prestígio da Alemanha".

Apesar disso, Gyssling não tinha como usar o Artigo Quinze contra *The Mad Dog of Europe* pela simples razão de que a companhia que produzia o filme não tinha negócios na Alemanha. Gyssling ficava com apenas uma opção: informar o Escritório Hays que se *The Mad Dog of Europe* fosse feito, então seu governo poderia proibir a exibição de todos os filmes americanos na Alemanha. Não se sabe se Gyssling realmente fez isso nesse ponto particular do tempo – as provas são inconclusivas –, mas provavelmente fez, porque não demorou para que Will Hays convidasse Sam Jaffe e Herman Mankiewicz ao seu escritório para discutir a produção que tinham em vista.

O encontro não foi amistoso. Hays disse a Jaffe e Mankiewicz que suas atividades estavam colocando em risco os negócios dos grandes estúdios de Hollywood. Acusou o par de "escolher uma situação sensacionalista para o filme, que, se realizado, poderia dar-lhes um imenso lucro, mas geraria pesadas perdas para o setor". Em resposta, Jaffe simplesmente disse que iria tocar a produção em frente apesar de qualquer proibição que Hays pudesse tentar impor. Mankiewicz concordou e acrescentou que havia escrito a história pela mesma razão que os estúdios de Hollywood haviam feito *Baby Face, Melody Cruise* e *So This Is Africa** – ou seja, para entreter o público.[111]

Hays precisava adotar outra abordagem, então pediu ao seu representante em Los Angeles, Joseph Breen, que entrasse em contato com figuras importantes da comunidade judaica local. Ele foi bem específico sobre quem Breen deveria abordar. Não queria, por exemplo, que Breen fosse procurar a filial local do Congresso Judaico Americano, pois já fracassara na tentativa de tentar conseguir o apoio desse grupo para a supressão do filme. Em vez disso, queria que Breen procurasse as pessoas que naquele momento estavam constituindo um conselho consultivo para a Liga Antidifamação de Los Angeles.[112]

Breen procurou o grupo e contatou um homem chamado Leon Lewis, ex-secretário nacional da Liga Antidifamação. Ele apresentou a Lewis um argumento peculiar. Disse que se Jaffe e Mankiewicz produzissem *The Mad Dog of Europe*, poderia haver um tremendo recrudescimento antissemita nos Estados Unidos. Segundo Breen, "devido ao grande número de judeus ativos no setor cinematográfico neste país, com certeza surgiria a acusação de que os judeus, como classe, estão por trás de um filme anti-Hitler e usando a tela do entretenimento para seus propósitos pessoais de propaganda. O setor inteiro, por causa disso, provavelmente seria acusado pela ação de um mero punhado de gente".[113]

---

* Os títulos no Brasil são, respectivamente, *Serpente de Luxo, Cruzeiro dos Amores* e *Tapeando os Vivos*. Os três filmes foram lançados em 1933. (N. do T.)

Quando Lewis ouviu esse argumento pela primeira vez, ficou muito desconfiado. Ele anotou que o Escritório Hays não queria que *The Mad Dog of Europe* fosse produzido "porque (sic) tem medo de que isso produzirá uma onda antissemita". O fato de ter usado "sic" numa frase que não contém nenhum erro talvez implique que ele não achava que o Escritório Hays realmente punha fé em seu próprio argumento.[114] Algumas semanas mais tarde, escreveu que não fora convencido por Breen porque "não achei que a organização Hays tivesse exercido uma influência muito protetora no passado".[115] Não obstante, ele usou esses contatos para obter de Sam Jaffe uma cópia do roteiro de *The Mad Dog of Europe*, e prometeu a Jaffe que iria examiná-lo com cuidado e dar um retorno e sugestões.[116]

Em 16 de agosto de 1933, teve lugar uma das primeiras reuniões do novo conselho consultivo da Liga Antidifamação em Los Angeles. Todos os membros locais estavam presentes, e várias outras figuras importantes compareceram também, incluindo o rabino Isadore Isaacson do Templo Israel, em Hollywood. Primeiro, Lewis leu o roteiro inteiro de *The Mad Dog of Europe*. Em seguida, foi aberta uma discussão. Todos na sala concordaram que as referências diretas a Hitler e à Alemanha nazista poderiam ser perigosas. Mesmo assim, "se modificadas de modo a parecer fazer referência a um país fictício, e se os elementos de propaganda fossem atenuados e tornados mais sutis, era a opinião quase unânime que o filme seria um meio muito eficaz de despertar o público em geral para as grandes implicações do hitlerismo".[117]

Antes do término da reunião, alguns membros expressaram uma última preocupação. Mesmo que o roteiro fosse atenuado, disseram eles, o Escritório Hays provavelmente iria objetar o filme de qualquer modo, já que os principais estúdios de Hollywood ainda estavam fazendo negócios na Alemanha. Ninguém na reunião sabia exatamente a extensão desses negócios. Alguns suspeitavam que a Alemanha estava proibindo filmes que estrelassem atores judeus, outros achavam que a Alemanha proibia totalmente "companhias que supostamente fossem controladas por judeus". Ninguém tinha a mais pálida ideia de que os nazistas na verdade estavam facilitando a distribuição de filmes americanos na Alemanha.[118]

Não obstante, considerando essa questão dos negócios, Lewis decidiu submeter a situação a um teste. Pediu a um roteirista bem conhecido que preparasse um esboço de *The Mad Dog of Europe* no qual não constasse nenhuma das objeções óbvias. Então submeteu o esboço a três agentes diferentes e, sem qualquer hesitação, todos lhe disseram a mesma coisa: "não adianta oferecer qualquer história nessa linha, pois os grandes estúdios têm mostrado 'o polegar para baixo' a quaisquer filmes desse tipo".[119]

Lewis então relatou seus achados ao quartel-general da Liga Antidifamação. Escreveu ao diretor nacional, Richard Gutstadt, passando-lhe todas as informações recolhidas e apontando dois cursos de ação possíveis. A Liga Antidifamação poderia desestimular todos os filmes de propaganda sobre o tema da Alemanha nazista – uma política que obviamente iria agradar aos nazistas e ao Escritório Hays – ou poderia "apoiar e prestar ajuda à distribuição do tipo certo de filmes de propaganda". Se a Liga Antidifamação escolhesse essa segunda opção, a implicação era que isso ajudaria a moldar o conteúdo de *The Mad Dog of Europe*.[120]

Quando Gutstadt leu o roteiro, no entanto, teve uma reação bem diferente da que foi demonstrada pelas pessoas na reunião em Los Angeles. E sua filha também ("Ela está se graduando em literatura e tem uma avaliação muito aguçada dos valores literários", explicou Gutstadt). A posição deles era a seguinte: "Esse filme, em sua presente forma pelo menos, não pode fazer absolutamente nenhum bem e pode fazer um mal considerável... É amadorístico, como se fosse uma coisa que um estudante de colegial faria seguindo as instruções de trabalhar um roteiro com o propósito declarado para o qual esse roteiro foi escrito".[121]

Na verdade, a opinião de Gutstadt sobre *The Mad Dog of Europe* baseava-se menos na *expertise* de sua filha do que numa política que a Liga Antidifamação havia recentemente adotado para lidar com uma mudança nas condições locais. A partir do momento em que Hitler chegou ao poder na Alemanha, houve um sensível aumento no antissemitismo nos Estados Unidos. Surgiram manifestações nazistas em várias cidades americanas e foram criadas organizações fascistas domésticas, como os Silver Shirts.[122] Uma das acusações mais comuns feitas por esses grupos era de que os judeus estavam influenciando a opinião pública americana por meio de seu controle da grande mídia, particularmente do cinema. Nessas condições, a Liga Antidifamação ficou muito cautelosa em relação a protestar abertamente contra a situação na Alemanha, temendo que tais protestos servissem apenas para alimentar o antissemitismo americano.[123]

Depois de muito debate, a Liga Antidifamação veio com uma estratégia alternativa para lidar com a perseguição aos judeus na Alemanha. "Estamos nos empenhando na maioria de nossas atividades para mostrar o apoio dos gentios ao sentimento anti-Hitler", Gutstadt disse. "Espera-se que os judeus façam uma ruidosa oposição a tudo que tenha um caráter antissemita, seja doméstico ou exterior. Não se espera que os gentios se ergam em defesa dos judeus e esse é o elemento que devemos utilizar para impressionar os não judeus." Como *The Mad Dog of Europe* não se encaixava nessa nova política da Liga Antidifamação, Gutstadt encorajou Lewis a usar seus poderes para suspender a produção.[124]

Lewis fez como lhe disseram. Embora seu comitê fosse unânime em achar que *The Mad Dog of Europe* tinha o potencial para ser uma peça de propaganda eficaz, ele circulou por Hollywood e informou às pessoas relevantes que a Liga Antidifamação não aprovava o filme. "Eu sequer discuti essa questão com alguma instância do Conselho Consultivo", comentou ele, "e agi a partir da minha própria iniciativa e responsabilidade".[125] A notícia se espalhou depressa. Em 1º de setembro, ele já foi capaz de se reportar a Gutstadt para dizer que o filme não seria feito. O produtor, Sam Jaffe, tentara levantar US$ 75 mil para cobrir seus custos, mas "os círculos nos quais ele poderia procurar esses fundos estão agora muito bem informados e a probabilidade agora é de que o projeto seja enterrado".[126] Na verdade, sem o conhecimento de Lewis, Jaffe havia levantado seus custos ao vender os direitos da produção a outra pessoa, e o filme estava mais próximo de ser produzido do que nunca.

A pessoa que agora detinha os direitos era uma figura altamente incomum de Hollywood chamada Al Rosen.[127] Rosen era um agente – um "dez-porcentista" naqueles dias – e tinha fama de conseguir o que queria. Seu primeiro grande cliente, o ator Fredric March, descreveu seu método da seguinte maneira: "Ele nunca passa pela porta da frente se houver uma porta lateral ou uma passagem subterrânea... Nunca tivemos uma reunião. Al nunca era esperado em parte alguma, mas também podia aparecer em qualquer lugar. Eu ficava com medo de ser preso por entrada ilegal quando a porta abria e [Louis B.] Mayer ou algum outro grande magnata entrava. Mas o rosto dele se iluminava e ele ia lá cumprimentar Al como se fossem velhos amigos, e então começavam a discutir se o estúdio poderia viver sem mim".[128]

Se havia alguém capaz de convencer um grande executivo de Hollywood a fazer *The Mad Dog of Europe,* esse alguém era Rosen. Era destemido e agressivo, e nesse caso particular não precisava de escusas para suas motivações. "Seria indolente insistir que estou fazendo esse filme por um ato de altruísmo; que estou numa cruzada em prol do bem-estar de uma raça", disse ele. "Meu ponto de vista é que tenho razões para crer que há uma demanda pública para um filme como este que tenho em mente."[129]

Quando os jornais de negócios informaram que Rosen estava indo em frente com *The Mad Dog of Europe,* teve lugar a série usual de medidas preventivas. Georg Gyssling foi até o Escritório Hays – e a prova dessa vez é conclusiva – e o Escritório Hays pressionou Rosen a abandonar a produção. As mesmas justificativas foram apresentadas: que um filme como esse iria prejudicar os negócios dos grandes estúdios na Alemanha e promover o antissemitismo nos Estados Unidos. As mesmas ameaças foram feitas: se Rosen não parasse e desistisse imediatamente, o Escritório Hays faria tudo que estivesse ao seu alcance para que o filme nunca fosse produzido.[130]

Mas Rosen era uma figura muito diferente de Jaffe e, depois de ter sido ameaçado desse modo, reagiu agressivamente. Primeiro, obteve o apoio de membros do Congresso Judaico Americano que pressionavam para um boicote nacional aos produtos alemães.[131] Depois, fez algo incomum: processou o Escritório Hays. Foi ao Tribunal Superior de Los Angeles e acusou o Escritório Hays de interferência mal intencionada com contratos e conspiração. Alegava danos de US$ 1.022.200: US$ 7.200 pelo custo do roteiro, US$ 15 mil por despesas incidentes e US$ 1 milhão por danos punitivos.[132]

No mesmo dia em que Rosen entrou com o processo contra o Escritório Hays, emitiu uma notável declaração pela Agência Telegráfica Judaica. Suas palavras eram duras e fragmentadas, mas revelavam ao público, pela primeira vez, o que acontecia nos bastidores de Hollywood:

Sei por fontes confiáveis que a organização Hays foi procurada por representantes do dr. Luther e do dr. Gyssling de Los Angeles para usar sua influência junto aos produtores de Hollywood a fim de me fazer interromper a produção de *The Mad Dog of Europe*. Mas mesmo assim deverei seguir em frente.

As autoridades alemãs declararam que os bens dos grandes produtores de Hollywood na Alemanha seriam confiscados e que seria interrompida a importação de outros filmes americanos para a Alemanha, a não ser que eles usassem sua influência e me pressionassem para me fazer retirar esse filme. A maioria dessas grandes produtoras são empresas judaicas e eles se dizem judeus...

Alegam que se meu filme for produzido, os judeus na Alemanha vão sofrer danos. Qualquer americano medianamente informado sabe que os judeus na Alemanha têm sofrido exílio, aprisionamento, brutalidades, negação do privilégio de ganhar a própria vida e não é incomum serem executados. Será que uma raça que tem sido ultrajada desse modo pode sofrer outros ultrajes ainda maiores? A imprensa veicula muitas histórias de brutalidade nazista. Será que esses órgãos da imprensa trouxeram um ultraje ainda maior aos judeus alemães ao publicarem essas histórias? Então por que eles têm que se opor à nossa intenção de mostrar essas cenas reais aos olhos do público americano?[133]

Ao longo dos sete meses seguintes – de novembro de 1933 a junho de 1934 –, Rosen continuou seus preparativos para *The Mad Dog of Europe*. Conseguiu 10 mil pés de noticiários da Alemanha para incorporar ao seu filme.[134] Descobriu um ator que se parecia muito com Hitler para fazer o papel dele pela primeira vez na tela.[135] E mandou uma carta a mil exibidores dos Estados Unidos para avaliar a reação deles aos seus planos.[136]

Rosen também tentou convencer alguns dos executivos mais poderosos de Hollywood a colocar dinheiro no projeto. Nisso, foi totalmente mal-sucedido. Louis B. Mayer disse-lhe que ninguém iria produzir filme nenhum "porque temos interesses na Alemanha; eu represento o setor cinematográfico aqui em Hollywood; temos negócios ali; temos rendimentos enormes na Alemanha e, no que me diz respeito, esse filme jamais será realizado".[137]

E, portanto, *The Mad Dog of Europe* nunca chegou a virar filme. Continuaram a aparecer notícias nos jornais de negócios de que Al Rosen estava iniciando o estágio seguinte do processo, mas nunca houve nada de concreto. A única produção comparável do período era um filme menor, antinazista, chamado *Hitler's Reign of Terror* [O Reinado do Terror de Hitler], que não era um longa-metragem, mas uma desajeitada mistura de trechos de noticiário, real e encenado, exibida em alguns poucos cinemas em maio de 1934. Mas essa produção independente recebeu resenhas quase sempre negativas, e até o governo alemão reconheceu que não representava nenhuma ameaça: "O filme é muito ruim do ponto de vista técnico. Apresenta uma rápida sucessão de imagens, a maioria incoerentes... O filme não terá o efeito que nossos opositores gostariam que tivesse... Até mesmos nossos opositores, que talvez esperem ver uma série de imagens de atrocidades, ficarão decepcionados".[138]

Os alemães obviamente compreenderam que não tinham o que temer com essa produção ineficiente. Georg Gyssling, portanto, deu-lhe pouca atenção, mas consultava o Escritório Hays toda vez que lia algo sobre *The Mad Dog of Europe* nos jornais de negócios. Só uma vez ele encontrou um problema. Em junho de 1933, ele enfurecera Frederick Herron ao banir a Warner Brothers do mercado alemão por causa de *Captured!*. Portanto, da próxima vez que leu uma reportagem de jornal sobre *The Mad Dog of Europe,* não foi procurar o Escritório Hays. Em vez disso, procurou o conselheiro da embaixada alemã em Washington, DC, que por sua vez apresentou uma queixa ao Departamento de Estado. Este então levou o assunto ao seu contato no Escritório Hays, Frederick Herron. "Herron, a partir disso, definiu o cônsul alemão em Los Angeles, que ele conhecia pessoalmente, em termos fortes e totalmente não reproduzíveis".

> Herron acrescentou com alguma indignação que sua intenção era lavar as mãos totalmente em relação ao assunto, e que estivera disposto a dialogar com as autoridades alemãs enquanto elas haviam se comportado como cavalheiros, mas que a partir de sua ação no caso *Captured!* ele não via razão para sair de sua posição e prestar-lhes um serviço. Disse que as tentativas da organização Hays de impedir a produção de *The Mad Dog of*

Europe haviam enfiado a organização em processos legais no valor de cerca de US$ 1,5 milhão. O governo alemão não demonstrara reconhecimento por nenhum de seus esforços nessa questão ou pelo incômodo a que sua organização ficara sujeita por conta disso.[139]

Herron parecia estar mudando de ideia em relação a *The Mad Dog of Europe* – dava a impressão de querer levar o Escritório Hays em outra direção –, mas, na realidade, esse foi apenas outro de seus acessos. Em poucas semanas, ele voltaria a dialogar com as autoridades alemãs. E agora, graças à aliança de sua organização com a Liga Antidifamação, os estúdios de Hollywood tinham uma justificativa perfeita para não fazer filmes sobre os nazistas. Em privado, os chefes de estúdio admitiam que não estavam fazendo esses filmes porque queriam preservar seus interesses de negócios na Alemanha. Mas agora podiam mencionar uma meta mais elevada: que estavam tentando evitar uma reação antissemita nos Estados Unidos. Não há evidência, neste ponto ou mais tarde, de que estivessem realmente temendo uma potencial reação antissemita que pudesse ser provocada por um filme antinazista. Estavam, porém, aproveitando a posição da Liga Antidifamação para levar adiante sua própria política, que era bem simples: não iriam fazer filmes sobre os nazistas; ao contrário, iriam fazer negócios com eles.

A decisão de não filmar *The Mad Dog of Europe* foi o momento mais importante em todas as tratativas de Hollywood com a Alemanha nazista. Ocorreu no primeiro ano da ascensão de Hitler ao poder e definiu os limites dos filmes americanos pelo restante da década. Mas houve uma consequência adicional dessa decisão, pois apenas metade de *The Mad Dog of Europe* era sobre Hitler; a outra metade era sobre sua perseguição a um grupo minoritário. Ao concordar em não fazer o filme, os executivos dos estúdios estavam estabelecendo um limite não apenas ao que podiam dizer a respeito dos nazistas, mas também ao que podiam dizer sobre os judeus.

Até esse ponto, personagens judeus haviam aparecido com muita frequência nas telas americanas. De 1900 a 1929, foram feitos cerca de 230 filmes sobre judeus, e plateias de todo o país haviam visto judeus numa diversidade de papéis – como donos de casas de penhor, comerciantes de roupas, trabalhadores de baixos salários, personagens históricas e bíblicas, e trapaceiros hilariantes.[140] "O judeu era uma figura humana cômica, amalucada, encontrada por toda parte", um comentarista disse ao fazer um relato desse período. "Seus pontos fracos eram parte do currículo americano. Suas extravagâncias e seus sotaques eram conhecidos por todos."[141]

A chegada dos filmes sonoros continuou essa tradição. Foram feitos vários filmes sobre judeus nos primeiros tempos do cinema sonoro, incluindo duas produções históricas. Em *The Jazz Singer* [O Cantor de Jazz], o filho de um cantor de sinagoga torna-se um cantor popular.[142] E em *Disraeli*, um político estigmatizado como judeu mostrava que havia tido a necessária visão para transformar a Inglaterra numa grande potência.[143] O renomado ator de teatro britânico George Arliss ganhou o Oscar de Melhor Ator por sua atuação no papel de Benjamin Disraeli, e o filme perdeu por pouco o prêmio da categoria Melhor Filme para *All Quiet on the Western Front*.[144]

A decisão de não fazer *The Mad Dog of Europe* mudou tudo isso. A partir do momento em que os estúdios decidiram não comentar a perseguição aos judeus na Alemanha, tomaram um caminho totalmente diferente, e nos meses que se seguiram ocorreu uma série de eventos altamente lastimáveis.

Em abril de 1933, o chefe de produção da Warner Brothers – o jovem e talentoso Darryl F. Zanuck – concluiu que Jack e Harry Warner nunca permitiriam que ascendesse ao topo de seu estúdio. Decidiu arriscar. Convocou uma coletiva de imprensa e disse que estava pessoalmente aumentando o salário de todos os funcionários do estúdio. Jack Warner ficou furioso e anulou imediatamente a decisão. Em 15 de abril, Zanuck anunciou que, como não contava mais com a confiança de seus superiores, estava saindo em definitivo da Warner Brothers.[145]

Dois dias depois, estava tomando o café da manhã com o presidente da United Artists, Joseph Schenck. Este balançou um cheque diante dos olhos de Zanuck, assinado por Louis B. Mayer, no valor de US$ 100 mil. "Estamos no negócio", disse Schenck. "Conseguimos." Schenck convencera Mayer a fundar uma nova companhia cinematográfica na qual Zanuck pudesse desfrutar de um grau de controle bem maior. Foi um grande momento para Hollywood. Nascia a Twentieth Century Pictures.[146]

A primeira ação de Zanuck foi convencer alguns grandes astros da Warner Brothers a segui-lo no novo estúdio. Constance Bennett e Loretta Young foram para a Twentieth Century quando viram que seus contratos com a Warner Brothers haviam expirado.[147] Em seguida, George Arliss fez o mesmo. "Embora tenha sido muito feliz na Warner Brothers, assinei meu novo contrato com Zanuck", relembrou. "Era o passo óbvio que devia tomar, já que minha associação tinha sido totalmente com ele desde que entrei nos filmes sonoros."[148]

Arliss contou a Zanuck que tinha uma nova ideia muito interessante para uma produção da Twentieth Century. Dois anos antes, ele se deparara com uma peça sobre os Rothschild, a família de banqueiros judeus da Europa, e convencera a Warner Brothers a comprar os direitos do roteiro. Devido ao seu grande sucesso como Benjamin Disraeli, talvez estivesse agora preparado para fazer o papel de Nathan Rothschild. Embora Harry e Jack Warner estivessem muito desgostosos com a ida de Arliss para a Twentieth Century – haviam até escrito uma carta preocupada para Will Hays reclamando que Zanuck havia atraído Arliss para sua produtora –, eles concordaram em vender o roteiro a Zanuck pelo mesmo preço que haviam pagado.[149]

Zanuck viu que estava embarcando numa boa jogada. Precisava de um filme para chamar a atenção para sua nova companhia e dera de cara com um tema promissor.[150] Exatamente nessa época, Herman Mankiewicz e Sam Jaffe circulavam por Hollywood tentando fazer *The Mad Dog of Europe*, e Zanuck sabia que os esforços deles iam dar em nada. Também compreendeu que a não realização de *The Mad Dog of Europe* iria abrir espaço para um tipo diferente de filme – não um ataque direto a Hitler, mas um tratamento geral da questão do antissemitismo. A luta dos Rothschild por igualdade de direitos no século anterior fornecia um paralelo perfeito ao que estava acontecendo na Alemanha, e o melhor de tudo é que Georg Gyssling não teria base para fazer qualquer objeção. Zanuck mostraria imagens de perseguição aos judeus do século anterior, e poderia fazer seu herói, Nathan Rothschild, protestar em relação a isso: "Entre hoje em qualquer bairro judeu de qualquer cidade da Prússia e você verá homens mortos... por um crime apenas – o de serem judeus".[151]

Zanuck tinha considerável experiência com esse tipo de material. Supervisionara pessoalmente duas das mais importantes produções de Hollywood sobre judeus, *The Jazz Singer* e *Disraeli*. Catorze anos depois, iria lançar *Gentleman's Agreement* [A Luz é para Todos].[152] Agora, estava prestes a fazer sua contribuição mais importante. Mas Zanuck tinha algo muito incomum e isso veio à tona numa carta que escreveu no final de 1933. Um oficial da censura havia sugerido que ele mostrasse o roteiro de seu novo filme a Georg Gyssling e Zanuck se recusou fazê-lo, declarando que os nazistas não aprovavam as origens judaicas dos produtores de Hollywood. Então acrescentou: "Mas acontece que sou de descendência suíço-alemã, e não judeu".[153]

Nisso reside o verdadeiro significado da mudança de Zanuck da Warner Brothers para a Twentieth Century. No passado, seus filmes sobre judeus haviam sido supervisionados por judeus. Jack Warner passava todas as tardes no estúdio de filmagem assistindo aos trechos não editados do dia anterior e cortando aquilo que não lhe agradava.[154] Harry Warner era ainda mais preocupado com as questões judaicas do que Jack.[155] Se Zanuck houvesse tentado fazer um filme sobre os Rothschild na Warner Brothers – ainda mais no exato momento em que se iniciava a perseguição aos judeus na Alemanha –, teria os dois tentando certificar--se de que sua filmagem fosse aceitável.

Na Twentieth Century, Zanuck estava numa posição bem diferente. O presidente da companhia, Joseph Schenck, na verdade parecia achar que Zanuck era judeu. Costumava pôr a mão no ombro de Zanuck e dizer: "Nós, judeus, temos que ficar unidos".[156] Ele geralmente não se envolvia no processo de produção e na única ocasião em que leu uma versão preliminar do roteiro sobre os Rothschild, levantou a questão das tiradas antissemitas do vilão. Quando Zanuck lhe disse para não se preocupar – o filme não seria interpretado como um pedido de defesa do povo judeu – Schenck apenas riu. "Oh, não, não é isso", disse. "Meu receio é que as pessoas achem divertido."[157] Mesmo que Schenck estivesse seriamente preocupado com o roteiro, de qualquer modo dificilmente teria sido capaz de fazer mudanças. Entrara nos negócios ao lado de Zanuck como igual, e o ponto central do arranjo era permitir que Zanuck fizesse filmes da maneira que achasse melhor.

Joseph Schenck (esquerda) e Darryl Zanuck (direita), fundadores da Twentieth Century Pictures, que se fundiu com a Fox em 1935 e se tornou a Twentieth Century-Fox. *Copyright* © Getty Images.

E, assim, o único grande estúdio americano que não era dirigido por um judeu tornou-se aquele que iria levantar pela primeira vez a questão da situação dos judeus na Alemanha. Zanuck escapara da Warner Brothers e agora iria causar algum dano real.

A ideia original para *The House of Rothschild* viera de um jornalista de Boston chamado George Hembert Westley, que enviara a Arliss uma cópia do roteiro sabendo que o ator tinha fama de se interessar por material inédito.[158] Agora que a Twentieth Century era dona dos direitos, Arliss leu de novo o roteiro – um drama histórico no qual Nathan Rothschild financia a campanha do exército britânico contra Napoleão – e, embora ainda fascinado com a ideia, podia perceber por que Westley era desconhecido.[159] Ele pediu à sua escritora habitual, Maude Howell, que trabalhasse num novo roteiro junto com o roteirista Sam Mintz.[160]

Arliss tinha fama não só de se interessar por material inédito, mas também de intervir no processo de escrita. E a questão judaica fazia parte de suas preocupações, pois recentemente ele recebera cartas de seus fãs judeus expressando decepção por ele ter viajado num navio alemão. "Confesso que me senti bastante culpado em relação a isso, pois os judeus sempre foram bons e fiéis apoiadores do meu trabalho, tanto no teatro quanto no cinema", escreveu ele. "Ninguém valoriza tanto quanto eu o que o mundo da ciência, da arte e da literatura deve aos judeus, e ninguém tem maior simpatia por eles em sua desigual luta contra a selvageria e a ignorância."[161]

Na Inglaterra, Arliss começou a pesquisar a história da família Rothschild. Ficou fascinado com a obra mais atualizada sobre o assunto, *The Rise of the House of Rothschild,* do conde Egon Caesar Corti, recentemente traduzida do alemão para o inglês.[162] O conde deixara seu viés claro desde o início: contava "a história de uma força invisível, mas infinitamente poderosa que permeou todo o século XIX."[163] A história começava com uma especulação: um senhor idoso chamado Mayer Amschel Rothschild supostamente mantivera um conjunto de registros contábeis para ele e outro para o coletor de impostos, e construíra uma adega bem oculta debaixo de sua casa para esconder seu dinheiro. O senhor idoso transmitiu sua argúcia para o filho Nathan, que muitos anos depois apoiou o exército britânico com um propósito em mente – o primeiro princípio da Casa Rothschild: "aumentar a possibilidade de ganho financeiro, que por sua vez irá servir para aumentar seu poder".[164]

Arliss sentiu-se inspirado por tudo isso – muito mais inspirado do que pela adaptação de Howell e Mintz da peça de Westley. A adaptação continha algumas conexões com a presente situação da Alemanha, mas precisava de algo mais.[165] Então Arliss teve uma ideia. Ele começaria o filme fazendo o papel de Mayer Amschel no gueto de Frankfurt, e depois de uma breve sequência indicando a passagem do tempo, faria o papel de Nathan na Inglaterra. Ele sentou num pequeno escritório de seu chalé no campo e datilografou catorze páginas de sugestões, que enviou imediatamente a Zanuck.[166] A essa altura, Sam Mintz desapareceu do projeto e Maude Howell escreveu um novo esboço com base nas sugestões de Arliss.[167] Então Zanuck pediu a Nunnally Johnson para reescrever o roteiro mais uma vez.[168] Em questão de semanas, *The House of Rothschild* se tornara um filme completamente diferente.[169]

Eis como Arliss e Zanuck escolherem representar os judeus na tela apenas um ano após os nazistas chegarem ao poder na Alemanha:

Está perto das 18h00, momento em que o gueto de Frankfurt tinha que ser trancado à noite, e um velho com longa barba e solidéu espia pela janela. Parece muito preocupado. "Mãe", ele murmura para sua esposa, "o dinheiro ainda não veio." Sua esposa responde que ele deve esperar até de manhã. "Sim", diz ele, "mas se acontecer alguma coisa – *com todo aquele dinheiro*". O velho esfrega as mãos: "*10 mil florins!*" A cifra parece surpreender sua mulher, então ele explica: "7 mil num maço do agente da coroa do Príncipe Luís, e depois as somas pequenas – no mínimo 10 mil". "Ah, devemos ser gratos, Mayer", diz ela com uma risada. "Bons negócios, hein?"

Mayer Amschel senta em sua escrivaninha para contar seus ganhos. Ele dá risadinhas enquanto lembra como um de seus clientes tentara ludibriá-lo mais cedo naquele dia. "Ele sentou-se ali", Mayer relembra, "dissimulado e sorridente, planejando roubar esse pobre judeu Rothschild!". Mayer ri alto, mas então percebe algo terrível. Uma das moedas que o cliente lhe dera era falsa. "Um florim inteiro!", Mayer grita. Sua esposa morde a moeda para confirmar que ele está certo. "E eu ainda lhe

dei um pouco de vinho", lamenta-se Mayer, "um pouco do vinho *bom*!".
Mas em seguida ele se acalma e até começa a sorrir. O cliente iria voltar.
E Mayer recuperaria seu florim.

De repente, alguém bate à porta. É Nathan, o filho de Mayer, um
garoto de quinze anos de idade, e ele chega alvoroçado. "Mãe", diz ele,
"o coletor de impostos!". Suas palavras põem em ação uma rotina familiar. Mayer recolhe o dinheiro e os livros contábeis. Nathan abre o
alçapão que dá na adega e carrega o material incriminador para baixo.
Seus irmãos Solomon e Amschel escondem tudo atrás das garrafas de vinho. Enquanto isso, Mayer pega outro livro contábil e se troca, vestindo
roupas velhas e sujas. Sua mulher dá aos seus filhos mais jovens alguns
pedaços de pão. Ela pergunta se eles têm fome e eles dizem que não.
"Então façam cara de fome", diz ela séria.

Quando o coletor de impostos entra na casa, Mayer começa a se
queixar: "Nunca tive um mês tão ruim como esse". Mas o coletor de impostos não era bobo. Ele olha para os livros contábeis falsos e os empurra
de lado. Anuncia então que irá cobrar de Mayer 20 mil florins. Mayer
solta um uivo e diz que mal consegue juntar mil. O coletor de impostos,
no entanto, nem lhe dá ouvidos, pois acaba de descobrir o alçapão que
leva até a adega. Desce as escadas e olha em volta, e está prestes a descobrir os livros contábeis verdadeiros quando Nathan distrai sua atenção
oferecendo-lhe um copo de vinho. O coletor de impostos cai no truque,
mas diz que irá cobrar de Mayer 20 mil florins do mesmo jeito. Depois
de alguma barganha, ele concorda em aceitar 2 mil, além de uma propina pessoal de mais 5 mil, e então vai embora.

Às 18h00, pontualmente, o mensageiro de Mayer chega com más
notícias. Os 10 mil florins que Mayer estava esperando haviam sido rou-
bados. O humor do velho muda de repente. Ele celebrara sua boa sorte
com o coletor de impostos e estava explicando – como alguém do estúdio colocou – "a psicologia judaica e a necessidade de dar propinas."[170]
Agora tem um ataque de raiva. Queixa-se do tratamento que é dado
aos judeus por toda parte, e pouco antes de desabar de exaustão, grita
a única solução: "Trabalhem e esforcem-se para juntar dinheiro!
Dinheiro é poder! Dinheiro é a única arma que o judeu tem para
se defender!".

O filme até esse ponto é mais ou menos coerente com o relato de Corti em *The Rise of the House of Rothschild*. Corti tentou caracterizar Mayer como um velho avarento, que procura apenas ganhar dinheiro. E, por mais problemático que esse relato fosse, ele serviu de base para o retrato feito por George Arliss. A cena seguinte é diferente.

Mayer está deitado em seu leito de morte, rodeado pelos filhos. Ele lhes diz para obedecerem sempre a mãe se quiserem ficar ricos. Então faz sinal para que se aproximem e sussurra: "perde-se muito dinheiro mandando ouro de carruagem de um país para outro... Vocês são cinco irmãos. Quero que cada um de vocês comece um negócio bancário num país diferente. Um vai e abre uma casa em Paris, o outro em Viena, o terceiro em Londres. Escolham os centros mais importantes. Assim, quando for preciso mandar dinheiro, digamos, daqui para Londres, vocês não precisarão arriscar a vida e o ouro. Amschel, aqui em Frankfurt, vai simplesmente mandar uma carta a Nathan em Londres dizendo 'Pague tanto' e isso será compensado por empréstimos de Londres a Frankfurt".

"Na época de vocês, haverá muitas guerras na Europa", Mayer prossegue, "e as nações que têm dinheiro para transportar irão procurar os Rothschild, *porque isso será seguro*". A esposa de Mayer pede para ele não se exaltar demais, mas ele continua: "Lembrem-se: a união faz a força. A vida toda vocês têm que apoiar um ao outro. Não se deve permitir que um irmão fracasse enquanto outro irmão está sendo bem-sucedido. As suas cinco casas bancárias podem cobrir a Europa, mas vocês serão uma só empresa – uma família –, os Rothschild, que trabalham sempre juntos. *Esse será o seu poder...*".

"E lembrem-se disso acima de tudo: que nem todos os negócios, nem todo o poder, nem todo o ouro da Europa irá trazer-lhes felicidade, até que nós – nosso povo – tenhamos igualdade, respeito, dignidade. Comerciar com dignidade; viver com dignidade; *andar pelo mundo com dignidade*."

Esta cena curta de Mayer Amschel Rothschild em seu leito de morte era um momento tremendamente importante para a representação dos judeus no cinema americano. Arliss afirmou que a cena se baseava em evidências históricas do livro de Corti, mas Corti deixara claro que apenas dois filhos estavam vivendo em Frankfurt na hora da morte de

Mayer. Nathan havia partido para a Inglaterra por conta própria, e James e Solomon viviam na França. "Esses fatos", escreveu Corti, "provados que estão pelos registros policiais da França, e pelos registros de vistos emitidos, são fatais para a bem conhecida lenda, segundo a qual [Mayer Amschel] reuniu seus cinco filhos em seu leito de morte e dividiu a Europa entre eles".[171] Em outras palavras, Mayer nunca poderia ter imaginado, e muito menos arquitetado, um grande esquema pelo qual seus filhos iriam controlar as finanças da Europa.

Além disso, as últimas palavras de Mayer no filme – "andar pelo mundo com dignidade" – não eram tão diretas como pareciam. Embora Mayer tivesse se esforçado para obter direitos iguais para os judeus em seu tempo de vida, Arliss e Zanuck não colocaram essas palavras em sua boca com intuito de exatidão histórica.[172] Estavam muito mais interessados em fazer uma observação pungente sobre o destino dos judeus na Europa. Sem dúvida, tinham por pressuposto que ninguém em Hollywood iria criticá-los por uma atitude elevada como essa naquele momento particular. Mas o chefe do conselho consultivo da Liga Antidifamação em Los Angeles, Leon Lewis – que havia sido tão desastrado ao lidar com *The Mad Dog of Europe* –, reconheceu instantaneamente que a mensagem no final dessa cena dificilmente compensava a total falta de dignidade que caracterizava o resto do filme.

Quando Lewis ficou sabendo que a Twentieth Century estava trabalhando em *The House of Rothschild,* ficou profundamente decepcionado. "Só aqui entre nós", escreveu ele a Richard Gutstadt, "a falta de entendimento ao selecionar essa história em particular para ser produzida nessa época é um bom exemplo do calibre mental de alguns dos nossos mais destacados magnatas do cinema".[173] Lewis sabia que qualquer que fosse o ângulo que os produtores adotassem, o tema do filme estava fadado a causar inúmeros problemas. Por volta do final de dezembro, especialistas em antissemitismo da Liga Antidifamação haviam lido todo o roteiro e identificado que ele continha "tramoias e outros incidentes e traços mesquinhos".[174] Eles mal podiam acreditar que esse roteiro estava sendo usado para uma grande produção de Hollywood.

A Liga Antidifamação acabou formulando uma posição muito clara em relação a *The House of Rothschild* ao vislumbrar o impacto das duas partes principais do enredo. A sequência de abertura, disseram eles, retratava o judeu como um banqueiro internacional que enganava as autoridades de impostos e acumulava tanta riqueza que tinha maior poder que o governo. O resto do filme – onde Nathan Rothschild faz barganhas com várias nações europeias para que possam derrotar Napoleão – caracterizava o judeu como o poder secreto por trás do trono, que regulava o destino do mundo.[175]

A Liga Antidifamação reconheceu que, à primeira vista, o filme parecia ter uma mensagem nobre: os Rothschild foram injustamente discriminados, queriam obter direitos iguais para seu povo e usaram o dinheiro para a paz e não para a guerra. A Liga imaginou até que algumas plateias judaicas poderiam reagir positivamente a esses momentos: talvez ficassem tão contentes com o fato de um filme falar contra o antissemitismo que fariam vista grossa para o conteúdo antissemita do próprio filme. Mas a Liga não estava preocupada com a reação judaica ao filme; interessava-se apenas pela reação dos não judeus. E a organização estava absolutamente convencida de que, para a mente dos não judeus, os elementos redentores ou passariam despercebidos, ou não seriam considerados justificativa para o comportamento dos Rothschild. "A impressão que será produzida", observou a Liga, "é de que a concentração de riqueza nas mãos de uma família judaica internacional outorgou a essa família um poder indiscutível de determinar os destinos das nações. O próprio fato de as nações cristãs terem que implorar à família judaica dos Rothschild dinheiro para proteger sua própria existência irá por si só criar uma reação das mais indesejáveis".[176]

Depois de apresentar essa análise, Leon Lewis escreveu a Joseph Schenck e disse que *The House of Rothschild* ameaçava ser "uma das exibições mais perigosas" daqueles tempos. Explicou que havia uma onda de propaganda antissemita varrendo o país, convencendo as pessoas de que o "banqueiro judeu internacional" controlava as finanças do mundo. *The House of Rothschild,* por seu tema, reforçaria esse mito. Se Schenck tivesse qualquer dúvida a respeito, Lewis sugeriu que entrasse em contato "com aqueles do nosso povo... que têm dedicado todas as suas energias nos últimos meses a tentar deter a crescente onda de ódio contra os judeus".[177]

Schenck leu a carta e passou-a a Zanuck. Este respondeu imediatamente. Ele não tinha intenção de abandonar sua produção de *The House of Rothschild*. "Não sou judeu", acrescentou, "e nunca ouvi falar desse 'crescente ódio aos judeus' a que você se refere na sua carta, e estou inclinado a acreditar que ele é, mais ou menos, imaginário no que se refere ao grande público. Fazemos filmes para o público em geral, e não para uma minoria, e garanto a você que se existe algo como um 'crescente ódio pelos judeus nos Estados Unidos' nossa versão de ROTHSCHILD no filme irá fazer mais para detê-la do que qualquer outra coisa, do ponto de vista do entretenimento".[178]

Os representantes da Liga Antidifamação cortaram toda a comunicação com Zanuck nesse ponto e concentraram suas energias em Will Hays.[179] Essa foi uma decisão sábia porque a Twentieth Century estava justamente nessa época tentando obter filiação à organização Hays. Naquele mesmo dia, Hays escreveu uma carta urgente a Zanuck: "É importante não fazer nada agora que possa alimentar o descabido preconceito contra os judeus que vemos em certos lugares. Um fator disseminado nesse ataque injusto e preconceituoso é a falsa alegação de que todos os judeus adquirem dinheiro para ter poder, com a inferência de que tal poder pode ter mau uso. A proeminência histórica da casa de Rothschild é tal que os propagandistas hostis têm tentado tornar o próprio nome sinônimo de um poder político mundial sinistro, decorrente de riqueza acumulada. O fato de que no caso dos Rothschild o poder do dinheiro tenha sido corretamente usado pode ser ofuscado pela grande impressão produzida pelos Rothschild como exemplo de poder judaico exercido por meio da dominação pelo dinheiro".

Hays repetia que estava muito preocupado com a situação. Disse que provavelmente haveria algumas diferenças de opinião dentro da comunidade judaica, mas que os "judeus pensantes" podiam interpretar *The House of Rothschild* como propaganda antissemita.[180]

Zanuck viu-se um pouco em apuros. Obviamente precisava mudar a visão que Hays tinha a respeito do filme. Então conseguiu reunir rapidamente toda uma série de reações positivas a *The House of Rothschild* e encaminhou-as ao Escritório Hays. Incluiu 175 cartões de pré-estreia que elogiavam o filme e não diziam praticamente nada sobre seu "sabor judaico"; uma carta de Joseph Jonah Cummins, o editor de um jornal judaico, dizendo que o filme era muito agradável e não continha traços de propaganda; e um sermão do reverendo C. F. Aked intitulado "George Arliss em *The House of Rothschild*: Uma Alegria e uma Inspiração".[181]

O material causou impacto. Hays logo informou a Liga Antidifamação que a maioria das plateias estava achando *The House of Rothschild* tão divertido e cativante que não davam atenção às suas implicações ofensivas. Também assinalou que o Conselho Nacional de Mulheres Judias havia recentemente assistido a uma pré-estreia do filme e o aprovara oficialmente. Hays estava agora menos preocupado com o filme em si e mais preocupado com a possível divergência pública entre as duas organizações judaicas.[182] A Liga Antidifamação entendeu seu receio e ficou furiosa com o Conselho Nacional das Mulheres Judias, mas estava mais preocupada com o filme.[183]

A Liga Antidifamação então partiu para seu último recurso: os chefes dos demais estúdios de Hollywood. Sabendo que Louis B. Mayer era o dono majoritário da Twentieth Century Pictures, a Liga Antidifamação enviou-lhe um telegrama: "NOSSA SITUAÇÃO NO PRESENTE MOMENTO É MAIS CRÍTICA DO QUE JAMAIS FOI E PEDE DE CADA UM DE NÓS O MAIOR CUIDADO PT EM ÉPOCAS NORMAIS NÃO IRÍAMOS PREVER DANOS AGORA CONDIÇÕES AGUDAS DEVEM SER CONSIDERADAS PT FAVOR COOPERAR PARA EVITAR O FILME PELO MENOS DURANTE PERÍODO CRÍTICO".[184]

Mayer respondeu na hora. Não estava disposto a fazer nada para intervir na condução da Twentieth Century, já que sua participação na companhia não era do conhecimento geral, mas concordava em examinar o filme junto com Harry Cohn, o diretor da Columbia Pictures. Alguns dias mais tarde, os dois executivos assistiram ao filme juntos e mandaram um telegrama em resposta. Eles discordavam da posição da Liga Antidifamação. Não havia nada de errado com *The House of Rothschild*, e na verdade os dois executivos já haviam recebido solicitações para fazer o filme.[185]

A Liga Antidifamação rapidamente instigou os líderes judeus de todas as partes para que inundassem Mayer com cartas de protesto.[186] Ao mesmo tempo, Richard Gutstadt contatou sua arma secreta, Edgar Magnin, rabino e amigo íntimo de Mayer. "A influência dele sobre Mayer deve ser utilizada *agora*", escreveu Gutstadt.[187] Mas, como se soube, Mayer recorreu a Magnin primeiro. O homem mais poderoso de Hollywood recebera muitos telegramas sobre o filme e estava preocupado e não sabia o que fazer. Magnin respondeu sem piedade. Ele "caiu na cabeça" de Mayer: "Ele lhe disse que as condições no setor eram responsáveis por boa parte do preconceito existente e que era irônico que ainda por cima eles demonstrassem tão pouco senso a ponto de promover um filme desse tipo numa época como essa. Disse que estavam cavando a própria cova e que iriam se indispor também com os judeus".[188]

Ao mesmo tempo em que Magnin estava trabalhando Mayer, outro membro da Liga Antidifamação estava trabalhando Harry Warner. Warner, porém, não precisou ser muito trabalhado. Ele provavelmente se sentiu responsável pela confusão, já que para começar havia vendido o roteiro para a Twentieth Century. Ele disse à Liga Antidifamação que o filme ameaçava ser uma das produções mais perigosas de todos os tempos. Estava tão preocupado que até considerou oferecer à Twentieth Century US$ 16 mil para que o roteiro fosse destruído. "EM TUDO ISSO, ELE NÃO QUER QUE SEU NOME SEJA MENCIONADO", observou a Liga Antidifamação. A organização suspeitava que Warner não queria tornar público que tentara suprimir a produção de uma companhia rival.[189]

No final, porém, nem Louis B. Mayer nem Harry Warner usaram seu dinheiro ou seu poder para convencer Darryl Zanuck. Os documentos básicos não dão qualquer pista a respeito de por que esses dois executivos recuaram nesse estágio crítico. Uma possível razão é que talvez estivessem preocupados com o fato de estarem imitando comportamentos do próprio filme. Num dos momentos-chave de *The House of Rothschild*, Nathan Rothschild compra desenfreadamente ações na Bolsa para levar à falência seus competidores gentios, e Mayer e Warner estariam fazendo algo similar com Zanuck.

O cenário mais provável, é claro, é que Mayer e Warner simplesmente não quisessem se envolver com um filme que não haviam feito. E, no entanto, talvez o filme acabasse envolvendo *os dois*. Afinal, começava com um pai judeu chamado Mayer que fundara cinco filiais da sua família para criar um poderoso império. Será que Zanuck estava montando um ataque disfarçado ao sistema dos estúdios, como uma conspiração dirigida por judeus, com "Mayer" no topo, e os chefes de outros cinco estúdios diretamente abaixo dele: Jack Warner, Harry Cohn, William Fox, Carl Laemmle e Adolph Zukor? Se foi essa a intenção de Zanuck, ninguém assinalou isso na época.

Em 14 de março de 1934, *The House of Rothschild* estreou no Astor Theater, em Nova York. Em geral, recebeu excelentes críticas. Alguns críticos destacaram os paralelos com a situação na Alemanha; todos comentaram as piadas. Uma semana e meia depois, a revista *Time* destacou George Arliss "de suíças e solidéu" na capa, e elogiou o excelente entretenimento do filme num artigo: "*The House of Rothschild* (Twentieth Century) começa com o velho Mayer Amschel Rothschild... como um corretor de dinheiro adulador de Frankfurt. A perda de alguns florins num assalto a um mensageiro faz com que uive como um gato de rua. Quando o coletor de impostos chega à rua judaica, o velho avarento Rothschild oculta seus sacos de dinheiro na adega, dá a cada um de seus filhos uma crosta de pão para mastigar, atira o rosbife numa lata de lixo e convence o coletor a receber uma propina. Tão sagaz quanto avarento, Mayer Amschel Rothschild tem uma boa ideia em seu leito de morte...".[190]

Uma resenha típica. Mais adiante no filme, os habitantes da "rua judaica" experimentam perseguição, e nessas imagens Hollywood aludiu à situação na Alemanha pela primeira vez. Mas como provou a resenha da revista *Time*, essa alusão foi feita a um custo terrível: o reforço do estereótipo do banqueiro judeu internacional.[191]

Alguns estavam preparados para aceitar esse custo. O rabino Stephen Wise deu um sermão sobre *The House of Rothschild,* dizendo que se tratava de "um dos maiores tributos já feitos em filme".[192] Um pequeno grupo judaico de Hollywood, cujo slogan era "Um sorriso tem um longo caminho", ofereceu a Zanuck uma filiação honorária em reconhecimento à sua "destacada realização em benefício do povo judeu" (mas que na opinião da Liga Antidifamação não passou de "uma coisa atroz").[193] Zanuck estava ocupado demais para comparecer à cerimônia. Seu filme chegara perto de conquistar o Oscar de Melhor Filme e estava agora levando-o a uma glória ainda maior. Em maio de 1935, a Twentieth Century fundiu-se com a Fox e Zanuck tornou-se o chefe do terceiro maior estúdio de Hollywood, a Twentieth Century-Fox.[194]

Mas a Liga Antidifamação continuou convencida de que *The House of Rothschild* havia sido uma caricatura e queria certificar-se de que nada como aquilo se repetisse. "É muito ruim que tenha sido feito nessa época", um representante da Liga escreveu, "pois corrobora a propaganda nazista básica, e essa corroboração é suprida por judeus".[195] A ironia era quase insuportável. A Liga Antidifamação havia acessado todos os canais estabelecidos e não fora capaz de evitar o lançamento do filme. Claramente, a organização precisava adotar uma abordagem diferente.

Will Hays concordou. Até aquele ponto, havia ajudado a Liga Antidifamação a obter alguns poucos sucessos, mas *The House of Rothschild* demonstrou que algo mais precisava ser feito. "Os filmes objetáveis", um dos funcionários de Hays apontou, "são com muita frequência feitos em estúdios controlados por judeus... e não se pode esperar que [o Escritório Hays] leve adiante um programa de educação sem que haja alguma abordagem direta... desses produtores feita por um grupo de judeus".[196] A Liga Antidifamação, em outras palavras, precisava se reunir mais regularmente com os produtores e oferecer uma orientação mais sistemática sobre a representação dos judeus nas telas.

Assim, justamente na hora em que *The House of Rothschild* chegava aos cinemas dos Estados Unidos, a Liga Antidifamação tomava medidas preventivas para o futuro. Em março de 1934, uma nova organização surgiu em Hollywood, o Comitê da Comunidade Judaica de Los Angeles.[197] Leon Lewis, o fundador da organização, logo criou uma comitê de cinema separado, ao qual se juntaram representantes de cada um dos grandes estúdios, incluindo Irving Thalberg, Harry Cohn, Joseph Schenck e Jack Warner. Esse distinto grupo reunia-se uma vez por mês com o único propósito de discutir questões judaicas.[198] "Pela primeira vez", escreveu Lewis, "estabelecemos uma base real de cooperação com a Indústria Cinematográfica e espero resultados esplêndidos de agora em diante".[199]

Quatro meses mais tarde, quando Will Hays anunciou uma grande campanha para limpar filmes americanos e nomeou Joseph Breen como o executor do Código de Produção, o Comitê da Comunidade Judaica de Los Angeles aproveitou o momento para solidificar seu novo arranjo com as companhias de cinema. Na tarde de 11 de julho de 1934, todos os grandes executivos de cinema reuniram-se com Hays para tratar do novo plano de censura.[200] Logo em seguida, os que eram judeus foram para o escritório de Harry Cohn na Columbia Pictures para uma reunião com Richard Gutstadt. Os membros habituais do comitê de cinema estavam presentes junto com Louis B. Mayer, David Selznick, Harry Warner e Carl Laemmle Jr. Gutstadt pediu ao grupo que evitasse a falta de cuidado que havia caracterizado suas produções do ano anterior. Os executivos então discutiram maneiras de evitar que os judeus fossem retratados de modo ofensivo no futuro. A reunião foi um grande sucesso e a Liga Antidifamação ficou convencida de que a partir de então haveria "uma cooperação mais rápida e muito mais franca" entre os dois grupos.[201]

No ano seguinte, a maioria das referências aos judeus foram cortadas nas produções de Hollywood. Adolph Zukor, o diretor da Paramount, prometeu que o filme de Cecil B. DeMille, *The Crusades* [As Cruzadas], "não faria referência aos judeus sob qualquer forma ou maneira".[202] Em seu filme *Success at Any Price* [Paixão por Dinheiro], a RKO concordou em transformar um rude homem de negócios judeu em um não judeu.[203] A Twentieth Century cortou personagens judeus de seu filme *Born to Be Bad* [Alma sem Pudor].[204] E Louis B. Mayer cancelou *The Merchant of Venice* [O Mercador de Veneza], assim como um filme sobre a crucificação de Cristo chamado *Two Thieves* [Dois Ladrões]. "Não precisamos ter medo do resultado", escreveu Lewis, "em vista da esplêndida cooperação que sempre tivemos da MGM".[205]

Mesmo assim, Gutstadt não estava inteiramente satisfeito. Após a traumática experiência de *The House of Rothschild*, ele queria se livrar de todas as possíveis referências aos judeus. "É tão essencial evitar propaganda obviamente pró-judaica nos filmes como prevenir os problemas de filmes antissemitas", escreveu ele.[206] No decorrer da década, suas cartas se tornaram mais extremadas. Ele escreveu para Lewis sobre filmes estrangeiros, curtas e cartuns, e depois começou a se referir também a filmes que não tinham absolutamente nada a ver com judeus, porque – nas palavras dele – "você nunca sabe o que pode sair de Hollywood".[207]

Logo, os esforços da Liga Antidifamação começaram a ter um impacto mais amplo. Nos palcos e no rádio, os humoristas com sotaque judaico começaram a se fazer ouvir com menor frequência; em Hollywood, os atores que faziam personagens judeus estavam achando praticamente impossível arrumar trabalho.[208]

E assim o judeu, antes tão proeminente na cultura americana, de repente não era mais encontrado em parte alguma. Um comentarista escreveu: "O maior fenômeno judaico no nosso país nos últimos vinte anos tem sido o quase completo desaparecimento dos judeus da nossa ficção, dos palcos, rádios e do cinema".[209] Mais do que qualquer outro fator isolado, *The House of Rothschild* foi o responsável por esse desaparecimento. No entanto, mesmo depois de ter promovido essa mudança tão monumental, o filme ainda iria infligir mais um dano.

Os nazistas ficaram fascinados com *The House of Rothschild* desde que o filme apareceu nos cinemas do mundo todo. Em maio de 1934, quando as exibições ainda estavam em cartaz, o embaixador alemão em Londres e o cônsul alemão em Seattle assistiram ao filme com interesse. Ambos haviam notado que o filme fazia um retrato dos judeus de dupla face. O embaixador em Londres observou que o filme traçava infelizes paralelos com a situação na Alemanha ao mesmo tempo em que mostrava a "vulgar ambição por dinheiro" dos judeus. Ele continuou: "O filme enfatiza que eles usam seu poder financeiro para a libertação, mas isso não convence".[210] O cônsul em Seattle fizera observações similares antes, concluindo que o filme nunca seria exibido na Alemanha. Ele não estava exatamente certo.[211]

Em 28 de novembro de 1940, o ostensivo filme alemão de propaganda *O Eterno Judeu* (*Der ewige Jude*) estreou nos cinemas da Alemanha. Esse documentário sobre "o problema do judaísmo mundial", que foi lançado para coincidir com algumas das primeiras deportações de judeus para a Europa do Leste, começava comparando a inclinação ariana para trabalhar com a inerente tendência dos judeus de viver do trabalho dos outros. Exteriormente, os judeus muitas vezes são parecidos com os demais. Mas, segundo o filme, sua natureza interior os compele a emprestar, permutar e comerciar, e durante o reinado de Alexandre, o Grande, eles se espalharam como ratos por toda a Europa. Gravitavam em torno dos lugares mais ricos, foram enriquecendo cada vez mais e, no início do século XIX, alguns judeus ganharam poder internacional.[212]

A essa altura – uns vinte minutos depois de iniciado o filme –, o narrador de *O Eterno Judeu* fazia um anúncio. "Agora vamos mostrar uma cena de um filme sobre a família Rothschild. Foi feito por judeus americanos, obviamente como um tributo a um dos maiores nomes da história judaica. Eles homenageiam seu herói de um modo tipicamente judaico, comprazendo-se com a maneira que o velho Mayer Amschel Rothschild engana seu estado-anfitrião fingindo pobreza para poder pagar menos impostos."

E lá estava ela: a cena original de *The House of Rothschild* com legendas precisas em alemão. Os nazistas haviam feito seu próprio longa-metragem sobre a família Rothschild apenas uns meses antes, mas não o usaram aqui.[213] Acharam a versão americana bem mais eficaz e divertida. Nenhum embelezamento foi necessário. Eles simplesmente deixaram que a ação se desenrolasse diante dos olhos dos espectadores. Quando a cena muda para Mayer em seu leito de morte, o narrador faz apenas uma intervenção: "A transferência de dinheiro por meio de cheque não foi uma invenção dos judeus, nem foi cultivada por eles para o bem da humanidade. Serviu-lhes como um meio de obter influência internacional sobre os povos que os acolheram".

O resto da cena era autoexplicativo. O velho Mayer Amschel faz os filhos prometerem apoiar um ao outro, e lhes fala do poder que estão prestes a adquirir. O filme é cortado exatamente a tempo de deixar de fora a fala final sobre a dignidade dos judeus.

Há anos, *O Eterno Judeu* vem sendo denunciado como um dos exemplos mais atrozes de propaganda nazista, porém o filme seria impensável sem *The House of Rothschild*. As imagens de Mayer Amschel forneceram estrutura ao que, de outro modo, teria sido uma salada do costumeiro antissemitismo do regime. Os primeiros vinte minutos do documentário estabelecem a inteligência natural dos judeus em relação ao dinheiro. Depois, as imagens de Mayer Amschel indicam o real perigo: os judeus mais ricos estavam tomando o mundo. O narrador explica essa conexão. "*The House of Rothschild* é apenas um exemplo do uso dessa tática pelos judeus para estender sua rede de influência financeira sobre o trabalhador... Por volta do início do século XX, os judeus passaram a ocupar todas as ramificações do mercado mundial do dinheiro. Eles são um poder internacional. Embora constituam apenas 1% da população da Terra, seu capital lhes permite aterrorizar o comércio mundial, a opinião pública mundial e a política mundial."

Havia apenas uma linha de ação possível. O filme então se volta para a autoridade suprema na questão dos judeus, Adolf Hitler, em seu discurso no Reichstag de 30 de janeiro de 1939. "Caso os judeus do sistema financeiro internacional dentro e fora da Europa levem as pessoas a outra guerra mundial", disse ele, "o resultado não será uma vitória do judaísmo, mas a aniquilação da raça judaica na Europa".

Em 5 de dezembro de 1930, o dia em que os nazistas promoveram a manifestação contra *All Quiet on the Western Front* em Berlim, nascia um dos mais incomuns acordos diplomáticos do século XX. Como resultado dos distúrbios, o governo alemão disse aos estúdios de Hollywood que eles só poderiam fazer negócios na Alemanha se não arranhassem o prestígio alemão em nenhum de seus filmes. De início, isso significava que os estúdios não podiam fazer filmes que distorcessem a experiência alemã na Primeira Guerra Mundial. Depois, quando Hitler chegou ao poder, significava que eles não podiam fazer filmes que atacassem os princípios essenciais do nazismo.

O primeiro momento crucial nas relações dos estúdios com os nazistas foi de pura colaboração: os estúdios coletivamente boicotaram o filme antinazista *The Mad Dog of Europe* para preservar seus interesses comerciais na Alemanha. O passo seguinte do processo, porém, foi mais complicado. O único filme de Hollywood que tratava da perseguição aos judeus nesse período, *The House of Rothschild*, continha ideias tão compatíveis com a ideologia nazista que foi incorporado ao mais extremado filme de propaganda nazista da época. A Liga Antidifamação, que havia demonstrado uma capacidade de julgamento tão escassa ao suprimir *The Mad Dog of Europe* alguns meses antes, teve uma visão mais clara ao se opor a esse novo filme. E, no entanto, apesar dessas ambiguidades, o resultado foi, sem qualquer ambivalência, injurioso: o filme *The House of Rothschild* não só foi incorporado à propaganda nazista, mas também levou à exclusão dos judeus das telas dos Estados Unidos.

Nos anos que se seguiram, os filmes de Hollywood ficaram marcados por duas ausências distintas: a dos nazistas e a dos judeus. Só quando Hollywood parou de negociar com a Alemanha que os nazistas fizeram sua dramática aparição nas telas americanas. Já o retorno dos judeus não se deu com tanta facilidade.

Nesse ínterim, as relações comerciais entre Hollywood e os nazistas continuaram. Os nazistas examinaram mais de quatrocentos filmes americanos de 1933 a 1940. Tinham que separar esses filmes em categorias e acabaram adotando exatamente as mesmas categorias que Hitler estabelecera desde o início: "bom", "ruim" e "desligado".

③

"BOM"

ESTE É UM FILME QUE OS ALEMÃES CLASSIFICAM COMO BOM[1]

A SESSÃO DO REICHSTAG DE 23 DE MARÇO DE 1933 COMEÇOU MAIS OU MENOS tranquila. Por volta das 14h00, os representantes do povo alemão – deputados nazistas, nacionalistas alemães, social-democratas e do Partido do Centro – compareceram à Casa de Ópera Kroll, sede temporária após o incêndio que arrasou o edifício oficial. Os comunistas, que foram responsabilizados pelo incêndio do Reichstag, haviam sido presos ou conseguiram sair de cena a tempo. Fora do prédio, unidades da SS[*] montavam guarda em seu primeiro dia de serviço oficial; dentro, viam-se longas fileiras de homens da SA em suas camisas marrons. Uma imensa bandeira com a suástica pendia atrás do palco.[2]

Após uma breve introdução pelo presidente do Reichstag, Hermann Göring, Hitler levantou para fazer seu primeiro discurso parlamentar. Ele começou do seu jeito usual, descrevendo a miséria e o desespero nos quais a Alemanha havia caído. Sob sua administração, disse ele, haveria uma "profunda renovação moral" apoiada na educação, nos meios de comunicação e nas artes. O problema do desemprego seria resolvido por meio de esquemas de criação de emprego, e o porte do exército ficaria inalterado, desde que o resto do mundo concordasse com um desarmamento radical. Mas seria algo contrário ao espírito do reerguimento nacional se o Reichstag se envolvesse em qualquer desses esforços. Numa

---

[*] Abreviação de *Schutzstaffel*. Tropa responsável pela proteção pessoal de Adolf Hitler. (N. do E.)

crise como essa, teria que haver uma decisão definida caso a caso. Hitler propôs, então, uma Lei Habilitante, que transferia todo o poder à sua administração. A medida seria temporária e a existência do Reichstag não estaria ameaçada. Quando ele saiu do palco sob frenética aclamação, a maioria dos deputados levantou-se e cantou *Deutschland über Alles*, e foi convocado um intervalo de três horas para descanso.[3]

Embora os nazistas e seus parceiros na coalizão tivessem vencido as eleições de 5 de março, precisavam de dois terços da maioria para que a Lei Habilitante fosse aprovada. Com a ausência dos comunistas, conseguiram obter o número necessário com o apoio do Partido do Centro. Hitler dera várias garantias ao líder do partido, Prälat Ludwig Kaas, e, numa reunião fechada, Kaas agora argumentava que a Alemanha corria grande perigo. Havia um rumor de que uma guerra civil eclodiria se a medida não fosse aprovada. Enquanto isso, os guardas do lado de fora cantavam: "Queremos a Lei Habilitante – se não o castigo será o inferno". No final, todos os deputados do Partido do Centro concordaram em apoiar a posição de Kaas.[4]

Ao final do recesso, o Reichstag voltou a se reunir e Otto Wels, o presidente dos social-democratas, tomou a palavra. Por um momento, a sala ficou em silêncio, e só se ouviam as vozes distantes dos homens da SS. Então Wels, que trazia consigo uma cápsula de cianureto para engolir caso fosse preso, explicou que seu partido não iria apoiar a Lei Habilitante. Disse que os nazistas e seus aliados nacionalistas haviam vencido as eleições e que, portanto, tinham a oportunidade de governar constitucionalmente. De fato, tinham mais do que a oportunidade – tinham a obrigação. Para que o Reich alemão continuasse saudável, as críticas deveriam ser permitidas e ele não deveria ser perseguido.[5] Terminou com um comovente apelo às gerações futuras: "Nesse momento histórico, nós, social-democratas alemães, professamos solenemente nossa adesão aos princípios básicos de humanidade e justiça, liberdade e socialismo. Nenhuma Lei Habilitante pode dar o direito de aniquilar ideias que são eternas e indestrutíveis... Saudamos os perseguidos e os intimidados. A sua firmeza e lealdade são admiráveis. A coragem de suas convicções, sua confiança inabalável, asseguram um grande futuro".[6]

Os nazistas na câmara reagiram com risadas.[7] Nesse momento, Hitler correu até o pódio, apontou para Wels, e gritou: "O senhor demorou para vir, mas acabou chegando! As belas teorias que acaba de proclamar aqui, senhor deputado, estão sendo comunicadas à história mundial um pouco tarde demais". Depois, assumindo ares ainda mais agressivos, continuou:

> O senhor fala em perseguições. Acho que poucos de nós aqui não sofreram perseguições provenientes do seu lado e foram parar na prisão... O senhor parece ter esquecido completamente que durante anos nossas camisas nos foram arrancadas porque o senhor não gostava da cor... Nós sobrevivemos às suas perseguições!
> O senhor diz também que as críticas são salutares. Com certeza, aqueles que amam a Alemanha podem nos criticar; mas aqueles que adoram uma Internacional não podem nos criticar. Aqui, também, a clareza lhe chega com um pouco de atraso, senhor deputado. O senhor deveria ter reconhecido a natureza salutar da crítica durante o tempo em que éramos oposição... Naquela época nosso jornal foi proibido, e proibido, e proibido de novo, nossas reuniões foram proibidas, e nós fomos proibidos de falar e eu fui proibido de falar, por anos a fio. E agora o senhor diz: a crítica é salutar![8]

A essa altura, os social-democratas protestavam em altos brados, então Göring tocou a campainha e disse: "Parem de falar bobagens agora e ouçam". Hitler retomou de onde havia parado:

> O senhor diz: "Agora eles querem pôr o Reichstag de lado a fim de continuar a revolução". Senhores, se fosse essa a nossa intenção, não teríamos nos dado ao trabalho de... de apresentar essa lei. Por Deus, teríamos tido a coragem de lidar com vocês de um jeito diferente!
> Vocês também dizem que sequer poderíamos abolir a social-democracia porque ela foi a primeira a abrir estes assentos aqui ao homem comum, ao trabalhador e à mulher, e não apenas aos barões e condes. Em tudo isso, senhor deputado, o senhor chegou tarde demais...
> A partir de agora, nós, nacional-socialistas, iremos tornar possível ao trabalhador alemão alcançar o que ele é capaz de pedir e insiste em pedir. Nós,

nacional-socialistas, seremos seus intercessores. Os senhores, cavalheiros, não são mais necessários!⁹

Hitler concluiu dizendo que a reunião que estava tendo lugar não era mais do que uma formalidade: "Apelamos nesse momento ao Reichstag alemão para que nos dê aquilo que poderíamos de qualquer modo ter tomado".¹⁰ Ele olhou com desdém para os social-democratas uma última vez e disse-lhes que não queria sequer que votassem a lei. "A Alemanha deve ser livre", ele berrou, "mas não através de vocês!".¹¹

Hitler dissolve o Reichstag em 23 de março de 1933. *Copyright* © Getty Images.

Depois disso, não houve mais tumulto. Os demais líderes de partidos ficaram em pé para declarar seu apoio à proposta de Hitler, e foi feita a votação. O resultado – 441 a 94 – levou à aprovação da "Lei para a Remoção da Aflição do Povo e do Reich".¹² Para todos os efeitos práticos, o Reichstag deixava de existir.

No dia seguinte, esses eventos viraram manchetes de primeira página nos jornais do mundo inteiro. "O gabinete de Hitler assume o poder para governar como ditadura; o Reichstag renuncia *sine die*", anunciava o *New York Times*.[13] Outra reportagem continuava: "Nunca houve uma exaltação tão brutal da mera força... Na própria proclamação desta Alemanha implacável e absolutamente independente que irá se formar... o novo governo alemão vê-se confrontado com a condenação moral de quase todo o resto do mundo".[14]

Enterrada nessas sentenças, estava a implicação de que tal coisa nunca poderia acontecer nos Estados Unidos. Uma semana mais tarde, porém, em 31 de março de 1933, uma série de eventos notavelmente similares desdobrou-se diante dos olhos de um grande número de cidadãos americanos. Eles viram um presidente de seu país fazer exatamente o mesmo discurso para uma sessão conjunta do Congresso, e quando o discurso terminou, todos riram e foram para casa. Foi um momento fatídico para a democracia americana: a estreia do filme de Hollywood *Gabriel over the White House* [O Despertar de uma Nação].[15]

No filme, a sessão conjunta começava assim: um senador corajoso, um certo senhor Langham, pede o *impeachment* do recém-eleito presidente, que segundo o senador vinha agindo de maneira imprópria, e a sala irrompe numa mistura de protestos e aplausos. Então o presidente entra pela porta e a sala fica em silêncio. Ele se posta diante de uma gigantesca bandeira americana e todos aguardam sua fala.

Como Hitler, ele começa em tom abatido. Diz que se torna representante do povo americano na sua hora de mais sombrio desespero. Durante anos, o Congresso andou desperdiçando dinheiro em negociatas que não beneficiaram o cidadão americano comum. Incontáveis horas foram perdidas em discussões fúteis. Agora era hora de agir. O presidente pede aos representantes que declarem estado de emergência no país e que o Congresso entre em recesso até que as condições normais sejam restauradas. Durante esse período, ele assumiria total responsabilidade pelo governo dos Estados Unidos.

Ouve-se um murmúrio na multidão, mas apenas o senador Langham ousa responder. "Senhor presidente, isso é ditatorial!", grita ele. "Os Estados Unidos da América são uma democracia! Não estamos prontos para abrir mão do governo de nossos pais!"

A capacidade oratória de Hitler em ação. *Copyright* © KPA/ZUMA/Corbis.

O presidente ficcional dissolve o Congresso em *Gabriel over the White House* (1933).

O presidente não recua. "Vocês *já* abriram mão", disse ele. "Vocês viraram as costas. Taparam seus ouvidos aos apelos do povo. Vocês têm sido traidores dos conceitos de democracia sobre os quais esse governo foi fundado."

"Eu acredito na democracia", continuou ele, "assim como Washington, Jefferson e Lincoln acreditaram na democracia. E SE O QUE EU PLANEJO FAZER EM NOME DO POVO ME TORNA UM DITADOR, ENTÃO É UMA DITADURA BASEADA NA DEFINIÇÃO DE JEFFERSON DA DEMOCRACIA: UM GOVERNO PARA O BEM MAIOR DO MAIOR NÚMERO POSSÍVEL DE PESSOAS!".

A maioria dos congressistas reage com um aplauso arrasador, mas o senador Langham não desiste. "Esse Congresso se recusa a entrar em recesso", ele afirma, já sem a mesma confiança de antes.

"Acho, senhores, que estão esquecendo que ainda sou o presidente dos Estados Unidos", é a resposta. "E COMO COMANDANTE EM CHEFE DO EXÉRCITO E DA MARINHA, É DENTRO DOS MEUS DIREITOS COMO PRESIDENTE QUE DECLARO O PAÍS SOB LEI MARCIAL!".

A ameaça do presidente surte efeito. É feita uma votação e anuncia-se o resultado: 390 votos contra 16, em favor da Lei de Emergência.[16] "O Congresso atende ao pedido do presidente, entra em recesso por votação esmagadora", relata o *Washington Herald*. Como Hitler, o presidente havia obtido por meios legais o que afirmara poder obter de qualquer modo.

Esse episódio foi tão dramático quanto o da Alemanha; envolveu pessoas que estavam igualmente num alto patamar da elite política e cultural da nação, e se deu na mesma época. De janeiro a março de 1933, alguns dos homens mais importantes nos Estados Unidos conduziram uma séria discussão sobre como retratar na tela os assuntos mais prementes daqueles dias – e o resultado foi esse.

Tudo a respeito desse novo presidente era incomum, a começar por suas origens. No verão de 1932, Thomas F. Tweed, conselheiro político e chefe de pessoal do ex-primeiro-ministro britânico David Lloyd George, saiu de férias a bordo de um cargueiro pelo Mediterrâneo. Pouco antes de partir, Tweed lera uma notícia interessante no jornal: um conhecido dono de loja de departamentos chamado Harry Gordon Selfridge havia declarado que a democracia nos Estados Unidos estava chegando ao fim. A nação logo seria gerida por um "espírito inspirado, altruísta" e as pessoas seriam capazes de cuidar de seus próprios assuntos.[17] Tweed ficou muito impressionado com essa ideia, e passou a discuti-la com os outros passageiros a bordo. Será que Selfridge estava certo em dizer que um ditador benevolente deveria colocar o Congresso em recesso, abolir as proibições e colocar um imposto sobre as vendas? Ele acabou perdendo o interesse pelas respostas dos demais e viu que seu confinamento num cargueiro lhe produzia o tédio necessário para tentar chegar a uma resposta sozinho.[18] Esse inglês que nunca antes escrevera um livro, nem pusera os pés em solo americano, começou a trabalhar no que iria se tornar *Gabriel over the White House*.

Logo nasceria a lenda de Jud Hammond. Originalmente um político cínico que chegara à presidência como resultado de seu bom humor e charme, Hammond sofre um terrível acidente de carro no início de seu mandato e, ao acordar, sente-se possuído por um desejo inabalável de resolver todos os problemas americanos. Após dissolver o Congresso, ele sozinho consegue acabar com o desemprego, pôr fim aos esquemas corruptos e trazer a paz mundial.[19] Num país que vinha sofrendo a pior depressão econômica de sua história, essas eram perspectivas muito atraentes.

No início de janeiro de 1933, pouco antes da publicação de *Gabriel over the White House* nos Estados Unidos, um exemplar do romance de algum modo acabou nas mãos de William Randolph Hearst, o chefe de um dos maiores impérios de mídia do país.[20] Hearst não só comandava dezenas de jornais, mas também uma companhia de filmes chamada Cosmopolitan Pictures, e comprou a ideia de transformar *Gabriel over the White House* em filme. Durante anos, compensara suas ambições políticas fracassadas escrevendo vigorosos editoriais nas primeiras páginas de seus jornais. Agora tinha a oportunidade de criar um presidente à sua própria imagem. Trabalhando com o roteirista Carey Wilson, Hearst montou uma história que descrevia seus planos para a reabilitação econômica do país. Redigiu grandes trechos dos discursos de Hammond. E *Gabriel over the White House* passou a ser seu projeto favorito.[21]

Embora Hearst pudesse dizer o que quisesse em seus editoriais, não estava totalmente no comando de seu filme. A Cosmopolitan Pictures dependia da MGM para distribuição e exibição e, consequentemente, o filme tinha que contar com a aprovação do homem mais poderoso de Hollywood, Louis B. Mayer. Isso era um problema, porque embora Hearst e Mayer fossem bons amigos, tinham adesões políticas opostas. No ano anterior, Hearst usara toda a sua influência para apoiar Franklin D. Roosevelt na campanha eleitoral.[22] Mayer, por sua vez, apoiou Herbert Hoover, e agora, depois de ver o copião de *Gabriel over the White House,* sentia-se ultrajado. "Coloque esse filme na sua lata, leve-o de volta ao estúdio, e tranque-o!", foi, pelo que se sabe, o que ele gritou após a exibição.[23] Ao que parece, ele interpretou o Hammond cínico do primeiro momento como uma paródia do presidente Hoover, e o Hammond posterior, o eficaz, como uma poderosa validação de Roosevelt.

No mês seguinte, a MGM gastou um tempo enorme editando e refilmando *Gabriel over the White House*. Mayer foi a extremos para assegurar que o filme não refletisse nenhuma das administrações do país.[24] Ele revisou os discursos de Hammond e cortou uma mensagem ao Congresso sobre o alívio do desemprego. Como resultado, o filme deixou de promover a agenda de Hearst como antes fazia literalmente.[25]

Por fim, Mayer consultou a pessoa mais improvável de todas durante o processo de edição: o próprio Franklin D. Roosevelt. O presidente recém-empossado assistiu à primeira versão editada do filme e se mostrou preocupado, achando que o filme às vezes promovia uma pauta política equivocada. Como um repórter explicou, "Corremos o risco de ele [Roosevelt] achar que estamos moldando a opinião pública no sentido contrário ao que ele tem que adotar".[26] Para reduzir esse risco, Roosevelt propôs algumas mudanças, todas elas aceitas, e pareceu muito satisfeito com o resultado final. Seu secretário enviou uma carta de agradecimento à MGM, e ele mesmo escreveu a Hearst: "Quero lhe mandar essas linhas para lhe dizer o quanto fiquei satisfeito com as mudanças que fez em GABRIEL OVER THE WHITE HOUSE. Acho que é um filme interessantíssimo e deverá ser de grande ajuda. Várias pessoas o assistiram conosco na Casa Branca e todos o acharam muito interessante. Algumas dessas pessoas disseram que nunca vão ao cinema e que não ligam para filmes, mas acharam que este é um caso especial".[27]

Apesar desse elogio do presidente, Hearst não ficou feliz. Em 25 de março, escreveu a Mayer para expressar frustração e desapontamento pelo fato de ter sido obrigado a fazer concessões em sua visão. Ele aceitou com relutância as sugestões de Roosevelt e disse que haviam sido prejudiciais à dramaticidade do filme. "Além disso", continou, "houve um monte de outras alterações no filme que não foram solicitadas pelo governo e que na minha humilde opinião não eram absolutamente necessárias... Acho que você comprometeu a eficácia do discurso do presidente ao Congresso, pois teve medo de dizer as coisas que eu escrevi e que digo todo dia nos meus jornais e que você me elogia por dizê-las, mas que mesmo assim não aprova suficientemente para colocar no seu filme... Acredito que o filme ainda será considerado um bom filme e talvez até um filme surpreendentemente bom. Não obstante, acho que antes era um filme melhor".[28]

O resultado final de tudo isso é que vários homens foram responsáveis pela criação de Jud Hammond. Hearst teria desejado que o presidente ideal fosse todo ele criação sua, mas foi forçado a aceitar as mudanças sugeridas por um presidente real, Franklin D. Roosevelt, e pelo executivo do estúdio, Louis B. Mayer.

Houve uma última pessoa que sugeriu mudanças em *Gabriel over the White House*: Will Hays. Depois de ver o copião em março, Hays concordou substancialmente com as mudanças propostas por Mayer e Roosevelt. Ele também apresentou uma crítica. Devido à tremenda tensão dos tempos, disse ele, parecia perigoso sugerir que a resposta à crise econômica poderia estar em outro lugar que não na forma aceita de governo. "O fato é que centenas de milhares de pessoas têm um olho em Roosevelt e outro olho em Deus, e, na minha opinião, a disposição e o estado mental são os aspectos que mais carecem de uma reflexão sobre quais são as instituições e fatores de governo que precisam encontrar a solução", escreveu ele. "As pessoas, acredito eu, não verão nesse filme o fato de ele apontar para os cidadãos que estão por trás de seus representantes eleitos como sendo eles a fonte de onde emana todo o poder do governo, mas irão encará-lo como uma denúncia direta da puerilidade e falibilidade da atual máquina e pessoal do governo, e que apenas com uma forte pancada na cabeça do presidente e com os consequentes atos de um homem perturbado é que será possível enfiar suficiente retidão e sabedoria no ramo executivo do governo para que ele possa liderar."[29]

Hays talvez não fosse muito articulado para escrever, mas estava chamando a atenção para um problema que ninguém mais parecia ter percebido. Não havia nenhum inconveniente no fato de Hearst, Mayer e Roosevelt discutirem que tipo de mudanças seu presidente ideal deveria promover. Hays provavelmente concordava com o tipo de acordo que eles acabaram conseguindo, mas esse presidente ficcional havia dissolvido o Congresso. Ele atirara o conceito inteiro de democracia pela janela. Havia proposto uma ditadura como solução para os problemas do país.

Na opinião de Hays, o filme precisava urgentemente ser modificado. Sua primeira sugestão foi retrabalhar as cenas de abertura para que os espectadores não ficassem desencantados com a presente forma de governo. Os roteiristas da MGM obviamente não deram ouvidos ao seu conselho, pois propuseram o seguinte:

Hammond: Boa noite, senhor vice-presidente. Espero que durma bem.
Vice-presidente: Quando é que o vice-presidente faz algo diferente disso?
Hammond: Quando penso em todas as promessas que fiz ao povo para ser eleito...
Brooks: O senhor tinha que fazer algumas promessas. Na hora em que eles perceberem que não irá cumpri-las, o seu mandato já estará terminando!
Hammond: Ah, obrigado por aqueles votos inesperados do Alabama.
Congressista: Espere até lhe mandarem a conta por eles.

Não tinha nada a ver com a primeira sugestão de Hays. Mas ele tinha outra. Quando um homem é indicado candidato ou eleito presidente, escreveu ele, ocorre um fenômeno tipicamente americano. O homem passa por uma transformação espiritual que o leva a fazer o possível para conseguir seu objetivo, mesmo que se mate nesse processo. Com algumas mudanças, a mesma coisa poderia acontecer com Hammond. Se esse presidente tivesse um mínimo de responsabilidade por ter sido eleito, então suas ações posteriores poderiam ser vistas como o resultado de inspiração derivada do processo democrático.[30]

Eis como a transformação de Hammond acabou sendo retratada: pouco depois da sua posse, ele estava dirigindo imprudentemente por uma estrada. Disse que era a primeira vez que conseguia fugir da imprensa desde que havia sido eleito. Ele pergunta a que velocidade está indo, e um passageiro responde que era a 160 km/h. Depois do acidente, Hammond fica na cama inconsciente por várias semanas e, quando acorda, tem a mesma aparência, mas parece totalmente mudado. No romance, o primeiro personagem a vê-lo é o seu sobrinho favorito, que chora e diz: "Esse não é o meu tio Jud!".[31] No filme, o médico do presidente percebe a transformação. "O que ele diz?", alguém pergunta. "Ele não diz nada", o médico responde. "Fica lá sentado, em silêncio, lendo ou pensando, como um fantasma grisalho e magro com olhos incandescentes que parecem enxergar lá dentro de você."

Hammond havia de repente adquirido poderes misteriosos. Seu famoso sorriso desaparecera, não fazia mais piadas e, quando falava, sua autoridade era absoluta. Ele se reuniu com seu ministério e despediu o secretário de estado por questionar suas ordens. Depois relatou à imprensa o ocorrido sem enfeitar nada. Não demorou para que Hammond deixasse de ser encarado como um político comum e passasse a ser visto como o líder supremo cujas ordens tinham que ser sempre obedecidas. Como sua secretária, a senhorita Malloy, explicava no livro: "Alguma coisa está acontecendo com ele, algo novo e terrivelmente estranho que tira da gente qualquer querer – qualquer capacidade de pensar e agir. Fica mais fácil ceder do que continuar a brigar pelo próprio ego. Você acaba ficando feliz em servi-lo – servi-lo – e atender ao desejo dele".[32]

Na véspera da sessão conjunta do Congresso, a fonte do poder de Hammond é revelada. A senhorita Malloy entra no escritório dele tarde da noite para lhe dar o esboço final de seu discurso, e embora ele o tenha escrito, não sabe mais do que se trata. Ele ergue o olhar, perdido no nada por alguns segundos, e nessa hora a senhorita Malloy percebe a presença de um terceiro ser. Ela já vinha imaginando há algum tempo de que havia dois Jud Hammond. Agora entendia que Deus mandou o arcanjo Gabriel para habitar o corpo de Hammond e transformá-lo num mensageiro de revelações para os Estados Unidos. O presidente pega o discurso e diz que o reconhece; e que ao dissolver o Congresso, estará fazendo a vontade de Deus.

E foi assim que o primeiro grande filme fascista surgiu não na Itália ou na Alemanha, mas nos Estados Unidos. A ideia de "fascismo americano" com frequência foi associada a Huey Long e Charles Coughlin, homens cujas convicções e ações lembravam os líderes fascistas da Europa,[33] mas antes que Long e Coughlin se tornassem nomes familiares nos Estados Unidos esse filme defendia que o que o país precisava era de um presidente ditador. Os homens responsáveis por sua realização não vinham da periferia da política e da cultura americanas, mas do seu centro. A única pessoa que questionou sua premissa não foi Roosevelt, o grande democrata, mas Will Hays, o puritano reformador do cinema. Por três anos, Hollywood evitara fazer filmes que chamassem a atenção para a depressão econômica e as terríveis condições sob as quais o povo vivia. Finalmente, era lançado um filme que mencionava todas as principais questões do dia – desemprego em massa, esquemas corruptos, proibições, dívidas de guerra, proliferação de armamentos – e a solução proposta era o fascismo.

A MGM estava completamente ciente disso. Cinco meses depois de *Gabriel over the White House* estrear nos Estados Unidos, a MGM comercializou o filme na Alemanha. O gerente local, Frits Strengholt, declarou numa entrevista promocional: "Temos demonstrado forte confiança na Alemanha e no mercado alemão... Acreditamos que os esforços do seu governo na luta contra o desemprego, culminando no generoso programa de criação de empregos cujos efeitos já começam a se fazer sentir, também terão boas consequências para a frequência do público aos cinemas". Strengholt disse então que sua companhia iria distribuir alguns filmes na próxima temporada que seriam de particular interesse para o público alemão. Esses filmes usavam exemplos americanos para mostrar que os princípios da Nova Alemanha eram válidos para o mundo inteiro. O mais importante era de longe *Gabriel over the White House*. "Esse filme recebeu muitos elogios na imprensa dos países onde a versão original foi exibida", afirmou Strengholt. "Temos certeza de que na Alemanha, onde essas questões estão mais próximas da realidade, o filme terá uma acolhida ainda mais favorável."[34]

"Acreditamos numa colaboração gratificante [*Zusammenarbeit*] de todas as partes", acrescentou, "já que temos... sido capazes de trabalhar sem problemas com as autoridades governamentais alemãs até agora".[35]

Gabriel over the White House estreou em Berlim em fevereiro de 1934 e ficou em cartaz quinze dias seguidos na primeira temporada.[36] Como seria de esperar, as produções de Hollywood com grandes astros lançadas naquele mesmo ano tiveram melhor desempenho: *Queen Christina* [Rainha Cristina], com Greta Garbo, ficou 44 dias seguidos em cartaz; *Cleopatra* [Cleópatra], com Claudette Colbert, 34 dias; e *The Scarlet Empress* [A Imperatriz Vermelha], com Marlene Dietrich, 25 dias.[37] Mas *Gabriel over the White House* era mais do que mero entretenimento. O ministro prussiano da justiça, o presidente da Câmara Alemã de Cinema e vários membros do alto escalão do Ministério do Exterior compareceram a uma sessão especial do filme, e as resenhas foram em geral excelentes. O principal jornal nazista, *Völkischer Beobachter*, comentou os paralelos com a situação na Alemanha.[38] E o resenhista de cinema do jornal de Goebbels, *Der Angriff*, fez um relato verdadeiramente perspicaz do que significavam esses paralelos.

Esse resenhista, chamado H. Brant, disse que de início achara simplesmente que os produtores de *Gabriel over the White House* haviam se inspirado nos recentes eventos na Europa, mas depois descobriu algo fascinante: a ideia do filme na realidade era anterior à ascensão de Hitler ao poder na Alemanha. Se alguém precisasse de alguma prova de que o princípio nacional-socialista penetrara no pensamento e nas emoções dos cidadãos de todas as nações modernas, a prova era essa. Mesmo na América democrática, o princípio estava tão arraigado no inconsciente coletivo que havia levado à criação desse filme notável.[39]

Brant então maravilhava-se com a personalidade peculiar de Jud Hammond. O contraste entre o primeiro eu de Hammond, inibido pelo velho sistema político, e o novo eu, melhor, propiciado pela sua mudança após o acidente de carro, era magistral. "De início, o político parlamentar, sorridente... de algum modo complacente", escreveu Brant, "e depois a figura totalmente transformada de um homem possuído por um fanatismo santo, que vê a si mesmo acima de toda autoridade partidária, como líder, como patrono dos interesses de todo o seu povo e de toda a humanidade."[40] Na visão de Brant, essa súbita compreensão do princípio do líder foi o que permitiu a Hammond resolver os problemas primeiro da nação e depois do mundo.

Quando *Gabriel over the White House* foi lançado nos Estados Unidos, os críticos de cinema tenderam a não rotulá-lo de cara como fascista. Alguns desculpavam o filme chamando-o de sátira; outros concordavam com sua pauta política.[41] Na Alemanha, porém, seu sentido foi mais direto. Sim, o filme era uma sátira, mas era uma sátira *fascista*: ele ridicularizava a democracia e a ineficiência do sistema parlamentar. E, sim, o presidente Hammond trouxera mudanças positivas, mas elas não eram diferentes das que o atual líder estava ocupado em promover. Como os nazistas e a MGM concordavam, cada uma das principais reformas sugeridas pelo filme – acabar com o desemprego, resolver o problema do gangsterismo e trazer a paz mundial – em última instância serviram para validar a supremacia de Adolf Hitler.

A primeira reforma proposta em *Gabriel over the White House* batia mais de perto com os eventos concretos na Alemanha. Logo após assumir o cargo, Hitler declarou numa transmissão de rádio que sua prioridade era "salvar o trabalhador alemão com um enorme e abrangente ataque ao desemprego". Em 1933, investiu 5 bilhões de *Reichmarks* em planos de criação de empregos, e em 1934 o índice de desemprego havia caído a menos da metade em relação aos dois anos anteriores. Embora essas cifras não fossem totalmente precisas, e apesar de os planos de criação de emprego serem na verdade uma iniciativa do governo anterior, havia uma crença disseminada de que Hitler havia operado um "milagre econômico".[42]

Gabriel over the White House reforçou essa crença, pois Hammond – ou, nas palavras de Brant, o líder – conseguiu o mesmo resultado. Ele se encontra com um grupo de homens desempregados em Baltimore e diz o que Hearst vinha dizendo desde que a Depressão começara: o governo precisava criar um grande número de empregos a fim de restaurar a prosperidade.[43] Sem a interferência do Congresso, ele é capaz de cumprir sua promessa. Investe US$ 4 bilhões em planos de criação de empregos e logo o problema está resolvido.

H. Brant, o crítico de cinema, estava impressionado, mas mesmo assim apontava uma diferença significativa entre a Alemanha e os Estados Unidos: "Todas as coisas que já foram superadas na Alemanha, ou seja, o parlamentarismo, os partidos políticos e o princípio do liberalismo nos negócios", escreveu ele, "o filme americano só pode trazer como um desejo visionário dentro de uma sequência onírica".[44]

Brant estava certo, mas, para sermos justos, o filme americano também desejava coisas que ainda não eram desfrutadas na Alemanha. O líder, afinal de contas, tivera que fazer mais do que apenas resolver o problema do desemprego; também precisou destruir um perverso perigo que ameaçava a própria existência da nação. É claro que o perigo nos Estados Unidos não era igual ao da Alemanha, mas o estilo da resposta era o mesmo. *Gabriel over the White House* estigmatizava um grupo como a fonte de todos os problemas da nação e isso era algo com que as plateias alemãs podiam facilmente se identificar. Em *Gabriel over the White House,* o vilão era o gângster.

Hollywood já havia produzido muitos filmes de gângsteres. No mês anterior, fizera sucesso na Alemanha um filme de Cecil B. DeMille, *This Day and Age* [A Juventude Manda].[45] Contava a história de um grupo de estudantes que se unem, sequestram o chefe de uma quadrilha de gângsteres de sua cidade e o enfiam num poço cheio de ratos. O filme foi proibido na Holanda porque os censores de lá acharam que continha "fortes tendências fascistas".[46] Na Alemanha, porém, a Paramount renomeou-o como *Revolution of Youth* [Revolução da Juventude] e promoveu-o com um cartaz de um líder saudando um grupo de garotos. O filme foi exibido por vinte dias em sua primeira temporada em Berlim.[47]

This Day and Age era um filme singularmente cruel, mas mesmo assim não propunha uma solução concreta ao problema dos gângsteres. *Gabriel over the White House*, ao contrário, fazia isso. Em outubro de 1932, Hearst encomendou a Benito Mussolini um artigo sobre o assunto, e o argumento de Mussolini serviu de base para essa parte do filme. Mussolini dissera que havia apenas uma resposta ao crime organizado: a sua "completa aniquilação". Quando ele chegou ao poder na Itália, selecionou apenas aqueles homens que tivessem a vontade, a determinação e a firmeza de agir sem hesitação. "A verdadeira democracia elevada", disse ele, "é a que ajuda o povo a avançar, protege e educa as massas, e pune sempre que necessário tanto a maldade quanto os malvados".[48]

Essa era exatamente a posição de *Gabriel over the White House*. Num discurso pelo rádio, o líder, Jud Hammond, primeiro descreve seus planos para a proteção do trabalhador americano e depois sai atacando o inimigo, "um maligno crescimento canceroso corroendo a saúde espiritual do povo americano". Só havia um jeito de lidar com o problema: "Essas forças malignas devem ser – têm que ser – eliminadas para que nossos cidadãos que seguem em paz seu caminho não sejam mais obrigados a conduzir seus negócios à sombra da extorsão e da dívida".

Mas o líder era um homem generoso. Poucos dias depois de sua fala pelo rádio, ele convida o chefe dos gângsteres, Nick Diamond, a ir até a Casa Branca e lhe dá a oportunidade de voltar a se regenerar. Então dois funcionários do governo entram na sala e o gângster se assusta: "Achei que haviam garantido que eu não seria enquadrado", diz ele. O líder então olha para um quadro de George Washington na parede e sorri. "Diamond", diz ele, "não acho que você já esteja muito apto a ser enquadrado".

Na noite seguinte, Diamond organiza um tiroteio de carro do lado de fora da Casa Branca. Ninguém é morto, mas as repercussões são muito fortes. O líder encarrega seu assistente pessoal, Harley Beekman, de eliminar todos os gângsteres, e Beekman age de modo rápido e cruel. Ele submete Diamond e todos os seus homens a uma corte marcial e sentencia todos à morte. "Você é o último dos mafiosos", anuncia ele, "e isso porque temos na Casa Branca um homem que nos permitiu cortar a fita vermelha dos procedimentos legais e ir direto aos princípios básicos. Olho por olho, Nick Diamond, dente por dente, vida por vida".

A progressão era clara. Beekman monta um campo de concentração na Ilha Ellis no porto de Nova York, onde supervisiona pessoalmente o fuzilamento do inimigo. "Quero exterminá-los como ratos", um de seus parceiros diz no livro. E mais tarde o próprio Beekman afirma: "Não me arrependo, não tenho remorsos pelo destino dessas bestas predadoras que destruímos".[49]

Com o problema do desemprego resolvido e o inimigo completamente aniquilado, o líder tinha uma última coisa a fazer. Organiza um encontro com as mais importantes figuras políticas do mundo e provoca-as com uma demonstração do poderio militar americano. "Por acaso o presidente dos Estados Unidos está querendo arrastar o mundo em outra guerra?", um chefe de Estado pergunta. "Não, os Estados Unidos têm que ter a maior marinha do mundo porque querem a paz", o líder retruca. Outro chefe de Estado faz pressão para que haja outras conferências, mas o líder diz que os americanos sempre foram perversamente explorados em eventos desse tipo. Há uma solução muito melhor. Ele força, então, todas as nações a assinarem um tratado de desarmamento que ele mesmo redigiu, e, com sua obra concluída, sofre um infarto e morre.

O líder da Alemanha, Adolf Hitler, também compreendeu os benefícios de falar em termos de paz mundial. Num discurso ao Reichstag em 17 de maio de 1933, disse que a Alemanha estava disposta a renunciar às armas de agressão se outros países fizessem o mesmo. Dois anos mais tarde, criou o novo exército alemão, dizendo que queria nada mais do que "o poder, para o Reich e, portanto, também para toda a Europa, a fim de sustentar a paz". Em resposta à condenação de suas ações pela Liga das Nações, Hitler fez mais um "discurso de paz" no Reichstag. "O que mais eu poderia desejar além de tranquilidade e paz?", proclamou. "A Alemanha precisa de paz, e quer a paz."[50]

A única coisa que faltava nos pronunciamentos de Hitler era a realidade de fato – em lugar de emprego para todos, o envio de milhões para a guerra, em vez da erradicação do mal, o genocídio, em vez da paz mundial, a destruição numa escala sem precedentes. Esses desdobramentos iriam emergir mais tarde. De momento, Hitler prometia ao povo alemão resolver seus problemas, e *Gabriel over the White House* reforçava tudo o que ele dizia. O filme fazia as mesmas promessas que Hitler no mesmo ponto do tempo, e desse modo teve uma função bem específica: serviu como propaganda para o novo regime nazista.

E não era um tipo de propaganda qualquer. Como H. Brant explicou no final de sua resenha, o filme definiu um padrão para todas as futuras produções. "O perigo deste filme é que ele corre o risco de se tornar uma tediosa série de debates", escreveu. "Por meio de cortes rápidos, da iluminação variada dos atores individuais e da inserção de cenas curtas, [o diretor] ao contrário, transformou o filme numa obra-prima exemplar de propaganda. Do início ao fim, o espectador fica completamente sem fôlego".[51]

Gabriel over the White House era, aos olhos do crítico, o filme de propaganda perfeito. Mostrava o processo exato pelo qual Hitler se tornara um líder. Explicava as reformas concretas que ele iria logo realizar. E era absolutamente cativante e divertido. Num regime que fazia da propaganda um ponto crucial de sua existência, Hollywood havia fornecido o primeiro filme modelo. Outros viriam logo a seguir.[52]

Do dia em que Hitler se tornou chanceler da Alemanha ao dia em que invadiu a Polônia, os filmes americanos foram imensamente populares no Terceiro Reich. Todo ano, entre vinte e sessenta novos títulos chegavam às telas, e tinham desempenho muito melhor do que as produções alemãs da época. Eram admirados por todos, do cidadão alemão comum aos altos oficiais, discutidos largamente na imprensa e recebiam uma série de prêmios nacionais. Mesmo em 1940, quando apenas seis longas-metragens americanos foram exibidos, pelo menos dois acabaram tendo grande sucesso.[53]

Várias razões contribuíram para a grande popularidade dos filmes americanos na Alemanha nazista. Uma delas é que eram tecnicamente superiores, outra é que continham muitos astros e estrelas, e uma terceira é que os alemães adoravam musicais e os musicais mais deslumbrantes vinham de Hollywood. De todos os filmes (tanto estrangeiros quanto nacionais) exibidos no Terceiro Reich na década de 1930, o segundo mais popular foi *Broadway Melody of 1936* [Melodia da Broadway de 1936] (que ficou em cartaz 129 dias consecutivos na primeira temporada em Berlim), e o terceiro mais popular foi *Broadway Melody of 1938* [Melodia da Broadway de 1938] (em cartaz por 74 dias).[54]

Mas havia uma razão mais importante para a imensa popularidade dos filmes americanos na Alemanha nesse período. Como um grande número de críticos apontou, esses filmes possuíam uma qualidade única: um "toque leve de comédia".[55] Para citar alguns exemplos da imprensa:

After the Thin Man [A Comédia dos Acusados]: Simplesmente a mistura certa de seriedade e diversão, leveza e suspense, charme e grosseria, que faz o público cair na risada.[56]

Forsaking All Others [Quando o Diabo Atiça]: Somos incapazes de fazer filmes como esse, nos quais as bobagens são tudo e nada, tanto o foco quanto os adereços entrelaçados, e tudo com aquela compreensível e viva tagarelice complacente, natural ou afetada.[57]

Desire [Desejo]: Mais uma vitória do humor americano... que é proporcionada pela mentalidade aberta e desinibida dos americanos.[58]

Rapidamente, as várias companhias alemãs de produção de cinema começaram a imitar essa qualidade típica dos filmes americanos. "Quase toda semana", relatou um jornal, "vários diretores de produtoras alemãs pedem às companhias americanas que emprestem cópias de algum filme para que eles possam aprender com ele".[59]

O chefe do recém-criado Ministério da Propaganda, Joseph Goebbels, estava aborrecido com a óbvia superioridade dos americanos na área do cinema. Como Hitler, assistia a filmes todas as noites, e ficava muitas vezes com a impressão de que algo precisava ser feito. Por exemplo, depois de assistir à comédia de Frank Capra vencedora do Oscar, *It Happened One Night* [Aconteceu Naquela Noite], Goebbels anotou sua impressão em seu diário: "um filme americano divertido, cheio de vida, com o qual podemos aprender muito. Os americanos são tão naturais, muito superiores a nós. O terrível filme alemão *Leichte Kavallerie* prova isso. Um tédio mortal".[60] Teve uma reação similar ao segundo filme mais popular na Alemanha em 1937: "*San Francisco,* com Clark Gable e Jeanette MacDonald: atuações maravilhosas, assim como a direção e a produção. *Stärker als Paragraphen*: um trabalho ruim, contendo uma mensagem nacional-socialista, absolutamente horrível".[61]

Goebbels admirava os filmes americanos, assim como Hitler, mas viu-se questionando a opinião de Hitler num aspecto. Para Hitler, um filme de propaganda nunca devia tentar ser divertido: "Quero explorar o filme totalmente como instrumento de propaganda, mas de uma maneira que cada espectador saiba que naquele dia está indo ver um filme político. Do mesmo jeito que no Sportpalast, ele não espera ouvir política misturada com arte. Fico irritado quando vejo propaganda política disfarçada de arte. Ou é arte ou é política".[62] Essa compreensão levou à criação de *Triumph of the Will*, que, apesar de toda a sua força, continha muito pouco humor e leveza.

Goebbels introduziu uma abordagem mais imaginativa. Para que um filme de propaganda pudesse fazer sucesso, pensava ele, precisava também ser divertido: "Mesmo o entretenimento pode ser de valor especial em termos políticos, porque a partir do momento em que a pessoa tem consciência de que algo é propaganda, esta se torna ineficaz. No entanto, quando a propaganda enquanto um viés, uma característica, uma atitude, se mantém em segundo plano e se torna aparente por meio dos seres humanos, então ela consegue ser eficaz em todos os sentidos".[63] Goebbels reiterava o que H. Brant dissera sobre *Gabriel over the White House*: o filme funcionava usando um drama humano para sustentar a atenção da plateia a cada momento. Longe de isso interferir na propaganda, era justamente o que a tornava bem-sucedida.

No final de 1935, um bom ano para as companhias americanas, Goebbels fez um discurso a um grupo de cineastas alemães no qual levou sua observação um pouco além. Começou criticando os atores de filmes alemães por dizerem suas falas como se estivessem lendo um texto ou atuando num palco. O segredo do cinema, disse Goebbels, era que se afigurava como a vida real e, consequentemente, os atores de cinema precisavam falar com maior naturalidade. Apenas os americanos, que não tinham o fardo de uma longa tradição de teatro, haviam compreendido isso.[64] A atuação em filmes como *It Happened One Night* e *The Lives of a Bengal Lancer* [Lanceiros da Índia] era fluente e totalmente convincente. Depois, conforme Goebbels se aproximou do final de sua fala, fez uma observação fascinante. Nos dois filmes que mencionara, "um herói nem sempre fala heroicamente, mas age heroicamente".[65]

É interessante destacar que a observação de Goebbels aplicava-se muito bem a *It Happened One Night*, o filme de maior sucesso na Alemanha em 1935.[66] O filme conta a história da filha mimada de um milionário, interpretada por Claudette Colbert, que foge de casa e conhece um repórter desempregado, interpretado por Clark Gable. O casal briga em todas as suas viagens, mas os dois acabam se apaixonando, e justo na hora em que Gable vai pedi-la em casamento, ocorre um mal-entendido. Colbert volta para casa com raiva, inconsolável, e várias semanas mais tarde o pai dela decide tirar satisfações com Clark Gable.

"Você se incomoda se eu lhe fizer uma pergunta bem direta?", diz o pai. "Você ama minha filha?"

"Qualquer rapaz que se apaixone pela sua filha deve ter sua cabeça examinada", responde Gable.

"Bem, você está fugindo do assunto", diz o pai.

"O que ela precisa é de um cara que dê nela uma vez por dia, quer ela mereça ou não", grita Gable. "Se você tivesse metade do juízo que imagina ter, já teria feito isso há muito tempo."

Joseph Goebbels, chefe do Ministério da Propaganda. *Copyright* © Bettman/Corbis.

"Você a ama?"

"Um ser humano normal não conseguiria morar debaixo do mesmo teto com ela sem ficar doido! Para mim, ela e nada são a mesma coisa!"

"Eu lhe fiz uma pergunta simples", o pai grita de volta. "Você a ama?"

"Sim, mas não use isso contra mim; eu também não sou lá muito normal!"

E então eles caem nos braços um do outro, mas de uma maneira bem pouco normal. Gable nunca declara seu infinito amor por Colbert a ela. Em vez disso, declara-o ao pai dela, aos berros. "Um herói", em outras palavras, "nem sempre fala heroicamente, mas age heroicamente".

It Happened One Night era uma comédia romântica sem qualquer mensagem política óbvia, portanto as apostas nesse caso não eram muito altas. The Lives of a Bengal Lancer, estrelado por Gary Cooper, era diferente.[67] Também fez imenso sucesso – o terceiro filme mais popular na Alemanha em 1935, em cartaz por 43 dias em sua primeira temporada em Berlim.[68] Porém, diferente de It Happened One Night, ele foi considerado um Tendenzfilm, isso é, um filme que exibe uma "forte tendência nacional-socialista". E essa combinação em particular – um Tendenzfilm que se tornou um grande sucesso de bilheteria – era inédita.

Um pouco de estatística é instrutiva nesse ponto. O filme de propaganda nazista mais popular da década de 1930 foi Triumph of the Will, que estreou algumas semanas depois de The Lives of a Bengal Lancer e ficou em cartaz por 29 dias em sua primeira temporada em Berlim.[69] Mas Triumph of the Will não chegou nem perto de entrar para os dez filmes mais populares de 1935 na Alemanha. Na verdade, houve nove filmes americanos naquele ano que foram melhor que ele. Em certo sentido, o filme de propaganda nazista de maior sucesso na década de 1930 não foi Triumph of the Will, encomendado por Hitler, mas The Lives of a Bengal Lancer, produzido pela Paramount.

A importância do filme foi imediatamente reconhecida pelas autoridades alemãs. Logo após sua estreia, The Lives of a Bengal Lancer foi considerado não só "com valor artístico" (uma honra que o isentava de uma série de impostos), mas também "útil para a educação nacional" (o que significava que poderia ser usado para doutrinar os jovens).[70] Os líderes da Juventude Hitlerista estavam sempre à procura de filmes como esse, e quando o grupo começou a organizar projeções de filmes para seus membros, The Lives of a Bengal Lancer foi um dos primeiros a ser exibido. "A importância prática dessas apresentações", um representante comercial americano explicou, "está no fato de que, somente em

Berlim, de 20 mil a 30 mil jovens veem esses filmes e, se incluirmos os garotos e garotas mais novos, chega-se a 60 mil pessoas".[71] A Juventude Hitlerista encontrou a ferramenta educacional perfeita em *The Lives of a Bengal Lancer*. Eis como o filme se desenvolve:

O lugar-tenente Alan McGregor (interpretado por Gary Cooper) estava insatisfeito. Ele entrara para o Quadragésimo-Primeiro Regimento dos Lanceiros de Bengala para combater rebeldes na Índia colonial, mas o chefe de seu regimento, o coronel Stone, sempre insistia em negar fogo. Quando essa política resultou na morte de dois companheiros lanceiros, instalou-se uma situação curiosa. Um dos substitutos era o lugar-tenente Forsythe, um soldado veterano de outro regimento. O outro era Donald Stone, filho do próprio coronel. E nisso residia o aspecto intolerável: o coronel tratava o filho como qualquer outro soldado. A certa altura, McGregor não suporta mais aquilo. Ele chama o garoto de lado e comenta com ele que o coronel não tem sentimentos humanos. "Afinal, o que é um filho para ele comparado com seu maldito regimento?", grita ele, mas logo pede desculpas pelo seu destempero e diz ao garoto para esquecer aquilo.

Então, um dia, Stone Jr. é sequestrado por Mohamed Khan, o arqui-inimigo do coronel. Foi obviamente culpa do garoto, que deixara o acampamento desobedecendo ordens. Mesmo assim, McGregor fica horrorizado ao saber que o coronel não tem intenção de mandar um grupo em busca do filho. "Eu comecei a pensar que estava errado a seu respeito, mas não estava", McGregor grita. "Você não tem um só osso humano no seu corpo, não tem uma gota de sangue nas suas veias!" Quando McGregor para de gritar, o coronel o prende por insubordinação e o coloca sob a guarda do outro novo recruta, o lugar-tenente Forsythe.

Chega a hora da primeira lição do filme. O major Hamilton, leal auxiliar do coronel e o homem mais inexpressivo do regimento, entra de repente no alojamento de McGregor. Está furioso. Como McGregor pôde achar que o coronel não liga para o seu filho? É claro que liga. O filho é a coisa mais importante do mundo para ele.

"E se fosse seu filho, você também ficaria aqui sentado que nem um boneco?", disse McGregor. "Aposto que não ficaria."

"Não, eu provavelmente já teria ordenado que o regimento fosse atrás", o major responde. "Mas isso porque não sou o homem que o coronel é. Nem o soldado."

"Bom, se é isso que você chama de homem ou soldado, eu não quero nada disso", grita McGregor.

"Você está cego, homem!", o major grita de volta. "Nunca pensou que esse punhado de homens aqui, geração após geração, vem colocando ordem na vida de 300 milhões de pessoas?" (ou, como apareceu na versão alemã, como "um punhado de homens brancos protegeram 300 milhões de indianos do caos?")[72] "Isso ocorre porque ele está aqui, e alguns poucos mais como ele. Homens de sua estirpe é que fizeram a Índia britânica. Homens que colocaram sua tarefa acima de tudo. Ele não deixaria que a morte o desviasse disso, ou que o amor o desviasse disso. Se essa estirpe de homens desaparecer, será o fim. E trata-se de uma estirpe de homens melhor que a de qualquer um de nós."

O filme pregava uma ideia que circulava muito na Alemanha: segundo a doutrina comumente aceita, Hitler também abrira mão de tudo em nome do povo. Era o homem mais solitário do país porque carregava o peso inteiro dele nas suas costas. Como disse Goebbels certa vez: "Ele resiste sozinho, enfrentando o seu e o nosso destino, a fim de combater até uma conclusão vitoriosa a titânica luta imposta a nós pela vida de nossa nação".[73]

Mas isso era apenas a propaganda de praxe. Havia uma coisa nesse filme, na opinião de Goebbels, que o tornava mais eficaz do que qualquer das afirmações que ele mesmo fosse capaz de fazer. Era o fato de o coronel Stone não precisar usar palavras como "titânica luta" ou "conclusão vitoriosa" – ele não precisava falar heroicamente a fim de ser heroico. Quando tentava falar com seu filho, suas palavras eram desajeitadas. Quando o filho é sequestrado, ele não diz absolutamente nada. Por mais de uma hora, a plateia – nesse caso a Juventude Hitlerista – ficava imaginando por que o coronel Stone estava agindo de maneira tão fria, e depois, como ele mesmo jamais iria revelar, seu leal amigo fornece a resposta. O coronel estava fazendo um imenso sacrifício pessoal para o bem da sua nação.[74]

Havia, porém, outro lado na observação de Goebbels, e era igualmente importante para explicar a eficácia do filme. Os jovens soldados no Quadragésimo-Primeiro Regimento, particularmente Forsythe e McGregor, nunca falavam heroicamente, pois estavam sempre fazendo brincadeiras. O resenhista de um dos jornais diários alemães, o *Berliner Tageblatt*, achava fascinante esse aspecto do filme e descreveu a cena em que Forsythe deliberadamente incomoda McGregor tocando uma gaita de fole: "O bochechudo Forsythe é levado a cair em si de uma maneira magistral. Ele fica enlouquecendo seu superior tocando uma gaita de fole estridente. Uma serpente então interpreta aquele ruído a seu modo, achando que as desafinações escocesas são na verdade o chamado de um encantador de serpentes local. Então a serpente fica dançando diante do nariz de Forsythe, e este é obrigado a continuar tocando, suando de aflição, até que seu superior vem resgatá-lo, mal escondendo a expressão de ironia no seu rosto enquanto faz isso".

Na opinião desse resenhista, a cena da serpente revelava o segredo por trás de todo o filme. Embora os garotos estivessem constantemente em perigo, diz ele, ainda eram capazes de manter seu senso de humor: "Ficamos tocados e comovidos ao ver que a bravura pode coexistir com o medo, mas a cada momento, mesmo nas crises mais agudas, o senso de humanidade também se faz presente".[75]

É justamente isso o que acontece depois que o major Hamilton expõe seu pensamento a respeito do coronel Stone. Assim que ele sai, Forsythe não resiste e comenta aquela manifestação tão pouco usual.

"Está todo mundo se abrindo e dizendo o que acha esta noite", ele comenta. "Não imaginava que o garotão pensasse desse jeito – *mas ele está certo.*"

Forsythe começa em tom de piada, mas acaba dizendo algo sério, e a insolência do seu impulso inicial apenas acentua a seriedade da conclusão. Até McGregor começa a ver o equívoco em sua maneira de encarar as coisas. Mesmo assim, esse soldado teimoso está determinado a descumprir ordens e a procurar pelo filho do coronel. De novo, Forsythe mostra não só inteligência como coragem em sua resposta: se McGregor é seu prisioneiro, e ele não pode tirar os olhos de cima dele, então precisa ir junto.

A expedição é muito precária. Os dois homens arrumam um disfarce ridículo, e Forsythe fica cantando uma coisa horrível até que McGregor lhe atira um pedaço de fruta. Eles arrumam um jeito de serem admitidos na fortaleza de Mohamed Khan, mas são logo identificados. Em seguida, veem-se sentados num jantar civilizado com o próprio Khan, e Forsythe elogia Khan pelo carneiro. Khan então lhe pergunta onde o regimento deles irá receber seu próximo suprimento de munições. "Bem", ironiza Forsythe, "quando o pequeno animal felpudo saltou fora do saco, ele realmente foi longe, não é?". Então, depois de dizer a Kahn o que ele realmente achou do carneiro (estava horrível), a parte de comédia de sua aventura termina e começa a parte séria.

Khan tinha uma maneira original de fazer suas vítimas falarem: introduzia finas lascas de bambu sob as unhas deles e tacava fogo. Nem McGregor nem Forsythe cedem sob tortura, mas o filho do coronel não resiste, e no dia seguinte Khan tinha munição suficiente para varrer o Quadragésimo-Primeiro Regimento inteiro do mapa. Como o resenhista do *Berliner Tageblatt* observou, mesmo nesse ponto os soldados não perdem seu senso de humor: "De maneira comovente, Forsythe entoa uma canção inglesa em seu momento de maior depressão e lamenta apenas não ter o acompanhamento de um violino".[76] É nessa hora que McGregor e Forsythe concebem um plano. Um deles iria sacrificar a própria vida explodindo o suprimento inteiro de munições, enquanto o outro daria cobertura. Eles tiram na sorte quem se encarrega da tarefa principal e Forsythe "ganha". Na última hora, porém, McGregor dá um soco no rosto de Forsythe e faz a tarefa ele mesmo. Em suas últimas palavras, diz a Stone Jr. que ele deve em retribuição não contar ao coronel Stone o que realmente aconteceu. McGregor estava se sacrificando pelo líder do qual uma vez duvidara e, além disso, poupando o líder de tomar conhecimento da traição do filho.

Nisso está a segunda lição de *The Lives of a Bengal Lancer*: os mais jovens devem estar preparados a sacrificar sua vida por seu líder, que já abriu mão de tanta coisa por eles. Como o *Der Angriff* assinalou, eles devem fazer isso sem questionar: "Esses homens não dizem nada a respeito dos problemas da nação que os conduziram até lá. Para eles, não há o que comentar a respeito disso [desse silêncio]. Talvez se sentissem ofendidos se alguém começasse a falar no assunto".[77] Assim, apesar da seriedade da mensagem, o humor era usado a todo momento para sustentá-

-la, e o humor só contribuía para tornar a mensagem mais convincente. A emoção da cena final – na qual Stone Jr. tenta conter as lágrimas quando McGregor recebe postumamente a Cruz da Vitória – era ainda mais profunda por causa das piadas que haviam sido ditas antes. Não foi à toa que *The Lives of a Bengal Lancer* foi exibido a dezenas de milhares de membros da Juventude Hitlerista com propósitos educacionais. O filme os colocava na posição de garotos um pouco mais velhos, que, assim como eles, ficavam fazendo brincadeiras o tempo todo, e então os conduzia pelo adequado processo de aprendizagem.

Nos meses que se seguiram, vários outros altos oficiais nazistas se manifestaram a respeito da importância de *The Lives of a Bengal Lancer*. Gerd Eckert, um líder da Juventude Hitlerista, queixou-se de que não havia filmes alemães de propaganda suficientes e que os poucos que havia não eram convincentes e continham clichês demais. "É uma vergonha", escreveu ele, "que nossos cineastas não tenham a coragem de fazer filmes como *The Lives of a Bengal Lancer*".[78] E Leonhard Fürst, um líder da Câmara Alemã de Cinema, descreveu o terrível estado da indústria local e perguntou: "Onde podemos encontrar um roteiro como o de *The Lives of a Bengal Lancer*?".[79] Mesmo Hitler, que oficialmente desaprovava a combinação de entretenimento e propaganda, disse que *The Lives of a Bengal Lancer* era um de seus filmes favoritos.[80]

O filme fez sensação, e graças ao seu sucesso Gary Cooper logo se tornou uma celebridade na Alemanha. No final de novembro de 1938, apenas duas semanas após os brutais *pogroms* contra os judeus na *Kristallnacht*, Cooper pagou tributo às suas plateias alemãs fazendo uma viagem publicitária a Berlim. Mas se eles esperavam outra lição sobre liderança, devem ter ficado desapontados. Cooper apenas proferiu algumas banalidades para a imprensa – "A vida é preciosa demais para dirigir em alta velocidade"; "Voe pelas companhias aéreas alemãs"; "O Bremen é o melhor navio que existe" – e foi embora.[81]

No entanto, na época do lançamento de *The Lives of a Bengal Lancer*, Gary Cooper era o mais importante expoente do princípio do líder nas telas. Por volta do final de 1935, estava claro que os estúdios de Hollywood haviam suprido a Alemanha não só com um, mas com dois filmes que reforçavam esse aspecto central da ideologia nazista. Mesmo assim, nenhum dos dois filmes havia sido totalmente perfeito. *Gabriel over the White House* mostrava uma inquietante similaridade com a situação política da época, mas havia sido apenas moderadamente popular. *The Lives of a Bengal Lancer* atraíra grandes plateias, mas não enfatizara a presente necessidade de um regime fascista – saltara para uma época anterior. O próximo filme de Hollywood a transmitir uma mensagem nacional-socialista seria ao mesmo tempo popular e contemporâneo e, como consequência, estabeleceria um novo padrão para as futuras produções alemãs.

O filme chamava-se *Our Daily Bread* [O Pão Nosso de Cada Dia], e foi feito pelo diretor de Hollywood King Vidor fora do sistema dos estúdios. Vidor mais tarde explicou por que havia feito o filme desse modo: quando os Estados Unidos estavam no meio da Grande Depressão, Hollywood só queria mostrar riquezas e glamour. "Mas", disse ele, "também senti que eu não queria ser um completo prostituto, preocupado apenas em ganhar dinheiro com os estúdios. Não me sentia bem no papel do bom-menino das companhias de cinema".[82] Quando descobriu que trabalhadores desempregados estavam voltando para o interior para montar fazendas cooperativas, sentiu-se inspirado a escrever um roteiro sobre sua situação. Em seguida, quando os grandes estúdios recusaram seu roteiro, ele próprio "voltou para o interior". Levantou dinheiro hipotecando sua casa, carro e tudo o que tinha de valor, e fez o filme de modo independente. *Our Daily Bread* foi bem de bilheteria, e ganhou um prêmio em Moscou e uma menção da Liga das Nações "por sua contribuição à humanidade".[83]

Mas Vidor deixou de fora algumas coisas em seu relato. Não mencionou que, na realidade, começara o filme na RKO e que seu contrato fora encerrado quando o estúdio percebeu que ele iria ganhar uma parte excessivamente grande dos lucros. Esqueceu de dizer que mais tarde conseguiu a distribuição pela United Artists, que garantiu devolver seu dinheiro.[84] E finalmente não assinalou que *Our Daily Bread* foi considerado "de valor artístico" na Alemanha nazista, onde foi exibido por 54 dias em sua primeira temporada em Berlim.[85]

Havia uma razão para o sucesso desproporcional do filme na Alemanha. Ali, os espectadores compreenderam melhor a sensibilidade de

Vidor porque ela se afinava mais com a sua. "É louvável a atitude do autor e diretor, que propaga o princípio do líder", disse o *Völkischer Beobachter*.[86] O *Berliner Tageblatt* concordou e acrescentou que "os americanos têm sobre nós a vantagem de serem capazes de retratar essas coisas com humor (como em *The Lives of a Bengal Lancer!*)".[87]

Um filme anterior, que falhara em "retratar essas coisas com humor" era *Triumph of the Will*. Um terço desse filme mostra a revista oficial do Serviço de Trabalho do Reich, onde um grupo de homens conta a Hitler qual é sua rotina diária. Há os que plantam árvores, os que constroem estradas, e os que preparam a terra. Em resposta, Hitler faz um discurso sobre como ele valoriza seus esforços. O filme abordava uma importante questão ideológica: retratava o Führer como a figura em torno da qual o conceito de trabalho se organizava.[88]

Our Daily Bread trazia uma versão mais divertida disso. Um homem desempregado chamado John Simms herda uma fazenda deteriorada e coloca alguns cartazes pedindo ajuda. No dia seguinte, dezenas de pessoas se apresentam. "Uau!", exclama Simms; ele mal sabia diferenciar uma cenoura de uma erva daninha, e agora ia liderar um empreendimento rural gigantesco. "Façam fila!", grita ele, tentando transmitir autoridade, e os homens fazem como ele manda. Há um encanador, um carpinteiro e um pedreiro (todos muito dispostos a trabalhar) e também um concertista de violino. Simms tenta permanecer otimista – acredita que os braços fortes dos homens serão úteis –, mas há também um coveiro, e Simms não acha muito cabível se sentir otimista em relação a isso.[89]

Mais tarde naquela noite, faz um discurso. Começa com algumas piadas sobre os índios para animar o grupo, e depois, mal conseguindo dissimular sua euforia, diz a eles: "Vocês não precisam ficar – podem ir embora à hora que quiserem –, mas se ficarem, ponham na cabeça que terão que *trabalhar!*". Simms expressava o mesmo que Hitler, com uma sutil diferença. Como o *Der Angriff* observou: "Aqui, o chamado à comunidade não é uma frase oca; entra no filme de modo exuberante e com humor, com todas as fortes luzes da vida real".[90]

Quando Simms está prestes a terminar seu discurso, um homem do grupo, de aparência estranha, faz uma pergunta importante. "Senhor presidente e amigos", diz ele, tentando soar o mais formal possível, "que tipo de governo iremos adotar?".

Simms obviamente não pensara nisso antes. "Bem", diz ele, "aquele que a maioria quiser".

"Então sugiro, meus amigos, que a gente se una num pacto sagrado, *e estabeleça uma democracia imortal!"*

A multidão reage com um sonoro murmúrio de desaprovação. "Para começo de conversa, foi esse tipo de blá-blá-blá que nos colocou aqui", diz um dos homens, e todos riem concordando.

Então outra pessoa faz uma sugestão: "Temos que ter uma forma socialista de governo. O governo deve controlar tudo, inclusive os lucros".

Algumas poucas pessoas parecem interessadas nessa ideia a princípio, mas depois um fazendeiro sueco falido, chamado Chris Larsen, fica em pé. "Esperem um pouco", grita ele. "Deixem-me falar! Eu nem entendo muito bem o que significam essas palavras que vocês estão dizendo! Tudo o que sei é que temos um ótimo trabalho aqui, e que precisamos de um ótimo chefe! E John Simms é o homem certo para ser nosso chefe!".

Todos aprovam empolgados. Até o homem que antes havia proposto a democracia fica animado. "Simm é nosso chefe!", ele anuncia, e quando pede três "vivas", Simms se mostra bastante satisfeito.

O resenhista do *Der Angriff* ficou muito impressionado com o que acabara de ver. "Não há muita discussão, porque a discussão havia sido a causa de toda a infelicidade deles", escreve em sua resenha. "O primeiro homem a chegar lá tinha que dar as ordens e comandar. E pronto!"[91]

O que o resenhista não disse é que uma sutil mudança havia ocorrido durante a trajetória desses filmes. Do Jud Hammond de *Gabriel over the White House,* passando pelo coronel Stone de *The Lives of a Bengal Lancer,* até o John Simms de *Our Daily Bread,* o líder foi ficando cada vez mais humano. E nessa última versão, um novo tipo de drama estava prestes a se desdobrar, um drama que teria sido impensável nos filmes anteriores. *Our Daily Bread* era a respeito de colocar em questão a capacidade do líder.

Uma linda mulher loira entra na fazenda em circunstâncias suspeitas e, conforme os dias passam, Simms parece gastar cada vez mais tempo com ela. A fazenda vivia uma seca terrível e todos estavam colocando a culpa disso nele, mas a loira sabia de algum modo como fazê-lo se sentir melhor a respeito de si mesmo. Um dia, ele começa a se queixar com a esposa, mas o que ela lhe diz não é muito reconfortante.

"Eles admiram você, John", diz ela. "Querem acreditar em você – escolheram você como líder deles."

"Bem, quem mandou eles me escolherem?", diz ele. "Eu também posso cometer erros, não posso? Sou apenas um ser humano. É culpa minha se não chove?"

"Ninguém espera que você faça chover, mas mantenha sua posição. Seja o chefe de novo. Faça com que achem que você não está preocupado. Faça com que pensem que você sabe mais que eles."

O conselho dela não surte efeito. A loira convence-o de que ele merece coisas melhores, e uma noite os dois fogem juntos. Enquanto estão indo embora de carro, Simms começa a ficar em dúvida. Lembra de um de seus antigos peões, um criminoso procurado que havia se entregado à polícia para obter a recompensa e destiná-la à fazenda. Então ele estaciona no acostamento e tenta pensar melhor, e é nessa hora que ouve o ruído de um riacho perto. E se os homens, imagina ele, construíssem um dique no riacho e desviassem a água para a plantação? Será que isso não resolveria todos os seus problemas? A loira agarra-o pelo pescoço e diz para ele não voltar, mas ele a empurra e volta para a fazenda.

É hora de fazer o discurso de sua vida. A essa altura, os homens todos passaram a odiá-lo e ele precisa convencê-los a trabalhar mais duro do que nunca. Como Hitler dissera uma vez, a questão da palavra falada era "arrancar [...] as pessoas de sua convicção anterior, golpe a golpe, a fim de destruir os alicerces de suas opiniões prévias", e é isso exatamente o que Simms faz.[92] Ele berra com toda a emoção que consegue juntar, e quando termina vira-se para um membro do grupo, seu velho amigo Chris Larsen, e pergunta o que ele pretende fazer. "Vou lá buscar minha pá, John", responde Chris. "Se você vai", diz outro do grupo, "então eu vou também". E logo todos concordam com a empreitada, e depois de horas de trabalho insano, os homens conseguem erguer o dique. O filme termina com imagens de água brotando da área no alto do morro para os campos de milho ressequidos.

Os nazistas reagiram a *Our Daily Bread* com elogios rasgados. Do seu ponto de vista, ao transformar o líder num homem comum, o filme validava o princípio do líder de uma maneira mais eficaz do que antes. Na realidade, o próprio Hitler não era diferente de John Simms: ele podia ficar dias em agonia antes de tomar uma decisão, e depois agia com grande firmeza, como a sugerir que aquele curso de ação era inevitável.[93] Ele nunca cogitou que pudesse ser frutífero expor sua falibilidade humana ao público. *Gabriel over the White House* perpetuava o mistério ao proclamar que o presidente Hammond estava fazendo a vontade de Deus, e *The Lives of a Bengal Lancer* mencionava apenas de leve as dificuldades que o coronel Stone estava experimentando. *Our Daily Bread* finalmente introduziu um líder com o qual as plateias podiam se identificar, alguém que podiam sentir como igual a eles. Os nazistas vinham elogiando os filmes de Hollywood há algum tempo, mas esse último desdobramento levou o chefe de produção da Ufa, Ernst Hugo Correll, a escrever um relatório sobre o que os americanos haviam conseguido.

Our Daily Bread, disse Correll, era tão impressionante que parecia ter sido feito sob instruções diretas do Ministério da Propaganda. De fato, se o filme tivesse sido feito na Alemanha, provavelmente teria vencido o prêmio do Estado. E aí estava o aspecto verdadeiramente vergonhoso: havia toda uma série de filmes americanos exatamente como este. A Columbia Pictures recentemente lançara *Mr. Deeds Goes to Town* [O Galante Mr. Deeds], no qual um homem honesto (interpretado por Gary Cooper) herda uma imensa fortuna e decide doá-la a fazendeiros decentes e respeitáveis que o Estado deixara na penúria. "Nesse filme também", escreveu Correll, "está inserida uma ideia nacional-socialista – incidentalmente de uma maneira muito divertida".[94] Alguns anos depois, os nazistas iriam descrever a sequência deste filme, *Mr. Smith Goes to Washington* [A Mulher faz o Homem], como mais um exemplo de "excelente propaganda, que ridiculariza a corrupção e o parlamentarismo em Washington".[95]

"Infelizmente", prosseguiu Correll, "não posso poupar os escritores alemães dessa crítica: eles raras vezes conseguiram expressar... as ideias nacional-socialistas da maneira relaxada e dinâmica com que aparecem nos exemplos que acabei de citar. Nossos escritores têm sido capazes de encontrar a forma de retratar as ideias nacionalistas e, até certo ponto, as nacional-socialistas... mas não conseguiram ainda ter a liberdade de moldar seu trabalho da maneira que descrevi. Naturalmente, continuaremos a fazer filmes sobre nossa história... mas algo inteiramente novo, algo como *Our Daily Bread*, iria expandir consideravelmente nossa capacidade propagandística".[96]

Correll identificara corretamente o problema – destacando que os estúdios de Hollywood estavam fornecendo os filmes de propaganda mais eficazes e sedutores –, mas seu sonho jamais se concretizou. Nos anos que o Terceiro Reich teria pela frente, os cineastas alemães não lançaram um só filme que tratasse do princípio do líder de maneira inovadora. Todo filme sobre o tema remetia-se a alguma figura importante da história alemã: Schiller, em *Friedrich Schiller*; Frederico, o Grande, em *The Great King* [O Grande Rei]; e Bismarck, em *Bismarck* e *The Dismissal* [A Rejeição].[97] Alguns desses filmes foram muito bem de bilheteria, mas nenhum era tão divertido quanto *Gabriel over the White House, The Lives of a Bengal Lancer* ou *Our Daily Bread*.[98]

Os americanos, por outro lado, continuaram a lançar tratamentos ainda mais inventivos do princípio do líder. À época em que Correll criticou os filmes de propaganda alemães, a MGM lançou uma produção cheia de grandes astros, *Mutiny on the Bounty* [O Grande Motim], que, do mesmo modo que *Mr. Deeds Goes to Town*, mostrava como um homem comum podia se erguer contra a tirania de um poder corrupto. Ele foi exibido por 42 dias em sua primeira temporada em Berlim, e o resenhista do *Der Angriff* ficou em êxtase. "Para nós, esta é a produção americana mais implacável dos últimos anos", escreveu, "e diria que até mesmo *The Lives of a Bengal Lancer* fica ofuscado por ela".[99] O *Berliner Tageblatt* acrescentou: "Não esqueçam as risadas, que ocorrem nos momentos mais sérios (e que tornam o filme mais leve, mais desfrutável, mas não menos sério)".[100] O próprio Hitler ficou intrigado, e um de seus auxiliares pediu uma cópia do filme para o retiro dele em Obersalzberg.[101]

Ao longo dos anos, os estúdios de Hollywood supriram a Alemanha com muitos outros filmes similares. *Looking Forward* [O Futuro é Nosso], lançado na Alemanha em 1934, era, nas palavras da MGM, "um filme no qual o otimismo saudável, de afirmação da vida e masculino da Nova Alemanha encontra expressão". *Night Flight* [Asas da Noite] (1934) mostrava a determinação de um homem para pilotar aviões no escuro, e foi considerado "útil para a educação nacional". *Queen Christina* [Rainha Christina] (1934) contava a história de uma mulher dividida entre o amor e o dever, e foi considerado "de valor artístico". *West Point of the Air* [Cadetes do Ar] (1935) revelava o heroísmo de um jovem aviador e foi considerado "de valor artístico". *Souls at Sea* [Almas no Mar] (1938) mostrava a luta de um indivíduo contra a tirania e foi considerado também "de valor artístico". *Captains Courageous* [Marujo Intrépido] (1938) contava a história de um garoto mimado que aprende o valor do sacrifício, e igualmente foi considerado "de valor artístico".[102]

A lista continua. Esse foi o ponto alto do relacionamento entre Hollywood e a Alemanha nazista. Os diversos estúdios haviam descoberto um mercado especial para seus filmes sobre liderança, e isso, junto com o sucesso de seus filmes politicamente inócuos, justificou outras transações comerciais. Mas a experiência dos estúdios americanos na Alemanha de forma alguma foi inteiramente positiva. Alguns filmes americanos eram muito impopulares na Alemanha; outros foram rejeitados pela censura e nunca chegaram às telas. É hora de examinarmos essas produções menos afortunadas.

(4)

"RUIM"

"TARZAN: RUIM"[1]

Adolf Hitler

NOS PRIMEIROS DIAS DA ASCENSÃO DE HITLER AO PODER NA ALEMANHA, OS estúdios americanos viviam um otimismo cauteloso. Tinham razões para crer que suas vendas iriam crescer sob o novo regime nazista e a primeira rodada de estatísticas pareceu provar que estavam certos; os estúdios haviam vendido 65 filmes na Alemanha em 1933 – em 1932, haviam sido vendidos 54.[2] Depois de ouvir durante mais de um ano que os nazistas eram "absolutamente a favor de intercâmbio e colaboração internacionais", os estúdios começavam a imaginar que isso talvez fosse mesmo verdade.[3]

Então, em 2 de março de 1934, houve uma apelação relativa a um grande filme de Hollywood, no mais alto conselho de censura do país. Um obscuro pastor da região de Württemberg apresentara uma queixa contra o filme e o Conselho de Censura precisava determinar se a queixa era válida ou não.[4] Era um caso incomum, pois o filme havia estreado mais de um ano antes e a essa altura era exibido somente em pequenos cinemas, gerando uma receita mínima. Qualquer um que tivesse se interessado em assisti-lo já teria feito isso. Chamava-se *Tarzan the Ape Man* [Tarzan, o Filho das Selvas].[5]

Em circunstâncias normais, a companhia produtora, MGM, não teria ficado muito preocupada com o caso. O chefe da censura, dr. Ernst Seeger, aprovara há pouco uma série de filmes similares, incluindo *King*

Kong, e em uma de suas decisões fizera até a seguinte afirmação: "Os americanos... produziram até agora tantas versões do problema de *Tarzan* no cinema que não se pode mais esperar que esses eventos improváveis tenham um efeito imoral sobre adultos e espectadores normais".[6]

A MGM, porém, ficou preocupada com esse caso em particular, e a razão era simples: duas semanas antes, uma nova lei sobre cinema havia entrado em vigor na Alemanha. No passado, os filmes só podiam ser proibidos se "colocassem risco à ordem pública, ofendessem crenças religiosas, provocassem alguma ameaça ou efeito imoral, ou fossem um risco à imagem alemã ou às relações da Alemanha com outras nações".[7] Agora, porém, os filmes podiam também ser proibidos se "colocassem em risco os interesses vitais do Estado" ou "ofendessem a sensibilidade nacional-socialista... ética ou artística". Havia outra mudança: uma frase da antiga lei – "Não deve ser negada permissão por razões que estejam fora do conteúdo do filme" – havia sido cortada.[8]

A reunião que estava prestes a ocorrer era, portanto, de grande importância. Um ano após sua chegada ao poder, os nazistas promulgaram uma nova lei de cinema na Alemanha, e *Tarzan* seria o primeiro teste dessa nova lei.

Um pequeno grupo se reuniu na sala de projeção do Conselho Supremo de Censura e o filme foi exibido do princípio ao fim. Então, o dr. Seeger leu um resumo do enredo: "Jane Parker é filha de um comerciante de marfim na África. Ela acompanha o pai e um sócio dele numa expedição a um cemitério de elefantes, onde esperam encontrar grandes quantidades de marfim. A caminho de lá, encontram Tarzan, o homem-macaco, que foi criado por macacos e nunca viu um ser humano. Tarzan rapta Jane, mas logo vira seu melhor amigo; ela tenta comunicar-se com ele na sua linguagem. Tarzan em seguida resgata o pai de Jane, o sócio dele e Jane, que haviam sido aprisionados por um bando de pigmeus, mas quando a pequena expedição encontra o cemitério de elefantes, o pai de Jane morre. Jane continua com Tarzan na selva".[9]

Após a leitura desse resumo, Seeger voltou-se para o pastor de Württemberg e pediu-lhe que explicasse por que havia feito a apelação em relação àquele filme. Eis o que o pastor disse: "Esse é um daqueles filmes sobre a África que podem excitar os instintos sádicos no espectador ao enfatizarem de maneira deliberada e sutil as atrocidades na selva entre humanos e animais, assim como entre animais de espécies diferentes. Seu efeito imoral e bestializante fica claro quando a plateia ri diante do perigo mortal de uma bela filhotinha de macaco que lança gritos atrozes de morte enquanto foge desajeitadamente de uma pantera rugindo, e quando deixa escapar risinhos nervosos de prazer quando uma manada de elefantes desembesta por uma aldeia de negros... e quando um elefante arremessa um pigmeu pelos ares fazendo-o desabar no chão, onde a infeliz alma perece, retorcendo-se em lastimáveis convulsões e gemidos de morte".

"A crueldade com os animais que houve na realização desse filme é um vexame cultural, que foi impedido de ter lugar na Nova Alemanha devido à lei de proteção animal que instituímos. A lei de cinema não deve poupar esforços no sentido de evitar que filmes estrangeiros desse tipo cheguem às telas da Alemanha, pois os produtores desses filmes estão ferindo os preceitos fundamentais de humanidade em sua pura obsessão por lucro."[10]

Quando o pastor de Württemberg terminou de falar, o dr. Seeger fez uma coisa estranha. Normalmente, seu próximo gesto seria pedir ao representante da MGM que respondesse àquelas acusações, mas desta vez ele disse que tinha achado necessário obter uma segunda opinião sobre o caso. Ele queria certificar-se se o filme ofendia os sentimentos raciais dos alemães e, portanto, "colocava em risco os interesses vitais do Estado", então pedira uma avaliação por escrito do Ministério da Propaganda. Passou então a ler a resposta do Ministério.[11]

"Como a consciência das pessoas foi ampliada por uma campanha intensiva de um mês de duração sobre todas as questões da biologia genética", leu ele, "esse filme deve ser considerado perigoso. O Estado nazista tem tentado incansavelmente despertar na opinião pública o mais alto senso de responsabilidade na escolha de um marido. Também colocou grande esforço em libertar as ideias de casamento, do papel da mulher e da maternidade das distorções superficiais da época passada, que era completamente dirigida à sexualidade, e torná-las dignas de novo. Um filme que coloca a pura libido em primeiro plano, que tende a deixar implícito que um homem da selva, praticamente um macaco, é capaz dos mais nobres impulsos da alma e merecedor de uma parceira de casamento, certamente vai contra as tendências do nacional-socialismo no que se refere à política em relação à população".

"O filme deve ser rejeitado", a carta conclui, "pois contradiz as ideias fundamentais do nacional-socialismo e da propaganda oficial, mesmo que o espectador imparcial não reconheça isso de modo imediato e claro".[12]

Isso foi o bastante para Seeger. Ele disse que o governo nacional havia colocado grande esforço em manter vivos os saudáveis sentimentos raciais do povo alemão, e que contradizia esses esforços ao mostrar uma mulher civilizada cortejando, amando e protegendo um homem da selva. Seeger proibiu *Tarzan* por esta razão e disse que não havia necessidade de considerar a posição do pastor de Württemberg.[13]

Nos meses que se seguiram, a censura ficou mais rigorosa na Alemanha. Seeger havia sido antes um juiz relativamente tolerante com os filmes americanos: proibira apenas dois títulos em 1931 e apenas três em 1932.[14] Agora, chamava para si a responsabilidade de proteger a nação alemã da imoralidade americana. Quando um filme de Marlene Dietrich chamado *Blonde Venus* [A Vênus Loira] chegou ao seu Conselho de Censura, ele criticou a maneira com que a personagem central abandona o marido para cuidar de seu filho sozinha. "Tal descrição indulgente do casamento e da moralidade", disse ele, "contradiz a atual ênfase nacional na importância da família".[15] Oito meses mais tarde, rejeitou outro filme americano com Marlene Dietrich, *The Song of Songs* [O Cântico dos Cânticos], sob a alegação de que essa atriz alemã estava mais uma vez revelando sua preferência por "papéis de prostituta".[16]

Seeger também lançou mão de suas novas tendências moralizantes para proibir gêneros cinematográficos inteiros. Quando o filme sobre gângsteres *Scarface* [Scarface: A Vergonha de uma Nação] chegou ao seu Conselho de Censura, disse que o filme glorificava a vida criminosa e fazia o crime parecer uma profissão legítima. O personagem principal andava pela cidade de *smoking*, frequentava as casas noturnas da moda, tomava coquetéis de champanhe e vivia rodeado por lindas mulheres. Nessa altura da reunião, a companhia de cinema usou um argumento sagaz: já que os nazistas haviam liquidado o crime na Alemanha, as plateias iriam automaticamente desaprovar a ação apresentada no filme.

Seeger, porém, não aceitou. *Scarface*, como todos os demais filmes de gângsteres, ameaçava minar os esforços do governo e reintroduzir o crime na Alemanha.[17]

A seguir, Seeger proibiu todos os filmes de horror alegando que tinham um efeito imoral, ameaçador. Explicou que as imagens contidas nesses filmes atiçavam os nervos dos espectadores normais e tinham como alvo seus instintos mais baixos.[18] Anteriormente, em 1932, Seeger permitira *Frankenstein*; agora, proibia *The Invisible Man* [O Homem Invisível] e *Dr. Jekyll and Mr. Hyde* [O Médico e o Monstro].[19]

Por fim, Seeger rejeitou alguns outros filmes por razões mais incomuns. Quando um drama médico intitulado *Men in White* [Alma de Médico] chegou ao seu Conselho de Censura, disse que as imagens perturbadoras de um hospital americano não eram cabíveis no Terceiro Reich. Seria algo assustador e alarmante para o espectador alemão ver pacientes marcados por um número, lutando contra a morte num edifício imenso, enquanto pessoas na sala ao lado pareciam nem se incomodar.[20]

Por mais estranhas que algumas dessas decisões possam ter parecido, nenhuma delas era única na história da censura internacional de filmes. Muitos países desaprovavam filmes de gângsteres e de horror na década de 1930, e todos os países desenvolvidos estabeleceram critérios próprios para avaliar filmes de Hollywood. O México e a Grã-Bretanha, por exemplo, proibiam cenas envolvendo religião; a China proibiu os filmes de faroeste; e o Japão excluía todos os filmes que tivessem maus reflexos sobre a realeza, que depreciassem as forças armadas ou contivessem cenas de beijos. Até mesmo a análise que Seeger fez de *Tarzan* não era tão incomum assim: por volta da mesma época, um filme da Fox chamado *Caravan* foi proibido na França porque retratava um romance entre uma alta figura política e uma garota cigana. O gerente local explicou: "O filme é tão ofensivo à Europa Central quanto seria um filme nos Estados Unidos que mostrasse o secretário de Estado tendo relações com uma libertina de outra raça ou cor".[21]

O maior rigor da censura de filmes no Terceiro Reich não foi, portanto, muita surpresa para os estúdios americanos, nem motivo de grande preocupação. Todos os países do mundo haviam elaborado razões para rejeitar certos filmes de Hollywood nessa época e a Alemanha estava simplesmente desenvolvendo algumas razões próprias.[22] Os estúdios venderam somente 41 filmes para a Alemanha em 1934 – uma queda em relação aos 65 de 1933 –, mas assim que as preferências das autoridades nazistas foram conhecidas e entendidas, os estúdios conseguiram ajustar suas ofertas de acordo.[23]

Pelo menos, teria sido este o caso se não fosse por um desdobramento final. Duas semanas depois da audição de *Tarzan*, outro filme americano de grande bilheteria chegou ao Conselho Supremo de Censura. Havia um aspecto que distinguia esse caso de todos os outros ao redor do mundo – ou seja, o problema não tinha nada a ver com o filme em si.

No final de abril de 1933, o antigo campeão mundial de boxe dos pesos-pesados, Max Schmeling, estava se aprontando para sair da Alemanha e lutar nos Estados Unidos. Uma noite, ele jantava num restaurante em Berlim quando um oficial da SA parou junto à sua mesa e fez um anúncio surpreendente: "*Herr* Schmeling, o Führer requisita que o senhor o acompanhe para jantar na Chancelaria do Reich". Schmeling, que não era nazista, respondeu que ficaria muito satisfeito com isso, e pouco depois estava tendo uma conversa com Hitler. No final da noite, Hitler desejou boa sorte a Schmeling na sua próxima luta. "Ouvi dizer que você está indo para a América", disse ele. "Se alguém ali lhe perguntar como andam as coisas na Alemanha, você pode garantir aos agourentos que tudo está transcorrendo de modo absolutamente pacífico."[24]

O adversário de Schmeling nos Estados Unidos era um jovem boxeador em ascensão chamado Max Baer. E Baer, cujo avô era judeu da Alsácia-Lorena, decidiu transformar o combate num grande evento simbólico. Ele costurou uma grande Estrela de Davi do lado esquerdo do seu calção e anunciou à imprensa: "Cada golpe que eu der no olho de Schmeling será um golpe em Adolf Hitler".[25]

A luta foi realizada no Yankee Stadium, em Nova York, em 8 de junho. Não começou bem para Baer. Por volta do nono assalto, seu treinador comunicou-lhe que ele estava perdendo a luta e, de repente, sem qualquer conselho, Baer voltou. Começou o décimo assalto soltando um golpe demolidor no queixo de Schmeling, derrubando o alemão, e quando Schmeling conseguiu se reerguer, Baer o atingiu de novo. "Este é para o Hitler", disse ele, e nesse ponto – com um minuto e cinquenta e nove segundos decorridos do assalto – o juiz encerrou a luta.²⁶

Max Baer (centro) imediatamente após derrotar Max Schmeling (segundo a partir da direita), em 8 de junho de 1933. A Estrela de Davi está costurada no calção de Baer. *Copyright* @ Bettmann/Corbis.

A vitória de Baer transformou-o num herói, e logo depois ele recebeu uma tentadora proposta de Louis B. Mayer, da MGM, que lhe ofereceu US$ 30 mil para estrelar um grande filme sobre um campeão mundial de boxe dos pesos-pesados, intitulado *The Prizefighter and the Lady* [O Pugilista e a Favorita].²⁷ O filme foi rodado em setembro e outubro, e em 10 de novembro estreou nos Estados Unidos. Mostrava Baer vencendo combates de boxe e tendo romances com lindas mulheres, e foi um grande sucesso.²⁸

A MGM naturalmente pretendia distribuir *The Prizefighter and the Lady* no mundo inteiro, e em janeiro de 1934 o chefe da MGM na Alemanha, Frits Strengholt, apresentou uma versão legendada do filme aos censores alemães. Foi aprovado na mesma hora. Como o filme prometia render boa bilheteria, Strengholt então gastou US$ 25 mil para dublá-lo em alemão e submeteu a nova versão também aos censores.[29] (Essa era uma prática comum: os estúdios em geral lançavam seus filmes primeiro com legendas e depois dublavam os mais lucrativos em alemão).[30] Enquanto Strengholt aguardava o resultado da segunda reunião da censura, uma série de eventos sem relação entre si fizeram com que ficasse muito preocupado. Os eventos pareciam repetir a controvérsia em torno de *All Quiet on the Western Front,* ocorrida três anos antes.

Na noite de 8 de março, um filme britânico chamado *The Rise of Catherine the Great* [A Rainha Imortal] estreou no Cinema Capitol em Berlim, e a atriz principal era Elisabeth Bergner, uma judia que pouco tempo antes era uma das principais atrizes alemãs. Quando os espectadores chegaram ao cinema, uma pequena multidão que incluía nazistas de uniforme agrediu-os atirando ovos e laranjas podres. "Não queremos filmes judeus", o grupo gritava. Então um destacado líder nazista fez um discurso, os uniformes desapareceram e a polícia foi capaz de restabelecer a ordem.[31]

Na manhã seguinte, o presidente da Câmara de Cinema anunciou que *The Rise of Catherine the Great* estava sendo tirado de circulação na Alemanha devido ao fato de pôr em risco a ordem pública. Os representantes dos estúdios americanos em Berlim não acreditaram. "É claro que tal perigo pode ser dissipado prontamente, a qualquer momento", escreveu um representante de negócios americano.[32] "Não ficou muito claro... se foi algo deliberadamente arranjado a fim de fazer parecer que a opinião pública era a responsável", escreveu outro.[33] E Frits Strengholt, cuja versão legendada de *The Prizefighter and the Lady* estava programada para estrear no mesmo cinema oito dias mais tarde, decidiu tomar ação preventiva. Em 15 de março, escreveu ao Ministério do Exterior alemão para explicar as graves consequências que resultariam da proibição de *The Prizefighter and the Lady* na Alemanha.[34]

Primeiro, a MGM iria desativar seu escritório em Berlim, pois não estava habituada a conduzir os negócios desse modo. Como resultado, cerca de 160 funcionários iriam perder seu emprego e a companhia alemã que manufaturava as cópias dos filmes da MGM iria perder seu maior cliente.[35]

Segundo, a MGM era 100% de propriedade da Loew's Incorporated, e uma parte considerável da Loew's era de propriedade de William Randolph Hearst. Até essa altura, a imprensa de Hearst havia atacado regularmente a França e tratado o novo regime na Alemanha com objetividade e boa vontade.[36]

Terceiro, se *The Prizefighter and the Lady* fosse proibido, haveria automaticamente grandes represálias contra os filmes alemães e os esportistas alemães nos Estados Unidos. Isso seria uma grande pena, pois até esse ponto a MGM havia "sempre se preocupado em manter boas relações entre a Alemanha e a América". O estúdio havia assegurado bons negócios de distribuição para os filmes alemães nos Estados Unidos e produzido *Gabriel over the White House*, que o governo alemão reconhecera ser "de valor político". Se a *première* do filme de Max Baer não fosse adiante como planejado, a Alemanha perderia bem mais do que a MGM.[37]

Frits Strengholt tinha mais uma carta na manga. Um de seus funcionários por acaso era sobrinho do ministro alemão do Exterior, Konstantin von Neurath.[38] Ele deve ter recorrido a esse contato, pois às 11h30 da manhã seguinte o ministro do Exterior estava ao telefone com Joseph Goebbels.[39] Eis um relato de sua conversa, feito pelo assistente do ministro do Exterior, Alexander Führ: "O barão von Neurath enfatizou que a versão inglesa havia sido aprovada sem objeções em janeiro e que uma repentina proibição tardia teria tão más consequências, e seria um tamanho insulto aos organizadores e aos olhos da imprensa internacional, que o assunto ficaria conhecido no mundo inteiro em questão de duas horas. Em resposta a essa afirmação, o *Reichminister* Goebbels disse algo que eu não ouvi, mas pelas coisas que o ministro do Exterior disse depois, ficou claro que o *Reichminister* Goebbels concordara em seguir adiante com a *première*, e que iria fornecer proteção contra quaisquer potenciais distúrbios".[40]

Quando a ligação telefônica terminou, o ministro do Exterior chamou Alexander Führ à sua mesa e pediu que executasse duas tarefas importantes. Primeiro, queria que se encontrasse com o censor-chefe, dr. Seeger, sob cuja autoridade *The Prizefighter and the Lady* havia inicialmente sido autorizado. Depois, queria que relatasse o resultado dessa conversa a Frits Strengholt, da MGM.

Naquela tarde, Führ foi visitar o dr. Seeger, que não tinha reparos a fazer a *The Prizefighter and the Lady*, mas que achava que a garantia dada por Goebbels de não violência talvez não pudesse ser cumprida. Führ replicou que iria contatar pessoalmente a polícia e instruí-la a tomar as necessárias precauções.[41]

Führ então ligou para Frits Strengholt para informá-lo dos resultados de seus esforços. Disse que havia falado com a polícia e com o líder local do Partido Nazista, e que os eventos da noite iriam correr sem problemas. Não obstante, no dia seguinte a Câmara de Cinema iria sem dúvida expedir uma proibição, e a manobra mais sábia da MGM (e que não envolvia perda de prestígio) seria retirar o filme de exibição na manhã seguinte. Führ disse que o máximo que conseguira obter para a companhia fora esse breve respiro.[42]

Strengholt tinha apenas uma pergunta a fazer ao assistente do ministro do Exterior: "Por que", perguntou ele, "antes de mais nada, Goebbels fazia objeção ao filme?". Führ disse que acreditava ser algo relacionado a um comentário ofensivo que Baer teria feito a respeito de Hitler. Strengholt estava preparado para essa resposta e chamou a atenção de Führ para um artigo na mais recente edição do *Der Angriff*: "Mas Schmeling fala com respeito sobre seu antigo adversário. Ele enfatiza que até seu retorno à Europa, os dois eram excelentes amigos. Então, por que essa estúpida afirmação de que Baer havia dito que iria esmagar 'o representante de Hitler'? Schmeling nunca ouvira nada parecido quando estava na América".[43] Se o próprio jornal de Goebbels negava categoricamente o rumor a respeito de Baer, disse Strengholt, então qual era o problema? Führ respondeu que a MGM poderia sempre apresentar qualquer recurso às autoridades em data posterior, mas que, de momento, o único curso de ação era retirar o filme de exibição.[44]

A estreia de *The Prizefighter and the Lady* transcorreu naquela noite sem interrupções. Ao final da projeção, a plateia aplaudiu com entusiasmo e os críticos ficaram muito bem impressionados. O resenhista do *Der Angriff*, H. Brant (o mesmo que havia escrito a perspicaz resenha de *Gabriel over the White House*) só tinha elogios para Max Baer. Baer, dizia ele, mostra um desempenho maravilhoso no papel de um boxeador que rapidamente galga o estrelato, mesmo tendo alguns poucos casos adúlteros no caminho. Esse homem era sempre um vencedor – seja como boxeador ou como ator, quer ele colocasse seus esforços em conquistar mulheres ou simplesmente permitindo-se ser rodeado por elas.[45]

Uma das únicas queixas sobre o filme, na verdade, era a de não ter sido ainda dublado em alemão. "Por que", o resenhista do *Völkischer Beobachter* perguntava, "em vez de dublar o filme, a companhia tem que recorrer a esse procedimento negligente de colocar legendas em alemão na tela com o som em inglês, que é falado num ritmo tão rápido que os olhos dos espectadores perdem metade da interpretação? No futuro, por favor, ou usem a língua alemã ou não coloquem nada!".[46]

Strengholt sentiu-se encorajado pelas resenhas, e na manhã seguinte não tirou *The Prizefighter and the Lady* de circulação. Para sua surpresa, as autoridades alemãs não tomaram qualquer medida. O filme estava em seu décimo-terceiro dia consecutivo, com sessões lotadas, no Cinema Capitol, e prometia ser um dos grandes sucessos do ano na Alemanha, quando a versão dublada finalmente ficou disponível para uma revisão.[47] Strengholt não estava muito preocupado a essa altura, pois mesmo que o filme fosse rejeitado ele ainda poderia apelar da decisão ao Conselho Supremo de Censura de Seeger – e mesmo que então Seeger o rejeitasse, a versão com legendas ainda traria excelente retorno.

A reunião começou com a primeira projeção de *The Prizefighter and the Lady* em alemão. Então Arnold Bacmeister, chefe do Conselho Regular de Censura, dirigiu-se ao único convidado, um representante do Ministério da Propaganda: "O senhor faz alguma objeção à exibição do filme por ele não estar dentro do espírito da Nova Alemanha", perguntou ele, "pelo fato de o ator principal ser o boxeador judeu Max Baer?".

"Sim", respondeu o representante.[48]

Na discussão que se seguiu, Bacmeister disse que os eventos do filme giravam em torno de Max Baer, e que Max Baer tinha todos os traços internos e externos de um judeu. O público alemão iria inevitavelmente reconhecer Baer como um típico representante dessa raça.[49]

Já era ruim o suficiente, disse Bacmeister, que o personagem principal do filme fosse um judeu. Mas o ponto decisivo era que, apesar de seus defeitos morais inerentes, ele ·era retratado como um herói do esporte e um vencedor moral. Sua vitória tinha lugar não só dentro do ringue, mas também fora dele – com mulheres não judias. Apropriava-se delas indiscriminadamente e dormia com elas, e sua esposa não judia era tão apegada a ele que o perdoava todas as vezes. Um retrato como esse não podia ser tolerado na Nova Alemanha. Bacmeister, portanto, rejeitou a solicitação da MGM para a versão dublada de *The Prizefighter and the Lady* e ordenou que a versão legendada que estava sendo exibida no Cinema Capitol fosse tirada de circulação imediatamente.[50]

Strengholt ficou indignado. Convocou uma coletiva de imprensa e anunciou a cinquenta jornalistas que *The Prizefighter and the Lady* havia sido proibido porque o ator principal era judeu. Sua companhia consequentemente teria que arcar com perdas de 350 mil *Reichsmarks*. Se os nazistas pretendiam proibir todos os filmes contendo judeus, então não só a MGM, mas todos os estúdios americanos, seriam forçados a sair do país. Nesse caso, cerca de 5 mil funcionários locais perderiam o emprego. A MGM já havia entrado com apelação junto ao Conselho Supremo de Censura no país e os outros estúdios iriam prestar muita atenção ao desfecho disso.[51]

Nos dias que se seguiram, vários oficiais nazistas de alto escalão se manifestaram contra a proibição de *The Prizefighter and the Lady*.[52] O Ministério da Economia do Reich ficou muito envolvido, e o ministro do Exterior Konstantin von Neurath escreveu uma carta a Goebbels expressando sua preocupação. Von Neurath lembrou Goebbels de sua conversa telefônica anterior, e então deixou clara sua posição: "Em vista da extraordinária influência que a indústria cinematográfica americana exerce sobre nossa economia, teremos que lidar com as reações mais perniciosas... de Washington se a decisão do Conselho Regular de Censura for mantida. Os americanos encaram o filme não como um ativo cultural, mas como uma *commodity*, e o antigo embaixador Schurman enfatizou há alguns anos que se trata de uma de suas exportações mais significativas. A partir dessa perspectiva, a incerteza nesse setor, gerada pela decisão dos censores, irá projetar sérias dúvidas em nossa confiabilidade como parceiros num novo acordo de negócios". Depois de reiterar as bases das alegações da MGM, o ministro do Exterior requisitou com urgência que Goebbels interviesse na reunião marcada com o Conselho Supremo de Censura do dr. Seeger.[53]

A reunião se deu três semanas mais tarde. Os trabalhos começaram com a projeção do filme, seguida por um resumo do enredo. Então o advogado da MGM apresentou várias razões para contestar a decisão anterior. Primeiro, argumentou que *The Prizefighter and the Lady* nem glorificava Max Baer, nem o fazia superior a outras pessoas. Além disso, mesmo que os espectadores alemães de fato saíssem do filme idealizando Baer, nunca iriam pensar nele como um "típico representante de sua raça". Iriam vê-lo meramente como uma exceção.[54]

Seeger refutou ambas as alegações: "O filme todo é uma singular apoteose de Max Baer, cuja vida e momentos são seu principal conteúdo, e cuja luta no final conta com toda a simpatia do público a seu favor... Esse comitê acredita que Baer é, além disso, um tipo particularmente negroide [de judeu]. Quando o reclamante questiona a determinação do comitê... de que o público alemão não irá considerar Baer como 'um típico representante da sua raça', ele permanece sozinho nessa visão".[55]

O advogado da MGM prosseguiu. Passou para o assunto das relações sexuais de Baer com mulheres não judias, e disse que os sentimentos alemães só eram ofendidos quando as relações entre judeus e não judeus ocorriam na *Alemanha*. Como o filme era ambientado na América, ele não era de modo algum ofensivo.[56]

"Tais relações [entre judeus e não judeus] são ofensivas aos sentimentos alemães não importa onde sejam ambientadas", replicou Seeger. "O povo alemão adotou coletivamente uma atitude hostil em relação aos judeus, e como provam numerosos incidentes recentes, ela é despertada toda vez que se projeta um filme no qual um judeu tenha um papel principal. Nessa questão, não faz diferença se o judeu é de origem alemã ou estrangeira, ou se o filme é ambientado na Alemanha ou no exterior."[57]

O advogado da MGM tinha uma última objeção. Mesmo que as autoridades insistissem em proibir a versão dublada do filme, eles não tinham fundamento para tirar também a versão original de circulação.

"A inclusão na proibição da versão em inglês original aprovada não é algo que caiba ser criticado", disse Seeger. "Pode ser explicada pelo fato de que, no tempo entre a certificação da versão original... e sua reapresentação na dublagem em alemão..., entrou em vigor a nova lei de cinema... que proíbe filmes que ofendam a sensibilidade nacional-socialista."

Depois de responder a essa objeção final, Seeger anunciou que nenhuma apelação posterior seria possível e deu por encerrada a reunião.[58]

A manutenção da proibição a *The Prizefighter and the Lady* mudou a natureza da censura a filmes no Terceiro Reich. Antes, os filmes só eram proibidos na Alemanha por conta de algum conteúdo censurável – uma política consistente com a de outras nações. Agora, os filmes podiam também ser proibidos devido às origens raciais dos membros do elenco. Os nazistas estavam aplicando suas visões antissemitas ao processo de seleção de filmes, uma prática sem precedentes em nenhum lugar do mundo.

Tudo isso poderia ter sinalizado o fim do relacionamento dos nazistas com os estúdios americanos. Os nazistas haviam elegido como alvo um judeu proeminente de Hollywood, e mais casos iriam inevitavelmente se seguir. Logo, as transações comerciais entre os dois grupos se tornariam inviáveis. A colaboração chegaria ao fim.

Na verdade, entretanto, as coisas tiveram um rumo bem diferente. Anos mais tarde, Arnold Bacmeister escreveu memórias nas quais explicava o verdadeiro sentido da decisão sobre *The Prizefighter and the Lady*. "De particular interesse", escreveu ele, "era a questão de em que medida *a participação de artistas judeus* num filme iria levar a uma proibição por conta dos 'danos à sensibilidade nacional-socialista'... Quando o filme americano *The Prizefighter and the Lady* foi submetido ao Conselho, com o boxeador judeu Max Baer no papel principal, eu aderi à posição principal de que a mera participação de um artista judeu não justificaria uma proibição. Um filme só deveria ser rejeitado se o artista estivesse fazendo um papel principal e, além disso, se ele fosse bem conhecido do público alemão. Essa interpretação mais restritiva pareceu-me necessária por considerações práticas. Se a interpretação da proibição tivesse sido um pouco mais abrangente, dificilmente algum filme poderia ser exibido na Alemanha".[59]

A proibição de *The Prizefighter and the Lady*, em outras palavras, foi uma decisão pragmática que contrapôs a ideologia nazista à realidade econômica. Os censores intervinham apenas em casos extremos – um filme estrelado por um judeu bem conhecido, ameaçador, que houvesse criticado Hitler publicamente. Não havia como rejeitarem a produção inteira de Hollywood, pois isso teria sido desastroso para a frequência ao cinema na Alemanha. Os nazistas, portanto, não estavam encerrando seu relacionamento com os estúdios americanos; estavam anunciando a única maneira pela qual esse relacionamento poderia continuar.

Mas havia outro lado na decisão nazista, uma razão final pela qual eles talvez não tivessem condições de interromper seus negócios com os estúdios nesse ponto particular do tempo. Se os nazistas tivessem proibido todos os filmes americanos na Alemanha, então o representante deles em Los Angeles, o cônsul alemão Georg Gyssling, teria perdido todo o seu poder de barganha. Ele não teria mais base para objetar a produção de filmes antinazistas em Hollywood. Os nazistas precisavam manter relações amigáveis com pelo menos alguns estúdios, caso contrário quase certamente tornariam-se os vilões na forma de entretenimento mais popular que o mundo já conhecera.

O próprio Hitler fora muito claro em relação às suas prioridades nesse assunto. Numa sociedade que luta por sua existência, afirmara no *Mein Kampf*, a propaganda adquire suprema importância e todas as demais considerações tornam-se secundárias.[60] Segundo esse preceito, ele se dispunha a sacrificar praticamente qualquer coisa para obter uma vantagem no campo da propaganda. Seus funcionários na área do cinema seguiram seu exemplo. Estavam preparados para permitir a maior parte dos filmes americanos que fossem estrelados por atores judeus na Alemanha se isso significasse que Georg Gyssling poderia continuar a exercer sua influência nos casos realmente importantes.

Assim, no final das contas, a proibição de *The Prizefighter and the Lady* não foi o momento mais significativo nas negociações dos nazistas com Hollywood. Os nazistas simplesmente não consideravam a aparição de artistas judeus nas telas alemãs como algo tão premente quanto a preservação do prestígio alemão nos filmes exibidos no mundo todo. Em várias ocasiões, o Ministério da Propaganda explicou sua política à imprensa alemã e emitiu claras instruções a respeito do que dizer sobre a exibição de "filmes judeus" na Alemanha: "Escritores, diretores e compositores judeus em filmes estrangeiros não devem ser enfatizados. De momento, é impossível evitar a exibição de todos os filmes estrangeiros nos quais judeus tenham participado, devido aos acordos existentes".[61]

Esta, pelo menos, era a posição nazista. Mas havia dois lados nesse relacionamento, e os estúdios de Hollywood tinham algum poder de barganha também. Afinal, Frits Strengholt ameaçara abandonar o mercado alemão caso *The Prizefighter and the Lady* fosse proibido e seus superiores poderiam tê-lo transferido do país assim que a decisão foi anunciada. Em vez disso, disseram a ele que ficasse, portanto ele voltou ao trabalho, derrotado e desmoralizado, e foi por volta dessa época que o equilíbrio de poder passou de modo discernível para o lado alemão.

Em novembro de 1934, o governo alemão aumentou o preço das autorizações de importação para filmes estrangeiros de 5 mil para 20 mil *Reichmarks* por título.[62] Os representantes dos estúdios americanos fizeram prontamente uma visita ao subordinado do dr. Seeger no Ministério da Propaganda e disseram que era preciso chegar a um termo comum. Mostraram-lhe uma série de estatísticas para provar que ambas as partes sairiam beneficiadas por uma taxa mais baixa, e no mês seguinte a taxa foi ajustada para 10 mil *Reichmarks*.[63]

Em 1935, os estúdios enfrentaram mais dificuldades. Cinquenta de seus filmes foram permitidos na Alemanha – um número decente –, mas, de novo, um filme da MGM foi proibido por razões não sabidas.[64] O filme em questão era um musical que prometera ir muito bem na Alemanha, intitulado *The Merry Widow* [A Viúva Alegre]. Frits Strengholt mandou seu funcionário, o sobrinho do ministro do Exterior alemão, procurar o dr. Seeger para tratar do assunto, e Seeger explicou que o filme fora proibido por causa de seu diretor, Ernst Lubitsch. O representante da MGM perguntou se o problema era o fato de Lubitsch ser judeu, e Seeger recusou-se a comentar.[65]

Em 1936, as transações comerciais dos estúdios americanos na Alemanha alcançaram um nível crítico. Os censores rejeitaram dezenas de filmes, às vezes fornecendo razões vagas (o elenco era insatisfatório, a história era boba), outras vezes sem alegar qualquer razão. As companhias menores – Warner Brothers, RKO, Disney, Universal Pictures e Columbia Pictures – já tinham todas elas saído da Alemanha a essa altura, e apenas as três maiores – MGM, Paramount e Twentieth Century-Fox – continuavam. Na metade do ano, essas três companhias haviam conseguido ter apenas oito filmes aprovados pelos censores, quando cada uma delas precisava, na verdade, de dez ou doze apenas para cobrir os custos.[66] O novo delegado comercial americano em Berlim, Douglas Miller, enviou um relatório urgente aos seus superiores em Washington, DC, no qual explicava a realidade da situação:

> Seria... lastimável para as relações germânico-americanas se nossas companhias de cinema sentissem que não há mais qualquer possibilidade de vender filmes na Alemanha ou nenhum outro interesse em considerar o ponto de vista do país. As companhias de cinema americanas estão sempre trabalhando sob a tentação de retratar países estrangeiros sob uma luz desfavorável. Precisam incluir vilões, mas devido ao desejo de vender filmes em países estrangeiros, essas companhias evitam em seus filmes qualquer tratamento desfavorável dos nativos desses países... Se todos os nossos laços de cinema com a Alemanha forem cortados, as companhias de cinema americanas aproveitarão a oportunidade para usar histórias que retratem a Alemanha e os alemães numa luz desfavorável, não porque queiram ofender a Alemanha, mas porque estão sedentas de vilões e desejam escapar da monotonia de usar sempre como vilões os americanos ou estrangeiros não identificados.[67]

Como essa explicação deixa claro, os estúdios americanos tinham uma decisão difícil a tomar: podiam continuar fazendo negócios na Alemanha sob condições favoráveis ou sair da Alemanha e transformar os nazistas nos maiores vilões de todos os tempos. Em 22 de julho, a MGM parecia pronta para dar o salto. A companhia anunciou que iria sair da Alemanha se as outras duas companhias, Paramount e Twentieth Century-Fox, fizessem o mesmo.[68] Mas a Paramount e a Fox disseram que não iriam sair. Embora não estivessem ganhando dinheiro algum na Alemanha (a Paramount anunciou uma perda líquida de US$ 580 no final de 1936), elas ainda consideravam o mercado alemão um investimento importante.[69] Estavam lá há anos, davam emprego direto a quatrocentos cidadãos alemães e empregavam alguns milhares de pessoas em tarefas de fabricação. Apesar das difíceis condições de negócios, seus filmes ainda eram muito populares. Se permanecessem um pouco mais na Alemanha, seu investimento poderia uma vez mais produzir excelentes lucros. Se saíssem, talvez nunca mais pudessem voltar.[70]

Alguns dias mais tarde, os estúdios descobriram outra razão para permanecer na Alemanha: o chefe da filial local da Twentieth Century-Fox, P. N. Brinck, foi convidado a se tornar membro permanente da Comissão de Importação e Exportação da Câmara Alemã de Cinema. Isso era uma grande honra. Os nazistas no comitê asseguraram a Brinck "que não tinham desejo de ver as companhias americanas saírem da Alemanha... que esperavam tornar as relações mais amistosas e que tentariam auxiliar as companhias em suas dificuldades com o censor e com o Ministério da Propaganda".[71]

A Câmara de Cinema também arrumou um encontro entre Brinck e o dr. Seeger, e nessa reunião Seeger anunciou, de maneira um pouco surpreendente, que as companhias americanas não poderiam trazer filmes que empregassem judeus em qualquer instância. Brinck perguntou a Seeger em que lei ele baseava essa declaração, e Seeger respondeu que recebera instruções claras, embora não houvesse nenhuma prescrição oficial nos livros. Seeger disse então "que o governo alemão não se sentia à vontade para preparar uma lista de pessoas consideradas indesejáveis, já que isso daria origem a uma publicidade indesejável, mas que se poderia chegar a um acordo de trabalho com as companhias de cinema americanas para que elas pudessem ter um entendimento aproximado da atitude do governo alemão".[72]

Os estúdios americanos levaram o conselho de Seeger a sério. Pelos anos seguintes, esforçaram-se bastante para estabelecer um novo acordo de trabalho com as autoridades nazistas. Em vez de criticar a abordagem antissemita da censura aos filmes, como haviam feito antes várias vezes, cultivaram ativamente contatos pessoais com nazistas proeminentes. Em 1937, a Paramount escolheu um novo gerente para a sua filial alemã: Paul Thiefes, um membro do Partido Nazista.[73] E Frits Strengholt adotou uma atitude mais submissa do que antes: a pedido das autoridades nazistas, divorciou-se de sua esposa judia, que acabou enviada a um campo de concentração.[74]

Os estúdios americanos também se tornaram mais conciliadores em suas atividades regulares de negócios. Toda vez que os censores rejeitavam filmes, os estúdios enviavam cartas educadas aos seus contatos na administração para propor soluções mutuamente aceitáveis. Um exemplo típico foi a reação da Paramount à proibição de três filmes, *Give Us This Night* [Noite Triunfal], *The General Died at Dawn* [O General Morreu ao Amanhecer] e *The Texas Rangers* [Atiradores do Texas]. Depois de saber das proibições, a Paramount escreveu à Câmara de Cinema Alemã e especulou a respeito das objeções a cada caso. *Give Us This Night*, a companhia imaginou, fora recusado por causa do compositor judeu Erich Korngold, autor da trilha, então a companhia ofereceu substituir a música por outra de compositor alemão. *The General Died at Dawn* havia sido dirigido por Lewis Milestone, que também dirigira *All Quiet on the Western Front*, portanto a companhia ofereceu retirar o nome de Milestone dos créditos. Por fim, *The Texas Rangers* continha cenas de batalha violentas demais, então a companhia montou uma versão mais leve.[75] A Câmara de Cinema considerou o pedido da Paramount e acabou aprovando *The Texas Rangers*, que virou um grande sucesso no ano seguinte na Alemanha.[76]

Os três estúdios americanos restantes aplicaram uma variedade de esquemas como esse no final da década de 1930, e a certa altura um dos estúdios tentou algo particularmente ambicioso. Em janeiro de 1938, a filial de Berlim da Twentieth Century-Fox enviou uma carta diretamente ao escritório de Hitler: "Ficaríamos muito gratos se os senhores pudessem nos fornecer uma nota do Führer na qual ele expressasse sua opinião sobre o valor e o efeito dos filmes americanos na Alemanha. Pedimos aos senhores a gentileza de seu apoio nessa questão, e ficaríamos muito gratos se pudessem nos enviar mesmo que fosse uma breve notificação dizendo se nosso pedido será atendido pelo Führer. Heil Hitler!".[77] Quatro dias mais tarde, a Twentieth Century-Fox recebeu uma resposta: "O Führer a partir de agora se recusa em princípio a fornecer esse tipo de avaliação".[78]

Apesar desse revés, os estúdios aos poucos deram um jeito de obter um entendimento dos novos métodos de censura dos nazistas. Eles tentavam imaginar quais atores de Hollywood os nazistas consideravam indesejáveis e procuravam não submeter à sua apreciação filmes nos quais esses atores tivessem algum papel. Também descobriram que ainda podiam apresentar filmes que empregassem judeus, desde que fizessem os ajustes adequados nos créditos.[79] Como resultado de seus esforços, os estúdios conseguiram de fato melhorar suas cifras de vendas nesse período. Em 1937, venderam 38 filmes na Alemanha, e em 1938 venderam 41, quase tantos quanto nos anos antes da chegada de Hitler ao poder.[80] O novo acordo de trabalho entre os estúdios de Hollywood e os nazistas estava rendendo bons frutos.

Então veio a *Kristallnacht*, a selvagem destruição de milhares de lares e lojas de judeus em 9 e 10 de novembro de 1938, seguida por uma onda crescente de medidas antissemitas por todo o país. O novo espírito permeou tudo nas semanas que se seguiram, incluindo o negócio do cinema. Em 22 de novembro, o *Der Angriff* fez uma declaração que teria sido impensável anos antes: "Um terço dos artistas de Hollywood são judeus". O jornal prosseguiu dando os nomes de 64 dos mais destacados produtores, diretores e atores, e acrescentou: "Existem sete produtores com o sobrenome Cohn".[81]

No dia seguinte, o Ministério da Propaganda emitiu um documento extraordinário: uma "lista negra" contendo os nomes de cerca de sessenta personalidades de Hollywood (ver nota).[82] O ministério explicou que se alguém da lista tivesse papel importante em um filme americano, os censores iriam "impedir a entrada [do filme] na Alemanha". Algumas das pessoas na lista eram bem conhecidas como judeus – por exemplo, Al Jolson e Paul Muni. Outros eram emigrantes alemães, como Fritz Lang e Ernst Lubitsch. Constavam ainda nomes de destacados antinazistas, como Herman J. Mankiewicz e Sam Jaffe, que haviam tentado fazer o primeiro filme antinazista, *The Mad Dog of Europe*, e até Ernest Hemingway, que trabalhara num documentário antinazista. A lista incluía ainda Jean Arthur, James Cagney, Joan Crawford, Bing Crosby, Theodore Dreiser, Fredric March, Lewis Milestone, Norma Shearer e Sylvia Sidney. Os nazistas haviam monitorado com atenção os eventos em Hollywood por quase uma década e a lista negra era o resultado de seus esforços.[83]

A partir desse momento, os estúdios não precisavam mais tentar adivinhar quais de seus filmes seriam proibidos na Alemanha. Podiam simplesmente consultar seus acervos e apresentar os filmes que não envolvessem a participação de ninguém da lista negra. De qualquer modo, suas exportações caíram drasticamente. Apenas vinte filmes de Hollywood foram exibidos na Alemanha em 1939.[84]

Os estúdios, porém, não desistiram. Mesmo quando a Segunda Guerra Mundial eclodiu na Europa, ainda vendiam seus filmes na Alemanha. E enquanto os negócios continuavam como de costume para a Paramount e a Twentieth Century-Fox, o advento da guerra trouxe um benefício final inesperado para a MGM.

Desde junho de 1933, os nazistas haviam aprovado uma lei que impedia que as companhias estrangeiras tirassem seu dinheiro do país. Segundo essa lei, as companhias estrangeiras tinham que manter seu dinheiro em contas bloqueadas de bancos alemães, e só podiam gastá-lo na Alemanha.[85] Os estúdios americanos estavam entre as últimas companhias que tiveram que se sujeitar à lei, mas, por volta do final de 1934, rapidamente acumularam saldos em marcos alemães em suas contas, e tentavam decidir o que fazer com seus ativos.[86]

No caso da Paramount e da Twentieth Century-Fox, a solução foi simples. Esses dois estúdios eram grandes produtores de noticiários na Alemanha e puderam investir seu dinheiro localmente em *cameramen* e estoque de filmes. Podiam assim captar registros de imagem dos últimos eventos nazistas e incorporá-los aos noticiários que vendiam para o mundo todo.[87] Eis algumas das histórias que a Twentieth Century-Fox cobriu nesse período:

Manifestação de Lealdade ao Führer: Adolf Hitler saúda a força policial nacional da janela da Chancelaria enquanto a população de Berlim irrompe com estrondosos gritos de "Heil!".[88]

Primeiro Monumento do Movimento Nacional-Socialista: Em Bayreuth, o chefe da Frente Trabalhista Alemã, dr. Robert Ley, inaugura solenemente um cenotáfio em homenagem ao nacional-socialismo.[89]

Celebração dos Trabalhadores da Nação Alemã: O Führer fala no canteiro de obras da Autobahn de Unterhaching (de Munique até a fronteira) e inaugura o grande esforço de trabalho para o ano de 1934.[90]

Feriado Nacional do Povo Alemão: O Chanceler saúda toda a comunidade escolar de Berlim no Berlin Lustgarten. O *Reichminister* dr. Goebbels fala durante a sessão festiva da Câmara Alemã de Cultura na Casa de Ópera de Berlim. No feriado nacional do trabalho, a maior manifestação que o mundo já viu tem lugar no campo Tempelhof, onde o Führer fala para 2 milhões de seguidores.[91]

A lei que regulamentava a retirada de dinheiro para fora da Alemanha, portanto, não afetou adversamente as atividades comerciais da Paramount e da Twentieth Century-Fox. Essas duas companhias puderam reinvestir seu dinheiro nos noticiários locais, e vender as imagens da Alemanha ao mundo inteiro, obtendo excelentes lucros. Mas a MGM não fazia noticiários alemães e durante anos a companhia vinha tentando achar um jeito de tirar seu dinheiro do país.[92] Até então, apenas um método havia sido bem-sucedido: a MGM conseguira vender seus *Reichmarks* bloqueados a um banco alemão em troca de dinheiro americano. No processo de conversão, porém, a MGM sofria grandes perdas.[93]

Em dezembro de 1938, um mês depois da *Kristallnacht*, a MGM descobriu uma maneira mais eficaz de exportar seus lucros. Um representante comercial americano explicou o processo: primeiro a MGM emprestava o dinheiro a certas empresas alemãs para as quais o crédito era "uma necessidade premente". A MGM depois recebia bônus em troca do empréstimo e finalmente vendia esses bônus no exterior com uma perda de cerca de 40% – o que, apesar de tudo, era uma melhora substancial em relação às perdas anteriores. Havia apenas um "porém", e tinha a ver antes de mais nada com as empresas que recebiam dinheiro da MGM. "As empresas em questão", disse o representante comercial americano, "estão ligadas à indústria de armamento, especialmente no território dos Sudetos ou na Áustria".[94]

Em outras palavras, a maior companhia cinematográfica americana ajudou a financiar a máquina de guerra alemã.

A colaboração dos estúdios de cinema americanos com a Alemanha nazista foi complexa e multifacetada, e conforme a década avançou, evoluiu de um modo claramente discernível. Cada vez mais, os nazistas ditaram os termos de cada encontro, e os estúdios, em vez de abandonarem o mercado alemão, fizeram tudo o que podiam para permanecer nele. Conforme os anos passaram, menos filmes americanos eram exibidos na Alemanha, mas enquanto os estúdios serviram aos caprichos do regime nazista, a colaboração permaneceu tão forte quanto antes.

Apenas num momento mais próximo do final da década é que alguém colocou um desafio sério ao estado de coisas predominante. Uma poderosa organização questionou a própria moralidade da relação entre Hollywood e a Alemanha e até sugeriu que esse relacionamento não deveria ter permissão de continuar. A organização não era, porém, nenhum dos estúdios americanos, nem algum grupo de pressão sediado nos Estados Unidos. Era a SS.

A fim de compreender o significado do desafio, é preciso voltar atrás um pouco, para a primeira metade da década de 1930. Nesse período, os críticos de cinema na Alemanha haviam se mostrado mais do que ansiosos para dizer o que pensavam dos filmes de Hollywood. A grande maioria tratava os filmes com uma atitude de veneração e fascínio. Elogiava a superioridade técnica dos americanos, deliciava-se com o "toque de comédia leve" e admirava a profunda compreensão do princípio do líder. Volta e meia, os críticos afirmavam: "Nossos diretores poderiam aprender muito com esse filme americano".[95]

Às vezes, alguns resenhistas davam opiniões menos favoráveis. Em maio de 1934, por exemplo, o crítico do *Völkischer Beobachter* foi assistir àquele que talvez tenha sido o pior filme americano que chegou à Alemanha nazista, *Miss Fane's Baby is Stolen* [Dúvida que Tortura]. Esse crítico achou doloroso ter que assistir ao horrível exagero de interpretação da atriz principal, e no dia seguinte sua crítica foi publicada. "Ótimo", disse ele, "nós também adoramos crianças... mas teria sido melhor que não nos mostrassem esse filme para invocar agora a mentalidade americana como uma desculpa".[96]

Essa era uma queixa comum: um número significativo de críticos alemães sentia que os filmes que estavam assistindo eram americanos demais. Portanto, rejeitavam as produções de Hollywood como sendo *kitsch*, atacavam o excesso de sentimentalismo dos enredos e ridicularizavam os finais felizes. No geral, a crítica de cinema alemã referia-se a Hollywood nesse primeiro período com uma curiosa mistura de entusiasmo exaltado e previsível antiamericanismo.

Depois, no final de 1936, Joseph Goebbels aboliu a crítica de cinema na Alemanha e ordenou aos jornalistas que passassem a fornecer "descrições dos filmes".[97] Seus funcionários no Ministério da Propaganda começaram a expedir instruções sobre como escrever a respeito dos filmes americanos específicos que estavam sendo exibidos no país. Eis alguns exemplos do que diziam: "O filme americano *Honolulu* [Metro] está cheio de ideias humorísticas, em ritmo vivo, acelerado, e contém sequências de dança, uma trilha musical cativante e piadas sobre identidade trocada – um entretenimento muito agradável. É gratificante que consiga trazer divertimento inofensivo a esses tempos sérios"; "*Rose--Marie* pertence àquele gênero de filme que conquista uma plateia com entretenimento à base de melodias afetuosas e de lindas tomadas ao ar livre. Os resenhistas podem assinalar que o filme já tem quatro anos desde seu lançamento, e que mostra uma diferença sensível em relação à tecnologia do cinema americano atual".[98] A grande maioria dos resenhistas seguia essas diretrizes, e como resultado os textos alemães sobre cinema na segunda metade da década de 1930 tornaram-se cada vez mais insossos. As resenhas simplesmente davam breves resumos do enredo junto com algumas observações triviais sobre os filmes em questão. A verdadeira crítica desapareceu.

De vez em quando, porém, surgia algum artigo na imprensa alemã que era não apenas ponderado, mas também questionava antes de mais nada a validade geral de exibir filmes americanos na Alemanha. Em abril de 1938, um crítico chamado Wilhelm Frels publicou um artigo assim sobre a última inovação tecnológica em Hollywood: o advento do Technicolor. Frels examinou dois dos primeiros filmes em Technicolor, *Ramona* e *Wings of the Morning* [Idílio Cigano], que havia pouco tempo estavam sendo exibidos na Alemanha, mas ao contrário de todos os demais ele não estava interessado em como esses filmes haviam sido incrementados pela nova tecnologia.[99] Estava mais preocupado em como esses filmes iludiam o inocente público alemão. Como explicou: "Filmes coloridos adoram usar pessoas de cor, por seu tom de pele mais eficaz".[100]

Ele estava absolutamente certo. Tanto *Ramona* quanto *Wings of the Morning* contavam histórias sobre não brancos, e os dois exploravam bastante seus corpos característicos como objetos de atração e fascínio.

É improvável que qualquer outro resenhista tivesse captado essa conexão antes.

O primeiro filme em Technicolor a ser exibido na Alemanha, disse Frels, não era nada além de um truque barato. Em sua provocativa cena de abertura, um chefe indígena chamado Alessandro topa por acaso com uma linda mulher branca, que estava presa em cima de uma árvore. Ele a ajuda a descer, e mais tarde naquela noite descobre que o nome dela é Ramona e que dezenas de homens cavalgaram mais de 60 km para encontrá-la.[101]

Uma coisa é um índio sentir-se atraído por uma mulher branca, mas outra, bem diferente, é ela sentir-se atraída por ele. Nos dias que se seguem, Ramona e Alessandro passam cada vez mais tempo juntos, e no auge do galanteio o filme em Technicolor capta algo absolutamente chocante: uma mulher branca nos braços de um homem vestido num colorido traje indígena.

É então que o truque é revelado. A madrasta de Ramona entra em cena e manda o índio embora. Então ela chama Ramona de lado. "Você foi criada na minha casa... como minha própria filha", diz ela. "O tempo todo eu vivi com medo de que cedo ou tarde o sangue da sua mãe viesse à tona."

"Como você pode falar desse modo da minha mãe?", Ramona protesta. "Afinal, ela era sua irmã."

"Não era, não!", a madrasta grita. "Ela era mulher de um índio." A madrasta então começa a explicar que o pai de Ramona, "um homem de boa família", havia cometido um trágico erro com uma mulher nativa.

Mais tarde naquela noite, Ramona sai do rancho onde havia sido criada e volta para os braços de Alessandro. Enquanto o casal se beija, a imagem tenta remeter àquela chocante tela anterior. Talvez pela escuridão da noite, ou quem sabe pelo processo de revelação, seja como for, o contraste entre os dois amantes não parece nem de longe tão agudo quanto antes.

Wilhelm Frels não ficou impressionado por essa diluição da diferença racial. Achou de mau gosto brincar com a questão do casamento inter-racial, especialmente depois que os nazistas haviam feito um esforço tão grande para erradicar o problema na Alemanha. Mas se *Ramona* era ruim, o filme seguinte era pior ainda. "Essa questão, que é um blefe em *Ramona*", diz Frels, "em *Wings of the Morning* revela-se uma afirmação inequívoca".[102]

Frels provavelmente não se surpreendeu por *Ramona* ter sido aprovado pelos censores. Com certeza, lera as histórias de Karl May, muito populares na Alemanha, que faziam um relato romântico dos índios que morriam. Um filme como *Ramona* era mais ou menos aceitável na Alemanha, e podia até ser descrito no jornal de Goebbels como "o conflito entre o corajoso índio e os homens brancos perversos".[103] *Wings of the Morning* era totalmente outra coisa. Lidava com um dos grupos que os nazistas haviam explicitamente selecionado para perseguir. Seu título na Alemanha era *A Princesa Cigana*.

Aqui, de novo, temos um filme em Technicolor que toma o partido das "pessoas de cor". O filme mostra um homem branco que se apaixona por uma mulher cigana de vestido colorido e que pede desculpas a ela pelo preconceito de seus amigos: "Essas pessoas, elas não têm imaginação, não entendem nada".[104]

Só que desta vez não se tratava de um truque. O homem não revela ser um cigano no final. O filme faz uma declaração completamente inequívoca em favor do casamento inter-racial. Frels ficou indignado. Os dois primeiros filmes em Technicolor projetados na Alemanha, disse ele, usaram o Technicolor para glorificar pessoas de cor. Ele não sabia ao certo se os americanos estavam fazendo isso por princípios ou por estupidez, mas não iria se dar ao trabalho de ver o filme seguinte em Technicolor para descobrir.[105]

Com certeza, era muito estranho que *Wings of the Morning* – um filme que glorificava os ciganos – tivesse sido permitido na Alemanha nessa época. Apenas nove meses antes, o dr. Seeger proibira um filme de O Gordo e o Magro chamado *The Bohemian Girl* [A Garota Cigana] porque retratava ciganos sob um prisma positivo. "Esse filme essencialmente dá uma falsa imagem da censurável vida dos ciganos e de uma forma *kitsch*", explicou Seeger, "e não tem lugar na nossa nação".[106] Como é, então, que os censores permitiram *Wings of the Morning*, um filme muito mais sério, que fala explicitamente em favor desse povo perseguido?

Eis a provável resposta: Desde que os censores haviam começado a checar as origens raciais do elenco e da equipe técnica de um filme, eles passaram a prestar menos atenção ao filme em si. Haviam gastado tanto tempo pesquisando o histórico das personalidades de Hollywood que às vezes esqueciam de levar em conta o conteúdo real de um filme. Consequentemente, alguns títulos haviam escapado pelos seus dedos.

Durante o restante da década, esse fenômeno continuou a ocorrer. Em meados de 1938, por exemplo, a Paramount submeteu um filme chamado *Shanghai* aos censores alemães. O filme era sobre um homem de negócios bem-sucedido, cujo pai era branco e a mãe era uma princesa da Manchúria (por alguma razão, sempre que um homem tinha relações com uma mulher de raça diferente, ela sempre era retratada como uma princesa).[107] O filme inteiro era um apelo à tolerância e à compreensão, e terminava com as seguintes frases: "Algum dia, o preconceito irá desaparecer, a convenção irá caducar. Os homens serão julgados não por seu credo ou cor, mas por seus méritos. Talvez não vivamos para ver esse dia – rezo a Deus que possamos".[108]

Pelo fato de *Shanghai* lidar com o problema racial – um assunto que exatamente naquele momento era muito popular na Alemanha –, a Paramount submeteu-o aos censores e promoveu-o junto ao Ministério da Propaganda. Após uma longa discussão, *Shanghai* foi aprovado, "depois de muitas hesitações, porque [a Paramount] não tinha nada melhor, e não porque lidasse com o problema racial".[109] O filme estreou na Alemanha em setembro de 1938, e apesar de Hitler tê-lo achado monótono e não assistir até o final, a imprensa alemã concedeu-lhe resenhas positivas: "Sempre que podem incluir algum problema de fazer tremer a Terra, como o problema racial, as companhias produtoras americanas fazem isso com gosto... O fato de apresentar e resolver o problema de um casamento inter-racial americano-asiático por meio de dois atores notáveis, como Charles Boyer, o inesquecível astro de *La Bataille*, e Loretta Young, é garantia de que esse filme receberá particular atenção [na Alemanha]".[110]

E, assim, *Shanghai,* como *Ramona* e *Wings of the Morning*, foi aceito cegamente pela maioria dos críticos de cinema alemães. Apenas Wilhelm Frels e alguns poucos mais perceberam (ou ousaram perceber) que esses filmes iam contra a ideologia oficial do Terceiro Reich. Mas se um pequeno grupo de críticos de cinema isolados não podia fazer diferença, uma organização maior, mais poderosa, podia.

No início de 1940, foi exibido na Alemanha um filme de Shirley Temple intitulado *Susannah of the Mounties* [Suzana]. O público alemão adorava Shirley Temple – Goebbels chamava-a de "uma criança maravilhosa" –, mas esse filme, como *Ramona*, era sobre o relacionamento entre brancos e índios nos Estados Unidos.[111] Como se tratava de um assunto delicado, o Ministério da Propaganda indicou com todo cuidado de que modo a imprensa deveria resenhá-lo: "Em *Susannah of the Mounties* (Fox), a pequena Shirley Temple revela seu incrível talento com grande pungência. O ambiente do Oeste Bravio em que ela foi colocada também fornece um bom cenário para esse entretenimento".[112]

Os jornais todos seguiram essas instruções e resenharam *Susanna of the Mounties* como um exemplo de entretenimento inofensivo. Mas a SS – principal organização paramilitar de Hitler – parecia ter detectado algo muito perturbador no filme. A poucos minutos do final, Shirley Temple espeta o dedo e mistura seu sangue com o de um garoto índio.[113] A SS logo expressou irritação "com o fato de filmes com Shirley Temple estarem sendo exibidos atualmente em Munique", e acrescentou: "Estamos apresentando queixas específicas contra artigos da imprensa que mostram *Susannah of the Mounties* num viés positivo".[114]

Alguns meses mais tarde, a SS reagiu a outro filme que ainda estava em exibição em toda a Alemanha: *Ramona*. "A principal crítica ao enredo é que um índio, que os brancos originalmente odiavam, de repente passa a ser considerado igual a eles a partir do momento em que se converte ao catolicismo", disse a SS. "Sentimos como algo incompreensível que um filme cujo conteúdo contradiz em tal medida a ideologia nacional-socialista ainda esteja sendo exibido".[115]

A SS localizara uma contradição gritante, mas mesmo essa poderosa organização não conseguiu colocar um fim ao relacionamento com os estúdios de Hollywood. O relacionamento prosseguiu, e mais filmes que contradiziam a ideologia nacional-socialista foram exibidos na Alemanha. A SS não compreendia como isso era possível, mas havia duas razões simples: os censores estavam aprovando filmes prestando pouca ou nenhuma atenção ao seu conteúdo, e o Ministério da Propaganda expedia instruções sobre como esses filmes deviam ser resenhados nos jornais.

Havia uma última razão para esse estranho fenômeno, e tinha a ver com as pessoas da plateia. A maioria dos críticos na Alemanha não era nem tão radical quanto a SS, nem tão perspicaz quanto Wilhelm Frels.

Quando iam ao cinema, quase certamente não faziam a conexão entre a mensagem geral do filme e os objetivos pretendidos pelo regime nazista. Simplesmente portavam-se do mesmo modo que todas as pessoas ao redor do mundo: identificavam-se com os mocinhos e ficavam contra os bandidos. E mesmo quando as políticas raciais do regime nazista se encaixavam mais com a ideologia dos bandidos, é improvável que as pessoas na plateia parassem para pensar nisso.

A receptividade a um último filme ilustra de maneira útil esse ponto. Tratava-se de um musical chamado *Let Freedom Ring* ["O Trovador da Liberdade"], que estreou em Berlim no final de fevereiro de 1940. Era obra de um dos mais prolíficos roteiristas de Hollywood, Ben Hecht, que costumava jogar um pequeno jogo com ele mesmo. Punha na boca de seu herói alguns "poucos comentários não muito inteligentes" e fazia o possível para evitar que esses comentários fossem cortados pelo produtor. Com esse filme, conseguiu fazer com que passassem pelos censores nazistas.[116]

O cenário era bem convencional: um dono de ferrovia chamado Jim Knox vinha usando métodos escusos de negócios com os honestos habitantes de uma pequena cidade. Oferecia comprar a terra deles por um preço baixo, e se eles se recusassem a vender, mandava seus capangas incendiarem suas casas. Uma noite, fez uma visita a um dono de terra chamado Thomas Logan, que se mostrava particularmente teimoso. Logan disse que seu filho Steve, um advogado formado em Harvard, estaria logo de volta para defender os direitos de todos. Nesse exato momento, Steve entra porta adentro. Ele repreende o pai por estar atrapalhando os planos da ferrovia e manifesta sua disposição de cooperar com Jim Knox.[117]

Ele mentia, é claro. Estava do lado da sua família e amigos, mas não podia dizer isso abertamente. Seu plano era salvar a cidade apoiando-se num direito inalienável: a liberdade de imprensa. Ele imprime uma grande quantidade de panfletos sediciosos e os distribui em segredo aos trabalhadores externos de Knox, incitando-os a se unirem contra seu líder tirânico. Quando isso falha, canta para eles uma canção na qual tenta dizer-lhes que, como americanos, eram todos livres. Mas ainda encontra dificuldades. Todos os personagens do filme, mesmo os maus, simplesmente acharam a música bonita. As plateias na Alemanha provavelmente teriam gostado da música também, se ela não tivesse sido cortada na versão alemã.[118]

Mas uma cena do filme definitivamente não foi cortada. No auge do filme, Steve tem uma discussão com Jim Knox diante dos trabalhadores, e o diálogo foi mantido. Steve dizia a eles para defenderem seus direitos e Knox insiste para que voltem ao seu alojamento.

"Vocês querem me ouvir mais uma vez?", Steve diz. "Vocês foram trazidos para cá em barcos de gado, mas eu digo que vocês são homens."

"Voltem para as suas cabanas, todos vocês!"

"Vocês dizem que vieram para cá atrás de... liberdade e autonomia, então não vão deitar na lama aos pés de Jim Knox."

"Não liguem para o que ele diz. Eu sou o chefe aqui."

"O seu chefe chama vocês de refugo e gentalha. Eu chamo vocês de outra coisa. Chamo de americanos."

"Vamos lá, vamos lá, estou mandando."

"Não há tiranos dando ordens nesse país! Não há nenhum homem que seja maior ou mais forte do que vocês se souberem erguer a cabeça!"

"Vamos, xerife, tire esse homem daqui."

E é quando algo extraordinário acontece. A câmera corta para um *close* de Steve, que então olha no rosto do Terceiro Reich e diz: "vocês, alemães e italianos; vocês, judeus, russos e irlandeses; *todos vocês que são oprimidos*" e justo quando Steve está prestes a desistir de qualquer esperança, sua namorada Maggie começa a cantar *Let Freedom Ring*, e os trabalhadores derrubam seu líder tirânico.

É impossível saber ao certo se essa fala sobre os judeus foi mantida na versão alemã do filme. Segundo os registros americanos, foram feitos apenas três cortes na versão alemã: a canção de Steve Logan exaltando os Estados Unidos como a terra da liberdade, uma referência a um personagem sendo chamado de "moinho de vento irlandês", e uma violenta briga de socos.[119] E, segundo o relato da censura alemã: "Steve fala às pessoas que ainda não ousam se rebelar contra Knox. Quando este pensa que Steve perdeu, Maggie começa a entoar o hino nacional. Todos cantam junto, e o derrotado Knox foge".[120]

Não importa, porém, se a fala sobre os judeus foi mantida, pois o cerne do discurso sem dúvida foi. Nesse momento já bem adiantado no tempo, exibia-se na Alemanha um filme de Hollywood que falava contra o preconceito e a opressão e incentivava as plateias a se rebelarem contra um líder tirânico. O filme fez muito sucesso e foi exibido em Berlim durante 21 dias na primeira temporada – e, a julgar por todas as resenhas, foi em geral bem aceito.[121] Mas será que era realmente subversivo na Alemanha nazista? Não há nenhum indício sugerindo que as pessoas imaginassem que o filme criticava Hitler, e um dos resenhistas na verdade até expôs uma interpretação oposta. Depois de fazer um resumo do enredo – Steve Logan havia se erguido contra o dono da ferrovia, Jim Knox –, o autor da resenha ataca Knox como um "sujo judeu explorador".[122] Em outras palavras, o resenhista imaginou que o vilão do filme era um judeu.

Mais do que qualquer outra coisa, essa interpretação destacava a ineficácia dos filmes de Hollywood nesse período. Mesmo os que continham referências veladas ao fascismo eram inócuos: as plateias na Alemanha podiam assisti-los e ainda assim fazer interpretações que se adequassem a seus propósitos. Podiam identificar-se com os mesmos mocinhos e ir contra os mesmos bandidos que as plateias do resto do mundo, e sair do cinema achando que seu sistema de governo era superior a todos os demais.

Havia apenas um tipo de filme no qual isso não acontecia: o filme antinazista. As plateias na Alemanha possivelmente não conseguiriam fazer uma interpretação favorável de um filme de Hollywood no qual *eles* fossem os bandidos. E, portanto, esses eram os únicos filmes que o governo alemão encarava com genuína preocupação. Ao centrarmos a atenção nesses filmes, é preciso voltar atrás um pouco, para o tempo anterior ao início da colaboração entre Hollywood e os nazistas.

5

"DESLIGADO"

"ESCREVI 'NÃO PODE ACONTECER AQUI', MAS COMECEI A ACHAR QUE, SEM DÚVIDA, PODERIA"[1]

Sinclair Lewis

HITLER ESTAVA ATRASADO. MARCARA COMPROMISSOS COM DOIS JORNALISTAS estrangeiros no Kaiserhof Hotel, em Berlim, e eles estavam aguardando.[2] Hitler não gostava desses encontros com desconhecidos. E estes esperavam encontrar um grande orador, o futuro ditador da Alemanha, mas por alguma razão frequentemente iam embora desapontados.[3]

Hitler atravessou o *lobby* do hotel com seu guarda-costas e subiu a escada até o salão. Ele disse que iria conversar primeiro com o jornalista italiano. Por meia hora, falou com o homem e em seguida foi a vez de atender Dorothy Thompson, jornalista americana e esposa do romancista Sinclair Lewis.[4]

Como de praxe, ele requisitara as perguntas com antecedência, portanto não se surpreendeu. "Quando o senhor chegar ao poder, como imagino que irá", perguntou ela, "o que fará pelas massas trabalhadoras da Alemanha?".[5]

Ele achou difícil responder: "Ainda não é toda a classe trabalhadora que está conosco... precisamos de um novo espírito... O marxismo minou as massas... precisamos renascer numa nova ideologia... nada de operários, funcionários, socialistas ou católicos... mas, sim, alemães!". Enquanto falava, olhava para um canto distante da sala e batia o punho na mesa, tentando desesperadamente colocar-se num frenesi, mas sem resultado.[6]

Dorothy passou à pergunta seguinte: "Quando chegar ao poder, o senhor irá abolir a Constituição da República Alemã?".[7]

Dessa vez, sua resposta foi mais clara, embora seus olhos ainda procurassem uma multidão que não estava ali. "Vou chegar ao poder legalmente", disse ele. "Vou abolir esse parlamento e em seguida a Constituição de Weimar. Vou fundar um Estado autoritário, da célula mais básica à instância mais alta; por toda parte haverá responsabilidade e autoridade em cima, disciplina e obediência embaixo."[8]

Thompson passou à sua última pergunta: "O que o senhor fará para o desarmamento internacional e como irá lidar com a França?".[9]

Em ocasiões anteriores, Hitler falara ao seu povo sobre a necessidade de rearmamento para destruir a França, mas agora era mais cauteloso com correspondentes estrangeiros. "Quando o povo alemão por fim estiver realmente unificado e seguro de sua própria honra", disse ele, "acredito que até a França irá respeitar-nos".[10]

A entrevista estava terminada. Dorothy levantou, conversou brevemente com um dos auxiliares e foi embora.[11] Hitler prosseguiu com suas atividades regulares.

Alguns meses mais tarde, em março de 1932, a entrevista foi publicada na revista *Cosmopolitan*, de William Randolph Hearst. Começava assim: "Ao entrar no salão onde fui encontrar Adolf Hitler, fiquei convencida de estar diante do futuro ditador da Alemanha. Em menos de cinquenta segundos, tive certeza de que não. Levou apenas esse tempo para medir a impressionante insignificância desse homem que tem deixado o mundo tão ansioso".[12]

Outros entrevistadores haviam feito transcrições das respostas de Hitler e, alguns, até refletido sobre suas estranhas maneiras, mas nenhum deles pensara tão profundamente no contraste entre seu eu interior e exterior, e nenhum o ridicularizara tanto: "Ele é disforme, quase sem rosto, um homem cujo semblante é uma caricatura, cuja estrutura corporal parece cartilaginosa, sem ossos. É inconsequente e volúvel, mal postado, inseguro. É o protótipo perfeito do Pequeno Homem. Um tufo de cabelo liso cai sobre uma testa insignificante e levemente retraída. A parte de trás da sua cabeça é achatada. A cara é larga nas maçãs do rosto. O nariz é amplo, mas mal formado e sem personalidade. Seus movimentos são desajeitados, quase indignos e nada marciais. Não há no seu rosto qualquer traço de conflito interior ou autodisciplina... Tem algo de irritantemente refinado nele. Aposto que curva o mindinho quando toma uma xícara de chá".[13]

Um homem assim, disse Thompson, não está destinado a se tornar ditador da Alemanha. Ele simplesmente não conseguiria os votos. Pode ser por pouco tempo um chanceler, se formar uma coalizão com o Partido do Centro, mas em última instância será posto de lado. "Oh, Adolf! Adolf!", escreveu Thompson, "você não vai dar certo!".[14]

Sua predição mais tarde seria chamada de "mancada", de "gafe tragicômica"[15] –, mas Hitler não viu as coisas desse modo. Durante um ano inteiro após a publicação do artigo, recusou-se a conceder entrevistas a jornalistas americanos.[16] Ao chegar ao poder, montou um "Esquadrão de Emergência Dorothy Thompson" para traduzir cada palavra que ela escrevesse. Planejou transformá-la em exemplo assim que tivesse a oportunidade.[17]

Em agosto de 1934, mais de dois anos depois que o artigo foi publicado, Thompson estava a caminho da Alemanha para cobrir a situação política. Ela já fizera cinco viagens dessas desde que os nazistas haviam chegado ao poder, mas agora era diferente: Hitler acabara de eliminar os elementos dissidentes de seu Partido ao assassinar Ernst Röhm e outros líderes da SA na Noite das Facas Longas.[18] Sinclair Lewis ficou histérico em relação à segurança da esposa e foi necessária uma noite inteira para acalmá-lo.[19] Mas Thompson não tinha intenção de abrir mão de sua viagem. Ela começou investigando as condições na Áustria, depois atravessou a fronteira, entrou na Alemanha de carro e passou por um acampamento da Juventude, cujo slogan – "NASCEMOS PARA MORRER PELA ALEMANHA" – deu-lhe calafrios na espinha. Pisou fundo no acelerador e chegou a Berlim.[20]

Dez dias transcorreram sem nenhum incidente. Thompson passou o tempo entrevistando testemunhas do expurgo de Röhm e descobrindo o quanto os assassinatos haviam sido indiscriminados. "Os homens não sabiam por que estavam sendo baleados", um membro da tropa de assalto contou-lhe sob a condição de anonimato. "Ele [Hitler] nunca esquece ou perdoa nada."[21] Pouco depois, ela recebeu uma ligação telefônica no seu quarto de hotel, vindo da portaria, no andar de baixo. Um membro da polícia secreta estava aguardando-a, e entregou-lhe uma carta: "Chegou ao conhecimento das autoridades que a senhora recentemente entrou mais uma vez na Alemanha. Em vista das suas numerosas publicações antigermânicas na imprensa americana, as autoridades alemãs, por razões de autorrespeito nacional, não poderão mais estender-lhe o direito de hospitalidade. Para evitar uma expulsão formal, a senhora está, portanto, intimada a interromper sua estadia na Alemanha o mais rápido possível e sair dos domínios do Reich imediatamente".[22]

Thompson ligou para o embaixador americano, William E. Dodd, que informou que ela estava sendo expulsa basicamente por causa da entrevista com Hitler e também por alguns artigos que havia escrito sobre a questão judaica. Se não saísse do país em 24 horas, seria oficialmente escoltada até a fronteira. Ela não poderia apelar da decisão porque esta provinha da "mais alta autoridade do Reich".[23]

O relato de Thompson sobre o tratamento que recebeu das autoridades alemãs apareceu mais tarde no *New York Times*. "Minha ofensa, afinal, foi achar que Hitler é apenas um homem comum", escreveu ela. "Isso é um crime contra a cultura reinante na Alemanha, segundo a qual o senhor Hitler é um messias enviado por Deus para salvar o povo alemão – uma velha ideia judaica. Questionar essa missão mística é tão abominável que, se você for alemão, poderá ser mandado para a prisão. Eu, felizmente, sou americana, então fui simplesmente mandada para Paris. Mas coisas piores podem acontecer."[24]

Thompson já era uma crítica bem conhecida de Hitler. Agora, tornava-se uma celebridade nacional. Pelo resto da década de 1930, foi a principal agitadora americana contra os nazistas. Sua coluna regular "On the Record" aparecia em centenas de jornais e alcançava milhões de pessoas. Um estudo avaliou que três quintos das 250 mil palavras que ela escreveu num período de dois anos foram dedicados a atacar o regime de Hitler.[25]

Mas esse destaque que ela ganhou trouxe problemas para o seu casamento. Vários *socialites* visitavam sua casa para ouvir sobre sua experiência na Alemanha, e Sinclair Lewis se ressentia dessa intrusão. Ele costumava entrar na sala, ver todos ali reunidos em volta dela e dizer: "Ela está falando *daquilo?*", e então ia embora. "Você, com suas importantes pequenas palestras; você, com suas pessoas brilhantes", queixou-se ele mais tarde. "*Você* quer falar sobre política externa, coisa que *eu* sou ignorante demais para entender." Mais de uma vez ouviram-no comentar: "Se um dia me divorciar de Dorothy, vou nomear Adolf Hitler como corréu".[26]*

Mas ele estava mais interessado nas reuniões políticas do que deixava entrever. E havia um tópico de conversa que o fascinava particularmente. Quando Thompson escrevera a entrevista com Hitler, incluíra um trecho memorável: "Se você quer avaliar a força do movimento de Hitler, imagine que na América um orador com a língua do falecido Mr. Bryan e os poderes histriônicos de Aimee MacPherson, combinados com os dotes publicitários de Edward Bernays e Ivy Lee, tem que achar um jeito de unir todos os fazendeiros, com todos os funcionários de colarinho branco desempregados, todas as pessoas com salário abaixo de US$ 3 mil por ano que perderam sua poupança em quebras bancárias e da Bolsa e estão sendo pressionadas pelas prestações da geladeira e do rádio que têm que pagar, pelos ruidosos pregadores evangélicos, pela Legião Americana, a DAR, a Ku Klux Klan, o WCTU, Matthew Woll, o senador Borah e Henry Ford – imagine isso e você terá alguma ideia do que o movimento de Hitler na Alemanha significa".[27]**

Bem, Sinclair Lewis não estava particularmente interessado "no que o movimento de Hitler na Alemanha significa", mas vinha procu-

---

* A frase, em inglês, é *If I ever divorce Dorothy, I'll name Adolf Hitler as co-respondent*. Ela envolve um trocadilho difícil de traduzir, pois se baseia na similaridade em inglês entre *correspondent* ("correspondente") e *respondent* ("réu", em casos de divórcio). (N. do T.)

** Alguns dos nomes e siglas citados nesse trecho são de instituições e pessoas de direita menos conhecidas do público em geral, e merecem esclarecimentos. Mr. Bryan, ou William Jennings Bryan (1860-1925), foi um advogado e político americano, grande orador, famoso como acusador e principal testemunha no "Julgamento do Macaco", no qual o mestre-escola John Thomas Scopes foi processado por ensinar a teoria da evolução aos seus alunos. Aimee Semple McPherson (1890-1944) foi uma evangelizadora que causou sensação na mídia por suas pregações dramáticas nas décadas de 1920 e 1930, fundadora da Igreja Internacional do Evangelho Quadrangular. Edward Bernays e Ivy Lee eram publicitários americanos muito famosos na época. DAR é a sigla da organização cívica sem fins lucrativos Daughters of the American Revolution ou "Filhas da Revolução Americana", que reúne mulheres descendentes daqueles que lutaram pela independência dos Estados Unidos, uma organização conservadora cujo lema é "Deus, Lar e Pátria." WCTU é a sigla de Woman's Christian Temperance Union, organização americana fundada em 1874 dedicada a ações pacifistas e sociais. Matthew Woll (1880-1956) foi um líder trabalhista americano, conservador, republicano, católico e anticomunista. William Edgar Borah (1865-1940), advogado e senador republicano pelo Estado de Idaho, destacou-se por sua oratória e visões independentes e foi forte opositor do Tratado de Versailles e da Liga da Nações. (N. do T.)

rando um tema para o seu próximo livro. Ao longo da década anterior – na qual escrevera vários *best-sellers*, como *Main Street* [Rua Principal] (1920), *Babbit* (1922), *Arrowsmith* [O doutor Arrowsmith] (1925), *Elmer Gantry* (1927) e *Dodsworth* (1929) –, os críticos costumavam destacar que ele tinha uma excepcional capacidade de captar o espírito popular e dar-lhe definição. "Se *Rua Principal* é algo vivo", apontou com perspicácia um crítico, "provavelmente não é um romance, mas um incidente na vida americana". Desde que ganhara o Prêmio Nobel de Literatura em 1930, Lewis tentava encontrar uma ideia com tanto potencial quanto as que o haviam animado no passado. Essa última começara de repente a parecer bastante promissora.[28]

Por volta de 1935, aquele trecho de Thompson adquirira novo sentido na vida americana. Havia especulações de que o sistema democrático de governo estava falindo e surgiram alguns políticos cujas ações vinham sendo interpretadas como exemplos de fascismo doméstico. Se a implicação daquela longa lista de nomes de Thompson era que já havia tendências fascistas nos Estados Unidos, agora algumas pessoas estavam dizendo que os Estados Unidos de fato podiam se tornar fascistas.[29]

O exemplo de líder americano fascista citado com maior frequência era de longe Huey Long, o governador da Louisiana de 1928 a 1932. O histórico de realizações de Long era de fato impressionante: forneceu livros didáticos de graça aos estudantes da Louisiana, fez grandes melhorias no sistema viário do Estado e promoveu uma política de impostos que aumentava as alíquotas sobre as riquezas de gás e petróleo. Mas os métodos de Long eram questionáveis. Tirava o emprego de qualquer um que se opusesse a ele. Tratava a aprovação de leis como se fosse mera formalidade. Até mesmo alguns dos que o apoiavam consideravam-no um virtual ditador.[30] Nas palavras do próprio Long, "primeiro, você precisa chegar ao poder – PODER – e aí então pode fazer coisas".[31]

Em 1932, Long tornou-se senador, e em 1934 anunciou o seu plano "Compartilhe sua Riqueza". Propôs dar a cada família necessitada US$ 5 mil por ano e limitar as fortunas dos cidadãos ricos a poucos milhões de dólares.[32] Para conseguir essa meta, fundou a sociedade "Compartilhe sua Riqueza", que por volta de 1935 tinha 27 mil filiais locais e mais de 7,5 milhões de membros. A essa altura, Long abandonara seu apoio a

Franklin D. Roosevelt e cogitava seriamente candidatar-se à presidência na eleição de 1936 numa chapa independente.[33]

Ficava claro, porém, que se Long se tornasse presidente dos Estados Unidos, e se fosse de fato um fascista, não seria uma réplica exata dos ditadores da Europa. Um comentarista, escrevendo no início de 1935, afirmou que a diferença estava em seu estilo de governar informal e quase humorístico: "Huey em seu pijama verde, despachando em seu dormitório, é o homem natural... Hitler olha através de um ouvinte solitário e entra num quase transe, esquecendo tudo exceto o fluxo de ideias que brotam dele. Huey não ignora seu ouvinte; ele fica em cima dele, gritando, estimula-o gesticulando com o dedo, soca-o com um punho eloquente". Em outras palavras, esse comentarista dizia que Huey Long era um fascista, mas da variedade americana.[34]

Nenhum escritor estava mais bem qualificado a lidar com esse material do que Sinclair Lewis. Ele combinava conhecimento em primeira mão da situação na Alemanha com seus vislumbres singulares da vida americana. No verão de 1935, seguiu as instruções que sua mulher lhe dera anos antes e imaginou como seria uma ditadura americana. Sua velha rotina de trabalho voltou com todo ímpeto. Quando alguns amigos sugeriam dar um pulo para uma visita rápida, Thompson respondia que seu marido estava "trabalhando nove horas por dia num romance que pretendia escrever de uma tacada só, com grande entusiasmo e com a exclusão de todo o resto". Por volta de meados de julho, havia concluído o primeiro esboço, e no início de agosto mandou o produto final para a gráfica.[35]

O livro, que ele intitulou *It Can't Happen Here* [Não Pode Acontecer Aqui] era a obra antifascista mais importante produzida nos Estados Unidos na década de 1930. Lewis vislumbrou que o fascismo iria tomar não só o governo, mas também a mentalidade do país. "Pela primeira vez na América, exceto durante a Guerra Civil e a Primeira Guerra Mundial", escreveu ele, "as pessoas tinham medo de dizer o que vinha às suas línguas. Nas ruas, nos trens, nos cinemas, os homens olhavam em volta para ver quem poderia estar ouvindo antes de ousar dizer que havia uma seca no Oeste, pois alguém poderia supor que estavam culpando o Chefe pela seca! [...] A toda hora todo mundo sentia medo, um medo sem nome, onipresente. Estavam sobressaltados, como se vivessem num bairro castigado por uma epidemia. Qualquer som repentino, qualquer passo suspeito, qualquer escrita não familiar num envelope faziam as pessoas estremecerem; e durante meses nunca se sentiram suficientemente seguras para relaxar e dormir bem. E com a chegada do medo, foi embora seu orgulho". Lewis sondou a fundo esse mundo sem nunca perder seu senso de humor e chegou a frases que eram sinistramente convincentes. "Sob uma tirania", escreveu, "a maioria dos amigos são vistos como um risco".[36]

Seu romance contava a ascensão de Berzelius (ou "Buzz") Windrip, um senador democrata que roubara a indicação presidencial de 1936 de Roosevelt e se tornara o primeiro ditador americano. Windrip adotou muitos dos métodos de Hitler – recrutou soldados uniformizados para aterrorizar seus oponentes, assumiu o controle da imprensa, criou uma saudação oficial, e se tornou conhecido como "o Chefe" –, mas negava persistentemente que era fascista, e fazia isso com tamanho bom humor que todos acreditavam nele. Até mesmo o herói do livro, um jornalista de sessenta anos chamado Doremus Jessup, por um breve tempo sucumbiu aos encantos de Windrip antes de arriscar a vida em seu esforço para destruir a ditadura.

O enredo de *It Can't Happen Here* era, portanto, relativamente simples. A política, não. Até esse ponto, as advertências mais ruidosas contra um fascismo iminente na América e os ataques mais duros contra Huey Long vinham da esquerda. No início de 1935, *The Nation* publicara vários artigos sobre o fascismo doméstico, e mais tarde naquele ano o intelectual Carey McWilliams publicou um panfleto sobre organizações antissemitas em Los Angeles.[37] Mas Sinclair Lewis não tinha qualquer intenção de se unir à esquerda a partir de um sentimento comum antifascista. Na verdade, a principal motivação de Lewis para escrever *It Can't Happen Here* não ficou clara. Ele pode ter genuinamente acreditado que Long era a versão americana de Hitler, ou ter desprezado Long pela mesma razão que as elites intelectuais com frequência desprezam os líderes populistas – por uma necessidade de afirmar sua superioridade. Seja como for, satirizou todo mundo no livro – Huey Long, os comunistas e os liberais, por acharem de antemão que "isso não pode acontecer aqui" –, tudo isso para voltar no final a uma apaixonada defesa dos valores tradicionais americanos. "Mais e mais, conforme penso na história", seu herói conclui, "fico convencido de que tudo que vale a pena neste mundo foi realizado pelo espírito livre, inquisidor, crítico, e que a preservação desse espírito é mais importante do que qualquer sistema social. Mas os homens dos rituais e os homens da barbárie são capazes de calar os homens de ciência e silenciá-los para sempre".[38] Logo após a publicação de *It Can't Happen Here*, um grupo de escritores filiados ao Partido Comunista tentou trazer Sinclair Lewis para a sua causa. Convidaram-no para um jantar em que meia dúzia de membros fizeram altos elogios ao livro. Lewis ficou em pé para responder. "Rapazes, eu adoro vocês todos", disse, "e um escritor adora ter seu último livro elogiado. Mas deixem-me dizer, não é um livro muito bom – escrevi livros melhores – e, além do mais, não acredito que nenhum de vocês tenha *lido* o livro; se tivesse, teria visto que eu estava dizendo a todos vocês que fossem para o inferno. Então, rapazes, juntem os braços; vamos todos ficar em pé e cantar: 'Em pé, em pé. Por Jesus'". E enquanto dois dos convidados saíam às pressas da sala, os demais fizeram exatamente como Lewis havia dito.[39]

Lewis sabia por que os comunistas estavam tentando trazê-lo para o seu lado: seu livro havia sido um grande sucesso. As vendas promocionais nos Estados Unidos chegaram a mais de 94 mil exemplares e as vendas totais a mais de 320 mil.[40] Lewis nunca mais alcançaria essas cifras de novo. E, no entanto, seu feito tinha limitações definidas. Seu livro vendera muito bem, mas era pouco popular em termos de massa. Para que *It Can't Happen Here* tivesse qualquer impacto real, precisaria alcançar um público muito mais amplo.

E nisso as percepções de Dorothy Thompson tornavam-se especialmente relevantes. Ao contrário de outros críticos, ela aprendera de fato com Hitler, e fora profundamente influenciada por sua abordagem geral da propaganda. Ela citava-o: "Deve-se julgar um discurso público não pelo sentido que ele faz para os cientistas que o leem no dia seguinte, mas pelo efeito que tem sobre as massas". Thompson concordava com isso. Em sua famosa entrevista, anunciara não ter intenção de escrever sobre Hitler à maneira de um historiador meticuloso. Os tempos corriam rápido demais para permitir um luxo como esse. Em vez disso, afirmou ela, "a nossa é a era do repórter".[41]

Alguns meses depois, Thompson lançou uma versão um pouco mais expandida, do tamanho de um livro, daquela sua entrevista com Hitler, na qual dizia algo ainda mais revelador. Ela incluiu dezenas de fotos documentais que não haviam constado no artigo original e uma vez mais citou Hitler para justificar sua decisão: "Muitos preferem ver a apresentação de um caso em imagens do que ler um longo texto. A imagem esclarece tudo imediatamente e com frequência tem o mesmo efeito que uma leitura longa e tediosa".[42] Thompson estava conscientemente dirigindo os próprios métodos de Hitler contra ele: primeiro, usando uma escrita despretensiosa para ridicularizá-lo e, depois, lançando mão de fotos para reforçar suas afirmações. Havia só mais um passo a dar. Numa sentença que aparece na mesma página do *Mein Kampf* que a citação acima, e que Thompson deixara fora de seu livro, Hitler mencionava a arma mais poderosa de todas: "a imagem *em todas as suas formas até chegar ao filme*", havia dito ele, "tem maiores possibilidades".[43]

Thompson sem dúvida chamou a atenção do marido para essas afirmações, pois o ditador ficcional de *It Can't Happen Here*, Buzz Windrip, disse várias dessas mesmas coisas. "É mais fácil convencer as pessoas à noite, quando vêm cansadas do trabalho e não estão tão inclinadas a oferecer resistência", proclama a certa altura Windrip.[44] Hitler disse exatamente isso no *Mein Kampf,* mas, ao contrário do ditador ficcional, foi adiante e deduziu as implicações para a sua forma favorita de entretenimento: "O mesmo se aplica até a um filme. Isso é importante, porque no teatro podemos dizer que talvez o ator não se esforce tanto à tarde quanto o faz à noite. Mas um filme não é diferente à tarde e às 21h00. Não; a *hora* em si exerce um efeito definido".[45]

Bem, mas nada disso em circunstâncias normais significaria muita coisa. Thompson poderia ter simplesmente alertado o marido para essas passagens para ajudá-lo a arredondar o retrato que ele traçava do ditador americano. As referências que Thompson fez ao poder da imagem no trabalho dela poderiam resultar em mais uma piada às custas de Hitler. Mas há um fato isolado que coloca a contribuição dela sob outra luz. Na época em que o romance de Sinclair Lewis foi publicado em outubro de 1935, a MGM já havia comprado os direitos de exibição.[46] Ao que parece, desde o início *It Can't Happen Here* havia sido concebido como um filme.

E não um filme qualquer: a MGM planejava reunir alguns de seus maiores talentos para fazer uma das produções mais controvertidas da década. Com seus negócios na Alemanha minguando, o estúdio tinha realmente a intenção de dirigir os métodos de Hitler contra ele. *It Can't Happen Here* seria a primeira peça de propaganda antifascista a alcançar uma audiência de massas.

Nenhum gasto foi poupado. A MGM encomendou o roteiro a um dos mais bem pagos roteiristas de Hollywood, Sidney Howard. Era a escolha óbvia. Ele havia sido indicado para o Prêmio da Academia de Melhor Roteiro Adaptado por sua versão de *Arrowsmith* [Médico e Amante], de Sinclair Lewis, e sua versão cinematográfica de *Dodsworth* ainda estava sendo exibida no país.[47] A MGM deu-lhe um exemplar da novela ainda não publicada e ofereceu-lhe US$ 22,5 mil mais US$ 3 mil por semana para escrever o roteiro.[48] Isso era uma quantia colossal e Howard precisava muito de dinheiro para pagar a hipoteca de sua fazenda.[49] Não pensou muito para aceitar.

Mas o trabalho não seria fácil. Howard era um trabalhador incansável e um perfeccionista, e o livro de Lewis, que fazia uma espantosa remodelação do país sob o Chefe, tampouco era isento de problemas. Acima de tudo – e essa era uma crítica ao trabalho de Lewis em geral –, seus personagens não tinham real profundidade. "Eu detesto esse negócio nojento, sintético, falso, que o Lewis escreveu", disse Howard à sua mulher logo no início do processo.[50] "Não é fácil escrever a respeito de marionetes, e não há espaço, com todo esse material sintético, para construir pessoas a partir das marionetes de Lewis... Como eu disse ontem ao meu diretor [J. Walter Ruben], qualquer um pode colocar duas marionetes numa cama juntas, mas quando elas estão ali não acontece nada e você tem que fabricar pequenas marionetes você mesmo."[51] Howard era considerado especialista em adaptar material para o cinema, e seu método – que ele denominou "dramatizar por equivalência" – com frequência o levava a inventar mais do que a replicar cenas para conseguir o efeito pretendido pelo romancista.[52] O problema nesse caso é que ele não sabia qual era o efeito que Lewis pretendia, apesar de o autor estar disponível para uma eventual consulta.

Não obstante, Howard acreditou no projeto. "Quase que pela primeira vez", disse ele a um executivo, a MGM estava "conduzindo as telas americanas para o terreno da controvérsia viva".[53] O próprio porte do projeto o inspirava. Ele releu *It Can't Happen Here* e começou a ter algumas ideias. O romance, pensava ele, era uma crônica de protesto contra uma situação política imaginária. Seu herói, Doremus Jessup, defendia corajosamente as instituições americanas da tirania do fascismo.[54] Essa parte ele achou suficientemente plausível. Mas estava inseguro em relação a como convencer as plateias americanas, em primeiro lugar, de que seria possível que elas abrissem mão algum dia de seus direitos para passá-los a um demagogo. Ele não conseguia aceitar a ideia de Lewis de que "um charlatão que não é nada além de um charlatão podia chegar a ser presidente desse país". A caracterização parecia simplesmente equivocada. Por fim, depois de muita deliberação, encontrou uma solução. O presidente ficcional, Buzz Windrip, poderia ser uma figura convincente se de fato acreditasse no que dizia. Sua sinceridade poderia conquistar a confiança das pessoas.[55]

O filme começava a tomar forma na cabeça de Howard. Ele vislumbrou que seria um veículo para dois astros, ambos atores-chave da MGM. Lionel Barrymore – um ator instantaneamente reconhecível, de meia-idade, com uma voz melodiosa muito convincente – cabia bem no papel de Doremus Jessup. E Wallace Beery – um vilão simpático, grandalhão, que era tão honesto e comum que provavelmente poderia ter sido um ditador americano – iria fazer o papel de Buzz Windrip. O filme se alternaria entre as experiências desses dois homens por meio de um recurso técnico sustentado ao longo do filme: as cenas envolvendo Jessup seriam filmadas normalmente, enquanto as que envolvessem Windrip seriam rodadas como se fossem um noticiário. O resultado seria um filme diferente, combinando o drama humano com um relato crível das novas condições políticas.[56]

A ideia, em todo caso, era essa. Mas conforme Howard sentou para escrever, descobriu que estava tendo dificuldades para fazer a coisa andar. O material era mais desafiador do que qualquer coisa que tivesse feito antes, e aquele seu escritório da MGM, barulhento e desconfortável, não ajudava nada.[57] "Fui um idiota por ter aceito esse trabalho", disse à mulher.[58] "O ponto crucial é conseguir colocar *It Can't Happen Here* em produção e isso não é possível nem aqui nem em lugar algum a não ser que eu termine... o roteiro."[59] Ele estava ficando frustrado. Falava rispidamente com a mulher toda vez que ela esquecia de ligar para ele.[60] Então, um dia, no final de novembro, teve um estalo. Ele vinha planejando começar o filme com um *close* maior possível do rosto de Buzz Windrip ("melhor ainda", pensou ele, "se for também o rosto do Wallace Beery") e continuar a partir disso com uma longa e insistente campanha política.[61] Mas mudou de ideia. Jogou tudo fora e começou de novo.

O ambiente é Fort Beulah, uma cidadezinha de Vermont. Uma família faz um piquenique ao ar livre numa tarde ensolarada. É uma ocasião agradável e a vista é espetacular, e exatamente no momento certo, o pai, Doremus Jessup, vai até o carro e liga o rádio. O candidato presidencial por um dos grandes partidos grita pelas ondas de rádio: "Eu, Buzz Windrip, sou a única solução verdadeira, genuína e permanente! E não adianta eles tentarem colocar nos meus trilhos todos os desvios e obstáculos legais e políticos! Sou uma locomotiva que eles não podem deter nem descarrilar!" A multidão reage com uma ovação, mas Doremus simplesmente balança a cabeça.[62]

A cena muda para Washington. Os homens que estão por trás da campanha de Windrip, Lee Sarason e Dewey Haik, são obviamente bandidos – maquinadores sem escrúpulos que pregam as maravilhas do fascismo sempre que estão a sós. Porém o próprio Windrip "não é um mau sujeito", e para provar isso diz a todos com total sinceridade que está do lado deles. É amigo dos empresários e dos trabalhadores, adora os imigrantes e adora os 100% americanos, é a favor do desarmamento e também a favor do rearmamento. E numa fatídica noite, quando o país está embriagado por suas promessas, ele é eleito presidente dos Estados Unidos. Por todo o país, as pessoas comemoram. Ninguém parece imaginar o que os Homens Diminutos – a organização paramilitar de Windrip – iriam fazer agora que ele estava no poder. Até mesmo na pequena redação do *Daily Informer,* em Fort Beulah, Doremus não está muito preocupado. "Não há o que temer deles, aqui", diz a si mesmo. "Não aqui em cima, em Vermont..."[63]

Alguns dias mais tarde, Windrip muda-se para a Casa Branca. Ele entra na Sala Oval, tira os sapatos e remexe os dedos dos pés. "Aposto que essa foi a primeira coisa que o Lincoln fez ao chegar aqui", diz ele. Enquanto isso, Sarason e Haik cuidam de assuntos mais importantes. Eles armam os Homens Diminutos, fecham a Suprema Corte e suspendem o Congresso. Uma multidão cerca a Casa Branca para protestar, e Sarason e Haik convencem Windrip a dar uma terrível ordem aos seus Homens Diminutos. "Dispersem essa multidão, rapazes!", grita Windrip. "Ajudem-me a ajudar a salvar a América!" Os jornalistas condenam os disparos feitos contra civis inocentes, mas de novo Sarason e Haik sabem o que fazer. Eles assumem controle da imprensa, anunciam que a multidão era composta por perigosos elementos radicais e adotam uma série de medidas para combater o "complô comunista". Os estrangeiros perdem seus empregos. Criam-se campos de concentração para os que se opõem ao novo regime.[64] ("A brutalidade do campo de concentração", Howard anota, "é tão parte da história mundial atual que requer um desenvolvimento completo nesse filme".)[65]

Então o cenário muda de novo, dessa vez para um cinema em algum ponto da América. Um título cintila na tela – "Noticiário Oficial do Governo nº 1" – e aparece Windrip. "Bem, amigos", diz ele, "estivemos pensando muito em como tornar nosso governo mais eficiente e vimos que não faz qualquer sentido continuar mantendo todos esses Estados separados". Ele aponta para um mapa que mostra o país, agora dividido em sete novas províncias. Então Lee Sarason entra em cena. "Sujeito à sua aprovação, senhor presidente, tomei a liberdade de rever a bandeira nacional. Como o senhor pode ver, as antiquadas estrelas agora deram lugar a um timão, simbolizando o seu comando do navio do Estado." Windrip olha com ar de aprovação, e o narrador diz: "E aqueles de vocês que estão pensando nos US$ 5 mil por ano que prometemos...".[66]

A cena agora volta para Doremus Jessup e a música torna-se sombria. Conforme ele percorre as ruas de sua cidade natal numa triste tarde de outono, vê nada menos do que o fim da América. Mulheres aguardam numa fila ilegal para conseguir pão, os Homens Diminutos espionam seus amigos e também um ao outro, os imigrantes foram todos levados embora. Uma queima de livros está em andamento e uma garotinha chora porque perdeu seu exemplar de *Alice in Wonderland* [Alice no País das Maravilhas]. Doremus evita consolá-la pois sabe que tais ações podem ser relatadas às autoridades. Ele simplesmente vira as costas e volta para casa. Quando entra pela porta da frente, seu neto de oito anos de idade dirige-lhe a saudação de Windrip. Sua filha murmura alguma coisa sobre o horror de pôr filhos nesse mundo.[67]

E então vem o momento da virada. O candidato presidencial derrotado nas eleições anteriores, Walt Trowbridge, que havia fugido para o Canadá, inicia um movimento para restaurar a democracia na América. Trowbridge não apareceu muito no filme até esse ponto ("O velho americanismo é tristemente sem graça", Howard observou), mas agora Trowbridge está de volta e pede a Doremus para ser seu homem em Vermont.[68] O sexagenário editor de jornal percebe o erro nas suas atitudes. "Todos nós, esses Doremus com preguiça mental, somos os responsáveis", declara ele. "Eu costumava achar que as guerras e depressões eram causadas por diplomatas e banqueiros. Mas elas são causadas por nós, liberais... por não termos feito nada para impedi-las".[69]

Doremus agora acorda. Passa todo o seu tempo escrevendo e editando um jornal clandestino que expõe os horrores do regime de Windrip. Trabalha sem cessar, e uma noite sua família pede que leia algo em voz alta. Enquanto fala, os crimes dos Homens Diminutos ganham vida na tela. Uma imagem horrível se funde com a seguinte. E quanto mais e mais pessoas no país vão tomando consciência do que realmente está acontecendo – e conforme vão percebendo que os noticiários oficiais estão cheios de mentiras – a oposição ao governo de Windrip cresce sem parar.[70]

Enquanto isso, Sarason e Haik começam a ficar preocupados. Eles concentram esforços em tentar descobrir quem é o responsável pela publicação daquele jornal clandestino. Não demora muito. Uma tarde, um caminhão estaciona diante da casa de Doremus Jessup, e os Homens Diminutos o arrastam para um campo de concentração. As cenas que se seguem são as mais desoladoras do filme. O campo é uma velha escola convertida; arame farpado isola a área; nas paredes está escrito "Viva o

Chefe!". Doremus atravessa dois portões e é colocado numa cela onde experimenta uma dor terrível.[71] ("Um pouco de tortura produz grande efeito na tela", observou Howard.)[72]

Depois de vários meses, Doremus estava perto da morte. Os guardas o chamam de "cadáver vivo: como o espírito americano". Só quando ele já está quase sem esperança é que a sorte do país começa a mudar. Doremus foge do campo. Sua filha Mary, piloto experiente, mergulha de frente no avião de Lee Sarason. Dewey Haik assassina Windrip e se torna o novo ditador americano. Surge uma resistência organizada à tirania fascista e os Estados Unidos se envolvem numa guerra civil.[73] ("Nesse ponto Lewis escreveu o filme para nós, quase tomada por tomada, e de modo mais extenso do que a gente pode usar.")[74]

E então, num dia quente, um velho caminhão com a inscrição "Os famosos remédios do dr. Dobbs" estaciona à beira da estrada, e trinta Homens Diminutos de moto passam ao largo. Quando somem de vista, o dr. Dobbs – ou, como descobrimos agora, Doremus Jessup – sobe de novo em seu caminhão e dirige até uma fazenda local. Ele fornece metralhadoras e munição a um grupo de agricultores, e eles lhe dão abrigo para pernoitar. Em seguida, sonha que está naquele piquenique com a família do início do filme, e que sua esposa chama por ele. Mas o chamado na verdade é de um dos agricultores lhe dizendo que já são 5h00, portanto Doremus acende um cigarro e se apronta para ir embora. Outro peão começa a assobiar a melodia de uma velha canção americana (*John Brown's body lies a-mouldering in the grave**) e, enquanto Doremus parte dirigindo o caminhão, começa a cantar, *"But his soul goes marching on!"*. O volume da música sobe no máximo e o filme termina com a América pronta para ser retomada.[75]

Howard parou de escrever. Deu uma olhada no roteiro. Ficou quase eufórico.[76] Era, nas palavras dele, "o trabalho mais difícil que eu já havia feito na minha vida".[77] Mandou uma cópia para Sinclair Lewis com a usual modéstia ("Não sei por que você iria querer ler esse roteiro. Não sei como é que alguém no mundo consegue ler um roteiro de filme... Se

---

* Canção que conta a história da morte de John Brown e alguns de seus filhos, num esforço para acabar com a escravidão. Em português, sua primeira estrofe quer dizer "O corpo de John Brown está se desfazendo na sepultura" e, a seguinte, diz: "Mas sua alma está marchando" (N. do E.)

você chegar a encarar a leitura e decidir fazer quaisquer comentários, pedindo cortes ou acréscimos, tenha certeza de que suas observações irão receber toda a atenção possível.")[78] Uma semana mais tarde, Lewis respondeu: "Li o roteiro, palavra por palavra. Tenho a maior admiração por ele e fiquei muito empolgado com a leitura". Lewis deu apenas algumas sugestões para o final do filme, que Howard descartou imediatamente.[79]

Enquanto isso, seguindo a prática normal, a MGM mandou uma cópia preliminar do roteiro ao Escritório Hays para exame. Desde julho de 1934, quando Will Hays havia colocado Joseph Breen a cargo da implantação do Código de Produção, as recomendações de censura do Escritório haviam se tornado mais severas. Breen tendia a dar recomendações detalhadas aos estúdios, e na maior parte do tempo, embora com certeza não sempre, os estúdios seguiam suas orientações.

No caso de *It Can't Happen Here*, Breen teve uma reação diferente. O Código de Produção lidava principalmente com questões de moralidade e seu problema principal com o roteiro foi político. Ele, portanto, admitiu que *It Can't Happen Here* era mais ou menos aceitável dentro das estipulações do Código, e tomou a medida incomum de mandar o assunto de volta para Will Hays. Explicou a Hays que ele tinha duas preocupações principais com o filme que estava sendo proposto. "Primeiro," disse ele, "o roteiro é pouco mais que uma história retratando a hitlerização dos Estados Unidos. É uma tentativa de trazer para casa, para os cidadãos americanos, aquilo que está transpirando da Alemanha hoje". Ele se perguntava se em termos de uma política geral a indústria cinematográfica americana deveria se dispor a patrocinar um filme desse tipo. Segundo, sua preocupação era que *It Can't Happen Here* pudesse ter um impacto prejudicial nos mercados externos de Hollywood.[80]

Ele então escreveu a Louis B. Mayer para informá-lo de que agora era Hays que estava examinando o caso.[81] Passaram-se várias semanas e Mayer não teve notícia de Hays – portanto, Mayer tampouco fez nada. *It Can't Happen Here* foi direto para a pré-produção. Basil Rathbone e Jimmy Stewart assumiram pequenos papéis.[82] Lionel Barrymore deixou crescer uma barba e a cada dia se parecia mais com Doremus Jessup.[83] Sidney Howard cortou todas as cenas românticas de Barrymore, explicando a Sinclair Lewis que "é muito difícil encontrar atores velhos que consigam fazer cenas de amor na tela sem parecerem repulsivos. Examine por exemplo as cenas de seu romance com Doremus e Lorinda na cama juntos e então tente montar na sua mente uma fotografia de qualquer ator velho que possa imaginar e verá que a imagem resulta tanto ridícula quanto desagradável".[84]

Depois de fazer esses e outros ajustes, Howard decidiu permanecer em Los Angeles, na folha de pagamento da MGM. Criara tal apego ao projeto que não suportava a ideia de outra pessoa fazer mudanças no seu roteiro.[85] Sua principal preocupação era que Louis B. Mayer tentasse transformar *It Can't Happen Here* num filme anti-Roosevelt tendo em vista as próximas eleições.[86] Ele acabou aceitando uma oferta de Samuel Goldwyn para adaptar *Dodsworth*, de Sinclair Lewis, para a tela, em parte para poder ver *It Can't Happen Here* entrar em produção.[87]

Isso se revelou uma boa decisão, pois duas semanas antes que as filmagens fossem programadas para ter início, Louis B. Mayer recebeu uma carta de sete páginas de Breen, na qual este recomendava não fazer o filme de modo algum. "Essa história é de uma natureza tão incendiária e tão cheia de material perigoso que *apenas o maior dos cuidados possível* irá evitar que encontre rejeições por todos os lados", escreveu Breen. Ele solicitou sessenta conjuntos de cortes – um número ultrajante – e então disse que mesmo que esses cortes fossem feitos, *It Can't Happen Here* estaria sujeito "às críticas mais minuciosas de todos os lados" e que "essas críticas poderiam resultar em enormes dificuldades para o seu estúdio".[88]

No entanto, apesar das duras palavras de Breen, a advertência acabou caindo no vazio. Seis semanas antes, Breen passara a questão toda para Hays, questionando se a política do setor deveria permitir que tal filme fosse realizado – e Hays não dissera que não. O único curso de ação que restou a Breen foi causar dificuldades ao estúdio recomendando um número excepcional de cortes. Além de fazer isso, foi obrigado a acrescentar a advertência: "A Administração do Código de Produção não tem responsabilidade do ponto de vista da política... O julgamento aqui proferido *não* deve ser interpretado como tendo qualquer relação com o enfoque dessa política".[89]

Depois de receber a carta de Breen, a MGM procurou orientação legal. Alvin M. Asher, da firma Loeb, Walker and Loeb, leu o roteiro de Howard e encontrou treze situações que potencialmente poderiam originar processos judiciais ou que eram simplesmente de mau gosto. "Na maioria dos casos", escreveu Asher, "penso que as bases para a objeção podem ser removidas com pequenas mudanças".[90] Sam Eckman, o chefe da MGM na Inglaterra, foi mais pessimista. "Li o roteiro de *It Can't Happen Here*", telegrafou ele, "e se o tratamento reflete a ditadura predominante nos países europeus será muito difícil que o filme passe pelos censores". Ele também citou seis aspectos problemáticos no roteiro.[91]

Louis B. Mayer foi informado de todas essas objeções e decidiu assim mesmo levar adiante *It Can't Happen Here*. "[A gritaria] foi grande e lancinante", Sidney Howard escreveu a um amigo, "e fico espantado com a teimosia com que a Metro-Goldwyn persiste em sua determinação de fazer o filme. As únicas instruções que recebi do senhor Louis B. Mayer foram de não aliviar a mão. Explique você o interesse dele se puder. Eu não sei explicar".[92] Howard passou quase duas semanas examinando todas as sessenta recomendações de Breen e fazendo as alterações necessárias, e em 12 de fevereiro de 1936 anotou no seu diário: "Finalmente terminei o roteiro – e queira Deus que ele não tenha ficado mais longo do que antes!".[93] Mal sabia ele que enquanto dava os toques finais no seu roteiro, outra pessoa estava tomando ações muito mais efetivas contra o filme.

O problema começou com um agente imobiliário da Filadélfia chamado Albert H. Lieberman. Quando Lieberman ouviu que Louis B. Mayer estava transformando *It Can't Happen Here* em filme, entrou em pânico e escreveu ao seu rabino local: "A mim parece inconcebível que homens da sua inteligência não entendam que ganhar alguns dólares a mais para a sua companhia a partir de um negócio desse tipo irá resultar em repercussões que deixarão até mesmo eles desconfortáveis".[94]

Em circunstâncias normais, a carta de Lieberman não teria absolutamente qualquer impacto nos planos da MGM de fazer o filme. Mas acontece que o rabino de Lieberman era William H. Fineshriber, o presidente da Comissão de Cinema da Conferência Central de Rabinos Americanos, e nos anos precedentes essa organização vinha combatendo a acusação predominante de que os judeus eram responsáveis por levar a imoralidade às telas. Em 1934, Fineshriber juntou-se a líderes protestantes e católicos numa cruzada para erradicar essa imoralidade, e no início de 1935 passara três semanas em Hollywood com alguns dos homens mais poderosos do setor. Ao final de sua estadia, havia cultivado excelentes relações com Louis B. Mayer e Will Hays, e até elogiou os dois publicamente por seus esforços para reformar o cinema.[95]

Em 7 de fevereiro de 1936, Fineshriber escreveu a Mayer a respeito de *It Can't Happen Here*: "Refleti longamente sobre a questão e sou da opinião de que uma versão cinematográfica dessa história, não importa de que maneira seja interpretada e dirigida, poderá ter tudo, menos um efeito benéfico sobre a Questão Judaica. Estou cada vez mais convencido de que nesses dias altamente críticos para o povo judeu, aqui e em outras partes, não devemos ficar colocando demais os judeus e seus problemas sob os holofotes. Tenho toda a certeza de que qualquer interpretação da história feita pela sua empresa será contundente e com certeza não parecerá prejudicial à causa dos judeus, mas há épocas em que não dizer nada é melhor do que dizer algo favorável".[96] Em seguida, Fineshriber escreveu a Will Hays: "O único método sensato a seguir nesses dias de virulento antissemitismo é não fazer filme nenhum em que a Questão Judaica seja exposta".[97] Por fim, Fineshriber escreveu a outro poderoso executivo da MGM, Nicholas Schenck: "Sei perfeitamente bem que o filme, se for produzido por você, será uma esplêndida interpretação pró-judaica e antifascista, mas acredito que agora é hora de nos mantermos em silêncio. Se a história pudesse ser contada sem que o problema dos judeus fosse apresentado, talvez não fosse tão ruim, mas não consigo ver, juro pela minha vida, como você poderá divorciar uma coisa da outra".[98]

No entanto, a MGM havia feito grandes esforços para divorciar as duas coisas. Em abril de 1934, o problemático filme *The House of Rothschild* havia sido exibido em cinemas dos Estados Unidos inteiro, e desde então a Liga Antidifamação solicitara aos estúdios que não fizessem qualquer referência aos judeus em nenhuma de suas produções. No caso de *It Can't Happen Here*, Sidney Howard incluíra originalmente vários exemplos de antissemitismo e perseguição, mas a MGM ordenou alterações significativas.[99] Na nova versão, o governo Windrip continuava perseguindo personagens com aparência de judeus e até arrastara vários deles para campos de concentração, mas esses personagens nunca eram explicitamente apresentados como judeus. Eram chamados apenas de "estrangeiros".[100]

Fineshriber não sabia que a MGM tomara essas medidas, e provavelmente não sabia sequer a respeito dos esforços da Liga Antidifamação para retirar personagens judeus dos filmes americanos, mas sua carta forneceu ao Escritório Hays a munição exata de que ele precisava. Will Hays discutiu o assunto reservadamente com Louis B. Mayer e poucos dias depois, em 13 de fevereiro de 1936, a MGM cancelava *It Can't Happen Here*.[101] Hays escreveu a Fineshriber no dia seguinte para dizer que estava muito satisfeito e contar que Louis B. Mayer ligaria mais tarde naquele dia.[102]

A real combinação de fatores que levou Mayer a cancelar *It Can't Happen Here* provavelmente nunca será conhecida. A decisão ficou coberta por um manto de mistério desde o dia em que foi anunciada.[103] Nem Sidney Howard nunca recebeu uma explicação satisfatória. Em 14 de fevereiro, pouco antes de sair de Hollywood e procurar consolo com sua família, o roteirista expressou sua confusão à MGM: "O único sentimento que me vem com clareza é que de algum modo eu abri o cofre da Metro-Goldwyn e tirei um monte de dinheiro ao qual não tenho direito". Em seguida, ele chegou mais perto de seus verdadeiros sentimentos: "Uma das coisas tristes de escrever para cinema é que raramente se permite que os escritores mantenham um entusiasmo contínuo pelos filmes".[104] O seu registro de diário para esse mesmo dia revela um estado de ânimo ainda mais confuso: "Perturbado demais com o destino de *IT CAN'T HAPPEN HERE* para conseguir ver algum sentido. Fui para Berkeley no trem da noite e foi terrível conseguir pegá-lo. Chove a cântaros e as ruas viraram um rio".[105]

Sinclair Lewis teve uma reação diferente. Sabia de tudo a respeito das críticas do Escritório Hays ao roteiro e naturalmente supôs que havia sido o próprio Will Hays que proibira o filme. Em 15 de fevereiro, ele publicamente atacou o chamado "czar do cinema": "O mundo hoje está cheio de propaganda fascista. Os alemães fazem um filme pró-fascista atrás do outro, a fim de mostrar que o fascismo é superior à democracia liberal... Mas o senhor Hays diz que não é possível fazer um filme mostrando os horrores do fascismo e exaltando as vantagens da democracia liberal porque Hitler e Mussolini poderiam proibir outros filmes de Hollywood em seus países se fôssemos tão audaciosos. Não há dúvida de que a democracia está na defensiva quando dois ditadores europeus, sem abrir a boca ou saber nada a respeito do assunto, podem suspender um filme americano causando um prejuízo de US$ 200 mil ao produtor. Eu escrevi *It Can't Happen Here*, mas começo a achar que com certeza poderia".[106]

Will Hays imediatamente negou todas as acusações de Lewis. Disse que ele não tinha poder para proibir o filme e que a MGM decidira isso sozinha.[107] Louis B. Mayer concordou. "O filme foi abandonado porque iria custar muito", disse ele numa declaração oficial. "Se toda essa conversa continuar, talvez a gente ache compensador acabar fazendo-o."[108] Samuel Goldwyn também correu em defesa de Hays: "É bem sabido que a organização de Hays não proíbe filmes, mas coopera com o produtor enquanto o filme está sendo feito". Goldwyn acrescentou que o filme foi retirado de produção "provavelmente" por "dificuldades com o elenco" – a desculpa padrão que era dada sempre que se cancelava algum filme.[109]

Oficialmente, é claro, Sinclair Lewis cometera um erro. O Escritório Hays não havia proibido *It Can't Happen Here* e nem tinha poder para isso. Quanto ao resto, porém, a declaração de Lewis era precisa. O Escritório Hays desencorajara a MGM de fazer *It Can't Happen Here*, embora os governos alemão e italiano não tivessem, ao que parece, dito uma única palavra contra o filme. De fato, o mínimo que Lewis poderia ter feito era levar adiante seu ataque, pois desde o filme da MGM *Gabriel over the White House* os estúdios de Hollywood haviam lançado "um filme pró-fascista atrás do outro" – filmes que expressavam insatisfação com a lentidão e a ineficácia da forma democrática de governo.

Mas como Lewis assinalou, o oposto – um filme defendendo a democracia liberal em lugar do fascismo – não podia ser feito nos Estados Unidos naquela época. Se havia tendências fascistas na América, dizia Lewis, os eventos em torno do filme revelavam isso de maneira mais vigorosa do que ele jamais seria capaz de retratar num romance. Afinal, ele não tinha muita certeza de que os Estados Unidos estivessem se encaminhando para uma ditadura quando escreveu *It Can't Happen Here*.

Até Dorothy Thompson havia lhe dito: "Eu realmente acho que você deveria considerar torná-la uma sátira rasgada. Eu não acredito que a gente *conseguiria* produzir um fascismo".[110] Acima disso tudo, havia uma razão muito simples pela qual os Estados Unidos não poderiam ter adotado um sistema fascista de governo nesse período: em 8 de setembro de 1935, Huey Long foi baleado quando saía caminhando da câmara do Capitólio do Estado em Baton Rouge, e trinta horas mais tarde estava morto. Nesse mesmo momento, Sinclair acabava de mandar seu manuscrito para os editores, e por causa disso foi obrigado a fazer algumas alterações de última hora.[111] Mas ele entendeu tão bem quanto qualquer outra pessoa que o evento tinha profundas implicações para o seu livro. Com Huey Long fora de cena, não havia mais qualquer figura óbvia que ameaçasse trazer o fascismo para os Estados Unidos. Da noite para o dia, *It Can't Happen Here* se transformara de uma advertência urgente em uma história preventiva.

E mesmo assim, cinco meses mais tarde, com Long já há muito esquecido, com as vendas do livro de Lewis alcançando centenas de milhares de exemplares e com o roteiro de Howard finalmente concluído, os homens mais poderosos de Hollywood haviam decidido, em reunião fechada, que não podiam filmar um retrato puramente imaginário do fascismo na América. A frase final da declaração de Sinclair Lewis à imprensa foi mais do que apenas uma ironia. Lewis dizia que enquanto seu livro era no máximo hipotético, a decisão de cancelar o filme havia realmente acontecido. As autoridades haviam preferido não filmar uma advertência ao povo americano sobre a fragilidade do sistema democrático de governo. E não foi coincidência que, no dia seguinte à declaração de Lewis, representantes dos governos alemão e italiano viessem a público dar seu apoio à MGM. Esses representantes anunciaram que estavam contentes com o fato de *It Can't Happen Here* não ter virado filme, e o porta-voz alemão disse que os Estados Unidos haviam evitado um protesto oficial de Berlim ao tomarem essa decisão. E acrescentou que Lewis era um "comunista puro-sangue".[112]

No mesmo dia, como faria um comunista puro-sangue, Lewis aproveitou toda a publicidade para promover seu livro. "Leia e tire você mesmo as conclusões!", proclamava um grande anúncio nos principais jornais. "Hollywood pode censurar todos os filmes de cinema do país, *mas não pode ainda censurar sua livraria.*"[113] Seis meses mais tarde, Lewis lucrou ainda mais com a decisão ao aceitar uma encomenda do Federal Theater of the Works Progress Administration. Sua versão para o palco de *It Can't Happen Here* estreou simultaneamente em dezoito cidades dos Estados Unidos em 27 de outubro de 1936, e fez uma temporada de enorme sucesso. Apenas os críticos ficaram desapontados, e com boas razões: a peça era uma obra não convincente, fraca, comparada com o magnífico roteiro de Sidney Howard.[114]

Nos dois anos seguintes, muitas pessoas tentaram pôr a mão nesse roteiro, mas a MGM era a detentora dos direitos, e Howard tampouco queria dá-lo a ninguém. Parecia querer esquecer a experiência toda.[115] Escreveu mais alguns roteiros para os estúdios, como o primeiro esboço de *Gone with the Wind* [E o Vento Levou] e depois, em 23 de agosto de 1939, no dia da assinatura do Pacto Germano-Soviético de Não Agressão, ele foi esmagado e morto por um trator em sua fazenda nos Berkshires.[116] Seu roteiro abandonado permanece intocado na caixa-forte da MGM.[117]

It Can't Happen Here poderia ter sido o primeiro grande filme antifascista de Hollywood. Poderia ter sido o momento no qual os estúdios abandonariam sua política de colaboração para atacar a forma de governo escolhida por Hitler. Poderia ter sido um triunfo da democracia e da cultura americana. Em vez disso, foi cancelado na última hora, e Hollywood continuou em paz com a Alemanha. Porém, na longa série de eventos que levou ao cancelamento do filme, uma voz esteve curiosamente ausente: a do cônsul alemão em Los Angeles, Georg Gyssling.

Gyssling nascera em 1893 na aldeia de Walzen, pertencente, na época, à Alemanha. Entrara para o Ministério do Exterior alemão após a Primeira Guerra Mundial, e servira como cônsul em algumas cidades, incluindo um período de seis anos em Nova York. Em 1931, tornara-se membro do Partido Nazista, e em março de 1933 foi mandado para Los Angeles, onde logo forjou laços estreitos com os Amigos da Nova Alemanha (mais tarde, German American Bund).[118] Seus esforços para difundir a propaganda nazista por toda a Califórnia tinham despertado grande preocupação nas organizações judaicas locais, e em uma ocasião, em 1935, um representante judeu tentara marcar um encontro com Gyssling no consulado alemão.[119]

"O senhor tem parentes ou amigos na Alemanha?", um subordinado de Gyssling perguntou ao olhar o cartão de visitas.

"Não", respondeu o representante judeu. "O senhor acha que eu lhe daria meu cartão se tivesse quaisquer parentes na Alemanha?"

O subordinado riu. "O senhor realmente acredita que eu iria precisar do seu cartão para poder mandar matar seus parentes na Alemanha?"

O representante judeu também riu. "Tem havido boatos nesse sentido", disse ele, e então foi embora.[120]

As atividades de propaganda de Georg Gyssling na década de 1930 eram bem conhecidas, mas ele tinha outro encargo, ainda mais sinistro: colaborar com os estúdios americanos. Poucos meses depois de chegar a Los Angeles, ele concebeu exatamente como fazer isso. Disse aos estúdios que eles precisavam fazer mudanças em seus filmes sobre a Alemanha e ameaçou expulsá-los do mercado alemão, de acordo com o Artigo Quinze da lei de cinema da Alemanha, caso não cooperassem. Em pouco tempo, tirou a Warner Brothers da Alemanha por não fazer mudanças em *Captured!*, um filme ambientado num campo de prisioneiros alemão durante a Primeira Guerra Mundial. Depois, no início de 1934, convenceu os estúdios a boicotarem *The Mad Dog of Europe*, um filme sobre a perseguição do seu governo aos judeus.

Em todo material restante de arquivo, não há indícios sugerindo que Gyssling tenha emitido qualquer queixa a respeito de *It Can't Happen Here*, mas Gyssling de forma alguma ficou inativo nesse período. No final de 1935, quando *It Can't Happen Here* estava sendo adaptado para o cinema, ele empreendeu ações contra outro filme da MGM chamado *Rendezvous* [Um Tenente Amoroso]. Esse filme era sobre agentes de espionagem alemães operando nos Estados Unidos durante a Primeira Guerra Mundial, e quando estava ainda em pré-estreia Gyssling escreveu uma carta ao Escritório Hays: "Embora não tenha eu mesmo assistido a esse filme, peço que lhe deem atenção, já que sua exibição pode resultar nas deploráveis dificuldades que conhecemos tão bem".[121]

O Escritório Hays respondeu a Gyssling sugerindo que ele assistisse ao filme e anotou suas objeções. Neste ponto, a correspondência oficial se encerrou: Gyssling não enviou nenhuma resposta. Não obstante, em pouco tempo a MGM fez várias mudanças físicas em *Rendezvous*. O estúdio cortou cerca de dez minutos de filmagem da cópia original, incluindo uma palavra crucial do clímax. Na versão original, o assistente do secretário de defesa dos EUA anunciava ao herói: "Você nos ajudou a pegar o chefe da rede alemã de espionagem". Na versão final – e isso ainda é perceptível nas cópias que restaram –, a palavra "alemã" foi silenciada na fala do assistente do secretário da Defesa.[122]

A correspondência oficial sobre *Rendezvous*, junto com a evidência física do próprio filme, fornece uma prova indiscutível de que Gyssling estava em contato com a MGM nesse período. Primeiro, ele se queixou ao Escritório Hays sobre o filme, e depois, sem qualquer interferência do Escritório Hays, o filme foi mudado. Se tivesse alguma queixa em relação a *It Can't Happen Here* alguns meses antes, Gyssling não teria se dado ao trabalho de ir até o Escritório Hays; teria procurado o estúdio diretamente. E, nesse caso, não restaria nenhuma evidência de sua queixa, pois não há nenhum arquivo na MGM sobre correspondência de produção nesse período.

Se Gyssling esteve envolvido no cancelamento de *It Can't Happen Here,* provavelmente nunca saberemos, mas mesmo que Gyssling não estivesse diretamente envolvido, sua presença em Los Angeles sem dúvida afetou a decisão da MGM. Desde 1933, ele colocara suas energias em "educar e treinar" os estúdios de Hollywood sobre o sentimento nacional alemão.[123] Havia criado um sistema de colaboração que tornava óbvia sua posição em qualquer filme potencialmente antifascista. Consequentemente, parafraseando Sinclair Lewis, Gyssling não precisava abrir a boca para que *It Can't Happen Here* fosse abandonado. Os produtores da MGM já sabiam o que ele teria dito.

Por fim, não importa se Gyssling tomou ou não alguma medida contra *It Can't Happen Here*; o fato é que ele com certeza se beneficiou do resultado. No ano seguinte, fez algumas coisas que nunca tentara fazer antes.

No início de fevereiro de 1937, Gyssling ligou para a Warner Brothers, o estúdio que ele pessoalmente expulsara do mercado alemão alguns anos antes. Ele ouvira dizer que o estúdio estava rodando um filme sobre a condenação injusta que o governo francês fez de Alfred Dreyfus, um oficial judeu, pelo fornecimento de segredos militares ao governo alemão em 1894. O filme obviamente iria condenar um dos exemplos mais notórios de antissemitismo do passado recente, e Gyssling estava determinado a agir.

O produtor associado, que claramente não tinha qualquer obrigação de falar com Gyssling, pegou o telefone: "Eu normalmente recebia várias ligações do dr. Gyssling, o cônsul alemão, e não podia evitar falar com ele – e foi o que fiz. Ele estava bem ciente, não sei por que meios, de que estávamos fazendo um filme sobre o Dreyfus e disse estar muito preocupado em relação à maneira com que a Alemanha iria figurar nisso. Quis marcar um encontro comigo imediatamente, para obter mais informações sobre o assunto – suponho que para poder notificar Washington ou o seu governo. Consegui convencê-lo de que o caso Dreyfus tinha um peso muito pequeno no nosso filme... Isso pareceu deixá-lo bem mais tranquilo e espero que a gente não ouça mais falar dele daqui em diante".[124]

Poucos dias depois dessa ligação telefônica, Jack Warner ditou algumas mudanças importantes no filme sobre Dreyfus (que acabaria se chamando *The Life of Emile Zola* [A Vida de Emile Zola]):

Cena 80: Começar a fala do CHEFE DE PESSOAL com "Ele é um homem!..." Cortar a fala "E um judeu!"

Cena 190: Não usar a palavra "judeu" na fala do Comandante de Paris. Em vez disso, usar DREYFUS.

Cena 235: De novo, usar aqui DREYFUS em vez de "...aquele judeu".[125]

Depois que todas as mudanças de Warner foram implementadas, a palavra "judeu" não era dita uma única vez em *The Life of Emile Zola*. A única referência que foi mantida era uma tomada de um pedaço de papel onde estava escrita a religião de Dreyfus. E antes do lançamento do filme, houve um pedido para que isso também fosse cortado: "Tire a última parte do *insert* em que o dedo corre sob a linha 'Religião – Judeu'".[126] Por algum motivo, porém, o pedido não foi atendido, e por mais difícil que seja de acreditar, essa tomada de um segundo revelou ser a única referência explícita a um judeu no cinema americano pelo restante da década de 1930.[127]

Esse triste episódio revela o quanto Georg Gyssling se tornara uma figura agressiva. Ele ousava exercer influência sobre um estúdio que havia expulsado do mercado alemão. Estava obviamente disposto a adotar medidas mais duras contra os estúdios que ainda faziam negócios na Alemanha, e um ano após o cancelamento de *It Can't Happen Here* foi mais longe do que se poderia esperar.

Antes disso, em 1931, as bases para o acordo entre os estúdios de Hollywood e o governo alemão ficaram estabelecidas quando o chefe da Universal Pictures, Carl Laemmle, editou *All Quiet on the Western Front* de acordo com os desejos do Ministério do Exterior alemão. Em 1932, Laemmle continuou na mesma linha ao adiar a sequência de *All Quiet on the Western Front*, intitulada *The Road Back*. "Naturalmente", observou o Ministério do Exterior na época, "o interesse da Universal em colaborar não é platônico, mas motivado pela preocupação da companhia com o bem-estar de sua filial de Berlim e com o mercado alemão".[128]

Em abril de 1936, Carl Laemmle perdeu o controle da Universal Pictures, e o financista americano e esportista John Cheever Cowdin tornou-se o novo presidente da companhia. Cowdin descobriu o velho roteiro de *The Road Back* e, tendo em vista a grande redução dos negócios da Universal Pictures na Alemanha, pôs o filme de novo em produção. "Quando essa história chegou pela primeira vez há quatro ou cinco anos", um funcionário da Universal Pictures explicou ao Escritório Hays, "detestamos ter que produzir, por causa dos riscos que iria colocar nos nossos negócios na Alemanha na época. No entanto, desde então a situação em relação à indústria cinematográfica americana mudou completamente e estamos agora prontos e ansiosos para produzir essa história".[129]

Na verdade, apesar dessa declaração, a Universal Pictures não perdera o interesse no mercado alemão. Em fevereiro de 1937, logo após reviver *The Road Back*, Cowdin viajou a Berlim a negócios e, segundo o embaixador americano, fez uma "oferta incomum" às autoridades nazistas: "A companhia em questão era previamente controlada por interesses judaicos, mas após a recente reorganização sabe-se que agora é não judaica. O mencionado representante teve algumas reuniões com oficiais do governo e empresas do setor de cinema a fim de explicar esse ponto particular. Ele relatou que havia sido bem-sucedido em convencê--los sobre o assunto, e a partir disso foi concebido um plano por meio do qual, provavelmente em colaboração com empresas alemãs, sua companhia poderia voltar ao mercado alemão".[130]

De maneira muito astuciosa, Cowdin estava tentando fazer da Universal Pictures o estúdio americano mais destacado na Alemanha. Contava a seu favor o fato de não ter origens judaicas, e agora dispunha de *The Road Back* como moeda de troca. Se sua companhia tivesse permissão de voltar ao mercado alemão, ele concordaria em tornar o filme palatável do ponto de vista alemão. Ele fez várias reuniões com os funcionários do Ministério da Propaganda e repetidas vezes garantiu-lhes "que tudo seria feito para tornar o filme apolítico e que ele tinha muito interesse em cultivar boas relações com a Alemanha".[131]

Cowdin foi fiel à palavra empenhada. No livro em que o filme se baseava, um grupo de soldados alemães volta da Primeira Guerra Mundial e entra em choque com seus antigos oficiais nas ruas, na esteira da Revolução.[132] Como isso contradizia a interpretação que os nazistas faziam do período pós-guerra, Cowdin instruiu seus roteiristas a fazer grandes mudanças. No novo roteiro, havia piadas às custas dos revolucionários, os oficiais eram retratados de modo positivo e os conflitos entre os dois grupos eram, como Cowdin havia prometido, apolíticos.[133]

Georg Gyssling, no entanto, não estava a par dessas mudanças, então quando soube que a Universal Pictures levava adiante *The Road Back*, enviou uma carta de protesto a Joseph Breen no Escritório Hays.[134] Breen então encontrou-se com o diretor, James Whale, e perguntou a Whale a respeito da cena na qual os revolucionários entram em choque com os oficiais do exército. Whale "insistiu [...] que a cena seria filmada de maneira a remover qualquer possível perigo [...] ele declarou ainda [...] que havia mudado tanto a história em relação ao livro, que o filme pronto não iria provavelmente ofender ninguém, especialmente os alemães". Como que para provar seu ponto de vista, Whale concordou em se reunir com Gyssling para resolver quaisquer problemas diretamente com ele.[135]

O encontro aconteceu um mês mais tarde na casa de Whale perto de Santa Monica. Um relato dessa conversa entre o diretor de cinema e o cônsul nazista sobreviveu, e vale a pena citá-lo na íntegra porque mostra como Gyssling sentia-se mais à vontade desde o cancelamento de *It Can't Happen Here*:

> O cônsul Gyssling nunca era abertamente ameaçador em sua atitude... Isso era típico dele. Simplesmente insinuava que "iria lamentar muito ter que tomar medidas de represália". O roteiro de *The Road Back* foi-lhe mostrado, mas ele não comentou se satisfazia as exigências do regime nazista. Foi assinalado que nada na história representava de maneira nenhuma a Alemanha nazista, já que tratava de um período imediatamente posterior ao final da Primeira Guerra Mundial. Em nenhum ponto se diz uma palavra sequer sobre Hitler ou o nazismo. Na verdade, a história ridiculariza as inadequações dos principais políticos social-democratas da época por seu fracasso em tomar medidas decisivas para cumprir seu programa. O dr. Gyssling teve o monumental desplante de sugerir que o autor, Erich Remarque, um famoso romancista alemão, não constasse nos créditos do filme. Isso, é claro, os representantes do estúdio não tinham como garantir.
> O cônsul Gyssling de novo insinuou que ficaria muito sentido se fosse obrigado a relatar ao seu governo que o filme era insatisfatório.[136]

Poucas semanas mais tarde, Gyssling teve um segundo encontro sobre *The Road Back*. Ele visitou o estúdio da Universal e viu uma primeira versão do filme. De novo, no entanto, se recusou a comprometer-se de alguma forma.[137]

Então, em 1º de abril de 1937, Gyssling fez sua jogada mais ousada. Ele já ameaçara invocar o Artigo Quinze da lei alemã de cinema contra vários dos grandes estúdios de Hollywood. Agora ameaçava invocá-la contra indivíduos. Ele mandou cartas para cerca de sessenta pessoas envolvidas em *The Road Back* – o diretor, o elenco inteiro, até o chefe de guarda-roupa – e advertiu-os que quaisquer filmes dos quais participassem no futuro poderiam ser proibidos na Alemanha.[138]

Essa foi uma atitude chocante e criou tumulto. Georg Gyssling ameaçara diretamente os trabalhadores americanos do setor de cinema por suas atividades em solo americano. Usara o correio americano para assustar e intimidar indivíduos que estavam apenas desempenhando suas atividades normais. A Universal Pictures orientou todos a manter a questão em segredo, mas a notícia logo vazou.[139] Vários atores procuraram aconselhamento legal, foram apresentadas queixas ao Departamento de Estado e um membro do Escritório Hays esperava que Gyssling fosse finalmente expulso "por conta de sua violência".[140]

Nos dias que se seguiram, a questão foi considerada nas altas esferas. Um representante do secretário de Estado encontrou-se com o conselheiro da embaixada alemã em Washington, DC, e perguntou se Gyssling estava agindo sob instruções diretas de seus superiores. O conselheiro respondeu que sim. O representante americano assinalou que tais ações não se enquadravam nas atribuições próprias de um funcionário consular e enfatizou que não queria apresentar uma queixa oficial. Ele simplesmente pediu ao conselheiro que levasse a questão até o governo alemão e insistiu "que devemos considerar que a questão toda foi discutida apenas por meio dessa abordagem informal... que estamos examinando a questão e que minha conversa com ele não foi considerada como um protesto".[141]

Nesse ínterim, a Universal Pictures fez 21 cortes em *The Road Back* e mandou a nova versão para o embaixador alemão, Hans-Heinrich Dieckhoff.[142] A essa altura, praticamente não havia nada no filme que pudesse ser objetado pelo embaixador. Haviam sido cortadas tantas cenas que o enredo mal fazia sentido. O final, que criticava a ascensão do militarismo na Alemanha, agora criticava a ascensão do militarismo no resto do mundo. O filme era uma coisa confusa e havia pouco risco de que pudesse ofender alguém.[143] Mesmo assim, o governo alemão não queria mais nada com a Universal Pictures. A companhia não teve permissão de retomar operações em Berlim.

Por outro lado, para Gyssling a notícia foi menos desalentadora. O Ministério do Exterior alemão mandou uma carta breve ao Departamento de Estado, sem qualquer tom de desculpas, explicando que o cônsul em Los Angeles havia sido instruído a não expedir mais futuras advertências a cidadãos americanos.[144] Como resultado, o Departamento de Estado considerou o assunto encerrado.[145] Gyssling não só foi mantido no cargo, mas em poucos dias estava nas páginas dos jornais defendendo suas ações: "Fui autorizado por sua excelência, o embaixador alemão em Washington, DC, a negar enfaticamente os relatos de que eu tivesse sido repreendido pelo governo alemão por ter expedido instruções de advertência a alguns atores de Hollywood quanto à realização de um certo filme. Todos os relatos em contrário são apenas ficção e invenções sem base factual".[146]

George Gyssling, cônsul alemão, recebe Leni Riefenstahl em Los Angeles, em 1938. *Copyright* © Bettmann/Corbis.

Gyssling havia sido ousado e bem-sucedido. Catorze meses depois de a MGM ter abandonado *It Can't Happen Here*, ele conseguia colocar em polvorosa uma comunidade inteira. Logo depois de limpar seu nome, retomou seus métodos usuais. Leu nos jornais de negócios que estava sendo realizado outro filme sobre a Primeira Guerra Mundial, e então escreveu ao Escritório Hays: "Estou um pouco alarmado, pois soube que o filme *Lancer Spy* [O Lanceiro Espião], que está sendo produzido em Wetswood (Fox), irá conter várias cenas que parecem censuráveis do ponto de vista alemão. Portanto, peço a gentileza de darem a essa questão a devida atenção, ainda mais que, pelo que sei, vários filmes da Fox estão sendo exibidos na Alemanha nesse período". Ele mandou depois uma segunda carta contendo a mesma ameaça óbvia: "A produção de um filme com essas características irá despertar sentimentos muito ruins na Alemanha contra a companhia produtora e pode levar a sérias dificuldades que deveriam ser evitadas em nome de interesses mútuos".[147]

O Escritório Hays encaminhou essas cartas à Twentieth Century-Fox e logo depois Gyssling foi convidado à pré-estreia de *Lancer Spy*. Não gostou do que viu. Em sua opinião, nenhum dos oficiais alemães no filme era retratado de modo positivo. Também achou que o filme era até mais perigoso do que *The Road Back*, por ser muito "emocionante e divertido". No final da projeção, ele deu algumas sugestões, e três meses mais tarde foi convidado ao estúdio para assistir à nova versão de *Lancer Spy*. Ainda não gostou – achou que o ideal seria refilmar metade dele –, mas concordou que de fato várias mudanças haviam sido feitas. Consequentemente, a Twentieth Century-Fox teve permissão de continuar fazendo negócios na Alemanha.[148]

Em todas essas negociações com os estúdios de Hollywood, Gyssling estava fazendo algo muito estratégico. Ele fazia objeções a uma série de filmes sobre a Primeira Guerra Mundial – *Captured!*, *Rendezvous*, *The Road Back*, *Lancer Spy* –, quando na verdade seu alvo era outro. Desde que ouviu falar em *The Mad Dog of Europe*, ele entendeu que Hollywood era capaz de produzir um tipo de filme muito mais prejudicial do seu ponto de vista: um filme que atacasse a Alemanha nazista.[149] Sua reação a *The Road Back* foi, portanto, cuidadosamente calculada. Ele estava focando suas energias em filmes ambientados no passado numa tentativa de evitar que os estúdios passassem para o presente. Ele se mostrava chocado e ofendido por alguns poucos títulos que já haviam perdido totalmente sua relevância para que os estúdios não ousassem embarcar em algo realmente perigoso. Ele conseguiu mudanças significativas numa série de filmes sobre guerra, mas para ele os benefícios reais ainda estavam por vir.

Em maio de 1937, um mês depois de Gyssling expedir suas advertências aos atores, o filme que ele havia objetado anos antes – *The Mad Dog of Europe* – foi colocado de novo em produção. O agente Al Rosen, que ainda era o detentor dos direitos do filme, realizara uma enquete com dezenas de milhares de pessoas e determinara que 82% dos americanos agora iriam apoiar o filme. Rosen escolheu vários atores bem conhecidos para os papéis principais e anunciou que não iria fornecer seus nomes à imprensa em função das recentes ações de Gyssling. Começaram a circular alguns boatos de que John Wray (o fazendeiro sem dinheiro de *Mr. Deeds Goes to Town*) havia sido escolhido para o papel de Hitler e que Sam Jaffe (o alto sacerdote de *Lost Horizont* [Horizonte Perdido]) faria o professor judeu perseguido.[150]

Gyssling logo entrou em ação. Informou o Ministério da Propaganda que *The Mad Dog of Europe* seria extremamente depreciativo para a Alemanha e recomendou que fosse expedida uma advertência ao Escritório Hays. Continuou: "Embora o Escritório Hays, que não é associado à New Era Productions [a companhia de Al Rosen], possa declarar que não tem nada a ver com isso, ele mesmo assim pode transmitir a advertência às suas companhias-membros [os grandes estúdios de Hollywood]. Essas companhias então irão no mínimo advertir os atores mais destacados a não participarem do filme, porque suas chances de emprego em futuros filmes poderiam ficar reduzidas".[151] Como seria de esperar, os planos de produção para a nova versão de *The Mad Dog of Europe* nunca foram adiante.

Como Gyssling bem sabia, porém, o real perigo a essa altura não era que uma produtora de cinema pequena embarcasse num filme antinazista – era que um grande estúdio de Hollywood fizesse isso. E o volume final da trilogia de Erich Maria Remarque, *Three Comrades* [Três Camaradas], que era material importante para Hollywood, acabava de ser publicado nos Estados Unidos. Enquanto *All Quiet on the Western Front* era sobre a Primeira Guerra Mundial e *The Road Back*, sobre o período posterior a ela, *Three Comrades* era ambientado no final dos anos 1920, quando os nazistas despontavam como uma força política significativa. O romance conta a história de três veteranos de guerra – Gottfried Lenz, Robert Lohkamp e Otto Köster –, que lutavam para sobreviver numa Alemanha falida. Enquanto davam duro trabalhando para manter aberta sua loja de autopeças, Lenz descobria a política; Lohkamp, o amor; e Köster tentava manter os três unidos. No final, porém, a derrota é inevitável. Lenz é morto na rua por um soldado de tropa de assalto, a mulher de Lohkam morre de tuberculose e *Three Comrades* termina sem esperança e sem sentido.[152]

Diferentemente de *All Quiet on the Western Front* e *The Road Back*, que haviam sido produzidas pela Universal Pictures, os direitos do filme *Three Comrades* estavam em posse da MGM. A companhia pensou em cancelar o filme quando Gyssling ameaçou os atores, mas acabou decidindo levar o projeto adiante, e o roteirista de *The Road Back* contribuiu com algo politicamente inócuo.[153] Em maio de 1937, a MGM enviou o roteiro a Joseph Breen no Escritório Hays para exame. Breen não deve ter ficado particularmente surpreso ao recebê-lo, pois já havia lido três cartas típicas de Georg Gyssling sobre o assunto ("devo dizer que estou um pouco preocupado com o aludido plano da Metro-Goldwyn-Mayer de filmar a história de Remarque intitulada "Three Comrades" etc.)[154] Além do mais, mesmo sensível como era às preocupações do cônsul nazista, Breen não conseguiu achar nada de errado no roteiro. Ele escreveu à MGM para dizer que o roteiro atendia aos requisitos do Código de Produção, e deu apenas algumas poucas sugestões sobre linguagem rude e bebida.[155] Nesse ínterim, o produtor escolhido para *Three Comrades,* Joseph L. Mankiewicz (cujo irmão Herman tivera a ideia de *The Mad Dog of Europe* quatro anos antes), mudara de opinião a respeito do filme. Vários comentaristas, incluindo o próprio Remarque, haviam se queixado muito da produção da Universal Pictures de *The Road Back,* e o roteiro de *Three Comrades* parecia tão ruim quanto.[156] Mankiewicz então pediu ninguém menos do que F. Scott Fitzgerald para apresentar algo melhor.[157]

Fitzgerald mergulhou na adaptação de *Three Comrades* com muita seriedade. Leu o romance e achou-o comparável a *O Sol Também se Levanta* e *Adeus às Armas,* de Ernest Hemingway. Tentou sintetizá-lo na sua cabeça. "A história de uma geração crescendo num país pobre e derrotado", ponderou. "Uma vida sem esperança no meio de um ambiente sórdido... Relações cínicas e sem romantismo com as mulheres. Então uma garota entra em cena. A luta continua, e assume por um tempo ares de esperança e glória; mesmo o pesar da garota afundando lhe dá alguma cor, mas depois a garota morre e o mundo supostamente fica de novo vazio e oco."[158]

Fitzgerald tentou arrumar uma maneira de traduzir o espírito do livro para a tela. "Nenhuma história... deve ser tirada de seu contexto e escrita como se tivesse ou pudesse ter acontecido na América, fora do tempo e do espaço", ele refletiu. Depois de ler o roteiro original, Fitzgerald ficou mais convencido ainda disso. O roteiro omitia o vazio do ambiente, a particularidade do cenário alemão. "É uma história admirável só se a gente consegue mostrar a desolação e o deserto de onde ela foi arrancada, suas dificuldades, sua rapidez, sua sorte", escreveu ele. "Essas são coisas que eu quero enfatizar ainda mais do que no livro, se possível."[159]

Na opinião de Fitzgerald, *Three Comrades* precisava refletir o ambiente externo – a situação política da Alemanha – com maior clareza. Como resultado, começou a escrever o segundo roteiro explicitamente antinazista de Hollywood. E trabalhou sob a supervisão do homem cujo irmão havia escrito o primeiro. Seu primeiro esboço completo, datado de 1º de setembro de 1937, desferia um ataque poderoso à ascensão do nazismo na Alemanha.[160]

O que veio em seguida foi um dos mais notórios embates de Hollywood com um grande escritor americano. Joseph Mankiewicz leu o roteiro de Fitzgerald e achou que precisava de muitas alterações. Contratou uma pessoa da MGM especializada em reescrever roteiros para fazer as correções, e ele mesmo escreveu alguns novos diálogos. Fitzgerald ficou furioso, mas Mankiewicz fez pé firme, dizendo que as mudanças eram necessárias. "Eu fui atacado pessoalmente, como se tivesse cuspido na bandeira, pelo fato de ter reescrito alguns diálogos de F. Scott Fitzgerald", ele relembrou. "Mas precisei fazer isso! Os atores, entre eles Margaret Sullavan, não conseguiam ler as falas. Ficou um diálogo literário demais, um diálogo de livro, que carecia de todas as qualidades exigidas de um diálogo para o cinema. Um diálogo para o cinema deve ser 'falado'. E Scott Fitzgerald na realidade escrevia diálogos que na hora de serem falados ficavam muito ruins."[161]

Após meses de revisões, o roteiro de *Three Comrades* continha uma mistura de material de Fitzgerald, Mankiewicz e de alguns outros roteiristas da MGM. Tinha pouca semelhança com o que Fitzgerald pretendera originalmente. Não obstante, os ataques contra os nazistas foram mantidos, e eram no mínimo ainda mais intensos do que antes, portanto, quando Joseph Breen leu o novo roteiro, entrou em pânico. Acabara de receber uma quarta advertência de Gyssling sobre *Three Comrades* e sabia exatamente do que o cônsul alemão era capaz. Portanto, escreveu a Louis B. Mayer nos termos mais fortes possíveis: "A adaptação para a tela sugere que teremos enormes dificuldades do ponto de vista dos negócios de distribuição de nossa companhia na Alemanha... Eu levanto a questão... de se a produção desse filme por nossa companha não irá resultar em consideráveis dificuldades na Europa para outras organizações de produção americanas".[162]

Mayer leu a carta de Breen e compreendeu o problema imediatamente. Segundo Budd Schulberg, eis o que aconteceu em seguida: "Quando eles tentaram fazer um filme, acho que era *Three Comrades*, havia alguns filmes que o Louis B. Mayer da MGM na verdade passara para o cônsul alemão nazista e se dispunha a cortar as coisas que o cônsul, que os nazistas, achavam objetáveis... Eu ouvia falar do jeito com que Louis Mayer se submetia, e ficamos perplexos quando soubemos, mas ele definitivamente estava agindo assim. Acho que o cônsul vinha até o estúdio e assistia aos filmes, e ficava dizendo 'sim, isso está bom', 'não, tire aquilo'. Era inacreditável".[163]

Pouco depois de alertar Mayer sobre os perigos de *Three Comrades*, Joseph Breen estava de posse de uma lista de mudanças que precisavam ser feitas no filme. Ele organizou uma reunião com Joseph Mankiewicz e quatro outros executivos da MGM, e discutiu o conteúdo da lista com eles.[164] É muito improvável que Breen tenha preparado ele mesmo a lista, pois tinha seu próprio conjunto de sugestões separado (relacionadas com sexo, linguagem rude etc.).[165] Quase com certeza, esse documento secreto, que continha dez mudanças inusuais, era a lista que Mayer havia compilado com Gyssling no final da projeção de *Three Comrades*, a que assistiram juntos.

Breen percorreu os itens da lista um por um. De acordo com o primeiro item, o filme agora tinha que ser situado alguns anos antes, no período de dois anos que se seguiu imediatamente ao fim da Primeira

Guerra Mundial. "Desse modo", disse Breen aos executivos da MGM, "a gente se livra de qualquer possível sugestão de que estejamos lidando com a violência ou o terrorismo nazistas".[166] Ele leu em voz alta as cenas que precisavam ser cortadas, e destacou que esses cortes podiam ser feitos sem interferir com o enredo romântico que era central no filme. Os executivos da MGM concordaram. Disseram que iriam datar a história em um tempo anterior, em 1920, e remover todas as referências aos nazistas e todas as imagens de suásticas e queima de livros.

Louis B. Mayer, presidente da MGM. *Copyright* © Getty Images.

Como se não bastasse, o segundo item da lista pedia que todos os ataques implícitos aos nazistas fossem também removidos. No início do filme, Lenz, o mais politizado dos três camaradas, expressa sua preferência por uma ideologia diferente. "Há outras coisas para se lutar – além de comida – além de paz", ele grita. "Democracia – liberdade – uma nova Alemanha! Será que não vale a pena lutar por *isso*?"[167] As instruções relativas a esses sentimentos expostos no filme eram claras: "vamos suprimir as referências a 'democracia' nas cenas 3, 31 e 75". De novo, os executivos da MGM concordaram.[168]

O estúdio tinha agora em mãos um filme quase pronto para ser distribuído no mercado mundial. Era necessário fazer só mais uma mudança. Voltando ao roteiro original de F. Scott Fitzgerald, nele os três camaradas haviam comprado um táxi bem barato, de um casal desesperado, e Lenz demonstrara compaixão por seu drama.

"Eu sei", Lenz diz ao casal enquanto lhes dá o dinheiro. "Sei que tudo isso vai servir para saldar dívidas. Mas é isso o que a Alemanha é hoje – o cadáver deteriorado, mofado, de um país!"

"Oh, não diga isso", o dono retruca. "Amo meu país. A mãe e eu demos nossos dois filhos à Alemanha – um deles morreu na Polônia, o outro no mar. Tudo bem. Não me queixo. E agora, se a Alemanha está pobre demais para poder alimentar a mim e à mãe *depois* da guerra – isso tampouco é problema... E vou lhe dizer por quê. Porque a Alemanha ainda é minha mãe-pátria. Ela ainda me protege, a mim e ao meu povo. Como vê – *eu* sou judeu".[169]

Depois de ler esse diálogo escrito por F. Scott Fitzgerald, Joseph Mankiewicz foi obrigado a dar ao eminente escritor uma aula de história. "Esqueça que você está escrevendo sobre um judeu", Mankiewicz disse. "Tem que ser um homem que não chame sua mulher de 'mãe'. Ele não deixou crescer a barba – nem deve falar como se tivesse uma. Não é cheio de autocomiseração."[170] Mankiewicz então ditou uma nova versão da fala, que acabou ficando assim: "Por favor, não fale desse jeito. Foi muito triste perder nossos filhos, é claro, mas foi pela mãe-pátria – foi por nosso país.... E vou lhe dizer por quê. Porque a Alemanha nos deu algo que jamais poderemos retribuir. Um lar. Paz – e segurança. Como vê – somos judeus".[171]

Como seria de esperar, essa cena foi incluída na lista de mudanças. "A fala 'Somos judeus'... será reescrita", Breen anunciou.[172] Os executivos concordaram, e os roteiristas acabaram chegando ao seguinte: "Por favor, não fale desse jeito. Foi muito triste perder nossos filhos, é claro, mas foi pela mãe-pátria – foi por nosso país... E vou lhe dizer por quê. Porque a Alemanha nos deu algo que jamais poderemos retribuir. Um lar – e segurança. Um país do qual podemos nos orgulhar – sempre".[173] A nova versão da fala, no entanto, não tinha mais o mesmo impacto, e no final ela simplesmente foi cortada do filme.

Depois que todas essas mudanças foram feitas, *Three Comrades* nem atacava os nazistas, nem mencionava os judeus. O filme fora completamente higienizado e o governo alemão não teria como se sentir ofendido por ele. Havia apenas mais uma sugestão na lista, lida em voz alta por Breen para os executivos da MGM, ao final da reunião: "Também seria bom que os comunistas fossem pintados como os 'malvados'. Se isso for feito, então parece-nos que várias das falas de Lenz... poderiam ficar do jeito que estão".[174]

A essa altura da reunião, Joseph Mankiewicz estourou. Ele bateu seu roteiro na mesa e saiu da sala, "ameaçando rasgar seu contrato se qualquer uma dessas coisas fosse feita".[175] Ele preferia cortar as falas de Lenz do que fazer com que refletissem exatamente a posição do Partido Nazista. Nesse aspecto, conseguiu o que queria. "No dia seguinte", lembrou ele, "entrei no refeitório, e Scott estava lá. Ele veio correndo me abraçar e me beijou".[176]

E assim, após uma reunião tensa, Joseph Breen havia conseguido implementar quase todas as mudanças da lista. Ele fez algumas rápidas anotações sobre o que havia conseguido. Colocou uma marca de "Ok" diante de sete dos dez itens, um ponto de interrogação ao lado de dois itens de menor importância e ao lado da sugestão sobre os comunistas escreveu "Não". Por fim, disse a Louis B. Mayer que praticamente todas as mudanças haviam sido feitas.[177]

Nos meses seguintes, o diretor Frank Borzage filmou a nova versão de *Three Comrades*. Em maio de 1938, Georg Gyssling foi convidado para a pré-estreia de novo, e dessa vez tinha apenas alguns pedidos triviais a fazer: queria que fosse eliminado um rufar de tambores numa cena de desfile e que uma cena contendo uma luta de socos fosse encurtada. A MGM fez como ele disse e então, finalmente, o filme foi lançado.[178]

Do ponto de vista de Gyssling, a remoção de todos os elementos ofensivos de *Three Comrades* foi o verdadeiro benefício gerado por seu comportamento desde o ano anterior. Reagira de modo tão dramático ao segundo filme da trilogia que agora conseguia impor sua posição no terceiro. E isso não era um feito pequeno, pois *Three Comrades* teria sido o primeiro filme explicitamente antinazista de um estúdio americano. Nesse momento crítico, quando uma grande produção de Hollywood poderia ter alertado o mundo para o que estava acontecendo na Alemanha, o diretor não teve a palavra final. Os nazistas tiveram.

Algumas semanas após a versão editada de *Three Comrades* chegar aos cinemas dos Estados Unidos, outra situação emergiu. Pela segunda vez em 1938, um roteiro antinazista chegava ao Escritório Hays.[179] O roteiro havia sido escrito por John Howard Lawson, um talentoso roteirista judeu, e era vagamente baseado nas memórias de Vincent Sheean, *Personal History* – um relato premiado sobre as experiências de um repórter americano no exterior.[180] O filme estava previsto para entrar em produção em nove dias sob a supervisão de Walter Wanger, da United Artists, e Henry Fonda havia sido escolhido para o papel principal.[181]

Enquanto Joseph Breen lia o roteiro de *Personal History*, seu último encontro com Gyssling ainda estava fresco em sua mente. Antes de chegar à metade, já estava muito preocupado. A história – aquela síntese final, que precisa ser registrada em todos os seus detalhes – era diferente de tudo o que ele já lera antes. Eis como se passava:

Um aluno de faculdade americano chamado Joe Sheridan vem questionando o valor da sua educação num mundo à beira da guerra. Ele larga a faculdade e arruma um emprego numa empresa de produção de noticiários, e quando está prestes a viajar para o seu primeiro trabalho na Espanha, apaixona-se por uma linda mulher chamada Miriam. Alguns meses mais tarde, Miriam fica sabendo que alguma coisa aconteceu com a mãe dela, e logo depois os dois estão em Berlim com o pai dela, dr. Bergemann, um médico mundialmente famoso.[182]

"Sua mãe se suicidou", diz o dr. Bergemann. "Porque eu sou judeu! E minha esposa não era! Você não sabe como o boicote social tem sido forte." O dr. Bergemann explica que sua esposa preferira morrer do que ceder aos nazistas. Ele se volta para a filha, que está chorando. "Não há vergonha nisso, Miriam. Quero que você se orgulhe – minha fé foi sempre orgulhosa de sua herança."

Miriam ergue os olhos lentamente. "Eu me orgulho, papai", diz ela.[183] No dia seguinte, outra crise. Uma mulher ariana de nome Viktoria von Rhein visita o dr. Bergemann e diz que está preocupada com sua saúde. O dr. Bergemann a examina e descobre que ela tem uma doença grave. A não ser que a opere imediatamente, ela irá morrer. Era estritamente proibido que um judeu operasse um ariano, diz ele, mas ele a conhece há anos, e se dispõe a correr o risco. Naquela noite, Joe vai à casa de Viktoria e pede que não crie quaisquer problemas para o doutor. Ela entende sua preocupação e concorda em não levar adiante a operação.

Depois de várias semanas em Berlim, Joe se torna francamente antinazista. Ele filma imagens da perseguição aos judeus e contrabandeia o filme para fora do país. Também concebe uma maneira de tirar crianças judias da Alemanha. A descrição da partida delas é comovente: "PLATAFORMA DA ESTAÇÃO FERROVIÁRIA DE BERLIM – À NOITE... Refugiados agrupados com famílias e bagagem na plataforma ao lado de um trem... Alguém na multidão começa a entoar uma canção judaica – os demais se juntam ao canto. Os pais que estão ficando despedem-se emocionados de seus filhos. O canto aumenta de volume. Ouvem-se gritos 'Shalom' e etc. da multidão... O canto de lamento, expressando o sentimento trágico e corajoso da raça, mistura-se ao crescente ruído do trem que parte".[184]

Depois de resgatar as crianças judias, Joe tem uma última coisa a fazer: quer levar Miriam de volta aos Estados Unidos. Ele a pede em casamento, ela aceita. Então, quando os dois estão prestes a se casar no consulado americano, Miriam é presa pela polícia secreta. A razão dada para a sua prisão é típica: ela é judia e passou tempo demais com Joe, que é considerado ariano. Joe recorre então ao único homem com algum poder que ele conhece, Herr von Rhein, o marido da mulher que precisa urgentemente de uma operação.

"Estou lhe pedindo para ajudar seus amigos", diz Joe.

"Os judeus não são meus amigos", Herr von Rhein responde. "Consideramos agora que os judeus não são parte do povo alemão."

"Isso é loucura", diz Joe.

"Isso é uma questão de opinião – acho que loucura é você vir aqui pedir que eu ajude um prisioneiro judeu. Não tenho nada a ver com isso."[185]

No final, Miriam é solta. Ela atravessa a fronteira com a Áustria, e se casa com Joe em Viena. No meio da comemoração, o dr. Bergemann recebe um telegrama urgente: Viktoria von Rhein está muito doente, e vem a Viena para ser operada imediatamente. Ela chega no dia 12 de março de 1938, o dia em que as tropas alemãs invadem a Áustria no início da *Anschluss*. Sua operação corre bem, mas ela ainda precisa de uma transfusão de sangue e a única pessoa que tem seu tipo de sangue é Miriam. O dr. Bergemann faz a transfusão, e só então os soldados alemães irrompem porta adentro.

"Esta mulher está muito doente", diz o dr. Bergemann a eles. "Vocês serão responsáveis pela vida dela."

"Ela é uma de vocês, judeu?", um oficial pergunta.

"Se ela não for, vocês sabem qual é a punição", outro oficial diz.

"Sim", responde o dr. Bergemann. "Posso lhe assegurar que corre sangue judeu pelas veias dela."[186]

Depois da operação, Herr von Rhein vê o erro de sua atitude. "Tentamos transformar ódio numa religião!", disse ele. "Esse é supostamente o maior momento na história do meu país – mas eu sei das coisas. Sei faz tempo, mas tive medo de falar!"

Herr von Rhein dá um conselho urgente a Joe: "Volte ao seu país", diz ele, "e espalhe o alerta".[187]

Joseph Breen deixou o roteiro sobre a mesa. Estava muito preocupado. Só havia deparado antes com um roteiro que fizesse um ataque tão direto à perseguição de Hitler contra os judeus: *The Mad Dog of Europe*. Georg Gyssling conseguira impedir a realização do filme, e desde então vinha tomando medidas duras contra filmes bem menos ameaçadores. Não era difícil imaginar o que faria ao saber deste. Tratava-se de um roteiro não só tão radical quanto *The Mad Dog of Europe*, mas muito mais bem escrito. Prendia a atenção e era original, pensou Breen, e teria o "resultado inevitável de despertar os sentimentos da plateia contra o presente regime alemão, na questão de como ele tratava os judeus".[188]

Breen convidou o produtor, Walter Wanger, a ir até o Escritório Hays. Disse-lhe que embora *Personal History* atendesse às exigências do Código de Produção, não tinha certeza se a política do setor deveria permitir que o filme fosse realizado. Prometeu consultar Will Hays sobre a questão e, nesse ínterim, sugeriu um grande número de mudanças que ajudariam a retratar os alemães de modo mais favorável.[189]

Breen então escreveu a Hays a respeito do caso. "O tema da história", escreveu, "teria que ser a conversão de um jovem universitário radical, inexperiente, que se afasta de suas ideias radicais em direção a uma crença entusiasmada nos ideais democráticos americanos. O herói abandona a faculdade... vai para a Europa, arruma emprego como câmera de noticiários, envolve-se, primeiro com a Guerra Civil Espanhola, e, mais importante, com a Alemanha nazista, onde ajuda a resgatar judeus que estão sendo perseguidos, e depois se apaixona por uma garota meio-judia, com a qual acaba casando".[190]

Enquanto Breen e Wanger aguardavam uma decisão de Hays, ambos ficavam cada vez mais impacientes. Breen escreveu a Hays de novo em 21 de junho, e mandou um telegrama em 22 de junho: "WANGER AGUARDA PRONUNCIAMENTO... PERSONAL HISTORY... FILME PROGRAMADO COMEÇAR SEGUNDA-FEIRA".[191]

Nesse meio-tempo, Wanger continuou com seus preparativos para o filme. Contratou Budd Schulberg para implementar todas as mudanças de Breen, e pediu a William Dieterle (que trabalhara em *The Life of Emile Zola*) para dirigi-lo. Então, em 29 de junho de 1938, Wanger anunciou que *Personal History* havia sido adiado indefinidamente. Ele citou como razão "problemas com elenco", e disse que o trabalho no filme seria retomado em algum momento futuro.[192]

Manteve sua palavra. Quase dois anos depois, em março de 1940, ele contratou Alfred Hitchcock para dirigir a nova versão de *Personal History*. Mandou o roteiro provisório para Breen, que retribuiu com uma carta tranquilizadora para Will Hays: "Vem à minha mente que talvez lhe seja útil saber que a história que está em suas mãos não tem a mais remota semelhança com aquela que nos preocupava há dois anos. É uma história nova, completa e totalmente diferente".[193]

Isso era verdade. *Personal History* agora tinha o título de *Foreign Correspondent* [Correspondente Estrangeiro]; era um típico filme de aventura ambientado em Londres; e não fazia nenhuma menção à perseguição de Hitler contra os judeus. Havia uma vaga similaridade, porém. No final do filme, o personagem principal fala ao microfone de uma sala escura e conta ao povo americano sobre a guerra: "Tenho visto parte do mundo sendo despedaçada... É a morte chegando a Londres. Sim, eles estão vindo para cá agora. Dá para ouvir as bombas caindo sobre as ruas e as casas... É tarde demais agora para fazer alguma coisa, exceto ficar no escuro e deixar que venham".[194]

Essa cena era uma das remanescentes do roteiro original de *Personal History*. No final daquele roteiro, o personagem principal (Joe) também ficava num quarto escuro e falava ao povo americano sobre a agressão alemã. Só que o que ele dizia era bem diferente. "Ah, não demorou muito. Em cinco horas estava tudo terminado, menos a gritaria. A liberdade da Áustria foi suprimida em cinco horas. Muitos não tiveram a sorte de escapar – médicos, advogados, professores cometeram suicídio, foram mortos, levados a campos de concentração."[195] E conforme ele falava, cenas chocantes de noticiário mostravam essas coisas na tela. Ao fugir, Joe conseguira tirar clandestinamente do país essas cenas filmadas e elas viraram parte de *Personal History*. Outro personagem olhava as cenas e sorria. "Sorte que eles não pegaram esse filme", disse ele.[196]

Mas estava equivocado. Eles pegaram.[197]

O ano de 1939 é lembrado com frequência como o melhor da história do cinema americano, o auge da "era de ouro" de Hollywood. Foi o ano em que os estúdios produziram alguns dos filmes mais celebrados de todos os tempos. Na opinião do crítico de cinema André Bazin, foi também o ano em que o cinema americano chegou perto do nível da arte clássica.[198] Mas mesmo com todas as realizações e glórias, ninguém lembra como 1939 começou.

No começo de janeiro, talvez até durante as celebrações de Ano Novo, um produtor da MGM chamado Lucien Hubbard encontrou uma cópia do velho roteiro de *It Can't Happen Here* e, ao lê-lo, percebeu o quanto havia sido oportuno. Hubbard fora muito criticado como produtor original, e pensou, *Por que não tentar fazê-lo de novo?* Hitler acabava de anexar a Tchecoslováquia na famosa conferência em Munique e em seguida lançou ataques aos judeus alemães durante a *Kristallnacht*. Uma versão cinematográfica de *It Can't Happen Here* parecia mais urgente do que nunca.

Hubbard tinha alguma experiência como escritor, e ao ler as primeiras versões da história descobriu que tinha apenas uma ressalva a fazer. "Tanto a novela de Sinclair Lewis quanto o roteiro de Sidney Howard foram escritos cedo demais para que pudessem nos esclarecer", pensou ele. "Tivemos três anos e mais um pouco para descobrir. Na novela e no roteiro, um monte de sádicos estúpidos está à solta, cometendo atos insensatos de crueldade. Eram bichos-papões saídos de pesadelos. Em vez disso, devemos fazer um claro retrato do horror calculado do fascismo atual."[199]

Hubbard propôs uma maneira simples de atualizar *It Can't Happen Here*. Enquanto Sidney Howard havia propositalmente restringido seu roteiro à América, Hubbard quis incluir os recentes desdobramentos na Alemanha. Introduziu um novo personagem, um ex-diplomata americano em Berlim, que sugeria todas as maneiras pelas quais os Estados Unidos poderiam imitar os nazistas. Ele também mudou o clímax, para que o ditador americano sugerisse uma aliança com a Alemanha, a Itália e o Japão – "uma divisão do mundo em quatro" –, como uma política externa adequada.[200]

Finalmente, Hubbard nunca ficara satisfeito com o final original de *It Can't Happen Here*. A imagem de Doremus Jessup lutando para restaurar a democracia na América era pessimista demais para o seu gosto. Em vez disso, achou ele, Doremus deveria vencer no final. "O filme deve dizer que existe algo no solo da América nutrido pelo sangue daqueles que deram a vida pela liberdade, e que não irá permitir que a tirania floresça", decidiu ele. "E é esse pensamento que deve tornar esse filme o mais comentado do ano... IT CAN'T HAPPEN HERE PODE SER A AMÉRICA FALANDO PARA O MUNDO."[201]

Durante mais de quatro meses, Hubbard refez o velho roteiro de Sidney Howard. Reescreveu as primeiras setenta páginas inteiramente e acrescentou a decisiva vitória no final. Ao terminar, havia praticamente esquartejado todo o trabalho original. O roteiro de Howard tinha um apelo universal: ele conseguira escrever uma espécie de parábola sobre a fragilidade do sistema democrático de governo. Já o roteiro de Hubbard era simplista e cru; e sua escrita, medíocre. Não obstante, ele ainda protestava contra o fascismo e, ao contrário de Howard, atacava especificamente os nazistas. Se a nova versão de *It Can't Happen Here* não era nem de longe tão boa quanto a antiga, ainda assim era capaz de causar grandes ofensas ao governo alemão.[202]

Em 7 de junho de 1939, Georg Gyssling conversou com seu contato na MGM – fosse ele quem fosse – e expressou preocupação com várias das produções programadas pelo estúdio. Uma delas era *Thunder Afloat* [Capitão Thorson], um filme sobre submarinos alemães da Primeira Guerra Mundial; a outra era *It Can't Happen Here*. O representante da MGM garantiu a Gyssling que *Thunder Afloat* não tinha nada de ofensivo ao governo alemão. Quanto a *It Can't Happen Here*, o representante da MGM não fez promessas.[203]

A essa altura, Gyssling perdera sua credibilidade em Hollywood. O Escritório Hays interrompera toda comunicação com ele e o diretor do Federal Bureau of Investigation [FBI], J. Edgar Hoover, considerava-o uma ameaça perigosa. "O atual cônsul em Los Angeles... é um nazista ardoroso e membro do Partido Nazista, em boas graças com o governo de Hitler", Hoover relatou. "Ele segue de bom grado as instruções de Berlim."[204] Nesse clima político em ebulição, uma versão para o cinema de *It Can't Happen Here* dificilmente seria uma empreitada subversiva; quando muito, iria apoiar a posição do governo americano. O Escritório Hays lera vários esboços do roteiro e achava que não havia problemas em relação ao Código de Produção.[205]

Não obstante, dois dias depois de Gyssling ter ligado, a MGM fez um anúncio surpreendente: de novo estava desistindo de fazer *It Can't Happen Here*.[206] Havia pouca controvérsia nessa época. A decisão quase não recebeu atenção da imprensa, e Sinclair Lewis não emitiu nenhuma declaração. Um porta-voz da MGM explicou simplesmente que os tempos não eram "propícios" para a realização do filme.[207]

Então, duas semanas mais tarde, um boato escandaloso começou a circular por Hollywood. Suspeitava-se que os editores de dez destacados jornais nazistas, incluindo o editor do *Völkischer Beobachter*, Carl Cranz, haviam sido recepcionados para uma "visita de boa vontade" a um dos grandes estúdios.[208] Visitas similares haviam sido organizadas num passado recente: em setembro de 1937, Vittorio Mussolini (filho de Benito) havia sido ciceroneado pelo produtor Hal Roach, e em dezembro de 1938, Leni Riefenstahl havia sido tratada com frieza por todos os grandes estúdios, exceto a Disney.[209] Desde esse último episódio, ninguém imaginava que um estúdio fosse abrir de novo as portas para algum nazista proeminente.

Depois de ouvir o boato sobre os editores de jornais, uma organização chamada Liga Antinazista de Hollywood mostrou profunda preocupação. O grupo era composto por atores, roteiristas e personalidades destacadas de Hollywood, e era uma das organizações antinazistas mais ativas do país. Desde que passara a existir em 1936, a Liga Antinazista de Hollywood havia feito vários protestos contra atividades fascistas na Alemanha e nos Estados Unidos. A organização, no entanto, não podia fazer filmes, e até aquele momento evitara fazer qualquer crítica às relações dos executivos de Hollywood com Georg Gyssling. A notícia sobre os editores nazistas levou a uma mudança na sua política.

A Liga Antinazista de Hollywood telefonou aos diversos estúdios e perguntou se os boatos tinham fundamento. Todos os estúdios negaram, exceto um: a Liga não conseguiu entrar em contato com Robert Vogel, o chefe do departamento internacional da MGM. Uma secretária explicou que o senhor Vogel estava "ocupado, porque tem recebido muitos visitantes". Por fim, depois de três dias, Vogel retornou a ligação e disse que os dez editores nazistas haviam de fato visitado o estúdio. Explicou que um diretor da MGM, Richard Rosson, havia sido preso na Alemanha enquanto rodava um filme. A visita ao estúdio havia sido arranjada "a pedido do cônsul alemão, dr. Georg Gyssling, que foi muito útil a nós no caso Rosson".[210]

"Essa era a rotina usual dos negócios", disse Vogel. "Lidávamos com jornalistas de 48 países e achávamos que devíamos lidar com esses do mesmo jeito como lidávamos com os demais."[211]

Nem todos concordavam. Harry Warner escreveu a várias pessoas que conhecia na MGM: "Eu simplesmente não consigo acreditar que nosso povo recepcionou essas pessoas que o mundo olha como assassinos de suas próprias famílias... Não estou escrevendo a Louis B. Mayer porque já lhe escrevi várias vezes sobre questões de caridade e ele nem se dignou a responder. Portanto, considero uma perda de tempo escrever para ele".[212] Um sociólogo americano chamado Henry Pratt Fairchild adotou abordagem diferente. Escreveu a Mayer diretamente a respeito dos dois eventos recentes e a Liga Antinazista de Hollywood reproduziu a carta em seu jornal semanal: "Honestamente, não entendemos sua posição nessa questão... Sua desistência de filmar *It Can't Happen Here* no meio da produção foi uma dupla surpresa, pois o senhor é não só uma personalidade destacada no nosso país, mas também um judeu. Acreditamos que a essa altura já está suficientemente provado que pessoas da sua raça são as primeiras a sentir a ira do fascismo, e quer isso seja protelado por seis meses ou um ano, dependendo da sua faixa de renda, essa ira, não obstante, recai sobre elas". Depois de apresentar esse argumento, que continha um leve traço de antissemitismo, Fairchild continuou: "Somos honestos em dizer que a completa desistência de fazer esse filme seria um golpe severo para as forças crescentes da democracia, e quando o anúncio apareceu na imprensa, ficamos inclinados a acreditar que talvez fosse alguma confusão da parte da sua companhia, mas a partir dessa data fomos informados de que o seu foi o único estúdio a recepcionar nove editores nazistas. Isso, acreditamos, é uma chocante indicação de sua possível atitude em relação a essa produção. Somos praticamente forçados a acreditar nos comentários do setor, de que vocês estão mais interessados numa conciliação com o nazismo do que em proteger o bem-estar de seu próprio país".[213]

Louis B. Mayer não mordeu a isca. Seu estúdio não fez qualquer comentário, e parecia que nada mais seria dito a respeito do assunto. No entanto, quando uma série de cartas similares de outras organizações começou a aparecer, um porta-voz anônimo da MGM concordou em dar uma única entrevista sobre os eventos recentes.

"Por que vocês abriram mão de fazer *It Can't Happen Here?*", perguntou o entrevistador.

"Abrimos mão de *It Can't Happen Here* porque achamos que não é politicamente propício", disse o representante da MGM.

"Politicamente propício? Bem, são duas palavras. O que significam?"

"Isso é tudo o que posso dizer. O estúdio decidiu que *It Can't Happen Here* não é politicamente propício."

"Quem decidiu que não era politicamente propício?"

"O senhor Mayer, o senhor Schenck, o senhor Katz e seis ou sete outros executivos."

"Os editores acharam *It Can't Happen Here* politicamente propício e publicaram o romance. O governo dos Estados Unidos achou que era politicamente propício e o transformou em peça de teatro. Em ambas as situações, o público achou *It Can't Happen Here* politicamente propício, e o transformou num romance *best-seller* e numa peça de sucesso.

Como é que seis ou sete homens em Culver City ignoraram essa opinião pública toda?"

"Não me cite tendo dito isso, mas minha opinião pessoal é que certos grupos protestaram."

"Que grupos?"

"Não sei."

"Vocês tinham US$ 200 mil investidos em *It Can't Happen Here*, certo?"

"Sim, pagamos US$ 75 mil ao Sinclair Lewis pelo livro..."

"Mas mesmo assim não ignoraram os protestos desse grupo, não é? É um grupo tão importante assim?"

"Ouça, nós queremos fazer o filme e é minha opinião pessoal que iremos fazê-lo."

"Quem sabe por que ele foi de fato cancelado?"

O representante da MGM já estava ficando cheio de todo aquele questionamento. Encarou o entrevistador e pouco antes de encerrar o encontro deu sua resposta: "O senhor Mayer sabe".[214]

$$6$$

LIGADO
COM TODA A EXPECTATIVA DE LUCRO PERDIDA, PODEMOS, POR FIM, FICAR JUSTAMENTE INDIGNADOS E ERGUER NOSSAS VOZES NUM PROTESTO CHOCADO, SEM QUAISQUER ARREPENDIMENTOS PECUNIÁRIOS[1]

NO INÍCIO DE 1939, HITLER ESTAVA HOSPEDADO EM SEU RETIRO PARTICULAR perto de Berchtesgaden. Faltavam alguns meses para ele completar cinquenta anos de idade. Em 5 de janeiro, teve um encontro decepcionante com o ministro do Exterior da Polônia, Joseph Beck.[2] Mais tarde naquele dia, reuniu-se com Joseph Goebbels. Os dois conversaram durante horas e relaxaram assistindo a um filme americano e trocando lembranças. No dia seguinte, discutiram a possibilidade da guerra. Haveria outra alternativa? Só o futuro poderia dizer. Assistiram a outro filme juntos e depois Hitler foi embora para cuidar de negócios importantes em Munique e Berlim.[3]

Em 8 de janeiro, Goebbels discutiu algumas "questões de cinema" com um de seus assistentes e, em 9 de janeiro, um funcionário do Ministério da Propaganda chamado Ernst von Leichtenstern fez um anúncio surpreendente aos editores dos principais jornais: "No futuro próximo, a projeção de filmes americanos na Alemanha será interrompida por ordem do Führer... As transações relativas a filmes entre a Alemanha e os Estados Unidos provavelmente serão encerradas definitivamente".[4] Von Leichtenstern enfatizou que o anúncio era estritamente confidencial e que a imprensa só estava sendo informada por ter havido muito alarde em torno de Hollywood nos últimos tempos. Segundo esse ponto de vista, disse ele, não deve haver menção a filmes americanos proibidos nos jornais e tampouco nenhuma publicidade sobre artistas de cinema americanos. "Por favor, não elogiem mais os filmes americanos", disse ele. "Em vez disso, passem a descrevê-los factualmente." Os editores precisavam preparar o público de uma maneira gradativa para a retirada dos filmes americanos das telas na Alemanha.[5]

Depois de fazer esse anúncio, von Leichtenstern ficou divagando sobre os problemas que os alemães haviam tido com os americanos nos estúdios de cinema. Falou sobre dinheiro – os americanos tinham muito e podiam se dar ao luxo de investir milhões de dólares em produções individuais – e sobre distribuição – os americanos exportavam seus filmes para o mundo inteiro enquanto os alemães dificilmente conseguiam vender seus filmes para os Estados Unidos. Disse que os filmes americanos estrelados por atores judeus nunca iriam ser exibidos na Alemanha, o mesmo ocorrendo com filmes estrelados por atores que tivessem participado de filmes de ódio. "As companhias americanas sabem de tudo isso, e a Fox já aceitou a maior parte de nossos pedidos", disse ele. "Mas não adianta. Agora iremos suprimir os filmes americanos."[6]

Poucos dias antes, von Leichtenstern havia informado o mesmo grupo de editores de jornais a respeito de outro desdobramento: o Ministério da Propaganda vinha recebendo relatórios regulares sobre a produção de dois novos filmes antinazistas em Hollywood.[7] O primeiro filme era uma "sátira desavergonhada" à ditadura, feita por Charlie Chaplin, com um enredo muito ofensivo: "A piada desse filme é que Chaplin, o 'pequeno grande judeu', é confundido (!) com o Führer (!) pelos guardas e assim acaba assumindo o cargo de Adolf Hitler (!)".[8] O segundo era um filme de "espionagem nazista" da Warner Brothers, que levara Georg Gyssling a perguntar ao Escritório Hays "se essa empresa tinha realmente a intenção de fazer um filme como esse".[9]

É claro, várias pessoas em Hollywood vinham tentando fazer filmes antinazistas desde 1933 e Gyssling se envolvera mais do que ninguém na supressão desses filmes. Mas, como Ernst von Leichtenstern explicou, havia uma grande diferença nesses dois casos. Nas suas palavras: "Até agora, tomei medidas contra a produção de filmes de ódio americanos apenas quando contei com uma chance real de sucesso, e não corria o risco de fazermos papel de bobos nesse processo. Temos chance de sucesso apenas quando o filme está sendo produzido por um estúdio americano que ainda tenha negócios na Alemanha, ou seja, Fox, Metro--Goldwyn-Mayer e Paramount. Nesses casos, posso ameaçar represálias na Alemanha; ameaçar represálias contra as outras empresas americanas seria absurdo, porque não teriam efeito, especialmente porque os estúdios puramente judeus – Universal, Warner Brothers – com certeza ficariam felizes se seus concorrentes sofressem revides na Alemanha".[10] Von Leichtenstern estava obviamente se referindo ao Artigo Quinze da lei alemã de cinema, que estipulava que se um estúdio fizesse um filme antigermânico, então todas as suas produções seriam banidas do mercado alemão. Estava dizendo que, nesse período, o Artigo Quinze só seria aplicável a um número limitado de estúdios americanos.

Nem a United Artists, companhia que distribuía os filmes de Chaplin, nem a Warner Brothers, companhia que produzira o filme sobre espionagem nazista, tinham qualquer investimento no mercado alemão. A United Artists havia sido banida da Alemanha em 1933 e a Warner Brothers, em 1934. Essas duas companhias não tinham nada a perder fazendo filmes antinazistas e poderiam até ganhar algo, portanto von Leichtenstern ordenou aos editores de jornais que procedessem com muita cautela: "Seria algo supérfluo atacar esses planos de filmagem na imprensa porque então estaríamos dignificando coisas que têm por base principalmente boatos. Considero adequado manter silêncio até que um desses filmes seja realmente concluído".[11]

A razão do boicote a filmes americanos na Alemanha foi, portanto, clara: depois de anos de negociações relativamente pacíficas, o sistema de colaboração montado em 1933 finalmente se desintegrava. Dois estúdios que não tinham investimentos financeiros na Alemanha haviam começado a fazer filmes antinazistas. Como resposta, von Leichtenstern recomendou uma política de absoluto silêncio. Hitler, no entanto, adotou uma abordagem diferente.

Em 30 de janeiro de 1939, no sexto aniversário da chegada dos nazistas ao poder na Alemanha, Hitler discursou no Reichstag e fez uma profecia terrível: "Se o judaísmo financeiro internacional dentro e fora da

Europa conseguir mergulhar as nações uma vez mais numa guerra mundial, o resultado não será a bolchevização da Terra e, portanto, a vitória do judaísmo, mas a aniquilação da raça judaica na Europa!".[12] Esse discurso é citado com frequência como o primeiro sinal do surgimento de uma mentalidade genocida em Hitler, mas foi também algo mais. Poucos minutos depois desse pronunciamento, Hitler estendeu sua ameaça além: "E o anúncio de companhias cinematográficas americanas de que têm intenção de produzir filmes antinazistas, ou seja, antialemães, apenas fará com que nossos produtores alemães criem filmes antissemitas no futuro".[13]

Durante seis anos, Hitler evitara fazer pronunciamentos oficiais sobre Hollywood. Ele permitiu que os estúdios americanos distribuíssem seus produtos na Alemanha, e poucas vezes comentou algo sobre os filmes a que assistia tão avidamente em sua vida diária. Em seu discurso de 30 de janeiro de 1939, tudo isso havia mudado. Em vez de ignorar os últimos boatos sobre Hollywood, ele sinalizava que estava levando-os tão a sério quanto a possibilidade de agressões físicas contra a Alemanha. E ameaçou os estúdios americanos do mesmo modo e quase com o mesmo fôlego com que ameaçara o povo judeu.

Suas palavras não passaram em branco na imprensa alemã. Vários comentaristas perceberam que Hitler havia apontado o dedo para Hollywood em seu discurso e alguns críticos de cinema refletiram sobre suas palavras. O artigo mais sagaz tinha por título: "Filmes de Ódio nos Estados Unidos: A Advertência do Führer Será Levada em Conta?" O autor desse artigo assinalava que, ao contrário da palavra escrita e mesmo da fotografia, o cinema possuía um poderoso efeito de realidade que os americanos haviam utilizado contra a Alemanha desde a Primeira Guerra Mundial. Eles haviam feito filmes depreciativos, críveis, como *The Kaiser, The Beast of Berlin*, e quando as hostilidades se encerraram, lançaram uma série de filmes sobre espionagem alemã e, é claro, *All Quiet on the Western Front*. Desde 1933, esse crítico admitia, os estúdios de Hollywood haviam se comportado relativamente bem ao tratarem da Alemanha. Não obstante, vinha aumentando a demanda por filmes antinazistas, e dois projetos em particular – um filme sobre espionagem nazista da Warner Brothers e uma caricatura da ditadura feita por Charles

Chaplin – eram muito preocupantes. A advertência de Hitler havia sido alta e clara, mas era incerto se os estúdios de Hollywood iriam ouvi-la: "Só o tempo dirá o quanto os Estados Unidos podem e irão levar adiante esse ódio cinematográfico à Alemanha... Os preparativos e os primeiros relatos nos levam a suspeitar do pior".[14]

Do outro lado do globo, as relações entre os diversos estúdios americanos ficavam cada vez mais tensas. A Warner Brothers começara a trabalhar no seu filme antinazista e não parecia muito preocupada com quaisquer dificuldades que seus concorrentes pudessem ter na Alemanha como resultado disso. Charlie Chaplin, por sua vez, estava repensando as coisas. Segundo notícias de jornal, decidira engavetar sua paródia de Hitler. Talvez sentisse que o tratamento dos judeus na Alemanha era tão horrendo que a questão da ditadura não pudesse mais ser tratada comicamente.[15]

O anúncio da decisão de Chaplin foi recebido em Hollywood com uma mistura de alívio e decepção. Para os estúdios que ainda tinham negócios na Alemanha, a fase era de oportunidades. O gerente de assuntos estrangeiros da Paramount – o único estúdio que nunca sequer cogitara fazer um filme antinazista e, portanto, nunca tivera problemas com Georg Gyssling na década de 1930 – tomou a surpreendente medida de escrever ao Escritório Hays para expressar preocupação com o último empreendimento da Warner Brothers: "Acho que o grande erro que os Warners estão cometendo nessa questão é não terem considerado a atitude de Charlie Chaplin de desistir de seu plano de produzir uma paródia de Hitler... Tenho certeza que se o filme [deles] for feito e for de algum modo descortês para com a Alemanha, como deverá ser se for produzido com honestidade, então os Warners terão em suas mãos o sangue de muitos judeus na Alemanha".[16]

Enquanto a Paramount fazia declarações como essa (e continuava com seus negócios na Alemanha), Jack Warner esforçava-se na direção oposta. Ele foi conversar com Franklin D. Roosevelt que, de modo um pouco surpreendente, trouxe à tona a questão de Chaplin ter desistido de fazer o filme sobre Hitler. Roosevelt disse que esperava que o filme ainda pudesse ser visto. Warner, é claro, adorou ouvir a opinião de Roosevelt sobre o assunto, e escreveu imediatamente para Chaplin: "Eu [...]

garanti ao presidente que você não planejava desistir de fazer o filme [...] Lembro de você ter me dito [...] que ia levar o filme adiante, e espero que o faça, Charlie, pois se o presidente do nosso país tem interesse em que você faça o filme, ele com certeza tem méritos".[17]

Ao receber a carta, Chaplin fez uma declaração oficial na qual negava ter alguma vez pensado em cancelar o projeto. Ia levá-lo adiante, e "não estava preocupado com intimidações, censura ou qualquer outra coisa".[18] O único problema é que Chaplin era um perfeccionista, e precisaria de mais de um ano e meio para concluir o filme. A Warner Brothers não estava sozinha em seus esforços, mas seu cronograma era bem mais apertado que o de Chaplin, e acabaria ganhando o crédito de ser o primeiro grande estúdio a romper a paz com Hitler.

A ideia de fazer seu filme sobre espionagem veio de uma das histórias mais sensacionais que chegara aos jornais americanos no ano anterior. De maio de 1936 a fevereiro de 1938, um desertor do exército americano chamado Günther Rumrich havia realizado investigações para a Abwehr (a agência militar de inteligência alemã) da casa, em Nova York. Ele conseguira adquirir o Z-Code — o sinal usado pelo exército americano para transmitir mensagens dos navios à costa — e havia sido pego na tentativa de obter cinquenta passaportes em branco e os planos de mobilização do exército para o litoral leste. O interrogatório a que foi submetido posteriormente por um agente especial do FBI, Leon G. Turrou, levou à prisão de uma rede de espionagem nazista que operava nos Estados Unidos.[19]

Em 20 de junho de 1938, o dia em que dezoito indivíduos foram indiciados por um tribunal de Nova York por espionagem, Turrou demitiu-se do FBI e três dias depois vendia os direitos cinematográficos de sua história à Warner Brothers.[20] O estúdio começou a trabalhar num roteiro, e quando o julgamento foi concluído no final do ano, uma versão dele foi enviada ao Escritório Hays para exame. Como seria de esperar, Joseph Breen ficou muito preocupado. Ele lera a carta de protesto da Paramount e entendeu que um filme controverso da Warner Brothers poderia pôr em risco os negócios de outros estúdios que ainda vendiam filmes na Alemanha. Mesmo assim, depois de examinar o roteiro, foi obrigado a admitir que o filme estava tecnicamente dentro do estipulado pelo Código de Produção: retratava a Alemanha de maneira "honesta" e "justa", pois contava uma história de espionagem que não só havia sido comprovada por um tribunal, mas que também era de conhecimento geral nos Estados Unidos.[21] Além disso, a Warner Brothers prometera contar com "auxílio, assistência e cooperação indiretos, quando não diretos" de certas autoridades importantes do governo.[22] Sem muita discussão, Breen emitiu um certificado de aprovação para o projeto, agora intitulado *Confessions of a Nazi Spy* [Confissões de um Espião Nazista].[23]

A produção de fato do filme, iniciada em 1º de fevereiro de 1939, não transcorreu de maneira igualmente fluente. A Warner Brothers foi obrigada a imprimir apenas um número limitado de roteiros porque Georg Gyssling e o German American Bund estavam tentando desesperadamente pôr as mãos nele. Pessoas que trabalhavam no estúdio receberam ligações intimidadoras e os atores, ameaças de morte. Quando a filmagem começou, guardas de segurança foram contratados para evitar que pessoas não autorizadas entrassem nos hangares de filmagem. No mínimo, o estúdio se beneficiou do envio à imprensa de fotos sobre as medidas de segurança tomadas, o que gerou publicidade.[24]

Após apenas seis semanas de produção, a Warner Brothers concluía o primeiro grande filme antinazista. Os nomes dos personagens haviam sido mudados, mas em todos os demais aspectos, *Confessions of a Nazi Spy* revelou-se um relato notavelmente fiel dos eventos que haviam ocorrido em Nova York. O filme também não hesitava em pegar pesado, retratando todos os nazistas – fossem eles espiões ou membros do German American Bund – como fanáticos radicais que recebiam ordens diretas de Berlim. Os cidadãos americanos foram incentivados a exercer estrita vigilância e resistir a essa perversa ameaça à forma de governo democrática.[25]

Confessions of a Nazi Spy foi lançado em 6 de maio de 1939, e os nazistas e simpatizantes tiveram uma reação violenta. Cinemas foram vandalizados, críticos de cinema do Meio-Oeste foram pressionados a escrever resenhas negativas e Hollywood foi denunciada como uma conspiração judaica. O German American Bund entrou com mandado judicial contra o filme e processou a Warner Brothers por difamação.[26]

Hans Thomsen, chefe interino da Embaixada Alemã em Washington, DC, apresentou uma queixa oficial ao Departamento de Estado, e o Ministério do Exterior alemão conseguiu proibir o filme em mais de vinte países ao redor do mundo.[27]

No entanto, apesar de todo o drama e segredo, *Confessions of a Nazi Spy* não era de modo algum um grande filme. A Warner Brothers declarou ter gastado mais de US$ 1,5 milhão nele, mas o valor real foi de US$ 656 mil.[28] *Confessions of a Nazi Spy* era um filme B óbvio, com personagens alemães exagerados, um narrador grotesco e um roteiro ingênuo. Ao contrário das produções abandonadas no passado, não levantava questões importantes como a perseguição aos judeus (*The Mad Dog of Europe, Personal History*) ou as tendências fascistas da vida americana (*It Can't Happen Here*). Era apenas uma história estereotipada de espionagem, com os nazistas no papel de vilões. Muitos resenhistas ressaltaram a precariedade da produção e lamentaram que a Warner Brothers não tivesse situado sua batalha num nível mais elevado. "Hitler não vai gostar dele; nem Goebbels", comentou o *New York Times*. "Na verdade, nós tampouco tivemos uma impressão muito favorável."[29]

O *New York Times* equivocou-se a respeito de um detalhe. Uma cópia acabou nas mãos do Ministério da Propaganda e uma noite Goebbels assistiu ao filme. Depois de uns 35 minutos de projeção, ele viu uma versão ficcional dele retratada na tela. O personagem dava instruções ao chefe do German American Bund sobre como divulgar a propaganda nazista nos Estados Unidos: "Deve haver uma sutil mudança nos nossos métodos. A partir de agora, o nacional-socialismo nos Estados Unidos deve se vestir com a bandeira americana. Deve parecer uma defesa do americanismo. Mas ao mesmo tempo nosso objetivo deve sempre ser desacreditar as condições vigentes nos Estados Unidos e, desse modo, tornar a vida na Alemanha admirada e desejável... No caos que irá se seguir, seremos capazes de assumir o controle".

Goebbels ficou impressionado ao se ver num filme de Hollywood. Sua versão ficcional havia feito uma aparição de apenas dois minutos, mas Goebbels não conseguiu evitar de exagerar seu papel ao registrar isso no seu diário. "Eu mesmo tenho um papel principal e não é um papel particularmente desagradável", escreveu, "mas por outro lado não considero o filme de fato perigoso. Ele desperta medo nos nossos inimigos, mais do que raiva e ódio".[30]

Até mesmo Goebbels reconheceu que *Confessions of a Nazi Spy* não era nada que merecesse tomar quaisquer atitudes. Infelizmente para a Warner Brothers, a verdade é que a produção não ficara à altura da controvérsia que a cercava.[31] As resenhas, é claro, foram enfáticas. "Hollywood declara guerra aos nazistas", era uma manchete típica. "Esse filme inicia a guerra."[32] Mas o mundo continuou em paz depois que a Warner Brothers lançou *Confessions of a Nazi Spy*, e os outros estúdios americanos não chegaram a notar nenhuma grande mudança nas condições de seus negócios na Alemanha. Se algo mudou, foi que sua situação melhorou um pouco. Os exibidores alemães indicaram que os filmes americanos ainda eram necessários, e o próprio Goebbels estava repensando a nova política de Hitler. "Será que devemos mesmo boicotar os filmes americanos?", questionou-se. "Eu mesmo não tenho muita certeza."[33]

Sob essas circunstâncias, os três estúdios restantes conseguiram prosseguir com suas atividades de negócios normais. Continuaram vendendo seus filmes na Alemanha e não se engajaram em ataques aos nazistas. Quando perguntaram a um executivo da Twentieth Century-Fox, Walter J. Hutchinson, se as companhias estavam caindo fora, ele respondeu: "Nunca ouvi falar nisso. Ficaremos na Alemanha desde que seja possível fazer negócios ali". Outro executivo, da Paramount, concordou: "É meramente algo lógico para nós continuarmos a fazer negócios onde isso seja lucrativo, é uma obrigação que temos com nossos acionistas". A postura oficial do maior de todos os estúdios era também a mesma: "A MGM fará filmes sem se preocupar com política e tendo em mente apenas a bilheteria e o entretenimento".[34]

E assim, no verão de 1939, os filmes de Hollywood ainda eram exibidos nos cinemas lotados de toda a Alemanha. Somente em julho e agosto, cinco novos longas-metragens americanos estrearam em Berlim.[35] Depois, em 1º de setembro, aconteceu algo que foi muito mais significativo do que o lançamento de um filme como *Confessions of a Nazi Spy*. Tropas alemãs invadiram a Polônia e a Segunda Guerra Mundial teve início.

Em poucas semanas, Grã-Bretanha, França e União Soviética estavam todas enredadas no conflito. Os Estados Unidos, no entanto, permaneceram neutros, e o Ministério da Propaganda estava decidido a permitir que os filmes americanos fossem exibidos sem embaraços na Alemanha, desde que continuassem com essa posição.[36] Will Hays fez sua parte emitindo uma declaração em nome da indústria cinematográfica americana: "Não haverá um ciclo de filmes 'de ódio'. O propósito básico dos [...] filmes é entreter".[37] O sistema de colaboração, portanto, ainda vigorava. Os estúdios americanos continuaram a atender os caprichos do regime nazista de múltiplas formas. A MGM, que já estava financiando a produção de armamentos alemães, agora doava onze de seus filmes mais populares, incluindo *After the Thin Man* [A Comédia dos Acusados] e *Viva Villa*, para o governo alemão, para ajudar nos esforços de assistência a países em guerra.[38]

Em geral, os filmes americanos eram bem recebidos na Alemanha nessa época. Três musicais da MGM fizeram imenso sucesso: *Rose-Marie* ficou 42 dias em cartaz em Berlim, *Broadway Serenade* [Serenata na Broadway] foi exibido por 56 dias, e *Honolulu* por 69.[39] E em outubro de 1939, justamente quando os primeiros noticiários sobre as campanhas bem-sucedidas contra a Polônia chegavam às telas da Alemanha, um filme de Clark Gable chamado *Too Hot to Handle* [Sob o Céu dos Trópicos] – que satirizava o negócio dos noticiários nos Estados Unidos – iniciava uma temporada de 35 dias. As plateias primeiro aplaudiam o exército alemão vendo o filme real do noticiário e depois assistiam ao que percebiam como "uma sequência": "um grande enredo envolvendo um repórter de noticiário – uma espécie de vigarista com um grande coração – nas florestas sul-americanas [...] E aconteciam tantas coisas malucas que no final a plateia da Marmorhaus não conseguia parar mais de rir".[40]

Mas conforme a guerra continuava, sérias dúvidas começaram a surgir na cabeça dos executivos de estúdio de Hollywood. Embora alguns de seus filmes ainda estivessem sendo exibidos na Alemanha, as hostilidades reduziam drasticamente seus negócios, bem mais significativos na Inglaterra e na França. Esse foi um desdobramento devastador. A Twentieth Century-Fox estimou seu rendimento médio semanal nos países europeus antes da guerra como segue: Inglaterra, US$ 200 mil;

França, US$ 50 mil; Alemanha, entre US$ 28 mil e US$ 30 mil. Com a perda da maior parte dessa renda, os executivos de estúdio foram forçados a tomar medidas desesperadas. Na Twentieth Century-Fox, MGM, Paramount e Warner Brothers, centenas de funcionários foram demitidos; na Columbia Pictures, Harry e Jack Cohn assumiram voluntariamente reduções de salário de 33%; e vários produtores e membros de equipe consultiva da sua diretoria tiveram cortes que iam de 10 a 50%".[41]

Logo, os chefes dos estúdios estavam reconsiderando suas opções. Começaram a pensar em termos similares àqueles estabelecidos por Wiliam C. DeMille (o irmão do diretor) um ano antes: "Ao acabar com a venda de filmes americanos na maior parte da Europa, o senhor Hitler, auxiliado pelos líderes de vários outros Estados totalitários, finalmente removeu essa oportunidade de ganho comercial que está tão próxima do coração da cortesia internacional. Com toda a expectativa de lucro perdida, podemos, por fim, ficar justamente indignados e erguer nossas vozes num protesto chocado, sem quaisquer arrependimentos pecuniários".[42] DeMille havia feito essa declaração prematuramente, quando a Warner Brothers trabalhava em *Confessions of a Nazi Spy*. Suas palavras eram muito mais relevantes agora. Hitler cortara pela metade a receita de Hollywood no exterior – não por proibir os filmes americanos, mas por iniciar a guerra que estava tendo forte impacto na distribuição europeia – e os chefes de estúdio então mudaram de opinião. Conforme a guerra ganhava corpo na Europa, uma ideia comercialmente viável começou a tomar forma em suas mentes.

É claro que não havia nada que pudessem fazer a respeito da situação na Europa. Eram obrigados a aceitar que seus mercados tinham sido severamente danificados, mas a Segunda Guerra Mundial pelo menos era promissora num aspecto: constituía um assunto fabuloso para futuras produções. Embora os chefes de estúdio tivessem evitado criticar os nazistas em tempos de paz por estarem preocupados com o mercado alemão, agora tinham em mãos um item tão promissor que o mercado alemão começava a parecer insignificante na comparação. Não tencionavam sair da Alemanha. Simplesmente mudaram as prioridades. Nas palavras de um repórter, a ideia era "insinuar-se na pauta de produção, apesar dos gritos de críticos reacionários, cuja alegação era que o único conteúdo de um filme deveria ser entretenimento 'escapista'".[43]

A mudança ocorreu aos poucos. No início de 1940, dois dos estúdios que ainda faziam negócios na Alemanha – a Twentieth Century-Fox e a MGM – embarcaram em seus primeiros filmes antinazistas. Os chefes de estúdio, que estavam rompendo com uma política em vigor por quase uma década, buscaram supervisionar cada aspecto do processo de produção. Quando Darryl Zanuck, por exemplo, leu um primeiro esboço do filme antinazista da Twentieth Century-Fox, *Four Sons* [Quatro Filhos], reuniu seus roteiristas e anunciou sua reação: "falando em termos gerais, o senhor Zanuck gosta muito da maneira com que o senhor Lawson lidou com a história. No entanto, há um grande erro que devemos corrigir, qual seja: nossa história pessoal tem sido submergida para dar destaque ao andamento dos eventos. Isso deve ser invertido... O senhor Zanuck mencionou o Espião Nazista como um caso em evidência, em que a história tratava de um *problema* e, portanto, os valores de entretenimento sofreram com isso e o filme não conseguiu fazer sucesso".[44]

Zanuck continuou: "O nome de Hitler deve ser mencionado uma única vez – na primeira parte da história. Quando alguém se perguntar do que trata a história, ou qual é ela, será informado: 'Ah, tem um cara que se chama Hitler que está fazendo isso e aquilo'. E daí em diante, o nome de Hitler deve ser deixado de fora, embora a gente faça tudo em conexão com as atividades nazistas, do jeito que vocês estão fazendo".[45]

Four Sons era um filme relativamente menor, ambientado na Tchecoslováquia, que ignorava os perigos específicos do nazismo.[46] Ele incomodava muito Georg Gyssling, que começou um "escarcéu" com o estúdio, mas sem muito resultado.[47] Nesse ínterim, porém, um filme muito mais importante estava em andamento na MGM. Alguns executivos desse estúdio finalmente foram obrigados a enfrentar uma questão que vinham evitando desde que Hitler assumira o poder na Alemanha.

A ideia do filme foi sugerida por um obscuro funcionário da MGM que lera o romance *best-seller* de Phyllis Bottome, *The Mortal Storm* [Tempestades d'Alma], publicado nos Estados Unidos em 1938.[48] Esse funcionário ficara profundamente comovido com a história e enviou um memorando persuasivo ao departamento de produção do estúdio: "Esse não é um livro de propaganda, mas um retrato fiel da situação na Alemanha nazista... Se for feito um filme sobre esse assunto controvertido, esse é o livro recomendado, pois, além da política de que trata, conta uma grande história".[49]

A MGM rapidamente comprou os direitos para o cinema de *The Mortal Storm*, e quatro escritores – Anderson Ellis, George Froeschel, John Goulder e Claudine West – puseram-se a adaptá-lo para a tela. Eles trabalharam duro para transmitir o conceito central do romance, de uma família alemã dilacerada pela ascensão do nazismo. Eis a estrutura sugerida por eles:

Em 30 de janeiro de 1933, numa pequena cidade universitária da Alemanha, uma família feliz está reunida para jantar. A família consiste no professor Roth, um famoso cientista judeu; Emilia Roth, sua esposa não judia; Freya e Rudi, seus filhos; e dois filhos de um primeiro casamento de Emilia, chamados Otto e Erich von Rohn. Enquanto fazem a refeição, um dos criados entra de repente na sala e anuncia que Adolf Hitler foi nomeado chanceler da Alemanha.

Então tudo se desintegra. Otto e Erich tornam-se nazistas fanáticos e entram para a SA. O professor Roth é levado a um campo de concentração, onde morre em circunstâncias misteriosas. Sua esposa foge para a Áustria com Rudi, e sua filha é morta ao tentar fugir no final da história.[50]

Esse enredo dramático representava uma guinada radical na política anterior de Hollywood em relação à Alemanha nazista. Desde 1933, os diversos estúdios haviam feito votos de não atacar os nazistas nem defender os judeus em seus filmes. Com a súbita perda da receita da Europa, os estúdios começaram a repensar a primeira parte de sua política; agora estavam sendo forçados a repensar a segunda. O roteiro de *The Mortal Storm* trazia de volta um personagem judeu ao cinema americano de uma maneira dramática; e numa cena particular – tirada diretamente do livro – ele fazia ainda mais.

A cena começava assim: uma tarde, Rudi chega em casa vindo da escola e diz à mãe e à irmã que estava tendo problemas com seus amigos. Um garoto se recusara a sentar perto dele na sala de aula e alguns outros haviam-lhe atirado pedras. No final do dia, o diretor da escola lhe dera um formulário que seu pai deveria preencher. O formulário tinha por título "Prova de Descendência Ariana", e terminava com a pergunta: "porcentagem de sangue judeu".[51]

A sua irmã entende logo o que está acontecendo. Apenas alguns dias antes, ela usara um termo estranho para descrever seu pai – "não ariano" – e agora estava começando a ver que o termo se aplicava a ela e Rudi também. No entanto, não disse nada, para que Rudi decidisse levantar a questão com seu pai.[52]

"Eu não sou judeu, sou, pai?", Rudi pergunta. "A mãe não é, nem o Otto, nem o Erich."

"Você está certo, eles não são", responde o professor Roth. "Mas, Rudi, eu sou."

"Eu sei disso, pai", Rudi respondeu com impaciência. "Mas isso não faz nenhuma diferença para mim, faz?"

"Faz, sim, Rudi... Desde que o novo governo assumiu o poder, não se trata mais de uma questão de fé, é uma questão racial."

"O que quer dizer isso?"

"Quer dizer que não importa a sua religião, se você tem alguma porcentagem de sangue judeu, o governo considera você da raça judia."

"Quer dizer que... eu *sou* judeu?"

"Do ponto de vista deles, sim."[53]

Uma expressão de horror toma conta do rosto de Rudi. O professor Roth entende o que Rudi sente e decide falar ao filho sobre suas origens. "Eu tenho orgulho de ser judeu", diz ele. "Tenho orgulho de pertencer à raça que deu à Europa sua religião e sua lei moral – boa parte de sua ciência, também –, e muitos de seus gênios, na arte, na literatura e na música. Mendelssohn era judeu, e Rubinstein. E o grande estadista inglês, Disraeli, era judeu, e também nosso poeta Heine, que escreveu 'Lorelei'."[54]

Mas Rudi não está convencido, e implora: "Pai, temos *mesmo* que colocar isso no formulário?"[55]

O professor Roth olha para o filho com compaixão. "As coisas não vão ser fáceis para você, filho", ele responde, "mas saber que você está certo já é metade da batalha ganha. Nossa raça tem... sobrevivido a perseguições. Se Deus quiser, iremos sobreviver à injustiça e à crueldade desses dias desconcertantes. Quando você é pego numa tempestade, tem que dançar ao sabor dela, mas você não deve sentir vergonha ou medo".

Após um breve silêncio, Rudi ergue a cabeça e diz: "eu não estou com medo – agora".

"Eu sei que posso confiar em você e sentir orgulho de você", diz o professor Roth. "Você tem dons e qualidades do *meu* povo – seja fiel a elas... Agora, primeiro o nome – Rudolph Ulrich Roth." Depois, segundo o roteiro, "Ele começa a escrever – a câmera faz uma tomada em *close* de Rudi –, ergue o olhar para o futuro sombrio, primeiro confuso, depois com lábios apertados e olhos desafiadores, enquanto a cena faz um *fade out*".[56]

No início de fevereiro de 1940, pouco antes de *The Mortal Storm* entrar em produção, uma versão do roteiro foi enviada a Phyllis Bottome, que escrevera o romance. Bottome ficou muito impressionada com o que leu, mas tinha algumas preocupações, então escreveu ao produtor, Sidney Franklin.

"Eu não colocaria na boca de Freya a expressão: 'não ariano' em vez de 'judeu'", escreveu ela. "Nos primeiros dias do regime de Hitler, quando a história tem lugar, a palavra 'judeu' era sempre usada por judeus orgulhosos de si mesmos e que nutriam autorrespeito... Freya teria erguido a cabeça e dito com orgulho... 'Meu pai é judeu!'."

A seguir, Bottome passou para a cena pai-filho. "Rudi é um garoto alemão", disse ela, "e é uma pena não mostrá-lo desde o início como bem mais orgulhoso do seu pai e leal a ele do que ansioso para escapar de suas origens judaicas. Ele nunca teria *implorado* para não ser judeu". Bottome enfatizou que essa questão do orgulho judeu era "o ponto crucial do livro e o ponto crucial do mundo hoje".[57]

Enquanto isso, seguindo a prática normal, a MGM enviou cada nova versão do roteiro ao Escritório Hays para exame. Joseph Breen leu um total de dezesseis roteiros ao longo de oito meses, incluindo treze roteiros enquanto o filme estava em produção. Nesse período, Breen não ouviu uma palavra sequer de protesto do cônsul alemão, e ele mesmo tampouco escreveu ao estúdio para fazer quaisquer objeções de sua parte. Simplesmente aprovou um filme no qual o personagem principal expressava orgulho por ser judeu.[58]

As filmagens foram feitas nos dois meses seguintes e houve apenas uma interrupção. Segundo Sidney Franklin, "toda vez que eu ia para o *set* de filmagem, o local era como uma Alemanha particular, só nossa. Eu odiava a mera visão da suástica e tudo o que ela significava, e conforme a produção avançava, comecei a ficar cada vez mais perturbado. Estávamos quase na metade do processo, quando fui até o *set*; havia membros da tropa de assalto cantando a canção Horst Wessel, e alguns deles pegaram um personagem judeu e o espancaram até deixá-lo inconsciente. Isso me deixou mal. Ver a cena no estúdio era como ver a coisa real sobre a qual eu vinha lendo nos jornais".[59] Franklin procurou um diretor da MGM e pediu para ser substituído em sua função, e em meados de março seu lugar foi ocupado pelo produtor britânico Victor Saville, que era de ascendência judaica.

A produção continuou com Saville e a cena pai-filho foi filmada. A cena durava apenas alguns minutos, e sob todos os aspectos era muito comovente. O diretor Frank Borzage conseguiu ótimos desempenhos dos atores, incluindo Frank Morgan, que fez o papel do professor Roth.[60] (Morgan havia feito o papel de Mágico em *The Wizard of Oz* no ano anterior).[61]

Então, no final de março ou início de abril, um anúncio surpreendente foi feito ao elenco. Um dos atores, Gene Reynolds, que fez o papel de Rudi, relembrou:

"Havia uma cena em que Rudi chega em casa e diz ao pai: 'fui maltratado na escola; eles estão me ameaçando... porque eu sou judeu, e eu não entendo isso'. E seu pai na cena explica o que é ser judeu, fala das origens e tudo mais.

O produtor, lembro bem disso, chegou ao *set* e disse: 'a gente corta essa cena, e vocês vão perceber que no filme inteiro ninguém nunca diz *judeu*. É *não ariano*, mas ninguém diz nunca *eu sou judeu*, *ele é judeu*, e assim por diante'. E ele disse isso com certo orgulho."[62]

Gene Reynolds, que tinha um dos pais judeu, lembrou de mais coisas: "A cena tinha várias páginas, e foi muito bem escrita, de maneira muito inteligente... O garoto dizia: 'Eles na escola dizem que eu sou judeu, e eu não entendo por que a gente não tem enfatizado que somos judeus aqui em casa. O que significa ser judeu?'. E Frank Morgan, que era um belo ator e que mais tarde no filme vai para um campo de concentração... expôs para mim a longa história dos judeus, o grande valor da religião e as grandes realizações dos judeus".[63]

Rudi (Gene Reynolds) chega em casa trazendo uma carta para o pai (Frank Morgan) numa cena de *The Mortal Storm* (1940). A cena, que levantava a questão do antissemitismo na Alemanha, foi cortada do filme.

Perguntado se Victor Saville fora pessoalmente responsável por cortar a cena, Reynolds disse: "Eu lembro que ele sorriu e destacou o quanto tinha sido inteligente, parecia estar bem no controle das coisas. Mas não acho em nenhum momento que isso tenha sido feito sem o conselho de L. B. Mayer e Mannix e seja lá qual dos produtores pesos-pesados que houvesse, pois tenho certeza que ele os consultou. Certamente estavam bem metidos nisso. Saville não podia ter feito isso por sua conta. Teria que obter a aprovação de alguém. Então deve ter procurado L. B. Mas eu não sei ao certo quem o aconselhou, ou se foi apenas o L. B.".[64]

Nos dias que se seguiram, todas as referências aos judeus foram suprimidas do filme. A cena pai-filho foi toda ela eliminada e muitas outras falas dos diálogos foram também mudadas. Algumas falas foram simplesmente suprimidas, outras foram retrabalhadas de modo a perder seu impacto, como a seguinte: "Você é da opinião que não há diferença entre o sangue de um ariano e o sangue de um não ariano?".

Quando *The Mortal Storm* foi lançado, em 14 de junho de 1940, era sem dúvida o primeiro filme antinazista verdadeiramente significativo. Os papéis principais eram de Jimmy Stewart e Margaret Sullavan, ele era de fato ambientado na Alemanha e atacava os nazistas por sua perseguição a um grupo minoritário. No entanto, ao se recusar a identificar que grupo era esse, o filme acabou tendo um impacto muito pequeno. Segundo uma enquete com trezentas pessoas, realizada duas semanas após o lançamento do filme, "as impressões mais fortes deixadas pelo filme foram DESEMPENHO DOS ATORES, 62%... MUDANÇAS DEVIDAS A HITLER, 65%... PROPAGANDA, 46%... BELEZA DOS CENÁRIOS, 45%. A PERSEGUIÇÃO AOS JUDEUS impressionou apenas 7% das pessoas".[65]

A MGM realizou uma enquete final antes de lançar a nova versão do filme. Foi organizada uma projeção para Edgar Magnin, o rabino e amigo íntimo de Louis B. Mayer, e após a projeção perguntaram a Magnin sua opinião. "Acho que vocês contaram uma história maravilhosa", ele respondeu. "Estava em dúvida se aquela passagem (a cena "pai-filho") devia entrar ou não. Quando falei com Ida (a irmã de Louis B. Mayer), ela disse que eles tinham a sensação de que não deveria ser refeita; já outras pessoas com quem falei queriam apresentar o lado judeu. Tentei levar isso em conta enquanto assistia ao filme e acho que ele está bem do jeito que está – sem a cena...".

Magnin então revelou melhor o que realmente sentia. "Uma coisa em favor do nosso lado agora é que as pessoas podem ser solidárias (mas não muito) quando têm medo", disse ele, "e agora elas estão com medo. Elas odeiam a coisa que temem – essa é a resposta. Elas podem ao mesmo tempo odiar os judeus e ter medo da Alemanha!".[66]

Esses comentários, que foram enviados diretamente a Louis B. Mayer, captavam a essência do problema em Hollywood – ou seja, que os chefes de estúdio não desejavam defender sua origem judaica. Eles preferiam – nas palavras do rabino Magnin – deixar que as pessoas odiassem os judeus. Isso era muito irônico à luz do diálogo que haviam cortado do filme. Na cena pai-filho, o professor Roth declara ter orgulho de ser judeu, diz que não tem nem vergonha nem medo de suas origens. Ele enfrenta sua realidade com grande dignidade. Quando o filho pergunta se seria realmente necessário declarar a identidade judaica – "Pai, a gente precisa *mesmo* colocar isso no formulário?" –, o pai responde que sim. Ao cortar essas falas, a MGM estava dizendo que não.

Por trás da decisão da MGM, havia uma poderosa timidez – uma ideia de que mesmo nos Estados Unidos era melhor esconder a própria origem judaica. Várias razões têm sido dadas para essa timidez: os chefes de estúdios, a maioria deles originária da Europa do Leste, queriam ver a si mesmos como americanos, não como judeus; temiam a provável reação de grupos antissemitas que tinham na mira seu controle do cinema; e sentiam-se constantemente inseguros, achando que deviam evitar fazer muita marola.[67]

Mas a razão mais importante estava no próprio passado da MGM. Em 1933, num esforço para preservar o mercado alemão, Louis B. Mayer concordara em não fazer *The Mad Dog of Europe*, um filme notavelmente similar a *The Mortal Storm*.[68] A partir desse momento, os vários chefes de estúdio, atendendo aos desejos de Georg Gyssling, procuraram não atacar os nazistas nem defender os judeus em seus filmes. E como resultado dessa nova política, os chefes de estúdio naturalmente tiveram maior cuidado em não projetar ao mundo sua identidade judaica. No passado, haviam feito centenas de filmes sobre judeus. Agora, agiam como se os judeus sequer existissem. Sua timidez, em outras palavras, não era inerente; decorria de seus anos de colaboração com a Alemanha nazista. Nesse contexto, era muito lógico que quando eles por fim lançassem um filme sobre os horrores do nazismo, como *The Mortal Storm,* acabassem conscientemente eliminando todas as referências aos judeus.

O problema disso tudo era que os chefes da MGM estavam criando um precedente perigoso. Propunham a ideia de que Hollywood deveria atacar os nazistas sem se envolver em nenhuma defesa especial dos judeus. Abandonavam a primeira parte de seu acordo com a Alemanha nazista, mas deixavam a segunda metade intacta.

Nos meses que se seguiram, tanto a MGM como a Twentieth Century-Fox começaram a trabalhar em novos filmes antinazistas. A MGM filmou uma história sobre o aprisionamento de um personagem não judeu num campo de concentração alemão (*Escape* [Fuga]).[69] E a Twentieth Century-Fox tomou o cuidado de eliminar a maior parte das referências aos judeus de uma história sobre uma mulher americana cujo marido se tornou nazista fanático (*I Married a Nazi* [Casei-me com um Nazista], mais tarde renomeado como *The Man I Married*). Segundo os registros do estúdio, "o senhor Zanuck concordava inteiramente com a sugestão de mantermos o elemento judeu em segundo plano o quanto possível, exceto no final, quando o marido fica sabendo que ele mesmo tem sangue judeu".[70]

Até mesmo Charlie Chaplin atenuou seu filme, que estava agora quase concluído. Antes, em novembro de 1938, quando os primeiros relatos sobre a *Kristallnacht* chegavam aos jornais americanos, Chaplin correu para entregar a primeira versão de sua história ao Escritório de Direitos Autorais americano. A história se desdobrava assim: Hinkle, o ditador da Ptomânia, havia concebido um teste para discriminar judeus de arianos. Todos os judeus foram enviados a campos de concentração, e um deles, Charlie, que tinha uma semelhança inquietante com Hinkle, fugiu. Ele foi confundido com o ditador, e fez um discurso que convenceu o país a abandonar o fascismo. De repente, a música encheu as ruas. Todos começaram a dançar. Os prisioneiros foram soltos dos campos. Os membros das tropas de assalto dançavam com os judeus.

O roteiro terminava com um epílogo: "Em meio à música, sobressai o toque de uma corneta. A cena volta para o campo de concentração. Charlie acorda com um sorriso, na hora em que um soldado da tropa de assalto entra. Charlie sorri para ele. O soldado começa a retribuir o sorriso, mas se envergonha de sua gentileza e berra: 'Levante, seu judeu! Onde diabos você acha que está?'".[71]

Chaplin pegou essa ideia assustadora e transformou-a num filme hilariante, mas menos eficaz. Ele mudou a localização da perseguição aos judeus do campo de concentração para um gueto. Faz um discurso longo, divagante, no clímax do filme, que não tem praticamente nada a ver com a questão judaica. E substituiu a virada no final – na qual seu discurso revela ser o sonho de um prisioneiro de campo de concentração –, colocando sua plateia reagindo com vivas e aplausos.[72]

Obviamente, Georg Gyssling não gostou de nenhum desses esforços. Do seu ponto de vista, *Escape, The Man I Married* e *The Great Dictator* [O Grande Ditador] eram virulentos filmes antinazistas, e ele informou o embaixador alemão em Washington, DC, sobre os dois filmes similares já em distribuição, *The Mortal Storm* e *Four Sons*. O embaixador alemão então apresentou uma queixa oficial ao Departamento de Estado: "Os dois filmes são em todos os seus detalhes tentativas deliberadas de despertar nesse país um sentimento público e um ódio contra o povo alemão e seu governo [...] Filmes como esses mencionados acima [...] levam a uma completa falta de interesse em exibir quaisquer filmes dessas duas companhias na Alemanha".[73] O Departamento de Estado encaminhou a carta ao Escritório Hays como uma cortesia ao governo alemão.[74]

A carta acabou nas mãos não de Will Hays, mas de seu gerente de assuntos estrangeiros, Frederick Herron. Herron sempre fora contrário aos métodos de negócios dos alemães e não estava inclinado a se desculpar pelo fato de os estúdios finalmente se tornarem antinazistas. "Pedimos permissão para discordar da opinião do Consulado Alemão no que respeita a esses dois filmes mencionados", disse ele ao Departamento de Estado. "Esses dois filmes são retratos dramáticos de histórias acontecidas na Alemanha e foram produzidos com o único intuito de oferecer diversão aos cinemas e suas plateias... O negócio cinematográfico não difere em nada de qualquer outra forma de negócio e seria ridículo supor que um produtor iria colocar deliberadamente qualquer conteúdo num filme que tendesse a afastar as pessoas da bilheteria".[75]

Foi a gota d'água. O governo alemão havia emitido uma advertência oficial em concordância com o Artigo Quinze da lei de cinema. Agora, o governo poderia agir. Em 5 de julho, o Ministério da Propaganda informou a Twentieth Century-Fox que ela não poderia mais distribuir filmes ou noticiários na Alemanha, Noruega, Boêmia ou Morávia.[76] A administração da Twentieth Century-Fox ficou perplexa ao saber que a proibição se estendia além da fronteira tradicional da Alemanha e pediu a intervenção do Departamento de Estado: "Se nossas companhias locais forem proibidas de continuar a distribuir nossos filmes nos países enumerados, essa corporação irá sofrer imensas perdas de receita devido à interrupção e ao boicote de nossos negócios".[77] No entanto, o chefe do departamento de cinema do Ministério da Propaganda foi inflexível e anunciou que a decisão seria mantida e que as outras produtoras americanas de cinema deveriam "encarar a medida como uma advertência".[78]

A MGM não deu atenção e manteve seu filme antinazista em circulação. Então, em 15 de agosto, o estúdio foi expulso da Alemanha e de todos os territórios ocupados por ela.[79] A razão para a expulsão foi a produção e a distribuição do filme antinazista *The Mortal Storm*.[80] A MGM reagiu à notícia anunciando que estava sendo forçada a demitir 660 empregados na Alemanha, França, Bélgica, Tchecoslováquia, Holanda, Dinamarca e Noruega. O governo alemão foi diretamente responsável por essas perdas de emprego em toda a Europa.[81]

Isso deixou a Paramount como único estúdio americano que ainda tinha negócios na Alemanha, mas em 12 de setembro ela também foi expulsa.[82] "Embora a Fox e a Metro-Goldwyn-Mayer fossem acusadas de fazer filmes antinazistas", o relatório oficial declarava, "nenhuma acusação desse tipo é feita aos filmes normais da Paramount". O motivo para a ordem de expulsão foi comparativamente inconsistente: ao que parece, os registros de alguns noticiários da Paramount haviam sido pouco amistosos com a Alemanha.[83] Mas havia também algum motivo de esperança: "Quando a guerra terminar", disseram ao gerente da Paramount, "os produtores americanos de cinema terão permissão de fazer negócios em escala restrita desde que ofereçam garantia de exibições correspondentes de filmes alemães nos Estados Unidos".[84]

A aplicação do Artigo Quinze havia se revelado muito mais danosa do que os estúdios imaginaram. Em vez de perder o mercado relativamente pequeno da Alemanha, haviam perdido os de todos os territórios ocupados pelos alemães, que a essa altura somavam uma grande extensão. Os estúdios tiveram que se consolar com a expectativa de futuras transações, como expresso num comentário de jornal. "Mais tarde", afirmou uma publicação de negócios, "uma atitude mais cooperativa pode ser adotada pelos nazistas, especialmente se o produto alemão não se mostrar satisfatório".[85] A implicação dessa frase, evidentemente, era que Hitler iria vencer a guerra.

De momento, porém, o grande mercado alemão estava perdido. Os nazistas haviam finalmente recorrido a um trecho da legislação de cinema que guardaram como ameaça por quase oito anos. Quando a aplicação dessa lei se concretizou inteiramente, o Ministério do Exterior informou todos os consulados e embaixadas alemães da razão por trás da decisão governamental: "Devido ao fato de as companhias de cinema americanas MGM, Twentieth Century-Fox e Paramount terem continuado a distribuir filmes de ódio da pior espécie (*The Mortal Storm, Four Sons* etc.) por todo o mundo – apesar de repetidas solicitações do Ministério da Propaganda a seus representantes em Berlim para que cessassem a produção de filmes de ódio antialemães ou que retirassem de circulação aqueles já produzidos –, foi ordenado que a partir de agora *nenhum de seus filmes* seja exibido no grande Reich Alemão".[86]

Como resultado desse desdobramento, os estúdios de Hollywood ficaram livres para fazer quantos filmes antinazistas quisessem. Não tinham mais que se preocupar com as autoridades alemãs. No ano seguinte, porém, os estúdios lançaram apenas um punhado de filmes desse tipo e nenhum deles continha qualquer referência à perseguição aos judeus. A Twentieth Century-Fox fez *Man Hunt* [O Homem que Quis Matar Hitler], a Warner Brothers fez *Underground* [A Voz da Liberdade], a Columbia Pictures fez *They Dare Not Love* [Proibidos de Amar], e a United Artists lançou *Foreign Correspondent*.[87]

Hollywood ainda estava apreensiva a respeito de produzir filmes antinazistas, mas a razão dessa apreensão agora era outra. Enquanto a maioria dos americanos a essa altura apoiava o presidente Roosevelt em sua decisão de prover ajuda à Grã-Bretanha e às demais nações Aliadas, um significativo movimento isolacionista havia surgido nos Estados Unidos.[88] Os isolacionistas acusavam Hollywood de produzir propaganda insidiosa destinada a levar o país a entrar no conflito europeu, e em setembro de 1941 seus esforços alcançaram um auge quando eles se colocaram à frente de uma investigação sobre propaganda em filmes levada a cabo por uma subcomissão da Comissão de Comércio Interestadual do Senado. A maioria dos senadores da subcomissão era isolacionista, incluindo Gerald P. Nye, da Dakota do Norte. O único senador favorável à política de Roosevelt era Ernest McFarland, do Arizona.[89]

A primeira pessoa a testemunhar foi Gerald P. Nye, que destacou não ser antissemita ("tenho amigos judeus esplêndidos dentro e fora da área de cinema"). Nye então disse que os estúdios de Hollywood haviam a essa altura produzido quinze ou vinte filmes de propaganda cujo propósito era levar os Estados Unidos a entrar na guerra da Europa.[90]

O senador McFarland a certa altura fez uma pergunta importante: "O senhor diz que viu alguns desses filmes de guerra, certo?".

"Isso mesmo", disse o senador Nye.

"Qual desses filmes que o senhor viu era o mais censurável, no seu entender?"

O senador Nye respondeu aos tropeços. "Senador, o senhor me fez uma pergunta muito difícil de responder", disse ele. "É uma terrível fraqueza minha, mas eu vou assistir a um filme à noite e na manhã seguinte já não sou mais capaz de dizer qual era o nome do filme... Não vou poder lhe dizer qual deles eu consideraria o pior de todos. De um modo ou de outro, tenho uma impressão bastante forte de que a minha lembrança é de um filme com o título de *I Married a Nazi*".

"Está bem. Vamos pegar esse filme. O que havia nesse filme de particularmente censurável no seu entender?"

"Bem, principalmente a inclusão de cenas que só poderiam ter o efeito de nos fazer odiar não só um indivíduo ficcional, mas toda uma raça de pessoas."

"O que foi retratado que criava esse sentimento?"

"Senador, há muito tempo eu não revejo nenhum filme."

"Que outro filme o senhor assistiu que considera censurável?"

"Ah, senador, eu vi uns três, ou quatro, ou cinco filmes desses."

"Lembra o nome de algum outro?"

"Receio que não."

"Vejamos se posso ajudá-lo um pouco. O senhor assistiu a *Escape*?"

"Talvez possa lhe dizer se assisti ou não se me contar parte da história."

McFarland confessou que ele mesmo não havia assistido ao filme, e passou adiante. "*Flight Command*?"

"Não acredito que tenha assistido, senhor."

"*That Hamilton Woman*?"

"Esse eu não vi."

"*Man Hunt*?"

"Acho que não."

"*Sergeant York*?"

"Acho que não."

"Quer dizer que não assistiu?"

"Não assisti."

"Assistiu *The Great Dictator*?"

"Assisti."

"O que o senhor achou particularmente censurável nesse filme?"

"Bem, era um retrato feito por um grande artista, não por um cidadão do nosso país, embora tenha residido aqui por muito, muito tempo, e ele não podia fazer outra coisa a não ser construir na mente e no coração daqueles que o assistiram um pouco de ódio, aversão, pelas condições e a liderança que existem no exterior."

Houve um pequeno parêntese no qual a defesa apontou que *The Great Dictator* havia sido produzido fora do sistema dos estúdios. O senador McFarland então mencionou um último título: "*Confessions of a Nazi Spy*, o senhor assistiu a esse filme?".

"Não sei se estive falando de *Confessions of a Nazi Spy* ou de *I Married a Nazi*. Juro pela minha vida que não saberia dizer qual é qual."[91]

As audiências continuaram por vários dias, durante os quais uma variedade de outras pessoas deram seus depoimentos pouco convincentes sobre as tendências de instigação à guerra de Hollywood. Depois os executivos dos grandes estúdios tiveram a oportunidade de responder. Nicholas Schenck compareceu pela MGM, Harry Warner pela Warner Brothers, e Darryl Zanuck pela Twentieth Century-Fox.[92] Os executivos falaram com muita empolgação, mas a fala de Zanuck foi a mais estimulante de todas. Ele negou que Hollywood tivesse alguma vez produzido algo que se parecesse com propaganda e depois declarou seu orgulho do setor cinematográfico: "Eu olho para trás e lembro de filmes e mais filmes, filmes fortes e poderosos que venderam o '*american way of life*', não só para a América, mas para o mundo inteiro. Eles o venderam com tal ênfase que quando ditadores assumiram o poder na Itália e na Alemanha, o que foi que Hitler e seu lacaio Mussolini fizeram? A primeira coisa que fizeram foi proibir nossos filmes, foi expulsar-nos. Não queriam nada com o *american way of life*".[93] No final, o discurso de Zanuck foi muito aplaudido e um dos senadores isolacionistas até viu-se obrigado a admitir que a fala havia sido muito convincente. Ninguém destacou que o próprio estúdio de Zanuck fizera negócios na Alemanha no ano anterior.

Os executivos de Hollywood tinham uma última carta na manga. Haviam indicado Wendell Willkie, o candidato presidencial republicano que perdera para Roosevelt em 1940, como seu representante. E Willkie fez questão de atacar uma das reivindicações mais persistentes dos isolacionistas, a de que os estúdios eram movidos apenas por lucro. Willkie começou resumindo a posição dos isolacionistas: "O senador Nye acrescenta [...] que os homens que detêm o monopólio da indústria cinematográfica se opõem ao nazismo e apoiam a Grã-Bretanha por razões mercenárias [...] Isso, obviamente, não podemos admitir". Então Willkie fez uma jogada poderosa:

> Mas, assumindo que são corretas as suposições do senador Nye e seguindo sua linha de raciocínio, então o setor cinematográfico, para sua própria vantagem financeira, deveria de uma vez por todas tornar-se o grande conciliador com o nazismo. Como é bem conhecido, os que defendem fazer negócios com Hitler e obtêm uma paz negociada sustentam que se as políticas que eles apoiam forem adotadas, iria reinar a paz no mundo e a Alemanha nazista e os Estados Unidos poderiam continuar com relações comerciais amplas. Sob essas condições supostas, o setor cinematográfico não só iria preservar seus negócios com a Grã-Bretanha, mas iria recuperar o grande volume de negócios que perdeu na Alemanha e na Europa Central, mesmo antes da eclosão da guerra, assim como a partir de então. O setor cinematográfico seria contrário a uma conciliação com Hitler mesmo que a consequência fosse essa.[94]

A alegação de Willkie diante dessa comissão do Senado americano foi notável. Ele não estava apenas concordando com a reescrita da história proposta por Zanuck, estava também dando uma acepção aos estúdios de Hollywood na situação hipotética (e presumivelmente absurda) de que eles de fato fizeram negócios com Hitler. Em tal situação, disse ele, os estúdios iriam tornar-se "os grandes conciliadores com o nazismo".

Em 26 de setembro de 1941, após duas semanas e meia de audiências, a investigação do setor cinematográfico chegou ao fim. Os estúdios de Hollywood haviam conseguido não só limpar sua reputação, mas também apagar seu histórico de negociações com a Alemanha nazista. Os isolacionistas, por seu lado, haviam feito papel de tolos. De qualquer modo, eles nunca teriam conseguido nada. Em 7 de dezembro, os japoneses bombardearam Pearl Harbor, e os Estados Unidos entraram no maior conflito armado que o mundo já conhecera.

No período que se seguiu, de 1942 a 1945, Hollywood foi à guerra. Os vários estúdios produziram um inacreditável número de filmes para apoiar a nação na luta contra o fascismo. Segundo um estudo, mais de 800 dos 1,5 mil longas-metragens que chegaram aos cinemas nesse período diziam respeito de algum modo à Segunda Guerra Mundial. Desses filmes, 242 referiam-se explicitamente aos nazistas e 190, a Hitler.[95]

A repentina transformação da indústria cinematográfica foi devida em parte aos esforços do governo americano. Em 13 de junho de 1942, Franklin D. Roosevelt criou o Office of War Information – OWI [Escritório de Informação de Guerra], um órgão de propaganda com uma divisão separada de cinema, e em pouco tempo o OWI começou a examinar os roteiros dos filmes de Hollywood. Para cada título, o OWI fazia ao estúdio correspondente uma série de perguntas, a começar com a mais importante: "Esse filme irá ajudar a ganhar a guerra?".[96]

O OWI, como o Ministério da Propaganda na Alemanha, adotou uma abordagem flexível do conceito de propaganda. Na opinião de Joseph Goebbels, "até o entretenimento pode ter valor político especial, porque a partir do momento em que a pessoa tem consciência de que algo é propaganda, esta se torna ineficaz. No entanto, se a propaganda como tendência, como característica, como atitude, permanece em segundo plano e se torna aparente por meio de seres humanos, então ela se torna eficaz em todos os sentidos".[97] O chefe do OWI, Elmer Davis, concordou: "A maneira mais fácil de injetar uma ideia de propaganda na mente da maioria das pessoas é introduzi-la por meio de um filme de entretenimento, quando elas não percebem que estão sendo submetidas à propaganda".[98]

As similaridades entre os dois organismos, porém, terminavam aqui, pois enquanto os alemães faziam apenas alguns poucos filmes de propaganda que conseguiam grande popularidade, os americanos faziam muitos. Esse foi o período em que Hollywood lançou algumas de suas produções mais celebradas, como o filme *Casablanca* (1942), no qual a mensagem ideológica estava poderosamente embutida no drama entre os dois personagens principais. O OWI ficou impressionado com a maneira pela qual esses personagens, desempenhados por Ingrid Bergman e Humphrey Bogart, subordinavam seus sentimentos mútuos à tarefa central de derrotar o fascismo. Nas palavras do OWI, "a heroína do filme e o homem que ela ama sacrificam sua felicidade pessoal a fim de que cada um possa seguir adiante com sua luta da maneira mais eficaz. Eles compreendem que não podem arrebanhar para si a felicidade enquanto o resto do mundo permanece escravizado".[99]

Um sucesso maior ainda do que *Casablanca* foi o filme de 1942, *Mrs. Miniver* [Rosa da Esperança], de grande bilheteria. O OWI classificou esse relato da luta de uma família britânica nos primeiros dias da Segunda Guerra Mundial como "um filme muito ponderado, muito comovente e muito bem montado".[100] O primeiro-ministro britânico Winston Churchill foi além, anunciando que o efeito desse filme "no sentimento público nos Estados Unidos valeu por um regimento inteiro" durante a guerra.[101] Mas o espectador mais entusiasmado de todos foi Joseph Goebbels, que conseguiu uma cópia do filme um ano após seu lançamento: "Esta noite vou projetar um filme anglo-americano muito discutido, *Mrs. Miniver*. Ele mostra o destino de uma família durante a atual guerra, e seu viés propagandístico refinado, poderoso, é algo com que até agora apenas se sonhou. Nele, podemos ver a realização de tudo o que venho pedindo há meses dos cineastas alemães, na verdade há anos. Os americanos têm uma maneira magistral de transformar detalhes marginais em floreios artísticos. O filme mostra a vida de uma família inglesa e você é obrigado a achar o relato verossímil. Não é proferida uma palavra sequer de raiva contra a Alemanha; não obstante, o viés antigermânico é exposto com perfeição. Vou mostrar esse filme aos produtores alemães para explicar como as coisas devem ser feitas".[102]

Esses depoimentos demonstram que, a partir de 1942, os estúdios de Hollywood montaram um ataque eficaz, coordenado, à Alemanha nazista. Todos os estúdios, exceto a Paramount, submetiam seus roteiros ao OWI, e geralmente aceitavam as sugestões e recomendações desse órgão. Mas de que modo os estúdios retratavam a perseguição aos judeus? Essa é outra questão.

A posição do OWI, pelo menos, era direta. O órgão elogiou um detalhe de um filme de 1942 chamado *The Pied Piper* [Abandonados]: "Uma visão interessante [...] é oferecida pelo personagem do oficial da Gestapo cujo sobrinho, um garoto, é meio judeu [...] Ele começa a questionar a moralidade [...] de um sistema que persegue crianças inocentes".[103] O OWI também elogiou *Margin for Error* [Um Pequeno Erro], um filme sobre um policial judeu que oferece proteção ao cônsul alemão em Nova York: "Embora esse judeu não goste da tarefa de proteger um homem que representa a perseguição aos judeus, ele concorda com seu capitão de polícia irlandês que [...] pode ser uma boa ideia mostrar ao nazista o sentido do nosso modo de vida".[104]

O OWI mostrou entusiasmo especial por um terceiro filme da RKO chamado *Once Upon a Honeymoon* [Era uma Lua de Mel], estrelado por Cary Grant e Ginger Rogers. Era uma comédia sobre uma mulher americana chamada Katie O'Hara (Ginger Rogers), que mora em Viena e finge ser aristocrata a fim de conseguir se casar com um austríaco rico, o Barão von Luber. Quando um correspondente estrangeiro chamado Pat O'Toole (Cary Grant) conta a Katie que o Barão von Luber é membro do círculo íntimo de Hitler, ela de início não acredita, mas acaba percebendo que ele tem razão. Então viaja com Pat pela Europa dilacerada, onde os dois testemunham toda sorte de atrocidades, até voltarem finalmente aos Estados Unidos.[105]

No relatório oficial, os revisores do OWI explicaram o que tornava *Once Upon a Honeymoon* tão destacado. Como outros filmes antinazistas, disseram eles, esse filme mostrava a terrível agressão alemã e a derrota de um país após o outro. Mas o filme mostrava algo mais: "a opressão específica dos nazistas contra o povo judeu". Segundo o relatório, "É feita uma tentativa de mostrar a crueldade e a insensatez de se discriminar uma minoria. A questão judaica é exposta com extrema franqueza, e em duas instâncias importantes é retratado todo o terror e *pathos* do sofrimento de um trágico povo".[106]

Os revisores do OWI prosseguiam descrevendo essas duas instâncias. Na primeira, Katie O'Hara está no seu quarto de hotel em Varsóvia durante a ocupação alemã da Polônia. A camareira do hotel entra no quarto com duas crianças e anuncia que os alemães estão levando as três embora. "Somos judeus", explica a camareira. Katie tem uma reação imediata. Põe uma foto da camareira no seu próprio passaporte e anota o nome das duas crianças. Em seguida, troca de passaporte com a camareira e escolta a família até um caminhão que estava prestes a sair do país. "Vá para algum lugar seguro", diz ela quando o caminhão parte. "Para onde?", replica a camareira.

Alguns dias mais tarde, Katie e Pat (o repórter americano) estão andando pelas ruas de Varsóvia. São detidos por dois oficiais da Gestapo, e após uma rápida revista, o passaporte da camareira judia é encontrado. Como resultado, eles são enviados a um campo de concentração. Sentam-se com um grupo de judeus poloneses atrás de uma cerca de arame farpado, e um cantor de sinagoga canta uma oração ao fundo. "Estamos realmente em apuros, não é?", pergunta Katie. Pat responde: "E quanto a essas pessoas?". Então, durante cerca de um minuto, os personagens ficam sentados em silêncio, e nas palavras do OWI, "eles – e nós – recebemos todo o impacto do sofrimento e terror experimentado por milhares dessas infelizes pessoas por toda a Europa".[107]

A cena do campo de concentração em *Once Upon a Honeymoon* era algo sem precedentes no cinema americano, e os revisores do OWI aprovaram-na enfaticamente. "Esses trechos do filme são imensamente eficazes", escreveram, "e o filme merece todo elogio por seu tratamento desse importante problema".[108] Mas seu relatório não terminava aqui. O filme, disseram eles, também continha duas cenas que ameaçavam neutralizar esse bom trabalho. Eles passaram a explicar melhor.

Começaram com a primeira cena, que ocorre imediatamente antes de Katie e Pat serem internados no campo de concentração. Os dois oficiais da Gestapo haviam acabado de descobrir o passaporte da camareira judia e um deles lê em voz alta o nome – "Anna Sarah Beckstein. *Juden*". O oficial então vira-se para Pat e pergunta: "*Und Sie sind der Jude Beckstein?*" [E você é o judeu Beckstein?]. Pat diz que não, é claro. Então o oficial judeu tem uma ideia. Ele vê um chapéu-coco dependurado na parede atrás dele e lembra do popular estereótipo do artista judeu, de chapéu-coco enterrado até as orelhas e que balançava os braços andando de maneira exagerada. O oficial alemão decide testar o estereótipo. Segundo o diretor da cena, "o oficial põe o chapéu na cabeça de Pat, enfia as orelhas dele embaixo – enterra bem o chapéu... [Katie] leva as mãos à boca – começa a rir – [Pat] olha para ela de olho arregalado... faz gestos com as mãos – tentando explicar – Katie vai ficando histérica... ri o dobro". Essa rotina continua por algum tempo até que Katie, que de tanto rir nem conseguia falar, por fim olha para Pat e diz, "por que você... simplesmente não se rende e pronto?".[109]

Once Upon a Honeymoon continha outra cena não menos ofensiva. Perto do final do filme, Pat faz uma transmissão por rádio na qual conta algumas histórias sobre o principal vilão, o Barão von Luber. Ele termina apontando que von Luber casou-se com uma judia. Então chama Katie ao microfone e ela começa a falar:

> KATIE (com sotaque judaico): "Olá! [...] Como estão?... (vai até uma mulher alemã de origem judaica) Por acaso seu sobrenome é Kaplan? [...] (anda entre as pessoas)... Vocês todos estão recebendo comida suficiente? Ah, se pelo menos o barão tivesse me contado [...] o incompetente! – eu podia ter feito *blintzes** [...] É claro, não sei fazer tão bem quanto minha mãe – minha doce mamãe [...] 'Ketzelleh, querida' ela me chamava... sempre me chamava assim, 'Ketzelle' [...] 'Ketzelleh, querida, sente aqui perto de mim à mesa e em dois segundos eu preparo pra você alguns *knishes***, você vai ver, são de lamber os dedos!'. E seus *latkes**** de batata, então [...] minha doce mãezinha diria 'meus *latkes* de batata são simplesmente deliciosos, não?'".[110]

Os revisores do OWI estavam preocupados com essas duas cenas, e escreveram ao estúdio em questão, a RKO. O OWI aceitou as garantias da RKO de que o diretor do filme, Leo McCarey, sempre faria o máximo para evitar qualquer coisa de mau gosto.[111] Também reconheceram que as cenas haviam despertado muitas risadas entre as plateias da

---

* Panquecas finas com recheio doce ou salgado, típicas da cozinha judaica. (N. do T.)

** Tortinhas assadas ou fritas, com recheios variados – carne, queijo, cebola –, também típicas da cozinha judaica. (N. do T.)

*** Bolinhos doces, também tradicionais da culinária judaica. (N. do T.)

pré-estreia. Não obstante, disseram, "se houver alguma possibilidade de que as cenas sejam mal interpretadas ou causem irritação entre nossa população judaica, será melhor omiti-las".[112] A recomendação deles foi levada a sério. Na edição final do filme, não havia vestígio de nenhuma dessas duas cenas ofensivas.

Portanto, o histórico do OWI com respeito à questão judaica era impressionante. O órgão incentivou os estúdios a exporem a perseguição aos judeus e desestimulou a inserção de cenas que mostrassem estereótipos ofensivos ou desmerecedores. Já o histórico dos estúdios era bem diferente. No período entre a entrada dos Estados Unidos na guerra, em dezembro de 1941, e a criação por Franklin D. Roosevelt de um Conselho de Refugiados de Guerra, em janeiro de 1944, os estúdios lançaram apenas um filme que mencionava os judeus na Alemanha (*Hitler's Children* [Os Filhos de Hitler]) e outro que mencionava os judeus em geral (*Bataan* [A Patrulha de Bataan]).[113] Havia centenas de filmes antinazistas, é claro – filmes que davam aos espectadores a impressão de que Hollywood era um bastião da democracia –, mas com relação à perseguição aos judeus, havia apenas umas poucas referências breves em *The Pied Piper* e *Margin for Error*, e a cena de dois minutos do campo de concentração em *Once Upon a Honeymoon*.

A razão dessa reticência era clara. Após uma década de treinamento em evitar qualquer menção aos judeus em seus filmes, os chefes dos estúdios simplesmente não estavam prontos para se engajar em algo que entendiam como uma defesa especial. Os anos de colaboração com a Alemanha nazista haviam deixado marcas profundas demais. O mercado alemão estava agora fechado e os Estados Unidos haviam entrado na guerra, mas os chefes dos estúdios de Hollywood – a maioria deles, judeus – não se dispunham a dizer nada sobre o sofrimento dos judeus na Europa.

E, mesmo assim, apesar de seus melhores esforços, nunca poderiam ter evitado o que viria a seguir. Do interior de seu próprio império, emergiu de repente um novo tipo de voz, que só poderia ter emergido nesse tempo e lugar específicos. Essa voz, que propiciou um corretivo para seu silêncio e que questionava toda a sua atitude em relação ao judaísmo, pertencia a um de seus mais valorizados empregados: o prolífico roteirista Ben Hecht.

Ben Hecht, roteirista e ativista judeu. *Copyright* © Getty Images.

Hecht nascera na cidade de Nova York em 1894, de pais imigrantes judeus, e aos dezessete anos já era um repórter de renome do *Chicago Daily News*. Em 1924, mudou-se para Nova York para escrever livros e contos, e logo depois começou a enfrentar dificuldades financeiras. Então – pelo menos segundo sua própria versão da história –, num dia de primavera de 1925, chegou um telegrama de seu amigo Herman Mankiewicz: "Você aceitaria US$ 300 por semana para trabalhar na Paramount Pictures? Todas as despesas pagas. Os US$ 300 são café pequeno. Você pode ganhar milhões aqui e só vai ter que competir com idiotas. Não comente isso com ninguém".[114]

Hecht aceitou a oferta e logo se tornou um dos escritores mais bem pagos de Hollywood. Recebeu seu primeiro Prêmio da Academia por Melhor Roteiro pelo seu filme de gângsteres *Underworld* [Paixão e Sangue] (1927) e continuou escrevendo clássicos, como *Scarface* (1932), *Design for Living* [Sócios no Amor] (1933), *Viva Villa* (1934), *Nothing Sacred* [Nada é Sagrado] (1937) e *His Girl Friday* [Jejum de Amor] (1940). No total, escreveu quase cem roteiros, muitos deles produzidos em questão de dias. Uma das coisas das quais mais se gabava era de ter escrito o roteiro final de *Gone with the Wind* em uma semana, sem ter chegado realmente a ler o livro.[115]

Apesar dessa sua impressionante bagagem, Hecht tinha pouco respeito pelo cinema, principalmente porque sentia que seu próprio trabalho sofria muitas vezes mutilações de última hora. Costumava sair dos eixos por causa disso e em várias ocasiões queixou-se ao produtor em questão. Uma de suas cartas a Samuel Goldwyn em 1938 foi particularmente violenta: "O desplante e o amadorismo com que foi reescrita a última metade do material que lhe passei, a sabotagem idiota que foi operada com minhas falas, cenas e situações do enredo; a mania totalmente psicopática de mudar [...] todos esses itens tornam impossível para mim voltar um dia a escrever algo mais para que você use ou descarte [...]. Desculpe bater de frente assim, Sam, porque tirando sua falta de respeito com o meu trabalho e sua peculiar necessidade de alterá-lo, piorá-lo e corrompê-lo, acho você um cara encantador e agradável de conviver e de ter como patrão. Permita-me sair sem nada mais ofensivo do que uma explosão de irritação, um suspiro e um amistoso 'nunca mais'. Boa sorte...".[116]

Embora Hecht raramente mantivesse tais promessas (ele voltou a trabalhar para Goldwyn no ano seguinte), essa carta deixava algo bem claro: ele tinha peito. Podia encarar quem quer que fosse, até mesmo a pessoa que pagava seu salário. E em novembro de 1938, depois de saber dos brutais *pogroms* contra os judeus na *Kristallnacht*, viu-se defendendo uma causa política pela primeira vez na vida. As notícias da Alemanha o transformaram. Como explicou mais tarde, até saber disso nunca havia se considerado realmente um judeu. Agora, olhava o mundo com olhos judaicos e protestava contra o que os alemães estavam fazendo. "Nenhuma decisão urgente como essa", disse ele, "se impôs a mim antes".[117]

Sua primeira contribuição à causa judaica foi notável. Em junho de 1939, publicou uma coleção de contos, e no segundo deles, *The Little Candle* [A Pequena Vela], revelou quão bem compreendia a situação na Alemanha:

> Naquela terrível manhã de julho, quando nós, judeus, abrimos nosso jornal da manhã para ver qual era a cara do mundo ao acordar, esperávamos ler os relatos de sempre, sobre os problemas das outras pessoas, e alguns sobre os nossos próprios [...] Soubemos que, do dia para a noite, 500 mil judeus haviam sido mortos na Alemanha, Itália, Romênia e Polônia [...]. A necessidade de purgar essas terras do judeu contagioso – finalmente e para sempre – tornara-se tão urgente que tê-la adiado mais um pouco teria sido colocar em risco o bem-estar racial de todos os alemães, romenos, italianos e poloneses. Assim nos informou aquela cara de louco com bigode de comediante, que chamam de Fuehrer.[118]

Hecht escreveu isso dois meses antes da eclosão da Segunda Guerra Mundial e dois anos antes do programa de extermínio. Ele parecia ter poucas dúvidas a respeito do desfecho da política antissemita de Hitler. Mas não estava interessado apenas na situação na Alemanha. Logo passou para o seu tema principal: a reação de uma pequena comunidade judaica de Nova York às notícias. Em seu conto, os membros da comunidade correm todos para a sinagoga local para perguntar ao seu rabino, um homem no qual confiavam totalmente, o que deveriam fazer. O rabino diz-lhes que simplesmente voltem para casa. Então, quando o rabino fica sozinho, começa a discutir com Deus. Não culpa Deus pelo massacre – culpa os alemães –, mas de qualquer modo está com raiva. "Foi o que pensei", diz ele a Deus, "que a fim de terdes Vosso Nome escrito em um livro, enlouquecestes um punhado de Vossos filhos... Ó, Deus Todo-Poderoso, corrige

Teu erro. Remove esse Teu erro da Terra. Desata a múmia de Israel. Faz dela um homem, Ó, Senhor das Hostes. Não precisais mais de nós".[119]

As orações estendem-se por várias horas. Então, tarde da noite, o "Shabbesgoy" – o gentio cuja tarefa era acender as velas no Sabbath – entra na sinagoga e encontra o corpo do rabino dependurado de uma viga. Ele traz o corpo para baixo, cumpre seus trabalhos habituais de faxina e, por alguma razão, acende uma pequena vela antes de sair.

Quando a congregação vai à sinagoga na manhã seguinte, fica sabendo do falecimento de seu rabino. Começam a rezar, e subitamente percebem que uma única vela estava ainda acesa embora as demais tivessem queimado até apagar. "Um milagre – um milagre!", gritam, e tudo é perdoado. "Pois é tamanha a fé do judeu que a pequena vela dissipou as trevas do grande massacre", escreveu Hecht. "O judeu era uma luz assim, fraca e impotente, mas que nunca iria se extinguir. Deus o colocara num mundo de crueldade e trevas e lhe dera a missão de manter Sua imagem ardendo."[120]

Nessa fábula notável, Hecht revelava pela primeira vez seus pensamentos e sentimentos sobre sua recém-descoberta identidade judaica. Todos os traços de seu futuro ativismo – a raiva dos nazistas, sua vergonha e mágoa diante da reação judaica – estavam ali. Ao mesmo tempo, ele sabia muito bem que apenas um pequeno grupo de pessoas iria ler "A Pequena Vela". Para que sua voz fosse ouvida, precisava se aventurar além do terreno da literatura. Assim, no início de 1941, aceitou escrever uma coluna no *PM*, um jornal diário de linha esquerdista de Nova York, que publicava os cartuns do Dr. Seuss e de Crockett Johnson. O *slogan* do jornal era: "Somos contra aqueles que intimidam os outros".[121]

Hecht estava empolgado com seu novo papel. Recebeu carta branca de seu editor, Ralph Ingersoll, para escrever sobre o que quisesse, e aproveitou a oportunidade para explorar suas novas ideias sobre o drama dos judeus. Seu primeiro artigo sobre o tema foi dirigido aos chefes dos estúdios de Hollywood. Informou que eles haviam recentemente recebido uma visita de Joseph P. Kennedy, ex-embaixador americano na Grã-Bretanha, e que Kennedy insistira para que eles não usassem seus filmes como arma de propaganda contra os nazistas. Hecht disse aos chefes de estúdio que não aceitassem o argumento de que tais filmes poderiam aumentar o antissemitismo nos Estados Unidos. Disse que tal modo de pensar tinha o único fim de tirar proveito de seus medos.[122]

Então, no final de março, escreveu um artigo que enraiveceu um grande número de seus leitores. Nele, ridicularizava um grupo de judeus americanos que tentavam desesperadamente driblar sua identidade judaica. Essas pessoas, disse ele, a maioria delas ricas e sofisticadas, estavam se agarrando à ideia de que eram americanos e não judeus. Acreditavam que se conseguissem provar que não havia judeus no mundo – que tal raça não existia –, então não haveria mais problema. Hecht deu ao artigo o título de "Corra, Carneirinho, Corra!" e recebeu um grande número de cartas iradas logo após a publicação.[123]

Ele respondeu com um artigo ainda mais demolidor – um manifesto ao qual deu o título de "My Tribe Is Called Israel" [Minha Tribo é Chamada Israel]". "Escrevo sobre os judeus de hoje", proclamou, "– eu que nunca me conheci como judeu antes –, porque essa parte de mim que é judia está sob um ataque violento e rude. Minha maneira de me defender é responder como um judeu". Dirigiu então suas críticas a quem tentava esconder suas origens judaicas: "não sou eu que estou trazendo de volta essa consciência judaica ao mundo. Ela está de volta em todas as rádios da Europa e numa alarmante proporção nas rádios dos Estados Unidos [...] Sugiro... que vocês parem de gastar sua raiva comigo. Não estou atacando vocês. Estou apenas pedindo que lutem. E tenho tentado à minha modesta maneira trazer para a alma tão sofrida dos judeus o orgulho e a força mental que muitos judeus como eu sentem estar sob ataque". Hecht encerrou seu artigo anunciando seu plano de ação para o restante da guerra. "Já que somos judeus aos olhos dos nossos inimigos", disse ele, "já que eles com grande astúcia e malícia nos reinventaram – tudo o que sugiro é que nos transformemos em Frankensteins".[124]

Hecht continuou escrevendo no *PM* durante 1941, e no final de agosto um de seus artigos chamou a atenção de um judeu palestino chamado Peter Bergson. Bergson havia se mudado para os Estados Unidos a fim de levantar fundos para o Irgun, um movimento clandestino que lutava pelo estabelecimento imediato de um Estado judeu na Palestina. Mas, em 1940, quando a guerra assolava a Europa, Bergson mudou suas prioridades e decidiu focar suas energias na criação de um exército judeu para combater Hitler. Ao ler o último artigo de Hecht no *PM,* decidiu escrever para o eminente roteirista de Hollywood. "Obrigado por dar, nos *PM*s dominicais, essa magnífica expressão ao orgulho e heroísmo espiritual que durante séculos se acumularam na alma do judeu genuíno e consciente. Com a criação de um exército judeu, pretendemos transformar esse espírito heroico em feitos heroicos."[125]

Hecht ficou intrigado. Uma segunda carta de Bergson chegou em seguida, e Hecht acabou aceitando encontrar-se com o Comitê para um Exército Judeu no Twenty One Club, em Nova York. Ouviu com atenção os representantes exporem seus planos e sentiu alguma hesitação. Por um lado, não compartilhava a esperança deles de conseguir criar um Estado judeu na Palestina. Por outro, ficou impressionado com a coragem e a tenacidade do grupo. No final, decidiu aderir, mas com duas condições. A primeira era que o exército judeu não deveria incluir judeus americanos (que só estavam habilitados a servir no exército dos Estados Unidos). A segunda era que todos os políticos da Palestina deveriam ficar excluídos.[126]

No ano seguinte, Hecht divulgou a mensagem do comitê a todos que conhecia. Contou aos amigos e colegas que a ideia de um grupo de judeus combatendo os alemães sob sua própria bandeira iria "fazer vibrar todos os judeus do mundo". Disse que isso finalmente iria "devolver o respeito ao nome judeu".[127] Então, em 25 de novembro de 1942, a situação de repente mudou. Algo aconteceu que deixou Hecht perplexo.

Ele leu no jornal que cerca de 2 milhões de judeus na Polônia, Alemanha, Áustria e Holanda haviam sido mortos pelos nazistas. Segundo um relatório confirmado pelo Departamento de Estado, essas mortes representavam o "primeiro passo rumo à completa aniquilação". Todo um esquema brutal havia sido estabelecido: primeiro, os judeus velhos e deficientes eram levados a um cemitério e fuzilados; depois, os demais eram enfiados em vagões de carga cobertos por uma grossa camada de cal ou cloro. Vários passageiros morriam ao inalar as exalações e os que sobreviviam eram enviados a campos de extermínio em Treblinka, Belzec e Sobibor. "Assim, sob o pretexto de uma relocação no leste", anunciava o jornal, "está tendo lugar o assassinato em massa da população judaica".[128]

Esse breve artigo, que apareceu na página dez do *New York Times*, não foi uma surpresa para as autoridades americanas. Já no mês de agosto anterior a missão diplomática americana em Berna havia informado Washington sobre "um plano para exterminar todos os judeus da Alemanha e das áreas controladas pelos alemães na Europa". O Departamento de Estado então acobertou a notícia e insistiu para que o chefe do Congresso Judaico Mundial, dr. Stephen Wise, não dissesse nada sobre o assunto. Na época do relatório original, 1,5 milhão de judeus já haviam sido mortos pelos nazistas; nos três meses de protelação até o anúncio, 1 milhão mais morreu.[129]

Então, duas semanas após o anúncio, os líderes da principal organização da América se reuniram com o presidente Roosevelt. A reunião – a única que Roosevelt concedeu aos líderes judaicos sobre a questão do genocídio – demorou meia hora. Roosevelt começou com uma anedota sobre seus planos para uma Alemanha pós-guerra. Depois, foi direto ao ponto: "O governo dos Estados Unidos está bem ciente da maioria dos fatos que vocês estão agora trazendo à nossa atenção", disse ele. "Infelizmente, recebemos a confirmação de diversas fontes." Ele logo concordou com um pedido dos líderes judaicos, de lançar uma advertência aos nazistas sobre os crimes de guerra e pediu sugestões adicionais. Os líderes judaicos não tinham nenhuma.[130]

Os líderes então foram cada um para o seu lado, e nos meses que se seguiram as principais organizações judaicas não mudaram radicalmente sua pauta de atribuições. O Congresso Judaico Americano elaborou várias propostas concretas de resgate, mas implementou muito poucas. As outras organizações, incluindo o Comitê Judaico Americano e o B'nai B'rith, deram menor atenção ainda à questão do resgate.[131]

Os membros do Comitê para um Exército Judaico ficaram estupefatos com esses desdobramentos. Devido ao seu sionismo militante, haviam se afastado do tronco principal das organizações judaicas no passado, e consequentemente não foram convidados à reunião com Roosevelt, mas, depois de saber do genocídio, mudaram sua linha de ação. Do mesmo modo que haviam posto de lado seu sionismo após a reunião com Ben Hecht, agora de certa forma engavetaram a ideia de um exército judaico. Colocaram as energias numa meta única: o resgate imediato dos judeus da Europa.[132]

Sua primeira ação foi publicar um anúncio de página inteira no *New York Times* em 5 de dezembro intitulado "À Consciência da América". Nele declararam: "Vamos fazer com que uma comissão americana de militares e especialistas do governo não só prepare uma acusação formal desses culpados [...] Vamos encontrar uma maneira de deter esse assassinato por atacado!".[133] Ao longo do ano seguinte, o Comitê por um Exército Judaico publicou dezenas de anúncios nos grandes jornais, sempre pressionando pela mesma coisa: "É a [...] nossa demanda primordial que uma comissão intergovernamental de especialistas militares seja indicada com a tarefa de elaborar maneiras e meios de interromper o assassinato em massa de judeus na Europa. Isso tem que ser feito agora – antes que esse grande maníaco homicida estenda sua política de extermínio a outros povos; antes que ouse introduzir gás venenoso e inicie a guerra bacteriológica".[134]

Ben Hecht escreveu muitos desses anúncios ele mesmo, e em várias ocasiões até assumiu responsabilidade por eles. No início de fevereiro de 1943, por exemplo, ouviu que o governo romeno oferecera transportar 70 mil judeus para local seguro a um custo de 20 mil *lei* por pessoa. Ele refletiu sobre as implicações da oferta e propôs uma manchete chocante:

À VENDA PARA A HUMANIDADE

70 MIL JUDEUS

SERES HUMANOS GARANTIDOS POR $50 CADA

Embaixo, escreveu: "A Romênia cansou de matar judeus. Matou 100 mil em dois anos. A Romênia agora vai distribuir judeus praticamente de graça. Setenta mil judeus estão esperando a morte em campos de concentração romenos... É uma oferta sem precedentes! Setenta mil pessoas por $50 cada! As portas da Romênia estão abertas! Decida já!" No meio desse anúncio, colocou seu nome: Ben Hecht.[135]

Os representantes do Departamento de Estado, que já haviam afirmado que não iriam participar da proposta romena, ignoraram o anúncio.[136] Os líderes das principais organizações judaicas, por sua vez, sentiram-se ultrajados. Acusaram o Comitê para um Exército Judaico de deixar implícito que cada contribuição de US$ 50 iria salvar a vida de um judeu e continuaram a se distanciar do grupo.[137]

Com o passar das semanas, a distância aumentava. Quando os líderes do Congresso Judaico Americano ouviram que Ben Hecht estava planejando uma manifestação no Madison Square Garden em 9 de março, rapidamente organizaram uma manifestação no mesmo local em 1º de março. Vinte mil pessoas compareceram para ouvir discursos naquela noite, do presidente da Federação Americana do Trabalho, William Green; do prefeito de Nova York, Fiorello La Guardia; do líder do Congresso Judaico Mundial, Stephen Wise; e do líder sionista Chaim Weizmann. Depois de negligenciar a questão do resgate por vários meses, o Congresso Judaico Americano de repente recolocava-a em sua agenda.[138]

Depois, foi a vez do evento do Comitê para um Exército Judaico, que superou as expectativas. Esse evento – uma espetacular encenação chamada *We Will Never Die* [Nunca Morreremos] – atraiu um público recorde de 40 mil pessoas. Ben Hecht concebeu a ideia da encenação e arregimentou a ajuda de vários amigos famosos: Billy Rose ficou encarregado da produção; Moss Hart dirigiu; Kurt Weill compôs a música; e Paul Muni, Edward G. Robinson, Frank Sinatra·e o então desconhecido Marlon Brando tiveram cada um seu papel no espetáculo.[139]

Havia apenas um problema: a obra não foi a melhor de Hecht. A encenação começou com uma das imagens usuais de Hecht, um rabino conversando com Deus sobre o assassinato de judeus na Europa. Ao contrário, porém, do personagem do conto "A Pequena Vela", esse rabino não estava debatendo com Deus. Simplesmente lamentava as mortes. "Estamos aqui para homenageá-los e para proclamar a vitória de suas mortes", disse ele, e foi em frente, enumerando uma longa lista das conquistas judaicas. Não houve vergonha ou raiva nessa noite: apenas tristeza e expressão de sentimentos.[140]

Não obstante, *We Will Never Die* ajudou a despertar a consciência da nação para o genocídio. Nas semanas que se seguiram, o Comitê para um Exército Judaico organizou apresentações em Washington, Filadélfia, Chicago, Boston e Hollywood.[141] Depois disso, o Congresso Judaico Americano impediu a realização de espetáculos em outras cidades e a turnê parou de repente.[142] Por volta de abril de 1943, ficou claro que havia dois grupos competindo para apresentar ao público americano seu ponto de vista sobre o resgate: o Comitê para um Exército Judaico por um lado e as organizações judaicas tradicionais por outro.

Então, de 19 a 30 de abril, nas Bermudas, foi realizada uma conferência internacional sobre o tema dos refugiados. Os governos britânico e americano enviaram cada um três delegados e vários especialistas técnicos para as reuniões e, no agradável ambiente de um *resort* no litoral, esses homens vetaram todas as propostas de um resgate em larga escala. Um delegado britânico advertiu que "se Hitler aceitasse uma proposta de liberar talvez milhões de pessoas indesejadas, poderíamos nos ver numa situação muito difícil". Um delegado americano acrescentou que "não havia qualquer dúvida de que o Departamento de Estado iria se opor a realizar quaisquer negociações com a Alemanha". Os diplomatas passaram então o resto do tempo discutindo o destino de 5 mil refugiados judeus na Espanha e ignoraram o imenso número de vítimas na Europa do Leste.[143]

As principais organizações judaicas sentiram-se arrasadas com o resultado da Conferência das Bermudas. Ficaram tão abatidas que a partir de então todas elas abandonaram sua campanha de resgate e centraram forças na criação de um Estado judeu no pós-guerra. Como resultado, o movimento sionista cresceu significativamente nos Estados Unidos nesse período.[144]

O Comitê para um Exército Judaico teve uma reação diferente. Em poucos dias, apareceu no *New York Times* um anúncio imenso: "Para 5 milhões de judeus na armadilha mortal do nazismo, Bermuda foi uma 'Farsa Cruel'".[145] Nas semanas que se seguiram, o Comitê para um Exército Judaico organizou uma conferência própria para concluir o que poderia ser feito para deter o massacre. O evento – uma espécie de anti-Bermuda – envolveu a participação de uma lista impressionante de pessoas, como Herbert Hoover, William Randolph Hearst, Dorothy Parker, Fiorello La Guardia, Harold Ickes e os senadores Guy M. Gillette, Edwin C. Johnson, William Langer, e Elbert D. Thomas.[146]

Após dois anos de campanhas, o Comitê para um Exército Judaico passara de um minúsculo movimento clandestino a uma importante organização americana que lutava pela realização do resgate. Adotou um novo nome para refletir a mudança – Comitê Emergencial para Salvar o Povo Judeu da Europa – e marcou forte presença nos principais jornais. Além de receber considerável apoio editorial de Hearst, o comitê publicou uma nova série de anúncios de impacto. As manchetes falavam por si sós: "Corrida do tempo contra a morte"; "Eles são levados à morte todo dia, mas podem ser salvos"; "Estamos todos diante do tribunal da Humanidade, da História e de Deus"; "Você consegue dormir com a consciência tranquila?".[147]

Como usual, Ben Hecht, que parecia ter recuperado sua raiva e agressividade após a Conferência das Bermudas, escreveu os anúncios mais pungentes. Um de seus melhores esforços foi um poema assustador chamado "Balada dos Judeus Condenados da Europa", que dizia:

> *Four million Jews waiting for death.*
> *Oh hang and burn but – quiet, Jews!*
> *Don't be bothersome; save your breath –*
> *The world is busy with other news.*
> *[...]*
> *Oh World be patient – it will take*
> *Some time before the murder crews*
> *Are done. By Christmas you can make*
> *Your Peace on Earth without the Jews.*[148]*

Ainda mais marcante foi um anúncio que atacava o presidente Roosevelt, que fizera pouco para ajudar os judeus da Europa. Em agosto, Roosevelt ignorara as informações e recomendações fornecidas pelo Comitê Emergencial para Salvar o Povo Judeu ("não acho que isso exija

---

* Milhões de judeus às portas da morte
Ah, enforquem, queimem, mas – quietos, judeus!
Não incomodem, poupem seu fôlego –
O mundo se preocupa com outras coisas.
[...]
Ah, mundo, tenha paciência – vai levar
Um tempo até que as equipes da morte
Terminem. No Natal, vocês poderão dizer:
Paz na Terra, onde não há mais judeus.
(N. do T.)

qualquer resposta no presente momento. – F. D. R."). Em outubro, ele se recusara a receber quatrocentos rabinos ortodoxos que haviam feito uma peregrinação à Casa Branca para pressionar pelo resgate. E em novembro, admitiu não saber se havia sido empreendida qualquer ação para ajudar os judeus na Conferência dos Ministros do Exterior da Rússia, Grã-Bretanha e Estados Unidos em Moscou (nenhuma medida havia sido tomada).[149]

Em resposta a tudo isso, Hecht criou um anúncio com o título "My Uncle Abraham Reports..." [Meu Tio Abrahão Contou que...]. O anúncio começava assim: "Tenho um tio que é um fantasma... Ele foi eleito em abril pelos 2 milhões de judeus que foram mortos pelos alemães para que ele fosse seu Delegado Mundial. Por onde quer que se realizem conferências sobre como tornar o mundo um lugar melhor, meu tio Abrahão aparece e senta no parapeito da janela e toma nota".[150]

"Há bem pouco tempo", o anúncio continuava, "esse fantasma eleito esteve em Moscou. Ele sentou no parapeito da janela do Kremlin, e ouviu atentamente os belos discursos dos ministros da Rússia, Grã-Bretanha e Estados Unidos. Depois voltou aos 2 milhões de judeus mortos para contar o que vira. Contou que os ministros haviam prometido punir os alemães por terem assassinado todos os diversos povos da Europa – tchecos, gregos, sérvios, russos, poloneses –, mas que os judeus não haviam sido mencionados".[151]

De repente, uma mulher fantasma protestou: "O fato de os conferencistas não terem mencionado os 2 milhões de judeus assassinados não será prejudicial para os 4 milhões que ainda estão vivos? Os alemães vão achar que quando matam judeus, Stálin, Roosevelt e Churchill fingem que não está acontecendo nada".[152]

Os outros fantasmas soltaram um grito, e então seu Delegado Mundial ergueu a mão. "Meus filhos", disse ele, "sejam pacientes. Estaremos mortos por muito tempo. Ontem, quando fomos mortos, fomos transformados de Ninguéns em Ninguéns. Hoje, na nossa tumba judaica, não há a Estrela de Davi, há um asterisco. Mas, quem sabe, talvez amanhã !".[153]

O anúncio terminava assim: "Meu tio Abrahão foi até a Casa Branca em Washington. Está sentado no parapeito da janela a meio metro do senhor Roosevelt. Mas jogou fora seu caderno de notas".[154]

Ballad of the Doomed Jews of Europe

by Ben Hecht

FOUR MILLION JEWS waiting for death.
Oh hang and burn but—quiet, Jews!
Don't be bothersome; save your breath—
The world is busy with other news.

Four million murders are quite a smear
Even our State Department views
The slaughter with much disfavor here
But then—it's busy with other news.

You'll hang like a forest of broken trees
You'll burn in a thousand Nazi stews
And tell your God to forgive us please
For we were busy with other news.

Tell Him we hadn't quite the time
To stop the killing of all the Jews;
Tell Him we looked askance at the crime—
But we were busy with other news.

Oh World be patient—it will take
Some time before the murder crews
Are done. By Christmas you can make
Your Peace on Earth without the Jews.

You can prevent their doom

DEMAND OPEN DOORS TO PALESTINE

Do you remember all the high, brave words of the United Nations' statesmen—saying that the Jews of Europe, the Four Million Unmurdered Ones, must be saved and would be saved?

What has been done?

Nothing!

This isn't quite true.

One thing was done. The statesmen met, conferred, debated, and cut off all hope of escape for the surviving Jews of Europe.

Palestine had been the only land eager and ready to receive the Four Million Jews still surviving the great German murder campaign

The doors of Palestine have been closed in the face of the Jews.

Rather than offend the *amour propre* of some unreliable Arab politicians, the United Nations have condemned all the surviving Jews of Europe to death—by closing the only avenue of escape, Palestine.

The murder of the Jews is in full progress.

They are being exterminated at the rate of thousands a day.

If you are not too busy, and there are not too many things on your mind, if you believe there is something a little amiss with allowing Four Million human beings to be murdered in German lime kilns and gas chambers—Four Million who might be saved —write to a Statesman, a Congressman, a Senator, an Alderman, a Judge, a Mayor, a President.

Ask them why the door has been closed.

Ask them whether the world profits more from catering to the political whims of a few Arabs than from saving the lives of millions of men, women and children who are dying because the doors are shut.

Help us to carry out the campaign we are launching to "save the Jews of Europe by opening the doors of Palestine."

COMMITTEE FOR A JEWISH ARMY OF STATELESS AND PALESTINIAN JEWS

National Headquarters, 535 Fifth Ave., New York 17, N. Y. Murray Hill 2-7237

This Committee, under the Chairmanship of Senator Edwin C. Johnson, is dedicated to the task of saving the lives and dignity of the Hebrew people of Europe and Palestine. It has gained the moral support of leaders from all walks of American life.

Seventy military authorities, 40 Senators, 210 Congressmen, 22 Governors, 115 government officials, 82 jurists and justices, 80 mayors, 314 clergymen and rabbis, 54 labor leaders, 290 educators, 422 authors, newspapermen, columnists, 254 artists; 112 lawyers and attorneys, 98 doctors, and many hundreds more have endorsed the principles and objectives of this movement by signing the "Proclamation on the Moral Rights of the Stateless and Palestinian Jews."

----WE NEED YOUR HELP----

I want to support your campaign to "Save European Jewry by opening the doors of Palestine"—to help publicize your messages through the press, radio and public meetings throughout the country. I am glad to enclose my check in the amount of $..........

Name ....

Address ....

PLEASE MAKE YOUR CHECK PAYABLE TO ALEX WILF, TREASURER, COMMITTEE FOR A JEWISH ARMY OF STATELESS AND PALESTINIAN JEWS, 535 FIFTH AVENUE, NEW YORK 17, N. Y.

[By a ruling of the Treasury Department, contributions to this Committee are tax exempt.]

Uma das tentativas de Ben Hecht de chamar a atenção do público americano para o genocídio dos judeus. Este anúncio do Comitê para um Exército Judaico apareceu no *New York Times* em 14 de setembro de 1943.

Roosevelt leu vários desses anúncios e, segundo sua esposa e seu principal redator de discursos, não estava nem um pouco satisfeito com seu teor. Queixou-se particularmente de "My Uncle Abraham Reports..." Ele acabou descobrindo que o Comitê Emergencial estava fazendo pressão sobre ele não só nos jornais, mas também em Washington. Em 9 de novembro de 1943, um grupo de senadores e deputados filiados ao Comitê Emergencial apresentou uma resolução pedindo que criasse "uma comissão de especialistas diplomáticos, econômicos e militares" para salvar os judeus que ainda estivessem vivos. A resolução teve forte apoio do Senado, mas os mais destacados líderes judeus e seis dos sete congressistas judeus recusaram-se a apoiá-lo.[155] O rabino Stephen Wise explicou que a resolução era inadequada porque não recomendava abrir a Palestina a uma imigração judaica irrestrita.[156]

Mesmo assim, Roosevelt estava sendo colocado numa posição em que tinha pouca escolha, a não ser agir. Em 16 de janeiro de 1944, recebeu uma visita do secretário do tesouro, Henry Morgenthau Jr., que apresentou-lhe um documento condenatório intitulado "Relatório [...] sobre a Aquiescência desse Governo em Relação ao Assassinato dos Judeus", além de uma proposta de ação executiva para criar uma comissão de resgate. Roosevelt sugeriu uma pequena mudança e concordou em levar adiante o plano.[157]

Havia um último fator que contribuiu para a decisão de Roosevelt de expedir sua ação executiva em 22 de janeiro. Por volta da mesma época em que foi visitado por Morgenthau, ele foi procurado pelo influente empresário judeu Bernard Baruch – e Baruch havia sido recrutado por ninguém menos que Ben Hecht. Hecht soube do resultado do encontro por meio de um amigo: "nosso encantador homem alto de cabelos brancos [Baruch] evidentemente conseguiu fazer parte do seu trabalho com o chefe [Roosevelt]. Ele me ligou de Washington logo cedo, dois dias antes que o chefe anunciasse a criação de uma Comissão de Refugiados. Desde então tenho discutido isso com ele, mas acho que não caberia colocar numa carta a história de como isso aconteceu [...] Ele insiste muito em que o nome dele nunca seja mencionado em conexão com qualquer esforço que possa ter feito em favor dessa causa [...] Não estou menosprezando a grande contribuição da organização de Peter [o comitê

Emergencial para Salvar o Povo Judeu da Europa]. Acho que ele ajudou muito, mas não me surpreenderia nem um pouco se nossa amizade com o velho garoto ajudasse a trazer as coisas para uma definição".[158]

Hecht também recebeu uma carta de um membro-chave do Comitê Emergencial, Samuel Merlin: "Estou lhe enviando alguns recortes de jornal sobre a criação pelo presidente de um Conselho de Refugiados de Guerra [...] Tenho bastante certeza de que essa tremenda conquista é, pelo menos em parte, resultado do seu esforço pessoal, e do seu amigo, junto à Casa Branca. Não acho que minha intuição ou minha capacidade de avaliar os desdobramentos estejam me enganando nesse ponto. De qualquer modo, estou me congratulando com você por seus esforços".[159]

E, assim, finalmente, o governo americano empreendeu alguma ação. Mais de um ano após o anúncio de um extermínio sistemático de judeus, Franklin D. Roosevelt fez o que o Comitê para um Exército Judaico (mais tarde, Comitê Emergencial) vinha pedindo o tempo todo: criou um órgão governamental para resgatar as vítimas. Infelizmente, agiu apenas na última hora, quando era pressionado por todos os lados, e não deu ao órgão financiamento adequado ou suficiente apoio governamental. Não obstante, sua ação executiva teve um impacto importante: ao final da Segunda Guerra Mundial, o Conselho de Refugiados de Guerra havia ajudado a salvar perto de 200 mil judeus.[160]

Após a criação do Conselho, o Comitê Emergencial perdeu força. O presidente, Peter Bergson, agradeceu ao presidente Roosevelt: "por sua ação, o senhor se tornou para nós um símbolo vivo da Democracia".[161] Apenas Ben Hecht continuou irredutível. Ele não quis créditos por seu papel na criação do Conselho de Refugiados de Guerra. Pensou apenas nas vidas que poderiam ter sido salvas. Um dia, num período posterior da guerra, escreveu à sua esposa: "Enquanto Hitler brincava de açougueiro com os judeus, Roosevelt e o governo dos Estados Unidos assistiam sentados – não impotentes, mas indiferentes –, recusando-se a salvar, consolar, ameaçar ou mesmo se referir a esse crime em massa. A atitude de Roosevelt-Churchill em relação aos judeus passará à história como parte do plano [nazista] de extermínio".[162]

O veredito de Hecht sobre a administração Roosevelt foi duro e nunca mudou. Seu veredito sobre o Comitê Emergencial, ao qual ele chegou somente anos mais tarde, foi mais indulgente. Admitiu que ele e os outros membros do Comitê haviam falhado em seu objetivo básico, ou seja, salvar os judeus da Europa. Mas em outro aspecto, disse ele, haviam aberto caminho. Numa frase que diferia notavelmente da proclamação de Peter Bergson ao presidente Roosevelt, Hecht descreveu o que considerou como a verdadeira conquista do Comitê Emergencial: "Estávamos criando uma nova escola de judeus no Estados Unidos – uma escola que se recusava a acreditar cegamente nas virtudes de seus inimigos vestidos de Democracia".[163]

Embora essa frase possa ter sido enunciada em termos muito pesados, ela capta bem a grande contribuição de Ben Hecht para a causa judaica. Numa época em que a maioria dos judeus americanos tinha medo de criar caso, quando um número significativo deles estava nervoso demais até mesmo para se identificar como judeus, ele escolheu um caminho diferente. Não fugiu de sua herança judaica numa tentativa desesperada de se identificar a todo custo como americano. Em vez disso, compreendeu que na América ele também podia ser judeu. Podia usar seus dons e talentos para expor o fracasso da administração Roosevelt em fazer alguma coisa a respeito do extermínio de seu povo. Em seu período crítico, a voz de Ben Hecht foi a que se fez ouvir mais alto, a mais corajosa voz judaica na América. Suas palavras mudaram o que significava ser judeu americano.[164]

E aí estava a coisa verdadeiramente notável: Ben Hecht vinha de um lugar que por cerca de oito anos colaborara com a Alemanha nazista. Ele não sabia dessa colaboração, é claro. Não sabia que o seu próprio cinema havia sido fonte de grande prazer para as plateias alemãs ao longo da década de 1930. Certamente não sabia que seus empregadores haviam reinvestido os lucros de seus filmes em noticiários nazistas e armamentos alemães, e que haviam ido a toda sorte de outros extremos a fim de proteger seus investimentos na Alemanha. Sabia apenas que não permitiam que ele escrevesse um roteiro cinematográfico sobre o que os nazistas estavam fazendo com os judeus.

Hecht naturalmente partia da suposição de que seus empregadores, como muitos outros membros da comunidade judaica, agiam movidos pelo medo. Não adivinhou que estavam aproveitando esse medo em benefício próprio. Não tinha ideia de que quando diziam que não queriam criar caso, estavam na realidade tentando não perder seus negócios na Alemanha.

Porém, depois de participar desse sistema por tantos anos, Ben Hecht de repente partiu na direção oposta. Gritou mais alto e com mais vigor do que qualquer um sobre o que os nazistas estavam fazendo com os judeus. E no início de 1944, por volta da época da criação do Conselho de Refugiados de Guerra, escreveu um livro sobre o tema. Chamou-o de *A Guide for the Bedevilled* [Guia para os Confusos] e, apesar de tê-lo concebido originalmente como uma discussão direta e aberta do antissemitismo, aos poucos mudou o curso. Viu-se refletindo sobre algo bem diferente.

"Hollywood", anunciou ele, "é uma cidade, uma indústria, um império de produção de brinquedos, inventado por judeus, dominado por judeus, e que foi levado a florescer como a terra de Salomão – por judeus e alguns poucos valentes irlandeses. Essa é a verdade, e se você deseja procurar seu sentido profundo, é nessa verdade que você deve procurar".[165]

Hecht sabia que ao fazer esse anúncio iria deleitar os antissemitas do mundo todo. Também sabia que iria enfurecer os chefes de estúdio, mas não se importava. Estava orgulhoso do fato de Hollywood ter sido inventada por judeus. Via Hollywood como uma das grandes realizações judaicas. O único problema, no seu entender, era que os chefes de estúdio não compartilhavam seu orgulho. Na verdade, eles haviam removido todas as imagens de judeus das telas. "O maior fenômeno judaico isolado em nosso país nos últimos vinte anos", disse ele – esse foi seu segundo anúncio – "tem sido o quase completo desaparecimento do judeu da ficção americana, dos palcos, do rádio e do cinema... E os maiores culpados por esse falso esquecimento, por esse perigoso exílio, são os filmes".[166]

Hecht não sabia dos detalhes por trás desse desaparecimento. Não tinha ideia de que o cônsul alemão em Los Angeles havia montado uma feroz campanha contra o filme *The Mad Dog of Europe*, de Herman Mankiewicz, e que como resultado disso os chefes de estúdio haviam decidido não fazer nenhum filme sobre a perseguição de Hitler aos judeus. Não tinha ideia de que esses eventos haviam levado à realização de outro filme, *The House of Rothschild*, que ficara tão horrível que os chefes de estúdio decidiram não fazer mais nenhum filme sobre judeus. Sabia apenas que, quando era jovem, havia dezenas de filmes sobre judeus, e agora não havia nenhum.

Hecht questionara seus empregadores várias vezes a respeito disso. "Por que", ele perguntou-lhes com insistência, eles não "se erguem como os grandes de Hollywood e se posicionam em seus filmes contra o assassinato de seus irmãos pelos alemães?". A resposta, eles alegavam, era óbvia: "Embora fossem os donos, os filmes não eram para ser usados impositivamente para uma defesa específica dos judeus [...] Pois o povo americano confia que eles são americanos, e não judeus. É um pacto implícito entre os fãs de cinema e os realizadores de que não há nada de judaico na coisa toda".[167]

Hecht não sabia da colaboração ocorrida a partir da década anterior, então interpretou essas declarações ao pé da letra. De início, ficou confuso, porque seus empregadores haviam defendido muitos outros grupos oprimidos em seus filmes, e então lembrou de uma declaração de Romain Rolland: "Há pessoas que têm a coragem de morrer pela causa de outras que não têm sequer a coragem de falar em defesa própria".[168]

Foi a maneira que Hecht encontrou de explicar a si mesmo as ações de seus empregadores, e talvez, em certa medida, estivesse certo. Talvez seus empregadores fossem capazes de defender os outros, mas não a si mesmos. Mas o passado deles – seu comportamento real – era mais significativo do que quaisquer especulações sobre seu caráter. E por quase oito anos, em concordância com os desejos do governo alemão, eles haviam treinado a si mesmos a não dizer nada sobre a perseguição aos judeus.

Esse treinamento continuou a exercer influência sobre eles quando pararam de fazer negócios com a Alemanha, e chegou até a influenciá-los no último ano da guerra. Enquanto o Conselho de Refugiados de Guerra salvava vidas de judeus, os chefes de estúdio faziam apenas as mais esparsas referências aos judeus em seus filmes. A contribuição da MGM, *The Seventh Cross* [A Sétima Cruz] mostrava a fuga de sete prisioneiros de um campo de concentração, um dos quais, um homem chamado Beutler, era judeu. Segundo um memorando da produção, "razão para identificar Beutler como judeu: a ideia geral nesse país é que todos os prisioneiros de campo de concentração são judeus. Portanto, tornar *um* deles judeu deixa implícito que os outros não são".[169]

Em todos os anos da guerra, houve apenas um filme menor que revelava o que os nazistas estavam fazendo com os judeus. Era *None Shall Escape* [Ninguém Escapará ao Castigo] (Columbia Pictures, 1944), um filme de tribunal ambientado no futuro, no qual líderes nazistas são julgados por seus crimes. Num *flashback* que é mostrado na parte final do filme, um grupo de judeus estava sendo colocado num trem, presumivelmente para ser levado a um campo de concentração. Enquanto embarcam no trem, seu rabino se dirige a eles. Diz-lhes que seus modos pacíficos haviam fracassado e que era hora de fazer frente a seus opressores. Eles reagem atacando os nazistas em volta deles e são todos mortos. Então o rabino vira-se para o chefe nazista e antes de ser baleado diz: "Nunca iremos morrer".[170]

Da perspectiva de Hecht, isso era muito pouco, e chegava tarde demais. Uma cena de cinco minutos num filme sobre um futuro julgamento de crimes de guerra não era algo que pudesse satisfazê-lo. Depois de anos resistindo como judeu, ele concebera muitas outras ideias. E perto do final de *A Guide for the Bedevilled* esboçou uma delas – um filme ambientado num tempo e lugar totalmente diferentes, no qual a indiferença humana causava um imenso número de mortes desnecessárias. Então, numa jogada incomum, ele imaginou a si mesmo apresentando a ideia a algum dos grandes executivos de Hollywood.

"É no mundo desses indiferentes que o antissemitismo floresce", diz ele ao executivo, "o antissemitismo e todas as demais coisas estúpidas. São essas 'pessoas boas' que tornam possível todo o horror e as desgraças – por causa de sua bondade disfuncional, por seu feroz orgulho pelo pouco que sabem, por sua preguiça abominável [...] Se eu procurar o vilão responsável pelo assassinato de 3 milhões de judeus, devo, como homem honesto, apontar não uns poucos antissemitas. Devo atacar o mundo de um polo a outro".[171]

O executivo imaginário ouve Hecht e sorri. "Você veio ao lugar errado para exercer esse tipo de atividade", diz ele, "Hollywood não é Armagedon. Aqui não buscamos fazer a verdade triunfar por meio do recurso dúbio de matar todos os seus inimigos. A quem iríamos vender nossos filmes nesse caso? A cadáveres? Se você quer lutar contra o mundo, não pode ser ingênuo a ponto de pedir que o mundo se alinhe do seu lado. Você deve seguir em frente sozinho. E aqui está seu filme. Leve-o com você. Não acho que a gente possa desperdiçar mais tempo com ele".[172]

Nesse ponto, o devaneio de Hecht termina. Ele diz não ter gostado particularmente dele. Deixa sua mente vagar e acaba deparando com outro devaneio. Imagina um mundo no qual os judeus contribuem tanto, tão abertamente e com tal entusiasmo que suas contribuições não precisam mais ser chamadas de "judaicas". Um mundo no qual seus talentos são acolhidos sem qualquer marca de "alteridade"; um mundo no qual podem ser eles mesmos. "Esse é um vislumbre muito remoto, mas é a única terra prometida no horizonte", disse ele. E essa terra prometida, ele sabia que tinha algo a ver com Hollywood.[173] Ele havia feito mais do que qualquer outra pessoa para levar seu povo a essa terra, mas não viveu para ver isso acontecer.

EPÍLOGO

EM 16 DE JUNHO DE 1945, UM MÊS E NOVE DIAS APÓS A RENDIÇÃO DA ALEMA-nha, uma dúzia de executivos de companhias de cinema se reuniu no Pentágono em Washington. Estavam prestes a embarcar para uma viagem de três semanas pela Europa a convite do supremo quartel-general do comandante das Forças Aliadas. O grupo incluía Jack Warner, da Warner Brothers; Darryl Zanuck, da Twentieth Century-Fox; Harry Cohn, da Columbia Pictures; Clifford Work, da Universal Pictures; Barney Balaban, da Paramount; e Eddie Mannix; da MGM (braço-direito de Louis B. Mayer). Também estava presente Francis Harmon, um funcionário do Escritório Hays que ajudara a organizar a viagem.[1]

Depois de um almoço agradável com vários oficiais de alto escalão, o general do Exército George Marshall contou aos executivos por que eles estavam indo à Europa. Disse que queria que tivessem uma compreensão em primeira mão das condições da guerra e do pós-guerra.[2] Passou-lhes um itinerário detalhado, que incluía visitas a vários marcos europeus e um *tour* pelos campos de concentração da Alemanha.[3] Ao que parece, esperava desses embaixadores culturais que testemunhassem a devastação e as atrocidades e as incorporassem a seus filmes.

Os executivos ouviram com atenção o que o general Marshall dizia. Naturalmente, tinham suas próprias motivações para ir à Europa. Acima de tudo, estavam ansiosos para restabelecer um mercado para seus filmes na Alemanha. Voltando ao início de 1944, Darryl Zanuck contou a um dos assessores mais próximos do presidente Roosevelt que queria abolir a indústria cinematográfica alemã após a guerra e substituí-la por unidades subsidiárias das companhias americanas.[4] Um ano depois disso, Harry Warner enviou uma proposta similar ao presidente.[5] Nessa época, essas ideias haviam encontrado forte resistência da parte de altos oficiais do governo, como o secretário assistente da guerra, John J. McCloy: "a consequência lógica disso equivale a um controle Aliado contínuo de todo o setor cinematográfico e da cultura [alemães] e isso beira a insensatez".[6] Mas os executivos à mesa no Pentágono estavam otimistas. Zanuck acabara de se encontrar com o novo presidente, Harry S. Truman, e a reunião havia transcorrido muito bem.[7]

Os executivos estavam todos vestindo uniformes de oficiais do exército quando embarcaram no avião no dia seguinte. Nas primeiras duas semanas da viagem, compareceram a diversos coquetéis, almoços, jantares e reuniões em Londres e Paris. Depois, foram para a Alemanha. Em 1º de julho, visitaram Hamburgo e viram os inacreditáveis danos sofridos pela cidade. "Debaixo de nosso avião", observaram, "abria-se todo o vasto panorama da destruição urbana".[8] Em 2 de julho, planejavam ir até o campo de concentração de Buchenwald para ver os "crematórios onde milhares de corpos haviam sido queimados" e as "pilhas de ossos e cinzas de humanos"[9], mas o mau tempo impediu o voo, então ficaram em Hamburgo um dia a mais e reuniram-se com oficiais locais, um dos quais lhes contou "que uma dieta de fome não combina com uma casa sem aquecimento, assim como um filme dançante com música suingada não combina com um ambiente assim".[10]

Em 3 de julho, os executivos voaram a Munique. A ideia era começar o dia com uma visita a Berchtesgaden: "Quem quiser ver o fabuloso retiro nazista de Hitler pode ir [fazer a escalada]. O 'ninho' está em bom estado, com móveis etc. ainda intactos. Os outros podem permanecer na base. A vista é linda".[11] Mas não havia tempo hábil para isso, então os executivos se contentaram com uma visita à Casa Marrom (o quartel-general do Partido Nazista) e à cervejaria onde Hitler dera seu golpe. Jack Warner bateu uma foto da cervejaria e marcou a entrada com sua caneta.[12]

Os executivos também fizeram uma viagem de carro a Dachau naquele dia, mas não deixaram um registro muito extenso de sua reação. "Na época de nossa visita, restavam no campo menos de 5 mil internos dos 38 mil", observou um dos membros do grupo. "Esses recuperavam-se de doenças e da desnutrição."[13] Jack Warner bateu algumas fotos, e depois os executivos foram embora.[14] Seguiram de carro para Munique e tiveram "um jantar festivo e uma celebração".[15]

Nos dias finais de seu *tour* pela Alemanha, de 4 a 6 de julho, os executivos foram a Frankfurt, onde tiveram contato com o general Robert A. McClure, diretor da Divisão de Psicologia de Guerra. McClure perguntou-lhes: "O que os senhores poderiam fazer para nos ajudar em nossa tarefa principal de promover a paz?". Os executivos responderam que sua visita "marcava a primeira oportunidade de representantes responsáveis da indústria cinematográfica americana conversarem com alguém dentro da Alemanha"; que eles "tinham um suprimento de doze anos de longas e curtas-metragens que não haviam sido exibidos na Alemanha"; e que havia "1.400 cinemas à disposição para vencer a batalha pela Alemanha".[16]

Seguiram-se mais reuniões, e em 6 de julho os executivos tiveram um "clímax adequado" para a sua visita à Alemanha. Durante seis horas, fizeram um cruzeiro pelo rio Reno no iate pessoal de Hitler. Viram muitas atrações lindíssimas, como o Lorelei, o Castelo de Katz e a cidade de Coblenz, e foram-lhes servidos almoço e petiscos a bordo. Um fotógrafo da divisão de comunicações do Exército estava presente para registrar a ocasião. Numa foto tomada de um ângulo baixo, dois executivos – Jack Warner e Harry Cohn – observam o esplendor da paisagem germânica desdobrando-se diante de seus olhos.[17]

Alguns dias mais tarde, a viagem se encerrou, e os executivos de cinema voltaram aos Estados Unidos. Francis Harmon esboçou um relatório ao Departamento da Guerra, que enviou aos executivos para sua aprovação. Ele primeiro expressava gratidão por aquela oportunidade única de ver a Europa imediatamente após a guerra. Depois, observou que o setor cinematográfico alemão seria logo restabelecido, e escreveu: "Fomos informados [...] de que quando os cinemas na Alemanha reabrirem, os filmes serão mostrados a plateias pagantes e, portanto, os termos em que eles deverão ser distribuídos e exibidos terão que ser definidos. Os representantes do setor estão preparados para empreender as necessárias discussões a qualquer momento".[18]

Prontamente, Harmon recebeu uma série de telegramas urgentes de Jack Warner. "Não achamos que caiba aconselhar que a indústria alemã de cinema seja restabelecida", disse Warner. "Estou certo de que podemos produzir no nosso país todos os filmes necessários à Alemanha. Não pretendo sugerir que a indústria de cinema alemã seja restabelecida ou que se incentive de nenhuma maneira a retomada da produção de cinema na Alemanha." Warner então acrescentou que a produção de películas também deveria ser proibida na Alemanha: "Como a fabricação de película é muito próxima à produção de TNT, ela é absolutamente desaconselhável na minha opinião".[19]

Harmon respondeu a Warner destacando que a política do governo dos Estados Unidos era "fazer com que os alemães se alimentassem e se vestissem por si mesmos e que providenciassem eles mesmos outros itens necessários". Não obstante, ele concordou em suprimir o trecho sobre película cinematográfica, e inseriu uma frase cuidadosamente redigida sobre a produção doméstica de filmes: "Deve ser viável produzir filmes na Alemanha exclusivamente para o mercado alemão usando atores alemães e técnicos alemães sob a mais atenta supervisão americana".[20]

Foto da Divisão de Comunicações do Exército dos Estados Unidos: grupo de executivos de cinema americanos viajando pelo continente fazem uma viagem pelo Reno, no iate pessoal de Hitler, que lhe foi presenteado pela cidade de Colônia. Eddie Mannix (o segundo a partir da direita), Jack Warner (terceiro a partir da direita).

Mesmo depois que todas essas alterações foram feitas, Jack Warner continuou preocupado. Ele insistiu para que Harmon acrescentasse a seguinte mensagem no final do relatório: "Se é verdade [...] que 'quem controla o cinema controla a Alemanha' e se os Aliados não vão permitir que os alemães remontem a sua indústria bélica, não devem permitir também, de forma alguma, mesmo que temporariamente, que reconstruam sua indústria cinematográfica".[21]

Foto da Divisão de Comunicações do Exército dos Estados Unidos: (E-D) o senhor Jack Warner, produtor executivo e vice-presidente da Warner Brothers, e o senhor Harry Cohn, presidente da Columbia, membros do grupo de executivos de cinema americano em viagem pelo continente, observam a paisagem da amurada durante uma viagem pelo Reno no iate pessoal de Hitler.

O relatório foi enviado, e nada mais foi dito sobre a viagem europeia. Nos anos que se seguiram, porém, os resultados foram claramente discerníveis. Os executivos haviam testemunhado a devastação promovida pela guerra e visitado um dos mais notórios campos de concentração da Europa, haviam visto em primeira mão um dos locais onde o assassinato de judeus tivera lugar. Mas não colocaram isso na tela.[22] Ainda iriam se passar décadas antes que qualquer referência a esse crime aparecesse nos longas-metragens americanos.[23]

Na Alemanha, por outro lado, a indústria de cinema doméstica levou anos para se recuperar, e as plateias foram capazes de assistir a todos os filmes de Hollywood que haviam perdido durante a guerra.

NOTAS

PRÓLOGO

1   *King Kong*, dirigido por Merian C. Cooper e Ernest B. Schoedsack (RKO, 1933).

2   Relatório *Oberprüfstelle* 6910, "*King Kong*", 15 de setembro de 1933. Deutsches Filminstitut, Frankfurt (a partir de agora, Deutsches Filminstitut). Todas as traduções são minhas, exceto quando indicado de outro modo. Na primeira metade dessa introdução, passei o registro da discussão na reunião da censura para o discurso direto. Preservei o sentido original em todo o trecho.

3   Ênfase minha.

4   Relatório *Oberprüfstelle* 6910, "*King Kong*", 15 de setembro de 1933.

5   *Ibidem*. Ênfase minha.

6   *Ibidem*. Ênfase minha.

7   Relatório *Oberprüfstelle* 6910, "*King Kong*", 5 de outubro de 1933. Deutsches Filminstitut. Ênfase minha.

8   *Ibidem*.

9   *Ibidem*.

10 Thomas Jefferson, *Notes on the State of Virginia* [1785] (Nova York: Penguin, 1999), 145.

11 Relatório *Oberprüfstelle* 6910, "*King Kong*", 5 de outubro de 1933.

12 *Ibidem*.

13 George Canty, "Economic and Trade Notes 158", 25 de janeiro de 1934, Commercial Attachés in Germany 1931-1940, RG 151, National Archives and Records Administration, College Park, Maryland (a partir de agora, National Archives); cartazes de *King Kong*, *Der Angriff*, 30 de novembro de 1933, 15, e 1º de dezembro de 1933, 7.

14 "Filmtechnik besiegt die Urwelt: 'Die Fabel von King-Kong'", *Völkischer Beobachter*, 3-4 de dezembro de 1933, 5-6.

15 "Die Fabel von King Kong", *Der Angriff*, 2 de dezembro de 1933, 6.

16 Ernst Hanfstaengl, *Zwischen Weissem und Braunem Haus: Memoiren eines politischen Aussenseiters* (Munique: R. Piper & Co. Verlag, 1970), 314.

17 André Bazin, *What Is Cinema?* vol. 1 (Berkeley: University of California Press, 1967), 29. Para relatos sobre o sistema de estúdios na era de ouro, ver David Bordwell *et al. The Classical Hollywood Cinema: Film Style & Mode of Production to 1960* (Nova York: Columbia University Press, 1985); Thomas Schatz, *The Genius of the System: Hollywood Filmmaking in the Studio Era* (Nova York: Pantheon Books, 1988).

18 Os registros do Bureau of Foreign and Domestic Commerce dos National Archives (RG 151) contêm 22 caixas de relatórios de adidos comerciais americanos situados em Berlim na década de 1930. Esses relatórios incluem estatísticas sobre o tempo em que os filmes americanos ficaram em cartaz nos cinemas em sua primeira temporada. Os estudos clássicos sobre o cinema alemão e a censura alemã não discutem a popularidade dos filmes de Hollywood no Terceiro Reich. Ver Gerd Albrecht, *Nationalsozialistische Filmpolitik: Eine soziologische Untersuchung* über *die Spielfilm des Dritten Reichs* (Stuttgart: Ferdinand Enke Verlag, 1969); Wolfgang Becker, *Film und Herrschaft: Organisationsprinzipien und Organisationsstrukturen der nationalsozialistischen Filmpropaganda* (Berlim: Verlag Volker Spiess, 1973); Jürgen Spiker, *Film und Kapital: Der Weg der deutschen Filmwirtschaft zum nationalsozialistischen Einheitskonzern* (Berlim: Verlag Volker Spiess, 1975); Kraft Wetzel e Peter A. Hagemann, *Zensur-Verbotene deutsche Filme 1933-1945* (Berlim: Verlag Volker Spiess, 1978); Klaus-Jürgen Maiwald, *Filmzensur im NS-Staat* (Dortmund: Nowotny, 1983); David Welch, *Propaganda and the German Cinema, 1933-1945* [1983] (Nova York: I.B. Tauris, 2001). Há um capítulo sobre o impacto dos filmes de Hollywood no cinema nazista em Eric Rentschler, *The Ministry of Illusion: Nazi Cinema and Its Afterlife* (Cambridge, MA: Harvard University Press, 1996), 99-122.

19 Livros anteriores sobre esse assunto não revelam a colaboração entre os estúdios americanos e o regime nazista. Um livro fornece uma rica exploração de material de arquivo: Markus Spieker, *Hollywood unterm Hakenkreuz: Der amerikanische Spielfilm im Dritten Reich* (Trier: Wissenschaftlicher Verlag Trier, 1999). Um livro mais recente fornece um relato vívido, mas que se limita a reportagens que apareceram nos jornais comerciais americanos: Thomas Doherty, *Hollywood and Hitler, 1933--1939* (Nova York: Columbia University Press, 2013). Entre os estudos mais gerais sobre o retrato feito por Hollywood dos ditadores estrangeiros, estão Benjamin L. Alpers, *Dictators, Democracy, and American Public Culture: Envisioning the Totalitarian Enemy, 1920s-1950s* (Chapel Hill: University of North Carolina Press, 2003); David Welky, *The Moguls and the Dictators: Hollywood and the Coming of World War II* (Baltimore, MD: Johns Hopkins University Press, 2008). *Ver também* Anthony Slide "Hollywood's Fascist Follies," *Film Comment* (julho-agosto de 1991): 62-67.

20   *The Tramp and the Dictator*, dirigido por Kevin Brownlow e Michael Kloft (Photoplay Productions, 2002). Budd Schulberg é mais conhecido por seu controvertido romance sobre Hollywood, *What Makes Sammy Run?* Segundo Schulberg, quando seu romance foi lançado, Louis B. Mayer disse a seu pai, B. P. Schulberg (um ex-executivo da Paramount), "sabe o que deveríamos fazer com ele? Deveríamos deportá-lo!". Budd Schulberg, "What Makes Sammy Keep Running?" *Newsday*, 2 de agosto de 1987, 9. *Ver também* Schulberg, *Moving Pictures: Memories of a Hollywood Prince* (Nova York: Stein and Day, 1981).

21   Para relatos sobre antifascismo de Hollywood, ver Colin Schindler, *Hollywood Goes to War: Films and American Society, 1939-1952* (Boson: Routledge, 1979); Edward F. Dolan Jr., *Hollywood Goes to War* (Twickenham: Hamlyn, 1985); Clayton R. Koppes, *Hollywood Goes to War: How Politics, Profits, and Propaganda Shaped World War II Movies* (Berkeley: University of California Press, 1987); Allen L. Woll, *The Hollywood Musical Goes to War* (Chicago: Nelson-Hall, 1983); Michael S. Shull e David E. Wilt, *Doing Their Bit: Wartime American Animated Short Films, 1939--1945* (Jefferson, NC: McFarland & Company, 1987); Bernard F. Dick, *The Star--Spangled Film: The American World War II Film* (Lexington: University Press of Kentucky, 1985); Thomas Doherty, *Projections of War: Hollywood, American Culture, and World War II* (Nova York: Columbia University Press, 1993); Michael S. Shull e David E. Wilt, *Hollywood War Films, 1937-1945: An Exhaustive Filmography of American Feature-Length Motion Pictures Relating to World War II* (Jefferson, NC: McFarland & Company, 1996); Michael E. Birdwell, *Celluloid Soldiers: The Warner Bros. Campaign against Nazism* (Nova York: New York University Press, 1999).

22   De Deutsche Fox-Film para Wilhelm Brückner, 10 de janeiro de 1938, NS 10, vol. 125, Bundesarchiv, Berlim (a partir de agora, Bundesarchiv).

23   Para estudos sobre os negócios que outras companhias americanas fizeram com os nazistas, ver Edwin Black, *IBM and the Holocaust: The Strategic Alliance between Nazi Germany and America's Most Powerful Corporation* (Nova York: Crown Publishers, 2001); Edwin Black, *Nazi Nexus: America's Corporate Connections to Hitler's Holocaust* (Washington, DC: Dialog Press, 2009); Henry Ashby Turner Jr., *General Motors and the Nazis: The Struggle for Control of Opel, Europe's Biggest Carmaker* (New Haven: Yale University Press, 2005); Charles Higham, *Trading with the Enemy: An Exposé of the Nazi-American Money Plot, 1933-1949* (Nova York: Delacorte Press, 1983); Reinhold Billstein *et al.*, *Working for the Enemy: Ford, General Motors, and Forced Labor in Germany during the Second World War* (Nova York: Bergham Books, 2000).

24   Ver, por exemplo, George Canty, "German Film Developments", 27 de dezembro de 1934, Commercial Attachés in Germany 1931-1940, RG 151; De Douglas Miller para a embaixada americana, 14 de maio de 1936, File Class 281: Germany 1930--1945, RG 151, National Archives.

25 Sobre as origens judaicas dos executivos de Hollywood, ver Neal Gabler, *An Empire of Their Own: How the Jews Invented Hollywood* (Nova York: Crown Publishers, 1988).

26 Existem alguns estudos com boa pesquisa sobre os mercados de exportação de Hollywood nesse período, que incluem seções sobre como Hollywood mudou as versões estrangeiras de filmes americanos. Um dos argumentos centrais desse livro, porém, é que as negociações com a Alemanha nazista eram radicalmente diferentes das negociações com outras nações. Primeiro, Hollywood em geral mudava seu filmes apenas para mercados específicos, não (como os nazistas insistiam) para o mundo inteiro. Segundo, os negócios regulares com outras democracias ou monarquias constitucionais não podem ser comparados aos arranjos de negócios feitos com um regime totalitário. Sobre as negociações de Hollywood com países estrangeiros, ver Kristin Thompson, *Exporting Entertainment: America in the World Film Market, 1907-1934* (Londres: BFI Publishing, 1985); Ian Jarvie, *Hollywood's Overseas Campaign: The North Atlantic Movie Trade, 1920-1950* (Cambridge: Cambridge University Press, 1992); Ruth Vasey, *The World According to Hollywood, 1918--1939* (Madison: University of Wisconsin Press, 1997); John Trumpbour, *Selling Hollywood to the World: U.S. and European Struggles for Mastery of the Global Film Industry, 1920-1950* (Cambridge: Cambridge University Press, 2002). Para um estudo sobre o período, ver John Eugene Harley, *World-Wide Influences of the Cinema: A Study of Official Censorship and the International Cultural Aspects of Motion Pictures* (Los Angeles: University of Southern California Press, 1940).

I. A OBSESSÃO DE HITLER POR CINEMA

1 Nicolaus von Below, *Als Hitlers Adjutant 1937-1945* (Mainz: Von Hase & Koehler, 1980), 33, 152, 282-283; Fritz Wiedemann, *Der Mann, der Feldherr werden wollte: Erlebnisse und Erfahrungen des Vorgesetzten Hitlers im 1. Weltkrieg und seines späteren Persönlichen Adjutanten* (Velbert: Bild + Bild Verlag für politische Bildung, 1964), 68--78. *Ver também* Ian Kershaw, *Hitler 1889-1936: Hubris* (Londres: Penguin, 1998), 534-535; Kershaw, *Hitler 1936-1945: Nemesis* (Londres: Penguin, 2000), 33.

2 Para exemplos dos monólogos de Hitler, ver Kershaw, *Hitler 1936-1945*, 32-33, 198-199, 500. Para exemplos de ordens escritas de Hitler, ver as agendas de Hitler para terça-feira, 28 de junho de 1938, quarta-feira, 29 de junho de 1938, quinta--feira, 30 de junho de 1938, e quinta-feira, 7 de julho de 1938, NS 10, vol. 125, Bundesarchiv.

3 Do SS-Obersturmführer E. Bahls para o Ministério da Propaganda, 24 de abril de 1939, NS 10, vol. 49; de Bahls para o Ministério da Propaganda, 16 de agosto de 1938, NS 10, vol. 45. Bundesarchiv.

4   De Bahls para o Ministério da Propaganda, 24 de abril de 1939; de Bahls para o Ministério da Propaganda, 16 de agosto de 1938.

5   De Bahls para o Ministério da Propaganda, 24 de abril de 1939.

6   *Ibidem*. Agenda de Hitler para domingo, 19 de junho de 1938, NS 10, vol. 125, Bundesarchiv; de Bahls para o Ministério da Propaganda, 16 de agosto de 1938.

7   De Bahls para o Ministério da Propaganda, 24 de abril de 1939 (*sehr schlecht, "widerwärtig"*); agenda de Hitler para domingo, 19 de junho de 1938 (*Mist in höchster Potenz*).

8   Agenda de Hitler para sábado, 19 de novembro de 1938, NS 10, vol. 125; de Max Wünsche para o Ministério da Propaganda, 21 de novembro de 1938, NS 10, vol. 45, Bundesarchiv.

9   Agenda de Hitler para quarta-feira, 22 de junho de 1938, NS 10, vol. 125, Bundesarchiv.

10   De SS-Untersturmführer para o Ministério da Propaganda, 23 de junho de 1938, NS 10, vol. 44, Bundesarchiv; De Wünsche para o Ministério da Propaganda, 21 de novembro de 1938.

11   De Wünsche para o Ministério da Propaganda, 21 de novembro de 1938.

12   Agenda de Hitler para quinta-feira, 15 de setembro de 1938, NS 10, vol. 125, Bundesarchiv.

13   Wiedemann, *Der Mann, der Feldherr werden wollte*, 78.

14   Agenda de Hitler para quinta-feira, 23 de junho de 1938, e terça-feira, 21 de junho de 1938, NS 10, vol. 125; de Bahls para o Ministério da Propaganda, 24 de abril de 1939; agendas de Hitler para quinta-feira, 30 de junho de 1938, segunda-feira, 4 de julho de 1938, e domingo, 19 de junho de 1938, NS 10, vol. 125, Bundesarchiv.

15   Os filmes de Disney foram exibidos na Alemanha até 1935. Para um relato sobre os negócios de Disney na Alemanha até essa altura e dos cartuns antinazistas de Disney da Segunda Guerra Mundial, ver Carsten Laqua, *Wie Micky unter die Nazis fiel: Walt Disney und Deutschland* (Reinbek bei Hamburg: Rowohlt Taschenbuch Verlag, 1992).

16   De Ernst Seeger para Wilhelm Brückner, 27 de julho de 1937, NS 10, vol. 48, Bundesarchiv.

17   Elke Fröhlich *et al.*, eds., *Die Tagebücher von Joseph Goebbels*, entrada para 22 de dezembro de 1937, pt. 1, vol. 5 (Munique: K. G. Saur Verlag, 2000), 64.

18   Fröhlich *et al.*, eds., *Die Tagebücher von Joseph Goebbels*, entrada para 25 de janeiro de 1937, pt. 1, vol. 3/II, 344; *Camille*, dirigido por George Cukor (MGM, 1936).

19   De Wünsche para o Ministério da Propaganda, 21 de novembro de 1938.

20   Werner Henske, "Amerikanischer und deutscher Humor", *Der Angriff*, 23 de outubro de 1937, 11.

21   Markus Spieker, *Hollywood unterm Hakenkreuz: Der amerikanische Spielfilm im Dritten Reich* (Trier: Wissenschaftlicher Verlag Trier, 1999), 344; *Block-Heads*, dirigido por John G. Blystone (MGM, 1938).

22 Martin Broszat, *The Hitler State* (Essex: Longman, 1981), 339; de Bahls para o Ministério da Propaganda, 4 de julho de 1938, NS 10, vol. 45, Bundesarchiv.

23 *Tip-Off Girls*, dirigido por Louis King (Paramount, 1938).

24 Agenda de Hitler para domingo, 19 de junho de 1938.

25 Broszat, *The Hitler State*, 339; agenda de Hitler para quarta-feira, 22 de junho de 1938. *Ver também* Kershaw, *Hitler 1936-1945*, 106.

26 Adolf Hitler, *Mein Kampf*, trad. Ralph Manheim [1925 e 1927] (Nova York: Houghton Mifflin, 1943), 107.

27 Reinhold Hanisch, "I Was Hitler's Buddy", *The New Republic* (5 de abril de 1939): 239-241.

28 *Ibidem*, 242. Logo depois que o relato de Hanisch foi publicado na Alemanha, Hitler mandou segui-lo e assassiná-lo. Ver Joachim C. Fest, *Hitler* [1973] (Nova York: Penguin, 1982), 46.

29 *Der Tunnel*, dirigido por William Wauer (Imperator-Film GmbH, 1915). Há uma cópia desse filme no Munich Filmmuseum.

30 Kershaw, *Hitler 1889-1936*, 109-128.

31 Hitler, *Mein Kampf*, 106-107, 469, 471.

32 *Ibidem*, 470.

33 *Ibidem*, 470-471.

34 *Ibidem*, 473-475.

35 Kershaw, *Hitler 1889-1936*, 241.

36 Hitler, *Mein Kampf*, 157; Kershaw, *Hitler 1889-1936*, 83.

37 Hitler, *Mein Kampf*, 163.

38 *Ibidem*, 164.

39 *Ibidem*, 164-165.

40 *Ibidem*, 165

41 *Ibidem*, 188-190.

42 *Ibidem*, 192-193.

43 *Ibidem*, 191-194.

44 Thomas Weber, *Hitler's First War: Adolf Hitler, the Man of the List Regiment, and the First World War* (Oxford: Oxford University Press, 2010), 53, 214-215, 223.

45 *Ibidem*, 173-174.

46 Hitler, *Mein Kampf*, 190, 200, 201-202. A cegueira de Hitler era na verdade psicossomática. Ver Weber, *Hitler's First War*, 221.

47 Hitler, *Mein Kampf*, 202-204.

48 *Ibidem*, 206.

49 *Ibidem*, 177-179, 181, 182.

50 *Ibidem*, 180.

51 *Ibidem*, 179, 180-181.

52 *Ibidem*, 181-186.

53   *Ibidem*, 188.

54   Michael T. Isenberg, *War on Film: The American Cinema and World War I, 1914--1941* (East Brunswick: Associated University Press, 1981), 147-151.

55   "Metro-Goldwyn-Film 'Mare Nostrum'", *Licht Bild Bühne*, 6 de março de 1926, 12-13; *Mare Nostrum*, dirigido por Rex Ingram (MGM, 1926).

56   Erich Maria Remarque, *All Quiet on the Western Front* (Boston: Little, Brown and Company, 1929). Sobre a recepção do romance na Alemanha, ver Hubert Rüter, *Erich Maria Remarque: lm Westen nichts Neues: Ein Bestseller der Kriegsliteratur im Kontext* (Munique: Schöningh, 1980).

57   Relatório *Oberprüfstelle* 1254, "Im Westen nichts Neues", 11 de dezembro de 1930, Deutsches Filminstitut, 3; Modris Eksteins, "War, Memory, and Politics: The Fate of the Film *All Quiet on the Western Front*", *Central European History* 13 (1980): 63.

58   Fröhlich *et al.*, eds., *Die Tagebücher von Joseph Goebbels*, entrada para 2 de setembro de 1929, pt. 1, vol. 1/III, 316.

59   *All Quiet on the Western Front*, dirigido por Lewis Milestone (Universal Pictures, 1930).

60   Hitler, *Mein Kampf*, 466, 468.

61   Eksteins, "War, Memory, and Politics", 63.

62   Sobre o uso do termo "filme de guerra", ver, por exemplo, "Soll der Filmkrieg weitergehen? Schlachtfeld: Das deutsche Lichtspielhaus", *Licht Bild Bühne*, 20 de dezembro de 1930, 1.

63   Eksteins, "War, Memory, and Politics", 71.

64   *Ibidem*, 71-72; Jerold Simmons, "Film and International Politics: The Banning of *All Quiet on the Western Front* in Germany and Austria, 1930-1931", *Historian* 52, n. 1 (novembro de 1989): 40-41. Leni Riefenstahl também menciona esse episódio em sua autobiografia: Leni Riefenstahl, *A Memoir* (Nova York: St. Martin's Press, 1993), 65-66. Para um relato completo da produção e receptividade a *All Quiet on the Western Front*, ver Andrew Kelly, *Filming* All Quiet on the Western Front: *"Brutal Cutting, Stupid Censors, Bigoted Politicians"* (Nova York: LB. Tauris, 1998). Para um relato da controvérsia em torno do filme na Alemanha, ver Peter Jelavich, *Berlin Alexanderplatz: Radio, Film, and the Death of Weimar Culture* (Berkeley: University of California Press, 2006), 156-190.

65   Eksteins, "War, Memory, and Politics", 72-75.

66   Relatório *Oberprüfstelle* 1254, "Im Westen nichts Neues", 11 de dezembro de 1930, 1-2; Eksteins, "War, Memory, and Politics", 75.

67   Relatório *Oberprüfstelle* 1254, "Im Westen nichts Neues", 11 de dezembro de 1930, 4-9.

68   *Reichsgesetzblatt*, 12 de maio de 1920, 953.

69   Relatório *Oberprüfstelle* 1254, "Im Westen nichts Neues", 11 de dezembro de 1930, 9-13.

70   *Ibidem*, 16-19.

71   *Ibidem*, 22-25.

72   "Unser der Sieg!", *Der Angriff*, 12 de dezembro de 1930, 1.

73   Relatório *Oberprüfstelle* 1254, "Im Westen nichts Neues", 11 de dezembro de 1930, 19.

74   *Ibidem*, 13-14.

75   A conversação que se segue é uma transcrição direta de *Ibidem*, 14-16.

76   Results of Prohibition of "All Quiet on the Western Front", 18 de dezembro de 1930, arquivo *All Quiet on the Western Front*, Motion Picture Association of America (a partir de agora, MPAA), registros do Production Code Administration, Margaret Herrick Library, Academy of Motion Picture Arts and Sciences, Beverly Hills (a partir de agora, Margaret Herrick Library).

77   De Carl Laemmle para Hearst, 10 de dezembro de 1930, 9h10min, e 10 de dezembro de 1930, 9h16min, William Randolph Hearst Papers, caixa 7, pasta 17, Bancroft Library, Berkeley (a partir de agora, Bancroft Library).

78   William Randolph Hearst, "Peace and Good Will", *San Francisco Examiner*, 12 de dezembro de 1930, 1.

79   Relatório *Filmprüfstelle* 29102, "Im Westen nichts Neues", 8 de junho de 1931, Deutsches Filminstitut.

80   Da Deutsche Universal para o Ministério do Exterior, 28 de agosto de 1931, missão diplomática alemã em Lisboa, caixa 160: Filme, vol. 2, Politisches Archiv des Auswärtigen Amts, Berlim (a partir de agora, PAAA).

81   "Germany Removes Its Ban Completely on 'All Quiet'", *Film Daily*, 3 de setembro de 1931, 1.

82   Harold L. Smith para Frederick Herron, 5 de novembro de 1931, arquivo *All Quiet on the Western Front*, MPAA, registros da Production Code Administration, Margaret Herrick Library.

83   Do Ministério do Exterior para a missão diplomática alemã em Lisboa, 7 de outubro de 1931, missão diplomática alemã em Lisboa, caixa 160: Filme, vol. 2, PAAA.

84   Da Embaixada Alemã em Paris para o Ministério do Exterior, 14 de novembro de 1931, embaixada alemã em Paris, 2281: Filme, vol. 3, PAAA.

85   Da Deutsche Universal para o Ministério do Exterior, 27 de novembro de 1931, Embaixada Alemã em Paris, 2281: Filme, vol. 3, PAAA.

86   Resumo, 28 de dezembro de 1931, arquivo *All Quiet on the Western Front*, MPAA, registros da Production Code Administration, Margaret Herrick Library.

87   De G. A. Struve para John V. Wilson, 29 de dezembro de 1931, arquivo *All Quiet on the Western Front*, MPAA, registros da Production Code Administration, Margaret Herrick Library.

88   De Frederick Herron para Jason Joy, 11 de janeiro de 1932, arquivo *All Quiet on the Western Front*, MPAA, registros da Production Code Administration, Margaret Herrick Library.

89 De Carl Laemmle para Hearst, 18 de janeiro de 1932, William Randolph Hearst Papers, caixa 7, pasta 17, Bancroft Library.

90 Udo Bayer, "Laemmle's List: Carl Laemmle's Affidavits for Jewish Refugees", *Film History* 10 (1998): 501-521.

91 Da Deutsche Universal para o Ministério do Exterior, 10 de março de 1932, Embaixada Alemã em Roma, 835a: deutschfeindliche Filmpropaganda, vol. 2, PAAA.

92 Agenda de Hitler para quarta-feira, 22 de junho de 1938 e sábado, 19 de novembro de 1938.

93 Hitler, *Mein Kampf*, 178.

94 David Welch, *Propaganda and the German Cinema 1933-1945* [1983] (Nova York: LB. Tauris, 2001), 37.

95 *Triumph of the Will*, dirigido por Leni Riefenstahl (Leni RiefenstahlProduktion/ Reichspropagandaleitung der NSDAP, 1935).

96 A estratégia de Riefenstahl em *Triumph of the Will* também coaduna perfeitamente como as habilidades de Hitler. "Eu preciso ter uma plateia na minha frente quando falo", ele confidenciou uma vez a um amigo. "Num círculo íntimo pequeno, nunca sei o que dizer." Kershaw, *Hitler 1889-1936*, 133.

97 *Olympia*, dirigido por Leni Riefenstahl (Olympia Film, 1938). Para um ensaio clássico sobre Leni Riefenstahl, ver Susan Sontag, "Fascinating Fascism", *New York Review of Books*, 6 de fevereiro de 1975, 23-30.

98 Hitler havia recentemente orquestrado o assassinato de 150 a 200 membros da SA na Noite das Facas Longas.

99 Seis anos depois, Charlie Chaplin responderia a Hitler com o filme antinazista *The Great Dictator*. Na primeira parte do filme, ele explora sua semelhança física com Hitler para ridicularizar os métodos de oratória do ditador. Olha para a multidão sempre com o cenho franzido, emprega gestos de mão cuidadosamente estudados, e depois, com a máxima seriedade, pega um jarro de água e derruba na calça. Ele tem tamanho controle de suas emoções que pode expressar intensa tristeza e depois sinalizar que sua reação emocional de repente cessou. E quando a multidão aplaude, parece totalmente indiferente e silencia o aplauso com um gesto rápido. Chaplin estava criticando a vacuidade do desempenho de Hitler em *Triumph of the Will,* destacando que a plateia de Hitler não ouvia o que ele dizia. Mas Chaplin queria que sua plateia o ouvisse. Ele desempenhou dois papéis em *The Great Dictator* – não só o do ditador "Hinkel", mas também o do barbeiro judeu – e por causa da confusão de identidades, o barbeiro faz o discurso final. Ao montar essa cena, Chaplin revela o quanto aprendera com Hitler. Após uma breve introdução de Herr "Garbage" ["o Senhor 'Lixo'"], ele permanece quieto no seu assento, em pânico por ter que se dirigir à multidão. "Você tem que falar", seu amigo cochicha.

"Não posso", Chaplin responde.

"Você precisa – é nossa única esperança."

"Esperança", Chaplin murmura, e por fim ele se levanta para dizer algo.

Ele começa baixinho, quase se desculpando para a plateia. Mas em seguida, explode. Diz à plateia que eles devem pensar por si mesmos, que devem se unir no espírito de fraternidade, colocar a tecnologia a serviço do bem, e não do mal. "Neste momento, minha voz atinge milhões pelo mundo todo", diz. Ele estava seguindo os métodos de Hitler, a ponto de comentar o filme dentro do próprio filme, só que fazia isso para atacar Hitler.

Mas então algo sai errado. O talentoso ator, que havia estudado os métodos de oratória de Hitler tão cuidadosamente, de repente fica emotivo demais. Ao falar à sua plateia sobre o mundo maravilhoso no qual poderiam viver, perde totalmente o controle racional e um movimento corporal involuntário se apodera dele: sua cabeça começa a ter espasmos. Por vários desconfortáveis minutos, a câmera captura o discurso de um homem que não era um orador. Ele divaga, não deixa espaços entre as palavras; fica sem expressão, com os braços colados junto ao corpo; e no centro da tela vemos sua cabeça em espasmos. Quando ele finalmente termina, olha em desespero para sua plateia, e o filme corta para uma tomada totalmente inconvincente do seu aplauso. Chaplin não só carece das habilidades de oratória de Hitler; ele também não conta com nenhuma das técnicas de Riefenstahl para captar a oratória.

Anos mais tarde, uma cópia de *The Great Dictator* foi encontrada no acervo do Ministério da Propaganda. Não há registro de que Hitler tenha realmente assistido ao filme, mas se o fez, provavelmente deve ter achado graça da incompetência dessa cena final. Ver De Reichsfilmarchiv para Joseph Goebbels, 15 de agosto de 1944, R55, vol. 665, Bundesarchiv.

100 Dez anos depois, quando as últimas reservas de Hitler estavam sendo mobilizadas nos campos de batalha na Segunda Guerra Mundial, ele fez outra contribuição, bem mais equivocada, à cinematografia alemã. Ordenou que 187 mil soldados inativos servissem como extras no filme épico em cores *Kolberg*, que mostrava civis alemães lutando contra o exército napoleônico invasor. Segundo o diretor, Hitler estava "convencido de que esse filme era mais útil do que uma vitória militar". Kershaw, *Hitler 1936-1945*, 713.

101 Minha afirmação de que Hitler supervisionou pessoalmente a produção dos noticiários alemães se baseia em material do NS 10, os arquivos dos auxiliares de Hitler, no Bundesarchiv. O índice do NS 10 aponta que o acervo contém "projeções e avaliações de noticiários e filmes com as mudanças recomendadas por Hitler" (*Vorführungen und Beurteilungen von Wochenschauen und Spielfilmen mit Änderungsvorschlägen Hitlers*). Tratam-se de referências às claras supressões e acréscimos feitos por Hitler nos textos dos noticiários. Friedrich Kahlenberg, *Bestand NS 10: Persönliche Adjutantur des Führers und Reichskanzlers* (Koblenz: Bundesarchiv, 1970), 21. Entre os estudos sobre os noticiários nazistas estão Hilmar Hoffmann, *The Triumph of Propaganda: Film and National Socialism, 1933-1945* (Providen-

ce: Berghahn Books, 1996); e Ulrike Bartels, *Die Wochenschau im Dritten Reich* (Frankfurt: Peter Lang, 2004).

102 Auxiliar de Hitler no Ministério da Propaganda, 2 de junho de 1938, NS 10, vol. 44, fólio 72, Bundesarchiv. O texto original em alemão é o seguinte: "Ich wünsche nicht, dass bei Veranstaltungen nur Aufnahmen von meiner Person gemacht werden. Die Veranstaltungen müssen in ihren Einzelheiten besser erfasst werden. Die Wochenschau muss über die Entstehung der neuen Bauten, technischer Werke, sportlicher Veranstaltungen mehr bringen. Der Bau der neuen Kongresshalle in Nürnberg ist z.B. noch nicht *einmal* erschienen. Die Wochenschau muss politisch witziger gestaltet werden, so z.B. jetzt Aufnahmen über die nervösen Vorbereitungen der Tschechoslowaken bringen. Zum Schluss muss dann eine Grossaufnahme des deutschen Soldaten zu sehen sein. Es darf keine Woche vergehen, in der nicht Aufnahmen der Marine, des Heeres und der Luftwaffe erscheinen. Die Jugend ist in erster Linie an solchen Dingen interessiert".

103 Noticiário 512, 24 de junho de 1940, NS 10, vol. 49, fólio 182, Bundesarchiv.

104 Noticiário não numerado, NS 10, vol. 49, fólio 278-282, Bundesarchiv.

105 Noticiário não numerado, NS 10, vol. 49, fólio 228, Bundesarchiv.

106 Noticiário não numerado, NS 10, vol. 49, fólio 146, Bundesarchiv.

107 Noticiário não numerado, NS 10, vol. 49, fólio 307-311, Bundesarchiv.

2. ENTRADA EM HOLLYWOOD

1   "Screen: Long Arm of Hitler Extends to Hollywood Studio", *Newsweek*, 26 de junho de 1937, 22.

2   E. A. Dupont, "Die deutschfeindlichen 'Engel der Hölle'", *B.Z. am Mittag*, 20 de novembro de 1930, 1-2. Para discussões sobre a obra de Dupont, ver Jürgen Bretschneider, ed., *Ewald Andre Dupont: Autor und Regisseur* (Munique: edition text + kritik, 1992); Paul Matthew St. Pierre, *E. A. Dupont and His Contribution to British Film: Variete, Moulin Rouge, Piccadilly, Atlantic, Two Worlds, Cape Forlorn* (Madison, NJ: Farleigh Dickinson University Press, 2010).

3   Dupont, "Die deutschfeindlichen 'Engel der Hölle'". 1-2.

4   *Ibidem*.

5   "'Hell's Angels': Why Germany Objects to the Film", *The Observer*, 23 de novembro de 1930, 10. Para outros comentários na imprensa, ver "'Anti-German' War Film: Diplomatic Protest Likely", *Manchester Guardian*, 21 de novembro de 1930, 8; "'Hell's Angels': German Official Protest", *The Times*, 21 de novembro de 1930, 14; "Dupont Pans 'Hell's Angels'", *Variety*, 26 de novembro de 1930, 6.

6   "Hetzfilme gegen Deutschland: Die Marchen von deutschen Kriegsgreuelen erreichen Rekordkassen am Broadway", *Der Film*, 18 de outubro de 1930, 2; "Interven-

tion in London? Lebhafter Telegrammwechsel des Auswärtigen Amts mit London wegen 'Engel der Hölle'", *Der Film*, novembro 22, 1930, 1; "No Reich Protest on Film: London Embassy Denies Diplomatic Action on 'Hell's Angels'", *New York Times*, 21 de novembro de 1930, 9.

7   "No Protest on War Film: Britain Says Germany Did Not Ask 'Hell's Angels' Be Barred", *New York Times*, 25 de novembro de 1930, 34.

8   "'Engel der Hölle' in 20 Pariser Kinos", *Licht Bild Bühne*, 21 de setembro de 1931, 1; de Frederick Herron para Jason Joy, 17 de novembro de 1931, arquivo *Hell's Angels*, MPAA, registros da Production Code Administration, Margaret Herrick Library.

9   "Frankreich verbietet 'Engel der Hölle'". *Licht Bild Bühne*, 26 de setembro de 1931, 1: De Herron para Joy, 17 de novembro de 1931.

10   De Lamar Trotti para Will Hays, 13 de setembro de 1930, arquivo *Hell's Angels*, MPAA, registros da Production Code Administration, Margaret Herrick Library.

11   De Frederick Herron para Jason Joy, 7 de junho de 1932, arquivo *Hell's Angels*, MPAA, registros da Production Code Administration, Margaret Herrick Library.

12   Jens Ulff-Møller, *Hollywood's Film Wars with France: Film Trade Diplomacy and the Emergence of the French Film Quota Policy* (Rochester, NY: University of Rochester Press, 2001), 69-74; Kristin Thompson, *Exporting Entertainment: America in the World Film Market, 1907-1934* (Londres: BFI Publishing, 1985), 106.

13   "'One for One', Say Germans: Commerce Dept. Holds Valuable Information", *Variety*, 19 de novembro de 1924, 21.

14   Kristin Thompson, *Exporting Entertainment*, 106-107, 36, 128; Ulff-Møller, *Hollywood's Film Wars with France*, 74.

15   Modris Eksteins, "War, Memory, and Politics: The Fate of the Film *All Quiet on the Western Front*", *Central European History* 13 (1980): 66-67; George Canty, "Weekly Report 2", 9 de julho de 1932, Commercial Attachés in Germany 1931-1940, RG 151, National Archives.

16   De Frederick Herron para John V. Wilson, 16 de abril de 1932, arquivo *The Lost Squadron*, MPAA, registros da Production Code Administration, Margaret Herrick Library; Canty, "Weekly Report 2", 9 de julho de 1932.

17   Canty, "Weekly Report 3", 16 de julho de 1932, Commercial Attachés in Germany 1931-1940, RG 151, National Archives.

18   Ministério do Interior da Alemanha, *Reichsministerialblatt*, 2 de julho de 1932, 371. Aqui a tradução é de Georg Gyssling para a Columbia Pictures, 11 de setembro de 1933, arquivo *Below the Sea*, MPAA, registros da Production Code Administration, Margaret Herrick Library.

19   Auswärtiges Amt, Rundschreiben, 27 de agosto de 1932, missão diplomática alemã em Lisboa, caixa 160: Filme, vol. 2, PAAA.

20   Paul Schwarz, "Warnungen wegen der Filme 'Hell's Angels', 'Casque de Cuir' und 'Mamba'", 10 de dezembro de 1932, Paris 2281: Filmwesen, vol. 4, PAAA.

21 *Ibidem.*

22 *Ibidem.*

23 *Ibidem.*

24 *Ibidem.*

25 *Ibidem.*

26 "Keine United-Artists-Filme in Deutschland: 'LBB' Interview mit A. W. Kelly", *Licht Bild Bühne*, 20 de setembro de 1933, 2.

27 "United Artists Filme in Deutschland", *Film-Kurier*, 8 de março de 1934, 1; "UA Back into German Market After 4 Years", *Variety*, 20 de março de 1934, 15.

28 Ver as listas da Filmprüfstelle para 1934 no Deutsches Filminstitut, Frankfurt, que informam a proibição dos seguintes filmes da United Artists: *The Affairs of Cellini, Moulin Rouge, Roman Scandals* e *Nana*. No mesmo ano, o filme *Scarface* da United Artists foi proibido pelo mais alto conselho de censura: relatório *Oberprüfstelle* 7513, "Das Narbengesicht (Scarface)", 22 de novembro de 1934, Deutsches Filminstitut, Frankfurt. Dois filmes da United Artists, *Cynara* e *Our Daily Bread*, passaram pelos censores, mas é provável que tenham sido distribuídos por outra companhia na Alemanha.

29 De Frederick Herron para Jason Joy, 21 de março de 1932, arquivo *The Lost Squadron*, MPAA, registros da Production Code Administration, Margaret Herrick Library.

30 Ruth Vasey, *The World According to Hollywood, 1918-1939* (Madison: University of Wisconsin Press, 1997), 80-84.

31 Referat des Gesandtschaftsrats Dr. Freudenthal, 18 de abril de 1933, Embaixada Alemã em Paris, 2282: Filmwesen, vol. 5, PAAA, 4-5, 2-3, II.

32 Vasey, *The World According to Hollywood*, 82; de Valentin Mandelstamm para Carl Laemmle Jr., 31 de março de 1930, arquivo *All Quiet on the Western Front*, MPAA, registros da Production Code Administration, Margaret Herrick Library.

33 Referat des Gesandtschaftsrats Dr. Freudenthal, 18 de abril de 1933, 1, 3.

34 *Ibidem*, 3-4, 6-7.

35 *Ibidem*, 7, 5.

36 *Wings*, dirigido por William A. Wellman (Paramount, 1927); Tony Thomas, *Howard Hughes in Hollywood* (Secaucus, NJ: Citadel Press, 1985), 42-43; Donald L. Barlett e James B. Steele, *Empire: The Life, Legend, and Madness of Howard Hughes* (Nova York: Norton, 1979), 64-66.

37 Dick Grace, *The Lost Squadron* (Nova York: Grosset & Dunlap, 1931), 15.

38 *The Lost Squadron*, dirigido por George Archainbaud (RKO, 1932).

39 Referat des Gesandtschaftsrats Dr. Freudenthal, 18 de abril de 1933, 5, 13; "Diplomatische Schritte wegen 'Verlorener Schwadron'", *Licht Bild Bühne*, 4 de abril de 1932, 1.

40 De Herron para Joy, 21 de março de 1932.

41 De Herron para Wilson, 16 de abril de 1932.

42 De Frederick Herron para John V. Wilson, 29 de abril de 1932, arquivo *The Lost Squadron*, MPAA, registros da Production Code Administration, Margaret Herrick Library.

43 Referat des Gesandtschaftsrats Dr. Freudenthal, 18 de abril de 1933, 10-11, 13.

44 *Ibidem*, 6.

45 *Ibidem*, 9, 10.

46 "Aufzeichnung", 18 de abril de 1933, Paris 2282, Filmwesen, vol. 5, PAAA.

47 Referat des Gesandtschaftsrats Dr. Freudenthal, 18 de abril de 1933, 7-9.

48 *Ibidem*, 9, 10.

49 *Ibidem*, 12-14.

50 Canty, "Weekly Report 40", 1º de abril de 1933, Commercial Attachés in Germany 1931-1940, RG 151, National Archives; de Werner Freiherr von Grünau para Georg Gyssling, 20 de março de 1933, Arquivo 702.6211/663, 1930-39 Central Decimal File, RG 59, National Archives.

51 De NSDAP para Reichskanzlei, sem data, "General-Konsulat New-York", NS 43, vol. 47, fólio 337, Bundesarchiv, Berlim.

52 *Captured!*, dirigido por Roy Del Ruth (Warner Brothers, 1933).

53 Resumo, 15 de junho de 1933, arquivo *Captured!*, MPAA, registros da Production Code Administration, Margaret Herrick Library.

54 Gustav Müller, "Aufzeichnung", 13 de janeiro de 1934, Embaixada Alemã em Roma, 835a: deutschfeindliche Filmpropaganda, vol. 2, PAAA. Esse relatório contém todos os cortes que Gyssling havia requisitado sete meses antes.

55 *Ibidem*.

56 Do Ministério da Propaganda para consulados, embaixadas e missões diplomáticas, 25 de janeiro de 1934, Embaixada Alemã em Roma, 835a: deutschfeindliche Filmpropaganda, vol. 2, PAAA.

57 Essa redação é da carta de Gyssling para a Columbia Pictures a respeito de *Below the Sea*, que ele enviou quase na mesma época. *Ver* de Georg Gyssling para Columbia Pictures, 11 de setembro de 1933.

58 George Canty, "Economic and Trade Notes 237", 17 de maio de 1933, Commercial Attachés in Germany 1931-1940, RG 151, National Archives.

59 "Ich bin ein entflohener Kettensträfling", *Völkischer Beobachter*, 19-20 de março de 1933, 5.

60 De Frederick Herron para James Wingate, 7 de dezembro de 1933, arquivo *The House of Rothschild*, MPAA, registros da Production Code Administration, Margaret Herrick Library.

61 Müller, "Aufzeichnung", 13 de janeiro de 1934; De Frederick Herron para Gustav Müller, 29 de janeiro de 1934, Embaixada Alemã em Roma, 835a: deutschfeindliche Filmpropaganda, vol. 2, PAAA.

62 De Herron para Wingate, 7 de dezembro de 1933.

63 De Gustav Müller para Frederick Herron, 5 de fevereiro de 1934, Arquivo 811.4061 Mad Dog of Europe/6, 1930-1939 Central Decimal File, RG 59, National Archives; *Below the Sea*, dirigido por Albert Rogell (Columbia Pictures, 1933). *Ver também* de Gyssling para Columbia Pictures, 11 de setembro de 1933.

64 "2 U.S. Co.'s Bow to Nazi Stand", *Variety*, 6 de fevereiro de 1934, 11. A Warner Brothers foi ainda mais longe a fim de não criar problemas. No final de 1933, a companhia lançou um filme intitulado *Ever in My Heart*, que contava a história de um imigrante alemão que experimentou a discriminação na América durante a Grande Guerra. Perdeu o emprego, seu cachorro foi apedrejado até a morte e a família de sua mulher insistiu para que ele mudasse de nome. "Eles me deixaram ser um cidadão", queixava-se ele, "mas não vão me deixar ser um americano". Em outras palavras, quando a perseguição aos judeus teve início na Alemanha, a Warner Brothers lançou um filme sobre a perseguição à minoria alemã nos Estados Unidos. *Ever in My Heart*, dirigido por Archie Mayo (Warner Brothers, 1933).

65 Do Ministério da Propaganda para consulados, embaixadas e missões diplomáticas, 25 de janeiro de 1934.

66 "WB 1st U.S. Co. to Bow Out of Germany", *Variety*, 17 de julho de 1934, 1.

67 Thompson, *Exporting Entertainment*, 36.

68 "Dept. of Com. Picture Dept.", *Variety*, 17 de dezembro de 1924, 26.

69 Canty; "Weekly Report 1", 2 de julho de 1932, Commercial Attachés in Germany 1931-1940, RG 151, National Archives; Canty, "Weekly Report 3", 16 de julho de 1932.

70 Canty, "Weekly Report 35", 25 de fevereiro de 1933, e "Weekly Report 46", 13 de maio de 1933, Commercial Attachés in Germany 1931-1940, RG 151, National Archives.

71 [Albert Sander], "Rassenfrage, Kontingent, u. Lizenzen. Das Raether-Interview in *The Era*", *Der Film*, 16 de julho de 1932, 1-2.

72 Canty, "Weekly Report 41", 8 de abril de 1933, Commercial Attachés in Germany 1931-1940, RG 151, National Archives.

73 Canty, "Weekly Report 44", 29 de abril de 1933, Commercial Attachés in Germany 1931-1940, RG 151, National Archives; Canty, "Weekly Report 41", 8 de abril de 1933.

74 "'Blocked' Marks Seen in Wider Use", *New York Times*, 21 de maio de 1933, N7; "Schacht Loan Plan Faces Difficulties", *New York Times*, 22 de maio de 1933, 23. *Ver também* John Weitz, *Hitler's Banker: Hjalmar Horace Greeley Schacht* (Boston: Little, Brown and Company, 1997), 154-156.

75 Quase dois anos após os nazistas chegarem ao poder, Canty escreveu: "pelo fato de ser classificado como um produto cultural e não como uma *commodity*, o filme foi um dos últimos itens a sentir todos os efeitos das restrições alemãs; e isso só aconteceu num tempo relativamente recente". Canty, "German Film Developments",

27 de dezembro de 1934, Commercial Attachés in Germany 1931-1940, RG 151, National Archives. Sobre o impacto das restrições alemãs em outras companhias americanas, ver Edwin Black, *IBM and the Holocaust: The Strategic Alliance between Nazi Germany and America's Most Powerful Corporation* (Nova York: Crown, 2001), 67; Henry Ashby Turner Jr., *General Motors and the Nazis: The Struggle for Control of Opel, Europe's Biggest Carmaker* (New Haven: Yale University Press, 2005), 27.

76 Canty, "Weekly Report 38", 18 de março de 1933, Commercial Attachés in Germany 1931-1940, RG 151, National Archives. Sobre a perseguição aos judeus na década de 1930, *ver* Saul Friedländer, *Nazi Germany and the Jews: The Years of Persecution, 1933-1939* (Nova York: HarperCollins, 1997). Sobre a expulsão de judeus do setor da cultura alemão, ver Alan E. Steinweis, *Art, Ideology, and Economics in Nazi Germany: The Reich Chambers of Music, Theater, and the Visual Arts* (Chapel Hill: University of North Carolina Press, 1993); Steinweis, "Hans Hinkel and German Jewry, 1933-1941", *Leo Baeck Institute Yearbook* 38 (1993): 209-219.

77 Klaus Kreimeier, *The Ufa Story* (Berkeley: University of California Press, 1996), 210-212.

78 Canty, "Weekly Report 41", 8 de abril de 1933.

79 Canty, "Weekly Report 43", 22 de abril de 1933, Commercial Attachés in Germany 1931-1940, RG 151, National Archives.

80 *Ibidem.*

81 "U.S. Filmers Protest Restrictions In Germany, but Carry on Trade", *Variety*, 25 de abril de 1933, 13. Jack Warner mais tarde fez um relato exagerado do que aconteceu com seu gerente em Berlim e mentirosamente citou o fato como a razão de sua companhia ter saído da Alemanha: "fui para o castelo de Max Reinhardt em Salzburgo, Áustria. Ali eu soube da repugnante notícia de que Joe Kauffman, nosso homem da Warner Brothers na Alemanha, havia sido morto por assassinos nazistas em Berlim. Como muitos outros da minoria judaica, foi encurralado numa ruela. Eles o atingiram com punhos e cassetetes, e tiraram-lhe a vida a pontapés com suas botas, e o deixaram lá deitado". Na verdade, Kauffman (cujo nome verdadeiro era Phil e não Joe) deixou a Alemanha em 1934 depois de ter sido surrado por capangas nazistas, e morreu pacificamente em Estocolmo mais tarde naquele ano. Jack Warner, *My First Hundred Years in Hollywood* (Nova York: Random House, 1964), 248-249.

82 Canty, "Weekly Report 43", 22 de abril de 1933.

83 Canty, "Weekly Report 44", 29 de abril de 1933; Canty, "Weekly Report 41", 8 de abril de 1933.

84 Canty, "Weekly Report 45", 6 de maio de 1933, Commercial Attachés in Germany 1931--1940, RG 151, National Archives; Canty, "Weekly Report 46", 13 de maio de 1933.

85 "U.S. Film Units Yield to Nazis On Race Issue", *Variety*, 9 de maio de 1933, 13.

86 Canty, "Weekly Report 47", 20 de maio de 1933, Commercial Attachés in Germany 1931-1940, RG 151, National Archives.

87 Douglas Miller, "Special Report 55: German Film Problems", 23 de dezembro de 1935, Commercial Attachés in Germany 1931-1940, RG 151, National Archives. Miller acrescentou a seguinte nota ao seu relatório: "O diretor Kaelber [...] disse que, agora que todos os não arianos foram eliminados do setor de cinema alemão, o próximo passo [...] deveria ser no sentido de se eliminar o espírito judeu. No entanto, não anunciou quaisquer detalhes a respeito desse plano".

88 Canty, "Weekly Report 49", 3 de junho de 1933, Commercial Attachés in Germany 1931-1940, RG 151, National Archives. Os estúdios de Hollywood se beneficiaram muito do talento de um grande número de cineastas judeus que saíram de Berlim e foram para Los Angeles. Ver "Hollywood to Give German Jews Work: Goldwyn Organizes Movement to Employ all the Able Film Figures Barred by Reich", *New York Times*, 3 de julho de 1933, 14. A oferta de Goldwyn aplicava-se apenas a especialistas em cinema, não a vendedores de filmes. Para discussões sobre os emigrados, ver John Russell Taylor, *Strangers in Paradise: The Hollywood Émigrés 1933-1950* (Nova York: Holt, Reinhart and Winston, 1983).

89 George Canty, "Speciai Report 4: German Film Law Extended for Three Years with Slight Modifications", 1º de agosto de 1933, e "Special Report 112: Outlook for the 1934/35 Season for German Films", 26 de junho de 1934, Commercial Attachés in Germany 1931-1940, RG 151, National Archives.

90 Canty, "Motion Pictures Abroad: The German Film Industry During 1933", 16 de fevereiro de 1934, Commercial Attachés in Germany 1931-1940, RG 151, National Archives.

91 Canty, "Weekly Report 45", 6 de maio de 1933.

92 Citado em Neal Gabler, *An Empire of Their Own: How the Jews Invented Hollywood* (Nova York: Doubleday, 1988), 2.

93 Um simples exame dos jornais americanos da década de 1930 confirma isso. Em fevereiro e março de 1933, houve cerca de vinte artigos que mencionavam a perseguição de Hitler aos judeus no *New York Times*. O mesmo vale para o *Los Angeles Times* e o *Washington Post*.

94 Moshe R. Gottlieb, *American Anti-Nazi Resistance, 1933-1941: An Historical Analysis* (Nova York: KTAV Publishing House, 1982), 31-34. Além do livro de Gottlieb, fortemente centrado no movimento de boicote, existe um estudo geral da reação da comunidade judaica americana à ascensão do nazismo: Gulie Ne'eman Arad, *America, Its Jews, and the Rise of Nazism* (Bloomington: Indiana University Press, 2000).

95 Gottlieb, *American Anti-Nazi Resistance*, 59-64, 83-85. O Comitê Judaico Americano deu três razões para sua oposição ao movimento de boicote: (1) medo de despertar antissemitismo doméstico; (2) não querer combater o Hitlerismo com outro Hitlerismo: e (3) a crescente tendência entre os americanos de não comprar produtos alemães. O secretário executivo do Comitê, Morris Waldman, escreveu:

"Um boicote é uma faca de dois gumes que fere pessoas inocentes, incluindo judeus, tanto na Alemanha quanto nos países onde o boicote é praticado".

96 "'Mank' To Produce Picture in East", *Hollywood Reporter*, 6 de junho de 1933, 1; "Jaffe Leaves Radio to Go Independent", *Hollywood Reporter*, 11 de julho de 1933, 1.

97 Sam Jaffe, "To The Entire Motion Picture Industry", *Hollywood Reporter*, 12 de julho de 1933, 4.

98 "'Mank' Back At MGM", *Hollywood Reporter*, 30 de junho de 1933, 1.

99 "Will Work on 'Mad Dog'", *Hollywood Reporter*, 19 de julho de 1933, 2; de Leon Lewis para Richard Gutstadt, 17 de agosto de 1933, Jewish Federation Council of Greater Los Angeles, Community Relations Committee Collection (a partir de agora, JFC), pt. 1, caixa 22, pasta 14, Urban Archives Center, Oviatt Library, Northridge (a partir de agora, Urban Archives Center).

100 Herman Mankiewicz e Lynn Root, "The Mad Dog of Europe", Copyright Records, caixa 158, reg. nº 25996, 26 de dezembro de 1933. Divisão de Manuscritos, Biblioteca do Congresso, Washington, DC. Al Rosen mandou o roteiro ao Copyright Office em dezembro de 1933, e que eu sabia esta é a única cópia que restou. Foi selecionada para preservação por Alice Birney. Os nomes das pessoas e lugares foram ficcionalizados nesta versão, mas como minha narrativa explica, a versão original usava os nomes verdadeiros (Hitler, Goebbels, Göring etc.).

101 *Ibidem*, 41-42.

102 *Ibidem*, 59.

103 *Ibidem*, 60.

104 *Ibidem*, 62-63.

105 *Ibidem*, 82.

106 *Ibidem*, 95-96.

107 *Ibidem*, 92.

108 *Ibidem*, 101.

109 *Ibidem*, 108.

110 *Ibidem*, 112, 114.

111 "Jaffe and Mankiewicz Flout Hays 'Mad Dog' Ban", *Hollywood Reporter*, 18 de julho de 1933, 1.

112 "Hitler Regime Topic of 'Mad Dog of Europe'", *Washington Post*, 17 de outubro de 1933, 11; de Lewis para Gutstadt, 21 de julho de 1933, JFC, pt. 1, caixa 22, pasta 13, Urban Archives Center.

113 De Joseph Breen para Sol Lesser, 25 de novembro de 1936, arquivo *The Mad Dog of Europe*, MPAA, registros da Production Code Administration, Margaret Herrick Library. Essa é a redefinição das alegações que Breen expôs pela primeira vez em meados de 1933.

114 De Lewis para Gutstadt, 21 de julho de 1933.

115 De Lewis para Gutstadt, 17 de agosto de 1933.

116 De Lewis para Gutstadt, 4 de agosto de 1933, JFC, pt. 1, caixa 22, pasta 14, Urban Archives Center.

117 De Lewis para Gutstadt, 17 de agosto de 1933.

118 *Ibidem.*

119 *Ibidem.*

120 *Ibidem.*

121 De Gutstadt para Lewis, 28 de agosto de 1933, JFC, pt. 1, caixa 22, pasta 14, Urban Archives Center.

122 Para a discussão sobre o German American Bund, ver Sander A. Diamond, *The Nazi Movement in the United States 1924-1941* (Ithaca, NY: Cornell University Press, 1974). Para a discussão sobre os Silver Shirts, ver Scott Beekman, *William Dudley Pelley: A Life in Right-Wing Extremism and the Occult* (Syracuse, NY: Syracuse University Press, 2005).

123 Gottlieb, *American Anti-Nazi Resistance*, 35-39, 66-67; Felicia Herman, "Hollywood, Nazism, and the Jews, 1933-41", *American Jewish History* 89, nº 1 (2001): 63-69; Leonard Dinnerstein, *Antisemitism in America* (Nova York: Oxford University Press, 1994), 105-127.

124 De Gutstadt para Lewis, 28 de agosto de 1933.

125 De Lewis para Gutstadt, 1º de novembro de 1933, JFC, pt. 1, caixa 22, pasta 15, Urban Archives Center.

126 De Lewis para Gutstadt, 1º de setembro, 1933, JFC, pt. 1, caixa 22, pasta 15, Urban Archives Center.

127 "Rosen Wants Jaffe to Make 'Mad Dog'", *Hollywood Reporter*, 5 de outubro de 1933, 3; "'Mad Dog' Starts Nov. 1 At Associated Studios", *Hollywood Reporter*, 11 de outubro de 1933, 6; Louella O. Parsons, "Coast Agent to Produce 'Mad Dog of Europe' – Hitler Story is Purchased by AI Rosen-Picks Up Yarn after Sam Jaffe Abandons It", *Pittsburgh Post-Gazette*, 9 de outubro de 1933, 20; "Thalberg to Start Work in Fortnight-Notwithstanding Frown", *Los Angeles Times*, 12 de outubro de 1933, 11.

128 Alva Johnston, "Profiles: The Great Expurgator", *The New Yorker*, 29 de março de 1947, 43.

129 George Shaffer, "Teacher Tells Personal Life of Anna Sten", *Chicago Daily Tribune*, 20 de outubro de 1933, 21.

130 "Charges Nazis Here Using Threats to Halt Production of 'Mad Dog of Europe'", *Jewish Daily Bulletin*, 23 de outubro de 1933, 3-4; "Plans Movie Based on Nazi War on Jews Despite Opposition", *Chicago Daily Tribune*, 15 de outubro de 1933, 2; De Fred W. Beetson para Joseph Breen, 4 de maio de 1939, arquivo *The Mad Dog of Europe*, MPAA, registros da Production Code Administration, Margaret Herrick Library.

131 "Rosen to Film Hitler Story Despite Fears", *Washington Post*, 15 de outubro de 1933, 3; "Hitler Regime Topic of 'Mad Dog of Europe'", 11; "Rosen Seeks Jewish Aid for His 'Mad Dog'", *Variety*, 24 de outubro de 1933, 2; "Depicting the Times",

The New York Amsterdam News, 25 de outubro de 1933, 6. *Ver também* de Gutstadt para Samuel Untermeyer, 30 de outubro de 1933, JFC, pt. 1, caixa 22, pasta 15; de Gutstadt para Lewis, 30 de outubro de 1933, JFC, pt. 1, caixa 22, pasta 15; de Lewis para Gutstadt, 3 de novembro de 1933, JFC, pt. 1, caixa 22, pasta 16, Urban Archives Center.

132 "Hays Group Sued By Rosen on 'Mad Dog'", *Hollywood Reporter*, 24 de outubro de 1933, 3; "Hays Group is Sued Over A Hitler Film", *New York Times*, 25 de outubro de 1933, 22; "AI Rosen's $1,022,000 Suit Over 'Mad Dog'", *Variety*, 31 de outubro de 1933, 21.

133 "Charges Nazis Here Using Threats to Halt Production of 'Mad Dog of Europe'", 3-4.

134 "Rosen Goes Ahead on Hitler Picture", *Hollywood Reporter*, 9 de fevereiro de 1934, 5.

135 "Al Rosen Returns", *Holywood Reporter*, 4 de janeiro de 1934, 2.

136 "AI Rosen Seeks Exhibitor Reaction Re 'Mad Dog'", *Hollywood Reporter*, 3 de novembro de 1933, 4.

137 Rosen v. Loews's Inc., nº 263, Docket 20584 (2d Cir. 23 de julho de 1947).

138 Do Ministério da Propaganda para Embaixada Alemã em Roma, 9 de junho de 1934, Embaixada Alemã em Roma, 835a: deutschfeindliche Filmpropaganda, vol. 2, PAAA. O resenhista do *The New York Times* escreveu: "'Hitler's Reign of Terror', um registro em filme das atividades nazistas na Alemanha, que chegou às telas do Mayfair, fica abaixo das expectativas, particularmente depois que ouvimos as róseas observações introdutórias [...] Numa compilação como essa, é sempre decepcionante descobrir que parte da produção foi encenada, mesmo que os responsáveis por isso nesse caso admitam francamente que algumas das cenas 'são reproduzidas a partir de entrevistas pessoais e incidentes testemunhados pelo senhor Vanderbilt durante sua viagem pela Áustria e Alemanha'", Mordaunt Hail, "The Brown Shirts", *New York Times*, 1º de maio de 1934, 26; *Hitler's Reign of Terror*, dirigido por Michael Mindlin (Jewel Productions, 1934).

139 Pierrepont Moffat, Memorandum, 15 de junho de 1934, Arquivo 811.4061 Mad Dog of Europe/7, 1930-1939 Central Decimal File, RG 59, National Archives.

140 Lester D. Friedman, *Hollywood's Image of the Jew* (Nova York: Frederick Ungar Publishing Co., 1982), 9-10.

141 Ben Hecht, *A Guide for the Bedevilled* (Nova York: Charles Scribner's Sons, 1944), 208.

142 *The Jazz Singer*, dirigido por Alan Krosland (Warner Brothers, 1927).

143 *Disraeli*, dirigido por Alfred E. Green (Warner Brothers, 1929).

144 Friedman, *Hollywood's Image of the Jew*, 12.

145 Leonard Mosley, *Zanuck: The Rise and Fall of Hollywood's Last Tycoon* (Boston: Little, Brown and Company, 1984), 125-127.

146 *Ibidem*, 129-132.

147 *Ibidem*, 134.

148 George Arliss, *My Ten Years in the Studios* (Boston: Little, Brown and Company, 1940), 222.

149 Arliss, *My Ten Years in the Studios*, 222-223; Tom Stempel, *Screenwriter: The Life and Times of Nunnally Johnson* (San Diego: A.S. Barnes & Company, 1980), 47-48; de Harry M. Warner para Will Hays, 9 de junho de 1933, in Rudy Behmler, ed., *Inside Warner Bros.* (Nova York: Viking, 1985), 12-13; "Arliss and 'Rothschild'", *New York Times*, 22 de abril de 1934, X4.

150 *Recollections of Nunnally Johnson: Oral History Transcript, interviewed by Tom Stempel*, Oral History Program, University of California, Los Angeles, 1969, Bancroft Library, Berkeley (a partir de agora, Bancroft Library), 28.

151 *The House of Rothschild*, dirigido por Alfred L. Werker (Twentieth Century Pictures, 1934).

152 *Gentleman's Agreement*, dirigido por Elia Kazan (Twentieth Century-Fox, 1947).

153 De Darryl Zanuck para James Wingate, 4 de dezembro de 1933. Arquivo *The House of Rothschild*, MPAA, registros da Production Code Administration, Margaret Herrick Library.

154 Gabler, *An Empire of Their Own*, 187-189.

155 Michael E. Birdwell, *Celluloid Soldiers: The Warner Bros. Campaign against Nazism* (Nova York: New York University Press, 1999), 3.

156 Mosley, *Zanuck*, 130-131.

157 *Recollections of Nunnally Johnson*, 24.

158 Robert M. Fells, *George Arliss: The Man Who Played God* (Lanham, MD: Scarecrow Press, 2004), 135-136.

159 George Rembert Westley, "Rothschild", Twentieth Century-Fox Collection, USC Cinematic Arts Library, Los Angeles (a partir de agora, Cinematic Arts Library).

160 Maude T. Howell e Sam Mintz, "Outline: Rothschild", 27 de julho de 1933, Twentieth Century-Fox Collection, Cinematic Arts Library.

161 "A. H. Wiggin Sailing For Berlin Today: Strawn, Filene, Arliss and Mrs. H. F. Whitney Are Other Bremen Passengers", *New York Times*, 20 de maio de 1933, 10; Arliss, *My Ten Years in the Studios*, 223-224; Fells, *George Arliss*, 136.

162 Arliss, *My Ten Years in the Studios*, 224-225; Fells, *George Arliss*, 135.

163 Count Egon Cæsar Corti, *The Rise of the House of Rothschild 1770-1830* (Nova York: Blue Ribbon Books, 1928), vii.

164 *Ibidem*, 9, 51, 59, 75, 126-127.

165 Howell e Mintz, "Outline: Rothschild".

166 Arliss, *My Ten Years in the Studios*, 224-225; George Arliss, "Suggestions: Rothschild", 5 de setembro de 1933, Twentieth Century-Fox Collection, Cinematic Arts Library.

167 Maude T. Howell, "Outline: The Great 'Rothschild'", 11 de setembro de 1933, Twentieth Century-Fox Collection, Cinematic Arts Library.

168 Maude T. Howell e Nunnally Johnson, "Rothschild", 14 de setembro de 1933, Twentieth Century-Fox Collection, Cinematic Arts Library.

169 Maude T. Howell e Nunnally Johnson, "The Great Rothschilds", 23 de setembro de 1933; Howell e Johnson, "First Temp.: The Great Rothschilds", 28 de outubro de 1933, Twentieth Century-Fox Collection, Cinematic Arts Library.

170 ROTHSCHILD conference, 26 de setembro de 1933, Twentieth Century-Fox Collection, Cinematic Arts Library.

171 Arliss, "Suggestions: Rothschild"; Corti, *Rise of the House of Rothschild*, 107-108.

172 *Ibidem*, 103; Niall Ferguson, *The House of Rothschild: Money's Prophets, 1798-1848* (Nova York: Viking, 1998), 75-76.

173 De Lewis para Gutstadt, 7 de dezembro de 1933, JFC, pt. 1, caixa 22, pasta 17, Urban Archives Center.

174 De Gutstadt para Lewis, 20 de dezembro de 1933, JFC, pt. 1, caixa 22, pasta 18, Urban Archives Center.

175 De Sigmund Livingston para Representantes da ADL, memorando confidencial, 20 de março de 1934, JFC, pt. 1, caixa 22, pasta 22, Urban Archives Center.

176 *Ibidem*.

177 De Lewis para Joseph Schenck, 20 de dezembro de 1933, JFC, pt. 1, caixa 22, pasta 18, Urban Archives Center.

178 De Darryl Zanuck para Lewis, 21 de dezembro de 1933, JFC, pt. 1, caixa 22, pasta 18, Urban Archives Center.

179 De Lewis para Gutstadt, 23 de dezembro de 1933, JFC, pt. 1, caixa 22, pasta 18, Urban Archives Center.

180 De Lewis para Gutstadt, 21 de dezembro de 1933, JFC, pt. 1, caixa 22, pasta 18, Urban Archives Center; de Will Hays para Darryl Zanuck, 21 de dezembro de 1933. Arquivo *The House of Rothschild*, MPAA, registros da Production Code Administration, Margaret Herrick Library.

181 De Joseph Breen para Will Hays, 6 de março de 1934, arquivo *The House of Rothschild*, MPAA, registros da Production Code Administration; de Joseph Jonah Cummins para Darryl Zanuck, 16 de março de 1934. Arquivo *The House of Rothschild*, MPAA, registros da Production Code Administration; Reverendo C. F. Aked, "George Arliss in The House of Rothschild: A Joy and An Inspiration", arquivo *The House of Rothschild*, MPAA, registros da Production Code Administration, Margaret Herrick Library.

182 De Gutstadt para Lewis, 16 de março de 1934, JFC, pt. 1, caixa 22, pasta 22; de Lewis para Gutstadt, 16 de março de 1934. JFC, pt. 1, caixa 22, pasta 22; de Gutstadt para Lewis, 17 de março de 1934, JFC, pt. 1, caixa 22, pasta 22, Urban Archives Center.

183 De Gutstadt para Mary G. Schonberg, 23 de março de 1934, JFC, pt. 1, caixa 22, pasta 22, Urban Archives Center.

184 De Lewis para Gutstadt, 7 de dezembro de 1933; de Sigmund Livingston para Louis B. Mayer, 21 de dezembro de 1933, JFC, pt. 1, caixa 22, pasta 17, Urban Archives Center.

185 De Lewis para Gutstadt, 23 de dezembro de 1933; de Lewis para Gutstadt, 21 de dezembro de 1933.

186 De Lewis para Gutstadt, 21 de dezembro de 1933.

187 De Gutstadt para Lewis, 14 de dezembro de 1933, JFC, pt. 1, caixa 22, pasta 17, Urban Archives Center.

188 De Lewis para Gutstadt, 23 de dezembro de 1933.

189 De Gutstadt para Lewis, 22 de dezembro de 1933, JFC, pt. 1, caixa 22, pasta 17, Urban Archives Center; de Gutstadt para Lewis, 14 de dezembro de 1933.

190 "Cinema: Up From Jew Street", *Time*, 26 de março de 1934, 22.

191 Uma solitária resenha discordante colocou a questão da seguinte maneira: "Os traços destacados para apreciação são astúcia, avareza e vingança; e esses são traços que nem despertam admiração nem são peculiarmente judaicos. Se alguém quiser acrescentar um paradoxo de sua lavra aos muitos paradoxos que abundam nesse filme, poderia talvez sugerir que ele realmente constitui um libelo contra a raça que pretende defender". William Troy, "Films: Bankers and Technicolor", *The Nation*, 4 de abril de 1934, 398.

192 De Darryl Zanuck para Joseph Breen, 10 de abril de 1934, arquivo *The House of Rothschild*, MPAA, registros da Production Code Administration, Margaret Herrick Library.

193 De S. Y. Allen para Darryl Zanuck, 11 de abril de 1934, arquivo *The House of Rothschild*, MPAA, registros da Production Code Administration, Margaret Herrick Library; de Gutstadt para Lewis, 26 de abril de 1934, JFC, pt. 1, caixa 22, pasta 23; de Lewis para Gutstadt, 30 de abril de 1934, JFC, pt. 1, caixa 22, pasta 23, Urban Archives Center.

194 Fells, *George Arliss*, 143; Mosley, *Zanuck*, 142, 150-153.

195 De Edward Zeisler para Lewis, 22 de março de 1934, JFC, pt. 1, caixa 22, pasta 22, Urban Archives Center.

196 De Lewis para Gutstadt, 21 de março de 1934, JFC, pt. 1, caixa 22, pasta 22, Urban Archives Center.

197 De Gutstadt para Lewis, 9 de março de 1934, JFC, pt. 1, caixa 22, pasta 21, Urban Archives Center.

198 De Lewis para Gutstadt, 21 de março de 1934.

199 De Lewis para I. M. Golden, 14 de março de 1934, JFC, pt. 1, caixa 22, pasta 21, Urban Archives Center.

200 "Breen to be Hays Group Code Chief: Appointment Marks First Important Step of Industry to Regulate Self", *Los Angeles Times*, 7 de julho de 1934, A1; "Supreme Censorship Power Given to Hays", *Los Angeles Times*, 8 de julho de 1934, A1;

"Hays Plan Due Today: Self-Censorship Parley Called", *Los Angeles Times*, 11 de julho de 1934, 1; "Hollywood Takes Step to Assure Clean Film", *Los Angeles Times*, 12 de julho de 1934, 1.

201 De Lewis para Sigmund Livingston, 13 de julho de 1934, JFC, pt. 1, caixa 22, pasta 25, Urban Archives Center.

202 De Gutstadt para Lewis, 1º de agosto de 1934, JFC, pt. 1, caixa 22, pasta 26; de Lewis para Gutstadt, 17 de setembro de 1934, JFC, pt. 1, caixa 22, pasta 26, Urban Archives Center.

203 De Gutstadt para Lewis, 23 de março de 1934, JFC, pt. 1, caixa 22, pasta 22; de Gutstadt para Mary G. Schonberg, 29 de março de 1934, JFC, pt. 1, caixa 22, pasta 22, Urban Archives Center.

204 De Gutstadt para Lewis, 25 de junho de 1934, JFC, pt. 1, caixa 22, pasta 24, Urban Archives Center.

205 De Gutstadt para Lewis, 15 de novembro de 1934, JFC, pt. 1, caixa 23, pasta 1; de Lewis para Gutstadt, 19 de novembro de 1934, JFC, pt. 1, caixa 23, pasta 1; de Lewis para Abraham W. Brussel, 13 de julho de 1934, JFC, pt. 1, caixa 22, pasta 25, Urban Archives Center.

206 De Gutstadt para destinatário desconhecido, 1º de novembro de 1934, JFC, pt. 1, caixa 23, pasta 1, Urban Archives Center.

207 De Gutstadt para Lewis, 7 de fevereiro de 1935, JFC, pt. 1, caixa 23, pasta 4, Urban Archives Center. Para exemplos das muitas cartas de Gutstadt, ver de Gutstadt para Arthur Rosenblum, 16 de novembro de 1934, JFC, pt. 1, caixa 23, pasta 1; de Gutstadt para Lewis, 18 de dezembro de 1934, JFC, pt. 1, caixa 23, pasta 2; de Gutstadt para Lewis, 21 de janeiro de 1935, JFC, pt. 1, caixa 23, pasta 3; de Gutstadt para Lewis, 4 de fevereiro de 1935, JFC, pt. 1, caixa 23, pasta 4; de Gutstadt para Lewis, 27 de fevereiro de 1935, JFC, pt. 1, caixa 23, pasta 4; de Gutstadt para Lewis, 15 de março de 1935, JFC, pt. 1, caixa 23, pasta 4; de Gutstadt para Lewis, 22 de abril de 1935, JFC, pt. 1, caixa 23, pasta 5; de Gutstadt para Mendel Silberberg, 24 de junho de 1935, JFC, pt. 1, caixa 23, pasta 5; de Gutstadt para Lewis, 29 de julho de 1935, JFC, pt. 1, caixa 23, pasta 6; de Gutstadt para Lewis, 6 de agosto de 1935, JFC, pt. 1, caixa 23, pasta 6; de Gutstadt para Lewis, 20 de agosto de 1935, JFC, pt. 1, caixa 23, pasta 6; de Gutstadt para Lewis, 4 de outubro de 1935, JFC, pt. 1, caixa 23, pasta 7; de Gutstadt para Lewis, 5 de novembro de 1935, JFC, pt. 1, caixa 23, pasta 8; de Gutstadt para Silberberg, 3 de março de 1936, JFC, pt. 1, caixa 23, pasta 10, Urban Archives Center.

208 Henry Popkin, "The Vanishing Jew of Our Popular Culture", *Commentary* 14 (1952): 46-55.

209 Hecht, *A Guide for the Bedevilled*, 207, 209-210.

210 Da Embaixada Alemã em Londres para o Ministério do Exterior, 26 de maio de 1934, Embaixada Alemã em Roma, 835a: deutschfeindliche Filmpropaganda, vol. 2, PAAA.

211 Do consulado alemão em Seattle para a Embaixada Alemã em Washington, DC, 15 de maio de 1934, Embaixada Alemã em Roma, 835a: deutschfeindliche Filmpropaganda, vol. 2, PAAA.

212 *Der ewige Jude*, dirigido por Fritz Hippler (Deutsche Filmherstellungs-und--Ververtungs-GmbH, 1940).

213 *Die Rothschilds*, dirigido por Erich Waschneck (Ufa, 1940).

3. "BOM"

1 "Here's one picture Germans spot as OK", *Variety*, 27 de março de 1934, 11.

2 Joachim C. Fest, *Hitler* [1973] (Nova York: Penguin, 1982), 406.

3 Kershaw, *Hitler 1889-1936: Hubris* (Londres: Penguin, 1998), 467; Fest, *Hitler*, 406-407.

4 Kershaw, *Hitler 1889-1936*, 467-468; Fest, *Hitler*, 407.

5 Fest, *Hitler*, 408.

6 Richard J. Evans, *The Coming of the Third Reich* (Nova York: Penguin Press, 2004), 353-354.

7 *Ibidem*, 354.

8 Fest, *Hitler*, 408. Substituí a desajeitada expressão "salutariness of criticism" ["salubridade da crítica"] da tradução inglesa pela expressão "salutary nature of criticism" ["natureza salutar da crítica"].

9 *Ibidem*, 408-409.

10 Kershaw, *Hitler 1889-1936*, 468.

11 Fest, *Hitler*, 409.

12 Kershaw, *Hitler 1889-1936*, 468; Fest, *Hitler*, 410.

13 "Hitler cabinet gets power to rule as a dictatorship; Reichstag quits *sine die*", *New York Times*, 24 de março de 1933, 1.

14 "A Moral Tribunal", *New York Times*, 16 de março de 1933, E4.

15 *Gabriel over the White House*, dirigido por Gregory La Cava (Cosmopolitan/MGM, 1933).

16 [Thomas F. Tweed], *Gabriel over the White House* (Nova York: Farrar & Rinehart, 1933), 134.

17 "Selfridge Declares Democracy a Failure; Predicts Its End within 100 or 200 Years", *New York Times*, 22 de junho de 1932, 10.

18 Mordaunt Hall, "Gabriel over the White House", *New York Times*, 9 de abril de 1933, X3.

19 [Tweed], *Gabriel over the White House*.

20 Talvez Hearst tenha obtido uma cópia de *Gabriel over the White House* de seu amigo Lloyd George.

21 De James Wingate para Will Hays, 11 de fevereiro de 1933, arquivo *Gabriel over the White House*, MPAA, registros da Production Code Administration, Margaret Herrick Library; Bosley Crowther, *Hollywood Rajah: The Life and Times of Louis B. Mayer* (Nova York: Henry Holt and Company, 1960), 178; Matthew Bernstein, *Walter Wanger, Hollywood Independent* (Berkeley: University of California Press, 1994), 84; David Nasaw, *The Chief: The Life of William Randolph Hearst* (Nova York: Houghton Mifflin, 2000), 463-466; Louis Pizzitola, *Hearst over Hollywood: Power, Passion, and Propaganda in the Movies* (Nova York: Columbia University Press, 2002), 293-300.

22 Ben Proctor, *William Randolph Hearst: Final Edition, 1911-1951* (Nova York: Oxford University Press, 2007), 153-173.

23 Crowther, *Hollywood Rajah*, 179.

24 De Louis B. Mayer para James Wingate, 16 de fevereiro de 1933, e de James Wingate para Will Hays, 23 de fevereiro de 1933. Arquivo *Gabriel over the White House*, MPAA, registros da Production Code Administration, Margaret Herrick Library.

25 De William Randolph Hearst para Walter Wanger, 4 de março de 1933, William Randolph Hearst Papers, caixa 38, pasta 31, Bancroft Library; "'Gabriel' Film Sent Back to Hollywood", *New York Times*, 17 de março de 1933, 21. Compare também os roteiros datados de 16 de janeiro de 1933 e 7 de fevereiro de 1933, disponíveis na USC Cinematic Arts Library e na Margaret Herrick Library. Para um lista exata de refilmagens de cenas, ver "Notes on *Gabriel over the White House*", MGM Collection, USC Cinematic Arts Library, Los Angeles. Um resumo mais curto das refilmagens pode ser encontrado em de Howard Strickling para Howard Dietz, 20 de março de 1933, arquivo *Gabriel over the White House*, MPAA, registros da Production Code Administration, Margaret Herrick Library.

26 Will Hays, Memorandum, 7 de março de 1933. Arquivo *Gabriel over the White House*, MPAA, registros da Production Code Administration, Margaret Herrick Library.

27 De Stephen T. Early para N. M. Schenck, 12 de março de 1933, Motion Pictures File; de Roosevelt para William Randolph Hearst, 1º de abril de 1933, President's Personal File, Franklin D. Roosevelt Library, Hyde Park, Nova York.

28 De Hearst para Louis B. Mayer, 25 de março de 1933, William Randolph Hearst Papers, caixa 38, pasta 23, Bancroft Library.

29 Hays, Memorandum, 7 de março de 1933. Frederick Herron leu o roteiro e criticou-o a partir de um ponto de vista de política exterior. Fez objeção particularmente a algumas linhas e então escreveu: "nós temos um sangue-frio dos diabos para colocar uma coisa como essa em nossos filmes... Eu só não consigo entender que tipo de mente iria querer colocar uma coisa assim num enredo". De F. L. Herron para Maurice McKenzie, 27 de fevereiro de 1933, arquivo *Gabriel over the White House*, MPAA, registros da Production Code Administration, Margaret Herrick Library.

30 Hays, Memorandum, 7 de março de 1933.

31 [Tweed], *Gabriel over the White House*, 26. Essa cena foi cortada do filme.

32 *Ibidem*, 40.

33 Raymond Gram Swing, *Forerunners of American Fascism* (Nova York: Books for Libraries Press, 1935).

34 "Metro optimistisch", *Licht Bild Bühne*, 5 de setembro de 1933, 1-2.

35 *Ibidem*.

36 Douglas Miller, "Economic and Trade Notes 219", 18 de abril de 1934, Commercial Attachés in Germany 1931-1940, RG 151, National Archives.

37 George Canty, "Special Report 56", 27 de dezembro de 1934, e "Special Report 82", 25 de fevereiro de 1935, Commercial Attachés in Germany 1931-1940, RG 151; Douglas Miller, "Special Report 37", 25 de outubro de 1934, Commercial Attachés in Germany 1931-1940, RG 151, National Archives.

38 "Esse é um filme que os alemães classificam como bom", 11; "Zwischen heute und morgen", *Völkischer Beobachter*, 2 de março de 1934, 9.

39 H. Brant, "Zwischen heute und morgen," *Der Angriff*, 1º de março de 1934, 11.

40 *Ibidem*.

41 Hall, "Gabriel over the White House", X3; Louella O. Parsons, "Walter Huston Impressive in Performance", *Los Angeles Examiner*, 7 de abril de 1933, 13; "Flag Waves Smartly O'er 'Gabriel in White House'", *Newsweek*, 8 de abril de 1933, 25--26; "A President after Hollywood's Heart", *Literary Digest*, 22 de abril de 1933, 13; "'Gabriel' a Sensation", *Hollywood Reporter*, 2 de março de 1933, 1. A exceção foi a resenha do *The Nation* intitulada "Fascism over Hollywood", 26 de abril de 1933, 482-483. Para um relato completo da reação ao filme nos Estados Unidos, ver Robert L. McConnell, "The Genesis and Ideology of *Gabriel over the White House*", *Cinema Journal* 15, nº 2 (Primavera 1976): 7-26. Para uma análise perspicaz, ver Andrew Bergman, *We're in the Money: Depression America and Its Films* (Nova York: New York University Press, 1971), 110-120. Para uma interpretação do filme que enfatiza a simpatia americana pelo conceito de ditadura no início dos anos 1930, ver Benjamin L. Alpers, *Dictators, Democracy, and American Public Culture: Envisioning the Totalitarian Enemy, 1920s-1950s* (Chapel Hill: University of North Carolina Press, 2003), 30-33.

42 Richard Evans, *The Third Reich in Power* (Nova York: Penguin Press, 2005), 328-336.

43 William Randolph Hearst, "Over-Capitalization, At Workers' Expense, Cause of Depression", *New York American*, 9 de outubro de 1930, 1; "Mr. Hearst Discusses Causes and Cure for the Depression", *New York American*, 7 de junho de 1931, E1.

44 Brant, "Zwischen heute und morgen", 11.

45 *This Day and Age*, dirigido por Cecil B. DeMille (Paramount, 1933).

46 Relatório de censura para a Holanda, 2 de dezembro de 1933, arquivo *This Day and Age*, MPAA, registros da Production Code Administration, Margaret Herrick Library.

47 Anúncio para *This Day and Age* (*Revolution der Jugend*), *Der Angriff*, 4 de janeiro de 1934, 11; Douglas Miller, "Economic and Trade Notes 175", 27 de fevereiro de 1934, Commercial Attachés in Germany 1931-1940, RG 151, National Archives.

48 Benito Mussolini, "Highest-Placed Criminals Must Be Mercilessly Suppressed, Says Mussolini", *New York American*, 23 de outubro de 1932, L-13.

49 [Tweed], *Gabriel over the White House*, 186, 175, 195. Will Hays assistiu à cena em que os gângsteres são executados e comentou: "Quanto aos mafiosos, não tenho sugestões. Está perfeitamente assentado na opinião de todo mundo que é isso o que deve ser feito". Hays, Memorandum, 7 de março de 1933.

50 Kershaw, *Hitler 1889-1936*, 492, 551, 555.

51 Brant, "Zwischen heute und morgen", 11.

52 Seis meses depois que *Gabriel over the White House* estreou na Alemanha, o verdadeiro final dessa parte da história teve lugar. De 5 a 10 de setembro de 1934, Hearst compareceu ao Congresso do Partido Nazista em Nuremberg (que Leni Riefenstahl filmou em *Triumph of the Will*). Ele se hospedou no mesmo hotel que von Ribbentrop, Himmler, Heydrich e Göring, e seu filho mais velho compareceu a várias manifestações do Partido Nazista. Após as festividades, em 17 de setembro, ele entrevistou Hitler. "A questão de se eu deveria ver Hitler e o que deveria dizer a ele", disse mais tarde, "foi discutida em termos gerais com o senhor Louis B. Mayer antes que a entrevista tivesse lugar". Mayer nunca confirmou a alegação de Hearst. Ver Pizzitola, *Hearst over Hollywood*, 304-325.

53 Markus Spieker, *Hollywood unterm Hakenkreuz: Der amerikanische Spielfilm im Dritten Reich* (Trier: Wissentschaftlicher Verlag Trier, 1999), 360. Os dois filmes eram *Let Freedom Ring*, que estreou em 27 de fevereiro e ficou em cartaz por 21 dias, e *Broadway Serenade*, que estreou em 17 de abril e ficou em cartaz por 56 dias.

54 R. M. Stephenson, "Special Report 9", 21 de julho de 1936, Commercial Attachés in Germany 1931-1940, RG 151, National Archives; *Broadway Melody of 1936*, dirigido por Roy Del Ruth (MGM, 1935); Douglas Miller, "Special Report 7", 2 de agosto de 1938, Commercial Attachés in Germany 1931-1940, RG 151, National Archives; *Broadway Melody of 1938*, dirigido por Roy Del Ruth (MGM, 1937). Segundo esses registros dos adidos comerciais, o filme mais popular exibido no Terceiro Reich era *Les Perles de la Couronne*, que ficou em cartaz 180 dias em sua primeira temporada em Berlim. Ver Miller, "Special Report 81", 28 de junho de 1938, Commercial Attachés in Germany 1931-1940, RG 151, National Archives.

55 "Ao tratar do ano cinematográfico de 1935, até mesmo a imprensa alemã teve que admitir que os filmes estrangeiros eram de longe os que faziam maior sucesso artístico e financeiro na Alemanha, e repetidas vezes lamentava-se que a cinematografia alemã fosse incapaz de alcançar aquele toque de comédia leve tão característico dos longas-metragens americanos." Douglas Miller, "Special Report 62", 22 de janeiro de 1936, Commercial Attachés in Germany 1931-1940, RG 151, National Archives.

56   Citado in Spieker, *Hollywood unterm Hakenkreuz*, 129.

57   "Ein Herz ist zu verschenken", *Der Film*, 3 de agosto de 1935, 5.

58   "Sehnsucht", *Film-Kurier*, 3 de abril de 1936, 2.

59   "Filmwirtschaftliche Aussenpolitik", *National-Zeitung* (Essen), 3 de janeiro de 1935. Sobre a influência de Hollywood no cinema alemão dessa época, ver Spieker, *Hollywood unterm Hakenkreuz*, 149-157; Eric Rentschler, *The Ministry of Illusion: Nazi Cinema and Its Afterlife* (Cambridge, MA: Harvard University Press, 1996), 99-123.

60   Elke Fröhlich *et al.*, eds., *Die Tagebücher von Joseph Goebbels*, entrada relativa a 17 de ouitubro de 1935. pt. 1, vol. 3/I (Munique: K. G. Saur Verlag, 2005) 312-313.

61   Fröhlich *et al.*, *Die Tagebücher von Joseph Goebbels*, entrada relativa a 23 de agosto de 1936, pt. 1, vol. 3/II, 165.

62   David Welch, *Propaganda and the German Cinema 1933-1945* [1983] (Nova York: I. B. Tauris, 2001), 37.

63   *Ibidem*, 38.

64   Goebbels estava equivocado a esse respeito: os Estados Unidos tinham uma longa e rica tradição teatral.

65   "Dr. Goebbels vor den Filmschaffenden: Ein neues Bekenntnis zum Film", *Licht Bild Bühne*, 16 de dezembro de 1935, 1-2. "Ein Held redet nicht immer heldisch daher, sondern er handle heldisch".

66   *It Happened One Night*, dirigido por Frank Capra (Columbia Pictures, 1934); Douglas Miller, "Special Report 55", 23 de dezembro de 1935, Commercial Attachés in Germany 1931-1940, RG 151, National Archives.

67   *The Lives of a Bengal Lancer*, dirigido por Henry Hathaway (Paramount, 1935).

68   Douglas Miller, "Special Report 106", 22 de maio de 1935, Commercial Attachés in Germany 1931-1940, RG 151, National Archives. *The Lives of a Bengal Lancer* foi exibido primeiro num cinema durante 21 dias, depois em outro por sete dias, depois num terceiro por sete dias.

69   *Ibidem*. Minha afirmação de que *Triumph of the Will* era o filme nazista mais popular da década de 1930 deriva de uma exaustiva revisão dos relatórios dos adidos comerciais americanos do período. O único filme comparável era *S.A. Mann Brand* (1933), exibido por alguns dias, mas que estreou simultaneamente em três cinemas. A literatura secundária sobre cinema nazista não inclui estatísticas sobre os tempos de exibição. Há uma tabela dos ganhos de bilheteria dos filmes alemães de 1940 a 1944 in Gerd Albrecht, *Nationalsozialistische Filmpolitik: Eine soziologische Untersuchung über die Spielfilm des Dritten Reichs* (Stuttgart: Ferdinand Enke Verlag, 1969), 430-431. Sobre o termo *Tendenzfilm*, ver Welch, *Propaganda and the German Cinema*, 2.

70   Listas da Filmprüfstelle para 1935, Deutsches Filminstitut; Welch, *Propaganda and the German Cinema*, 15, 18; Spieker, *Hollywood unterm Hakenkreuz*, 342.

71 R. M. Stephenson, "Special Report 101", 26 de maio de 1936, Commercial Attachés in Germany 1931-1940, RG 151, National Archives.

72 "Angelsächsische Kameradschaft", *Der Angriff*, 22 de fevereiro de 1935, 4. "Eine Handvoll weißer Männer schützt ein Volk von 300 Millionen lndern vor dem Chaos".

73 Welch, *Propaganda and the German Cinema*, 149.

74 "Um herói nem sempre fala heroicamente, mas age heroicamente": a frase pode até ter sido um sutil ataque a *Triumph of the Will*, no qual as palavras do herói são sempre recebidas com muito aplauso.

75 "Bengali", *Berliner Tageblatt und Handels-Zeitung*, 22 de fevereiro de 1935, 6.

76 *Ibidem*.

77 "Angelsächsische Kameradschaft", *Der Angriff*, 22 de fevereiro de 1935, 4.

78 Gerd Eckert, "Filmtendenz und Tendenzfilm", *Wille und Macht*, 15 de fevereiro de 1938, 22.

79 Leonhard Furst, "Der deutsche Filmstil", *Jahrbuch der Reichsfilmkammer*, 1937, 32.

80 Declaração de Reinhard Spitzy in *The Tramp and the Dictator*, dirigido por Kevin Brownlow e Michael Kloft (Photoplay Productions, 2002).

81 "Mit Gary Cooper in der Ufastadt", *Filmwelt*, 2 de dezembro de 1938, [26]. *Ver também* "Gary Cooper in Berlin", *Licht Bild Bühne*, 23 de novembro de 1938, 3.

82 *A Prelude to "Our Daily Bread"*, dirigido por David Shepard, 1983.

83 King Vidor, *A Tree Is a Tree* (Nova York: Harcourt, Brace and Company, 1952), 220--228. *Our Daily Bread* teve boas resenhas nos Estados Unidos. Ver, por exemplo, Andre Sennwald, "King Vidor and 'Our Daily Bread': His Fine Drama of a Cooperative Farm Is the Achievement of a Courageous Mind", *New York Times*, 7 de outubro de 1934, X4. De novo, *The Nation* foi a exceção, chamando o filme de "um travesti". "Collectivism More or Less", *The Nation*, 24 de outubro de 1934, 488--490. *Ver também* Bergman, *We're in the Money*, 71-82.

84 A United Artists também organizou uma projeção especial do filme para o presidente Roosevelt na Casa Branca. "Show 'Daily Bread' at White House", *Film Daily*, 2 de outubro de 1934, 8.

85 Listas da Filmprüfstelle para 1936, Deutsches Filminstitut; R. M. Stephenson, "Special Report 49", 14 de novembro de 1936, Commercial Attachés in Germany 1931-1940, RG 151, National Archives.

86 "Der Letzte Alarm", *Völkischer Beobachter*, 7 de agosto de 1936, 13.

87 "Der Letzte Alarm", *Berliner Tageblatt und Handels-Zeitzmg*, 6 de agosto de 1936, 10.

88 *Triumph of the Will*, dirigido por Leni Riefenstahl (Leni Riefenstahl-Produktion/ Reichspropagandaleitung der NSDAP, 1935).

89 *Our Daily Bread*, dirigido por King Vidor (Viking/United Artists, 1934).

90 "Die neuen Wunder", *Der Angriff*, 7 de agosto de 1936, 4.

91 *Ibidem*.

92 Adolf Hitler, *Mein Kampf*, trad. Ralph Manheim [1925 e 1927] (Nova York: Houghton Mifflin, 1943), 466.

93 Kershaw, *Hitler 1889-1936*, 162, 344.

94 Ernst Hugo Correll, "Was bleibt der Autor dem deutschen Film schuldig?", *Jahrbuch der Reichsfilmkammer* (1937): 115-119. *Mr. Deeds* não foi exibido na Alemanha devido a um detalhe técnico do processo de censura.

95 Pronunciamento da Câmera Alemã de Cinema, 23 de janeiro de 1940, R109 I, vol. 1611, Bundesarchiv.

96 Correll, "Was bleibt der Autor dem deutschen Film schuldig?", 115-119.

97 *Friedrich Schiller* (*Der Triumph eines Genies*), dirigido por Herbert Maisch (Tobis, 1940); *Der Grosse König*, dirigido por Veit Harlan (Tobis, 1942); *Bismarck*, dirigido por Wolfgang Liebeneiner (Tobis, 1940); *Die Entlassung*, dirigido por Liebeneiner (Tobis, 1942).

98 Welch, *Propaganda and the German Cinema*, 124, 154.

99 *Mutiny on the Bounty*, dirigido por Frank Lloyd (MGM, 1935); R. M. Stephenson, "Special Report 49", 14 de novembro de 1936, Commercial Attachés in Germany 1931-1940, RG 151, National Archives; "Die Kameradschaft der Seefahrer", *Der Angriff*, 10 de setembro de 1936, 13.

100 "Meuterei auf der Bounty", *Berliner Tageblatt und Handels-Zeitung*, 9 de setembro de 1936, 10.

101 De Martin Bormann para Paul Wernicke, 6 de setembro de 1937, e de Paul Wernicke para Martin Bormann, 10 de setembro de 1937, NS 10, vol. 48, Bundesarchiv.

102 "Metro optimistisch", 1; listas da Filmprüfstelle para 1934, 1935 e 1937, Deutsches Filminstitut. *Looking Forward*, dirigido por Cedric Gibbons (MGM, 1933); *Queen Christina*, dirigido por Rouben Mamoulian (MGM, 1934); *Night Flight*, dirigido por Clarence Brown (MGM, 1933); *West Point of the Air*, dirigido por Richard Rosson (MGM, 1935); *Souls at Sea*, dirigido por Henry Hathaway (Paramount, 1937); *Captains Courageous*, dirigido por Victor Fleming (MGM, 1937). As datas que constam do texto principal indicam quando os filmes foram lançadas na Alemanha.

4. "RUIM"

1 De E. Bahls para o Ministério da Propaganda, 24 de abril de 1939, NS 10, vol. 49, Bundesarchiv.

2 George Canty, "Motion Pictures Abroad: The German Film Industry During 1933", 16 de fevereiro de 1934, Commercial Attachés in Germany 1931-1940, RG 151, National Archives. Para determinar o número de filmes americanos que foram exibidos na Alemanha a cada ano, examinei os relatórios anuais dos adidos comerciais estabelecidos em Berlim, assim como suas estatísticas mensais. Como essas duas

fontes às vezes fornecem dados contraditórios, tentei priorizar as estatísticas que contavam com maior apoio de todas as evidências disponíveis. Também levei em conta os achados de Markus Spieker, que usou pela primeira vez essas estatísticas em *Hollywood unterm Hakenkreuz: Der amerikanische Spielfilm im Dritten Reich* (Trier: Wissenschaftlicher Verlag Trier, 1999).

3   [Albert Sander], "Rassenfrage, Kontingent, u. Lizenzen: Das Raether-Interview in *The Era*", *Der Film*, 16 de julho de 1932, 1-2.

4   Relatório *Oberprüfstelle* 7192, "Tarzan, der Herr des Urwaldes", 2 de março de 1934, Deutsches Filminstitut.

5   George Canty, "Economic and Trade Notes 176", 16 de fevereiro de 1933, Commercial Attachés in Germany 1931-1940, RG 151, National Archives; *Tarzan the Ape Man*, dirigido por W. S. Van Dyke (MGM, 1932).

6   Relatório *Oberprüfstelle* 6910, "King Kong", 5 de outubro de 1933; relatório *Oberprüfstelle* 6866, "Der Herr der Wildnis", 3 de agosto de 1933, Deutsches Filminstitut; *King of the Jungle*, dirigido por Max Marcin (Paramount, 1933). No meu relato das reuniões da censura neste capítulo, algumas vezes passei o registro da discussão para a fala direta. Preservei sempre o sentido original.

7   *Reichsgesetzblatt*, 12 de maio de 1920, 953.

8   *Reichsgesetzblatt*, 19 de fevereiro de 1934, 96.

9   Relatório *Oberprüfstelle* 7192, "Tarzan, der Herr des Urwaldes", 2 de março de 1934, Deutsches Filminstitut.

10   *Ibidem*.

11   *Ibidem*.

12   *Ibidem*.

13   *Ibidem*.

14   Spieker, *Hollywood unterm Hakenkreuz*, 70.

15   Relatório *Oberprüfstelle* 6759, "Die blonde Venus", 4 de julho de 1933, Deutsches Filminstitut; *Blonde Venus*, dirigido por Josef von Sternberg (Paramount, 1932).

16   Relatório *Oberprüfstelle* 7270, "Das hohe Lied", 14 de março de 1934, Deutsches Filminstitut. Nem mesmo a doação de US$ 500 por Marlene Dietrich ao fundo de cinema National Socialist ajudou a reverter a decisão. Ver Douglas Miller, "Special Report 89", 26 de abril de 1934, Commercial Attachés in Germany 1931-1940, RG 151, National Archives.

17   Relatório *Oberprüfstelle* 7513, "Das Narbengesicht (Scarface)", 22 de novembro de 1934, Deutsches Filminstitut; *Scarface*, dirigido por Howard Hawks (United Artists, 1932).

18   Relatório *Oberprüfstelle* 6577, "Frisco Express-führerlos", 22 de abril de 1933, Deutsches Filminstitut.

19   Relatório *Oberprüfstelle* 4827, "Frankenstein", 2 de junho de 1932; listas da Filmprüfstelle para 1933 e 1934, Deutsches Filminstitut.

20 Relatório *Oberprüfstelle* 7381, "Men in White", 11 de julho de 1934, Deutsches Filminstitut; *Men in White*, dirigido por Richard Boleslavsky (MGM, 1934).

21 Douglas W. Churchill, "Hollywood's Censor Is All the World", *New York Times*, 29 de março de 1936, SM10; Frank S. Nugent, "New Censorial Swords Hang over Hollywood", *New York Times*, 9 de maio de 1937, SM16. *Ver também* John Eugene Harley, *World-Wide Influences of the Cinema: A Study of Official Censorship and the International Cultural Aspects of Motion Pictures* (Los Angeles: University of Southern California Press, 1940), 96-199.

22 Sobre os negócios internacionais de Hollywood nessa época, ver Kristin Thompson, *Exporting Entertainment: America in the World Film Market 1907-34* (Londres: BFI Publishing, 1985); Ruth Vasey, *The World According to Hollywood, 1918-1939* (Madison: University of Wisconsin Press, 1997); John Trumpbour, *Selling Hollywood to the World: U.S. and European Struggles for Mastery of the Global Film Industry, 1920-1950* (Cambridge: Cambridge University Press, 2002).

23 O valor para 1934 é a minha conta com base nos relatórios do adido comercial americano, e está correlacionado ao que aparece em Spieker, *Hollywood unterm Hakenkreuz*, 337.

24 Max Schmeling, *An Autobiography* [1977] (Chicago: Bonus Books, 1998), 86-87.

25 Jeremy Schaap, *Cinderella Man: James J. Braddock, Max Baer, and the Greatest Upset in Boxing History* (Nova York: Houghton Mifflin Harcourt, 2005), 47, 144--146, 150; "Nazis Still Irked by Baer's Remark; Public Wants to See Champion Whose Gibe at Hitler Embarrasses Officials", *New York Times*, 14 de março de 1935, 26.

26 Joseph C. Nichols, "The Fight by Rounds", *New York Times*, 9 de junho de 1933, 21; Schaap, *Cinderella Man*, 148-152.

27 Schaap, *Cinderella Man*, 153.

28 *The Prizefighter and the Lady*, dirigido por W. S. Van Dyke (MGM, 1933).

29 De Frits Strengholt para o Ministério do Exterior, 15 de março de 1934, R 80310: Abteilung III, Politische und kulturelle Propaganda in den Vereinigten Staaten von Amerika, vol. 18; "Reich Bans American Film Because Max Baer is a Jew: 'The Prizefighter and the Lady' Halted by Goebbels after Successful Run; U.S. Reprisals Indicated", recorte de jornal não indentificado datado de 29 de março de 1934, R 80310: Abteilung III, Politische und kulturelle Propaganda in den Vereinigten Staaten von Amerika, vol. 18, PAAA.

30 R. M. Stephenson, "Special Report 101", 26 de maio de 1936, Commercial Attachés in Germany 1931-1940, RG 151, National Archives. *Ver também* as listas da Filmprüfstelle no Deutsches Filminstitut, que indicam que os filmes americanos eram primeiro legendados e depois dublados.

31 Douglas Miller, "Economic and Trade Notes 219", 18 de abril de 1934, e "Economic and Trade Notes 186", 10 de março de 1934, Commercial Attachés in Germany 1931-1940, RG 151, National Archives.

32 Miller, "Economic and Trade Notes 186", 10 de março de 1934.

33 De J. C. White para o ministro do Exterior, 15 de março de 1934, Arquivo 862-
-4061 Motion Pictures/83, 1930-1939 Central Decimal File, RG 59, National Archives.

34 Miller, "Economic and Trade Notes 219", 18 de abril de 1934; de Strengholt para o Ministério do Exterior, 15 de março de 1934.

35 De Strengholt para o Ministério do Exterior, 15 de março de 1934.

36 *Ibidem.*

37 *Ibidem.*

38 George Canty, Memorando Confidencial ao senhor White, Chargé D'Affaires, 26 de janeiro de 1935, File Class 281: Alemanha 1930-1945, RG 151, National Archives.

39 Alexander Führ, "Aufzeichnung zu dem Schreiben der Metro-Goldwyn Mayer A.G.", 16 de março de 1934, R 80310: Abteilung III, Politische und kulturelle Propaganda in den Vereinigten Staaten von Amerika, vol. 18, PAAA.

40 Alexander Führ, "Aufzeichnung", 5 de abril de 1934, R 80310: Abteilung III, Politische und kulturelle Propaganda in den Vereinigten Staaten von Amerika, vol. 18, PAAA.

41 Führ, "Aufzeichnung zu dem Schreiben der Metro-Goldwyn Mayer A. G.", 16 de março de 1934.

42 *Ibidem.*

43 "Gegen unsinnige Gerüchte-macherei: Zur heutigen Uraufführung des Max-Baer-
-Films", *Der Angriff*, recorte de jornal datado de 16 de março de 1934, R 80310: Abteilung III, Politische und kulturelle Propaganda in den Vereinigten Staaten von Amerika, vol. 18, PAAA.

44 Führ, "Aufzeichnung zu dem Schreiben der Metro-Goldwyn Mayer A. G.", 16 de março de 1934.

45 H. Brant, "Männer um eine Frau", *Der Angriff*, 19 de março de 1934, 10. *Ver também* "Männer um eine Frau: Capitol am Zoo", *Berliner Tageblatt und Handels-
-Zeitung*, 17 de março de 1934, 4; "Männer um eine Frau: Im Capitol", recorte de jornal datado de 17 de março de 1934, R 80310: Abteilung III, Politische und kulturelle Propaganda in den Vereinigten Staaten von Amerika, vol. 18, PAAA.

46 "Männer um eine Frau", *Völkischer Beobachter*, 18-19 de março de 1934, 6.

47 Miller, "Economic and Trade Notes 219", 18 de abril de 1934; Miller, "Special Report 89", 26 de abril de 1934; Führ, "Aufzeichnung zu dem Schreiben der Metro-
-Goldwyn Mayer A. G.", 16 de março de 1934.

48 Metro-Goldwyn-Mayer Film A.G., memorando sem título, 29 de março de 1934, R 80310: Abteilung III, Politische und kulturelle Propaganda in den Vereinigten Staaten von Amerika, vol. 18, PAAA.

49 "Entscheidungsgründe für das Verbot der öffentlichen Vorführung des Films 'Männer um eine Frau'", 29 de março de 1934, R 80310: Abteilung III, Politische und kulturelle Propaganda in den Vereinigten Staaten von Amerika, vol. 18, PAAA.

50 *Ibidem*.

51 "Aufzeichnung betr. Verbot eines amerikanischen Films", 30 de março de 1934, R 80310: Abteilung III, Politische und kulturelle Propaganda in den Vereinigten Staaten von Amerika, vol. 18, PAAA.

52 Führ, "Aufzeichnung", 5 de abril de 1934; "Aktenvermerk", 6 de abril de 1934, R 80310: Abteilung III, Politische und kulturelle Propaganda in den Vereinigten Staaten von Amerika, vol. 18; de Hans Heinrich Dieckhoff para Hans Ernst Posse, 7 de abril de 1934, R 80310: Abteilung III, Politische und kulturelle Propaganda in den Vereinigten Staaten von Amerika, vol. 18; Alexander Führ, Memorando Sem Título, 7 de abril de 1934, R 80310: Abteilung III, Politische und kulturelle Propaganda in den Vereinigten Staaten von Amerika, vol. 18, PAAA.

53 De Konstantin von Neurath para Joseph Goebbels, abril de 1934, R 80310: Abteilung III, Politische und kulturelle Propaganda in den Vereinigten Staaten von Amerika, vol. 18, PAAA.

54 Relatório *Oberprüfstelle* 7324, "Männer um eine Frau". 21 de abril de 1934, Deutsches Filminstitut.

55 *Ibidem*.

56 *Ibidem*.

57 *Ibidem*.

58 *Ibidem*.

59 Arnold Bacmeister, *Bedeutung und Arbeitsweise der Filmprufstelle in Berlin: Ein Rückblick auf die Jahre 1934-1945*, kleine Erweiterung, Bundesarchiv, 1-2.

60 Adolf Hitler, *Mein Kampf*, trad. Ralph Manheim [1925 e 1927] (Nova York: Houghton Mifflin, 1943), 177-178. "Quando as nações deste planeta lutam por sua existência – quando a questão do destino, 'ser ou não ser' grita por uma solução – então todas as considerações humanitárias ou estéticas caem por terra; pois todos esses conceitos não flutuam no éter, eles surgem da imaginação do homem e estão vinculados a ele [...] Quando as pessoas tentam abordar essas questões com baboseiras sobre estética etc., só existe uma resposta possível: quando o destino e a existência de um povo estão em jogo, toda a obrigação em relação à beleza cessa [...] E como esses critérios de humanitarismo e beleza devem ser eliminados da luta, eles também são inaplicáveis à propaganda."

61 Dr. Kausch, ZSg. 101/9, fólio 61.

62 George Canty, "Economic and Trade Notes 104", 12 de novembro de 1934, Commercial Attachés in Germany 1931-1940, RG 151, National Archives.

63 George Canty, "Memorandum to the Embassy", 15 de dezembro de 1934, File Class 281: Alemanha 1930-1945, RG 151; Canty, "German Film Developments", 26 de janeiro de 1935, Commercial Attachés in Germany 1931-1940, RG 151, National Archives.

64 R. M. Stephenson, "German Film Notes", 15 de janeiro de 1937, Commercial Attachés in Germany 1931-1940, RG 151, National Archives.

65 *The Merry Widow*, dirigido por Ernst Lubitsch (MGM, 1934); "Memorandum of Conversation between Mr. Schoenfeld and Mr. William A. Orr", 28 de janeiro de 1935, Arquivo 862.4061 Merry Widow/4, 1930-39 Central Decimal File, RG 59; Canty, "Confidential Memorandum to Mr. White, Charge D'Affaires", 26 de janeiro de 1935.

66 Douglas Miller, "Critical Situation of American Film Companies", 14 de maio de 1936, File Class 281: Alemanha 1930-1945, RG 151; Miller, "New Film Contingent Decree", 25 de julho de 1936, Commercial Attachés in Germany 1931-1940, RG 151, National Archives.

67 Miller, "Critical Situation of American Film Companies", 14 de maio de 1936.

68 "Metro About Ready to Bow Out of Germany if Par-20th Will Likewise", *Variety*, 22 de julho de 1936, 15.

69 "Paramount Claims '36 Was Okay In Reich-Company Only Lost $580", *Variety*, 28 de abril de 1937, 25.

70 Miller, "Critical Situation of American Film Companies", 14 de maio de 1936; R. M. Stephenson, "Special Report 92", 5 de junho de 1937, Commercial Attachés in Germany 1931-1940, RG 151, National Archives. *Ver também* "Par Moves German Headquarters to Paris, but Continues Nazi Biz", *Variety*, 17 de abril de 1934, 15.

71 Douglas Miller, "New Film Contingent Decree", 25 de julho de 1936, Commercial Attachés in Germany 1931-1940, RG 151; Miller, "German Film Situation at the Beginning of the Season 1936/37", 14 de agosto de 1936, Commercial Attachés in Germany 1931-1940, RG 151, National Archives.

72 Miller, "German Film Situation at the Beginning of the Season 1936/37", 14 de agosto de 1936.

73 Spieker, *Hollywood unterm Hakenkreuz*, 69; "U.S. Distribution Chiefs in the Capitals of War", *Motion Picture Herald*, 9 de setembro de 1939, 32-33.

74 Douglas Miller, "Difficulties of the Metro-Goldwyn-Mayer Film A.G.", 23 de abril de 1936, File Class 281: Germany 1930-1945, RG 151, National Archives; Barbara Hall, *An Oral History with Robert M. W. Vogel*, Margaret Herrick Library, 1991, 120. Segundo Robert Vogel, que supervisionou a publicidade da MGM no exterior, "íamos fazer esse filme, THREE COMRADES, e precisávamos de alguém para nos orientar ao compor a história, compô-la corretamente, então convidamos o diretor administrativo da MGM na Alemanha, Fritz Strengholt. E Fritz chegou e eu o levei até o escritório do Joe e ele disse que queria ligar para sua mulher lá em Berlim para lhe dizer que havia chegado bem. E ele fez a ligação e ao terminar comentou, 'essa ligação estava sendo monitorada e minha mulher é judia'. E ele estava apavorado. E quando terminou seu trabalho aqui, voltou para Berlim, onde os nazistas lhe disseram que se ele não se livrasse da mulher seria considerado também judeu. E eles o pressionaram a ponto de levá-lo a abandonar a esposa. Ela foi levada a um campo de concentração".

75   De G. P. Vallar para Hans Weidemann, 15 de outubro de 1936, R 56 VI, vol. 7, Bundesarchiv. Para outra carta da Paramount dirigida às autoridades nazistas, ver de Leo J. Horster para Paul Wernicke, 4 de outubro de 1937, NS 10, vol. 48, Bundesarchiv.

76   R. M. Stephenson, "Special Report 11", 9 de agosto de 1937, Commercial Attachés in Germany 1931-1940, RG 151, National Archives.

77   Da Deutsche Fox-Film para Wilhelm Brückner, 10 de janeiro de 1938, NS 10, vol. 48, Bundesarchiv.

78   De Wilhelm Brückner para a Deutsche Fox-Film, 14 de janeiro de 1938, NS 10, vol. 48, Bundesarchiv.

79   Por exemplo, a MGM tirou o nome de Ben Hecht dos créditos de *Let Freedom Ring*, exibido na Alemanha em 1940. Ver o cartão da censura para *Let Freedom Ring* (*Rivalen*), reg. nº 53290, Bundesarchiv-Filmarchiv, Berlim (a partir de agora, BF).

80   R. M. Stephenson, "German Film Notes", 28 de fevereiro de 1939, Commercial Attachés in Germany 1931-1940, RG 151, National Archives. Stephenson afirmou que os americanos haviam vendido apenas 32 filmes para a Alemanha em 1938, mas ao examinar suas próprias estatísticas para aquele ano contei 41. Segundo as listas da Filmprüfstelle no Deutsches Filminstitut, 45 filmes americanos tiveram permissão para ser exibidos na Alemanha em 1938.

81   Curt Belling, "Ein Drittel der Hollywood-Stars sind Juden", *Der Angriff*, 22 de novembro de 1938, 4.

82   Os nomes da lista negra (que continha muitas grafias erradas) eram os seguintes: "Abner (Dunn & Abner); Anderson, Sherwood; Allan, Gracie; Arnold, Edward; Arthur, Jean; Bennet, Joan; Boland, John J.; Cagney, James; Carlisle, Mary; Carthy, B. McFranklin; Cobb, Humphrey; Crosby, Bing; Crawford, Joan; Dall, Virginia; Devine, Andy; Douglas, Melvyn; Dreiser, Theodore; Elridge, Florence; Fellowes, Edith; Fisher, Dorothy Conf.; Gach, Samuel B.; Gleason, Lucille; Green, Josef; Hall, Porter; Hemingway, Ernest; Herzbrun, Henry; Hopkins; Jaffee, Sam; Javens, Dorris; Kahane, B. B.; Jolson, AI; Kaufmann, Georg S.; Keating, Fred; Lang, Fritz; Lewis, Sinclair; Lubitsch, Ernest; Lunn & Abner; Mankiewicz, Herman J.; Mann, Evelin; March, Frederic; Martan, Alexander; Milestone, Lewis; Muni, Paul; Nichols, Dudley; O'Brien, Pat; Page, Charles; Rainer, Luise; [Gregory] Ratoff; Reinhardt, Hay; Rosen, Frederic J.; Rosenberg, Eugene Dr. (Rabbiner); Ross, Lanny; Sidney, Silvia; Sheehan; Shearer, Norma; Stander, Lionel; Stewart, Donald Ogden; Stuart, Gloria; Tone, Franchot; Vidor, King; Warner, Jack L.; Wray, John".

83   Douglas Miller, "Economic and Trade Notes 118: German 'Black List' of American Film Actors, Directors and Scenario Writers", 23 de novembro de 1938, Commercial Attachés in Germany 1931-1940, RG 151, National Archives. Ao longo da Segunda Guerra Mundial, os nazistas continuaram a manter listas de personalidades de Hollywood que eram judias ou haviam participado de produções antigermâ-

nicas. Ver De Hans Kolb para embaixadas e missões diplomáticas, 24 de abril de 1941, missão diplomática alemã em Berna, 3368: Hetzfilme, PAAA.

84 Essa é a minha contagem, já que os adidos comerciais americanos estabelecidos em Berlim na época não prepararam um relatório anual para 1939. Ele de fato afirmou que os americanos haviam vendido dezoito filmes aos alemães nos primeiros onze meses de 1939. Ver Paul H. Pearson, "Economic and Trade Notes 365", 12 de dezembro de 1939, Commercial Attachés in Germany 1931-1940, RG 151, National Archives.

85 "'Blocked' Marks Seen in Wider Use", *New York Times*, 21 de maio de 1933, N7; "Schacht Loan Plan Faces Difficulties", *New York Times*, 22 de maio de 1933, 23. *Ver também* John Weitz, *Hitler's Banker: Hjalmar Horace Greeley Schacht* (Boston: Little, Brown and Company, 1997), 154-156; Edwin Black, *IBM and the Holocaust: The Strategic Alliance between Nazi Germany and America's Most Powerful Corporation* (Nova York: Crown Publishers, 2001), 67; Gerhard Kümmel, *Transnational Economic Cooperation and the Nation State*, vol. 1 (Nova York: Columbia University Press, 2001), 41-44.

86 George Canty, "Outlook for the 1934/35 Season for German Films", 26 de junho de 1934, Commercial Attachés in Germany 1931-1940, RG 151; Canty, "Special Report 56", 27 de dezembro de 1934, Commercial Attachés in Germany 1931-1940, RG 151, National Archives.

87 Canty, "Outlook for the 1934/35 Season for German Films", 26 de junho de 1934; Douglas Miller, "Special Report 12: New Film Contingent Decree", 25 de julho de 1936, Commercial Attachés in Germany 1931-1940, RG 151, National Archives; "Metro About Ready to Bow Out of Germany if Par-20th Will Likewise", 15. Em 14 de julho de 1938, houve um incidente lamentável no retiro de Hitler perto de Berchtesgaden. Sem qualquer aviso, um grupo de *cameramen* da companhia de noticiários da Fox surgiu de repente para filmar a visita de um general bem conhecido. Segundo um dos auxiliares de Hitler, "O Führer ficou muito irritado com isso e ordenou que fossem embora imediatamente". Agenda de Hitler para a quinta-feira 14 de julho de 1938, NS 10, vol. 125, Bundesarchiv.

88 "Fox Toenende Wochenschau A.-G Berlin, Programm", 5 de julho de 1934, missão diplomática alemã em Riga, caixa 104: Filmwesen, vol. 3, PAAA. A maior parte dos estudos sobre os noticiários nazistas reconhece que a Paramount e a Fox eram ativas nesse período, mas não discute o conteúdo dos noticiários da Paramount e da Fox. Ver Hilmar Hoffmann, *The Triumph of Propaganda: Film and National Socialism, 1933-1945* (Providence, RI: Berghahn Books, 1996); Ulrike Bartels, *Die Wochenschau im Dritten Reich* (Frankfurt: Peter Lang, 2004); Klaus Kreimeier, *The Ufa Story: A History of Germany's Greatest Film Company, 1918-1945* (Berkeley: University of California Press, 1999).

89 "Fox Toenende Wochenschau A.-G Berlin, Programm", 26 de julho de 1934, missão diplomática alemã em Riga, caixa 104: Filmwesen, vol. 3, PAAA.

90 "Fox Toenende Wochenschau A.-G Berlin, Programm", 22 de março de 1934, missão diplomática alemã em Riga, caixa 104: Filmwesen, vol. 2, PAAA.

91 "Fox Toenende Wochenschau A.-G Berlin, Programm", 3 de maio de 1934, missão diplomática alemã em Riga, caixa 104: Filmwesen, vol. 2, PAAA.

92 Wolfe Kaufman, "Hitlerized Show Biz: Not Much Left of It in Reich", *Variety*, 19 de junho de 1934, 1, 45; "Germany's Kontingent Boost to 8G Brings Talk of U.S. Quitting Reich", *Variety*, 20 de novembro de 1934, 13; "Para. Does Not Know How to Get lts German Money", *Variety*, 5 de fevereiro de 1935, 11; "Metro About Ready to Bow Out of Germany if Par-20th Will Likewise", 15.

93 Miller, "Critical Situation of American Film Companies", 14 de maio de 1936, File Class 281: Germany 1930-1945, RG 151; R. M. Stephenson, "Special Report 53", 30 de dezembro de 1938, Commercial Attachés in Germany 1931-1940, RG 151, National Archives.

94 Stephenson, "Special Report 53", 30 de dezembro de 1938.

95 "lch bin ein entflohener Kettensträfling", *Völkischer Beobachter*, 19-20 de março de 1933, 5.

96 "Wo ist das Kind der Madeleine F?", *Völkischer Beobachter*, 5 de maio de 1934, 6; *Miss Fane's Baby Is Stolen*, dirigido por Alexander Hall (Paramount, 1934).

97 Spieker, *Hollywood unterm Hakenkreuz*, 238.

98 Zeitschriften-Dienst, nos 1495 e 1218, BK.

99 "Ramona: Amerikanischer Farbenfilm im Capitol", *Völkischer Beobachter*, 11 de março de 1937, 6; "Bunte 'Ramona': Farbenfilm im Capitol am Zoo", *Der Angriff*, 11 de março de 1937, 4; "Der Erste Farben-Grosfilm: 'Ramona' im Capitol", *Berliner Tageblatt und Handels-Zeitung*, 10 de março de 1937, 8; "Kalifornische Romantik in Farben: Ramona", *Der Film*, 13 de março de 1937, 2; "Annabella in 'Zigeunerprinzessin': Neuer Farbfilm im Berliner Capitol am Zoo", *Völkischer Beobachter*, 20 de outubro de 1937, 7; "Landschaft und Lächeln-bunt: Capitol zeigte Annabella im Farbenfilm", *Der Angriff*, 20 de outubro de 1937, 4.

100 Wilhelm Frels, "Unsere Meinung", *Die neue Literatur* (abril de 1938): 213-214.

101 *Ramona*, dirigido por Henry King (Twentieth Century-Fox, 1936).

102 Frels, "Unsere Meinung", 214.

103 "Bunte 'Ramona': Farbenfilm im Capitol am Zoo", 4.

104 *Wings of the Morning*, dirigido por Harold D. Schuster (Twentieth Century-Fox, 1931).

105 Frels, "Unsere Meinung", 214.

106 Relatório *Oberprüfstelle* 7819, "The Bohemian girl", 13 de junho de 1936, Deutsches Filminstitut.

107 Daí títulos como *The Jungle Princess*, *The Gypsy Princess* etc.

108 *Shanghai*, dirigido por James Flood (Paramount, 1935).

109 Zsg. 110/11, fólio 22, 9 de janeiro de 1939, BK.

110 De SS-Sturmbannführer para Herrn Ministerialdirektor Leichtenstern, 16 de julho de 1938, NS 10, vol. 45, Bundesarchiv; "Das amerikanische Angebot", *Der deutsche Film* 3 (setembro de 1938): 87. Poucos anos antes, Charles Boyer havia estrelado um filme da Paramount chamado *Private Worlds* [Mundos Íntimos], que fazia um retrato humano da vida numa instituição psiquiátrica. *Private Worlds* chegou aos cinemas da Alemanha na mesma época de vários notórios filmes alemães que defendiam o extermínio das pessoas mentalmente doentes. Apesar da óbvia contradição, *Private Worlds* despertou poucos comentários na imprensa alemã. Sobre a aprovação oficial de *Private Worlds*, ver as listas da Filmprüfstelle para 1935 no Deutsches Filminstitut. Para uma discussão sobre os filmes alemães que defendiam o extermínio (um dos quais foi encomendado pessoalmente por Hitler), ver Ian Kershaw, *Hitler 1936-1945: Nemesis* (Londres: Penguin, 2000), 257. *Private Worlds*, dirigido por La Cava (Paramount, 1935).

111 Elke Fröhlich *et al.*, eds., *Die Tagebücher von Joseph Goebbels* (Munique: K. G. Saur Verlag, 2005), entrada para 13 de janeiro de 1936, pt. 1, vol. 3/I, 361.

112 Zeitschriften-Dienst, nº 1632, BK.

113 *Susannah of the Mounties*, dirigido por William A. Seiter (Twentieth Century-Fox, 1939); cartão de censura de *Susannah of the Mounties* (*Fräulein Winnetou*), reg. nº 52619, BF. Segundo o cartão da censura alemã, "o 'pequeno chefe' and Sue [Shirley Temple] consumam um pacto como irmãos de sangue".

114 Heinz Boberach, ed., *Meldungen aus dem Reich: die geheimen Lageberichte des Sicherheitsdienstes der SS 1938-1945*, vol. 3 (Herrsching: Manfred Pawlak, 1984), 741.

115 Boberach, *Meldungen aus dem Reich*, vol. 4, 971.

116 Ben Hecht, *A Child of the Century* (Nova York: Simon and Schuster, 1954), 473.

117 *Let Freedom Ring*, dirigido por Jack Conway (MGM, 1939).

118 Cartão de censura para *Let Freedom Ring* (*Rivalen*), reg. nº 53290, BF; relatório da censura para a Alemanha, 24 de outubro de 1939, e 10 de junho de 1940, arquivo *Let Freedom Ring*, MPAA, registros da Production Code Administration, Margaret Herrick Library.

119 Relatório da censura para a Alemanha, 24 de outubro de 1939, e 10 de junho de 1940, arquivo *Let Freedom Ring*.

120 Cartão da censura para *Let Freedom Ring* (*Rivalen*).

121 Spieker, *Hollywood unterm Hakenkreuz*, 293, 360; "Rivalen", *Film-Kurier*, 28 de fevereiro de 1940, 2.

122 Ernst Jerosch, "Rivalen", *Der Film*, 2 de março de 1940, 5.

5. "DESLIGADO"

1 "Lewis Says Hays Bans Film of Book", *New York Times*, 16 de fevereiro de 1936, 1.

2   Dorothy Thompson, *I Saw Hitler!* (Nova York: Farrar & Rinehart, 1932), 12-13.

3   Sobre as dificuldades de Hitler com encontros pessoais, ver Joachim C. Fest, *Hitler* [1973] (Nova York: Penguin, 1982), 511-538.

4   Thompson, *I Saw Hitler!*, 12-13.

5   *Ibidem*, 5-6.

6   *Ibidem*, 16.

7   *Ibidem*, 6.

8   *Ibidem*, 18. Hitler nunca aboliu realmente a constituição de Weimar. Simplesmente estendeu por um período de tempo indefinido os poderes emergenciais que ela conferia ao presidente.

9   *Ibidem*, 6.

10 *Ibidem*, 19-20.

11 *Ibidem*, 17.

12 Dorothy Thompson, "I Saw Hitler!" *Hearst's International-Cosmopolitan* (março de 1932): 32.

13 Thompson, *I Saw Hitler!*, 13-14.

14 *Ibidem*, 15, 20-23.

15 Peter Kurth, *American Cassandra: The Lift of Dorothy Thompson* (Boston: Little, Brown and Company, 1990), 162.

16 Hans V. Kaltenborn, "An Interview with Hitler, August 17, 1932", *The Wisconsin Magazine of History* (Verão 1967): 284.

17 Bella Fromm, *Blood and Banquets: A Berlin Social Diary* (Nova York: Harper and Brothers, 1942), 169.

18 Frederick T. Birchall, "Dorothy Thompson Expelled by Reich for 'Slur' on Hitler", *New York Times*, 26 de agosto de 1934, 1.

19 Mark Scharer, *Sinclair Lewis: An American Life* (Nova York: McGraw Hill Book Company, 1961), 601.

20 Dorothy Thompson, "Good-By to Germany", *Harper's Monthly Magazine*, dezembro de 1934, 46.

21 *Ibidem*, 48-49.

22 *Ibidem*, 51; Birchall, "Dorothy Thompson Expelled by Reich", 1.

23 Birchall, "Dorothy Thompson Expelled by Reich," 1.

24 "Dorothy Thompson Tells of Nazi Ban", *New York Times*, 27 de agosto de 1934, 8.

25 Kurth, *American Cassandra*, 204, 232, 280, 358.

26 *Ibidem*, 165-166, 242; Vincent Sheean, *Dorothy and Red* (Boston: Houghton Mifflin Company, 1963), 263.

27 Thompson, *I Saw Hitler!*, 34-35.

28 Schorer, *Sinclair Lewis*, 268, 355, 560.

29 Raymond Gram Swing, *Forerunners of American Fascism* (Nova York: Books for Libraries Press, 1935).

30 Alan Brinkley, *Voices of Protest: Huey Long, Father Coughlin, and the Great Depression* (Nova York: Knopf, 1982), 24, 26, 28.

31 T. Harry Williams, *Huey Long* (Nova York: Knopf, 1969), 750.

32 Brinkley, *Voices of Protest*, 71-73.

33 Williams, *Huey Long*, 700-701, 818.

34 Swing, *Forerunners of American Fascism*, 78-79.

35 Schorer, *Sinclair Lewis*, 608-609.

36 Sinclair Lewis, *It Can't Happen Here* [1935] (Nova York: Signet Classics, 1970), 218-219, 203.

37 A maioria dos artigos do *The Nation* estão reproduzidos em Swing, *Forerunners of American Fascism*. Existe uma cópia do panfleto de Carey McWilliams "It CAN Happen Here: Active Anti-Semitism in America" na Bancroft Library.

38 Lewis, *It Can't Happen Here*, 359.

39 Malcolm Cowley, *The Dream of the Golden Mountains: Remembering the 1930s* (Nova York: Viking Press, 1980), 296-297.

40 Schorer, *Sinclair Lewis*, 610.

41 Thompson, *I Saw Hitler!*, 29, vi.

42 Thompson, *I Saw Hitler!*, vii.

43 Adolf Hitler, *Mein Kampf*, trad. Ralph Manheim [1925 e 1927] (Nova York: Houghton Mifflin, 1943), 470. Ênfase minha.

44 Lewis, *It Can't Happen Here*, 49, 181.

45 Hitler, *Mein Kampf*, 474.

46 De Sidney Howard para Ann Watkins, 18 de outubro de 1935, Sidney Coe Howard Papers, caixa 15, Bancroft Library.

47 Sidney Howard White, *Sidney Howard* (Boston: Twayne Publishers, 1977), 30-32.

48 De Howard para Watkins, 18 de outubro de 1935.

49 De Sidney Howard para Polly Damrosch, 21 de janeiro de 1936, Sidney Coe Howard Papers, caixa 15, Bancroft Library.

50 De Howard para Polly Damrosch, 21 de dezembro de 1935, Sidney Coe Howard Papers, caixa 15, Bancroft Library.

51 De Howard para Polly Damrosch, 9 de janeiro de 1936, e de Howard para Harold Freeman, 19 de janeiro de 1936, Sidney Coe Howard Papers, caixa 15, Bancroft Library.

52 Sinclair Lewis e Sidney Howard, *Sinclair Lewis's* Dodsworth: *Dramatized by Sidney Howard* (Nova York: Harcourt, Brace and Company, 1933), xiii.

53 De Howard para Robert Rubin, 14 de fevereiro de 1936, Sidney Coe Howard Papers, caixa 15, Bancroft Library.

54 Sidney Howard, "Preliminary Notes for A Motion Picture from IT CAN'T HAPPEN HERE by Sinclair Lewis", 28 de outubro de 1935, MGM Collection, USC Cinematic Arts Library, Los Angeles (a partir de agora, Cinematic Arts Library), 1.

55 De Howard para Lucien Hubbard, 5 de dezembro de 1935, Sidney Coe Howard Papers, caixa 15, Bancroft Library. *Ver também* de Howard para Sam Marx, 23 de outubro de 1936, Sidney Coe Howard Papers, caixa 15, Bancroft Library.

56 Howard, "Preliminary Notes for A Motion Picture from It Can't Happen Here by Sinclair Lewis", 1-3; Howard, "Preliminary notes for a motion picture treatment of: *It Can't Happen Here* by Sinclair Lewis", sem data, Sidney Coe Howard Papers, caixa 17, Bancroft Library, 1-3.

57 De Howard para Damrosch, 21 de dezembro de 1935; de Howard para Helen Louise Coe Howard, 26 de janeiro de 1936, Sidney Coe Howard Papers, caixa 15, Bancroft Library.

58 De Howard para Polly Damrosch, 30 de dezembro de 1935, Sidney Coe Howard Papers, caixa 15, Bancroft Library.

59 De Howard para Polly Damrosch, 31 de dezembro de 1935, Sidney Coe Howard Papers, caixa 15, Bancroft Library.

60 De Howard para Damrosch, 30 de dezembro de 1935.

61 Howard, "Preliminary Notes for A Motion Picture from It Can't Happen Here by Sinclair Lewis", 4; Howard, "Preliminary notes for a motion Picture treatment of: *It Can't Happen Here* by Sinclair Lewis", 3.

62 Sidney Howard, "*It Can't Happen Here*: Temporary Complete", 22 de janeiro de 1936, MGM Collection, Cinematic Arts Library, 17.

63 *Ibidem*, 22, 32.

64 *Ibidem*, 40, 50, 54

65 Howard, "Preliminary notes for a motion picture treatment of: *It Can't Happen Here* by Sinclair Lewis", 11.

66 Howard, "*It Can't Happen Here*: Temporary Complete", 22 de janeiro de 1936, 93-95.

67 *Ibidem*, 95-103.

68 Howard, "Preliminary Notes for A Motion Picture from It Can't Happen Here by Sinclair Lewis", 8.

69 Howard, "*It Can't Happen Here*: Temporary Complete", 22 de janeiro de 1936, 85--86. Poucos dias antes, Howard havia admitido a um jornalista que ele não estava incluindo nenhuma crítica a William Randolph Hearst no filme. Sentiu-se culpado e escreveu em seu diário: "Eu desapontei bastante [o jornalista] sendo apenas um liberal. Suponho que um liberal na verdade é um artigo frágil. É um homem que admite estar doente mas se recusa a ir ver o médico". Howard, anotação em diário, 13 de janeiro de 1936, Sidney Coe Howard Papers, caixa 1, Bancroft Library.

70 Howard, "*It Can't Happen Here*: Temporary Complete", 22 de janeiro de 1936, 110-114.

71 *Ibidem*, 123.

72 Howard, "Preliminary Notes for A Motion Picture from It Can't Happen Here by Sinclair Lewis", 31.

73 Howard, "*It Can't Happen Here*: Temporary Complete", 22 de janeiro de 1936, 133.

74 Howard, "Preliminary Notes for A Motion Picture from IT CAN'T HAPPEN HERE by Sinclair Lewis", 28.

75 Howard, "*It Can't Happen Here*: Temporary Complete", 22 de janeiro de 1936, 178, 183-184.

76 De Howard para Polly Damrosch, 19 de dezembro de 1935, Sidney Coe Howard Papers, caixa 15, Bancroft Library.

77 De Howard para Damrosch, 9 de janeiro de 1936.

78 De Howard para Sinclair Lewis, 23 de janeiro de 1936, Sidney Coe Howard Papers, caixa 15, Bancroft Library.

79 De Sinclair Lewis para Howard, 2 de fevereiro de 1936, Sidney Coe Howard Papers, caixa 5, Bancroft Library.

80 De Joseph Breen para Will Hays, 18 de dezembro de 1935, arquivo *It Can't Happen Here*, MPAA, registros da Production Code Administration, Margaret Herrick Library.

81 De Joseph Breen para Louis B. Mayer, 18 de dezembro de 1935, arquivo *It Can't Happen Here*, MPAA, registros da Production Code Administration, Margaret Herrick Library.

82 De Howard para Damrosch, 9 de janeiro de 1936.

83 De Howard para Polly Damrosch, 19 de janeiro de 1936, Sidney Coe Howard Papers, caixa 15, Bancroft Library.

84 De Howard para Lewis, 23 de janeiro de 1936.

85 De Howard para Helen Louise Coe Howard, 26 de janeiro de 1936.

86 De Howard para Lewis, 23 de janeiro de 1936; de Howard para Luise Sillcox, 23 de janeiro de 1936, Sidney Coe Howard Papers, caixa 15; de Sinclair Lewis para Howard, 3 de fevereiro de 1936, Sidney Coe Howard Papers, caixa 5, Bancroft Library.

87 De Howard para Damrosch, 21 de janeiro de 1936; de Howard para Helen Louise Coe Howard, 26 de janeiro de 1936; de Howard para Harold Freeman, 11 de fevereiro de 1936, Sidney Coe Howard Papers, caixa 15, Bancroft Library.

88 De Joseph Breen para Louis B. Mayer, 31 de janeiro de 1936, arquivo *It Can't Happen Here*, MPAA, registros da Production Code Administration, Margaret Herrick Library.

89 *Ibidem*.

90 De Alvin M. Asher para Robert E. Kopp, MGM Corp, 4 de fevereiro de 1936, Sidney Coe Howard Papers, caixa 17; de Robert E. Kopp para Lucien Hubbard, 6 de fevereiro de 1936, Sidney Coe Howard Papers, caixa 17, Bancroft Library.

91 De Sam Eckman para Louis B. Mayer, 5 de fevereiro de 1936, Sidney Coe Howard Papers, caixa 17, Bancroft Library.

92 De Howard para Roger Baldwin, 11 de fevereiro de 1936, Sidney Coe Howard Papers, caixa 15, Bancroft Library.

93 Howard, anotação em diário, 12 de fevereiro de 1936, Sidney Coe Howard Papers, caixa 1, Bancroft Library. *Ver também* de Maurice Revnes para Lucien Hubbard, 1º de fevereiro de 1936, Sidney Coe Howard Papers, caixa 17, Bancroft Library; Howard, "*It Can't Happen Here*: Temporary Complete", 12 de fevereiro de 1936, MGM Collection, Cinematic Arts Library.

94 De Albert H. Lieberman para William H. Fineshriber, 5 de fevereiro de 1936, Papers of Rabbi William H. Fineshriber, pasta B/6, Archives of Reform Congregation Keneseth Israel, Philadelphia (a partir de agora, RCKI).

95 Felicia Herman, "American Jews and the Effort to Reform Motion Pictures, 1933--1935", *American Jewish Archives Journal* 103 (2001): 11-44.

96 De William H. Fineshriber para Louis B. Mayer, 7 de fevereiro de 1936, Papers of Rabbi William H. Fineshriber, pasta B/6, RCKI.

97 De Fineshriber para Will Hays, 7 de fevereiro de 1936, Papers of Rabbi William H. Fineshriber, pasta B/6, RCKI.

98 De Fineshriber para Nicholas Schenck, 7 de fevereiro de 1936, Papers of Rabbi William H. Fineshriber, pasta B/6, RCKI.

99 Howard, "Preliminary Notes for A Motion picture from IT CAN'T HAPPEN HERE by Sinclair Lewis", 10, 16, 18; Howard, "*It Can't Happen Here*: Temporary Complete", 16 de dezembro de 1935, MGM Collection, Cinematic Arts Library, 34-35, 45.

100 De Howard para Lewis, 23 de janeiro de 1936.

101 De Howard para Sinclair Lewis, 13 de fevereiro de 1936, Sidney Coe Howard Papers, caixa 15, Bancroft Library.

102 De Will Hays para Fineshriber, 14 de fevereiro de 1936, Papers of Rabbi William H. Fineshriber, pasta B/6, RCKI.

103 "Hollywood Tempest Breaks on '*It Can't Happen Here*'", *The Publishers' Weekly*, 22 de fevereiro de 1936, 900.

104 De Howard para Rubin, 14 de fevereiro de 1936.

105 Howard, anotação em diário, 14 de fevereiro de 1936.

106 "Lewis Says Hays Bans Film of Book", 1.

107 "Hays Denies Order to Ban Lewis Film", *New York Times*, 18 de fevereiro de 1936, 27.

108 "The Nation", *New York Times*, 23 de fevereiro de 1936, E1.

109 "Denies Film Was Banned", *New York Times*, 20 de fevereiro de 1936, 15.

110 Citado em Richard Lingeman, *Sinclair Lewis: Rebel from Main Street* (Nova York: Random House, 2002), 400. Dorothy Thompson acabara de entrevistar Huey Long, e embora ela com certeza acreditasse que Long era perigoso, também sabia que ele era radicalmente diferente de Hitler. Long demonstrou pouco respeito pelas instituições da democracia quando foi governador da Louisiana, mas nunca tentou estabelecer um regime totalitário. Organizou uma campanha contra os poderosos interesses financeiros, mas nunca transformou nenhuma minoria religiosa ou racial em bode expiatório. A noção de um destino nacional coletivo organizado

em torno da submissão a um líder onisciente era totalmente alheia à visão de Long. Ver Kurth, *American Cassandra*, 208; Brinkley, *Voices of Protest*, 276-283.

111 Lingeman, *Sinclair Lewis*, 407. "Lewis refere-se a Long várias vezes na novela – do seu jeito usual, diferenciando de algum modo as figuras públicas dos personagens que poderiam ser indentificados com elas, a fim de evitar ações legais. O problema da morte de Long foi resolvido simplesmente acrescentando 'o falecido' a todas as menções a ele."

112 "Berlin and Rome Hail 'Ban' on Lewis Film", *New York Times*, 17 de fevereiro de 1936, 21.

113 "It is Happening Here!" Advertisement, *New York Times*, 17 de fevereiro de 1936, 18.

114 Schorer, *Sinclair Lewis*, 623-625; Sinclair Lewis, *It Can't Happen Here: A New Version* (Nova York: Dramatists Play Service, 1938).

115 Ver, por exemplo, de Richard Aldrich para Howard, 3 de março de 1936, Sidney Coe Howard Papers, caixa 1; de Howard para Richard Aldrich, 20 de março de 1936, Sidney Coe Howard Papers, caixa 15; de Howard para Elmer Rice, 28 de março de 1936, Sidney Coe Howard Papers, caixa 15; de Howard para Theresa Helburn, 19 de maio de 1936, Sidney Coe Howard Papers, caixa 15; de Tom Davin para Howard, 20 de maio de 1936, Sidney Coe Howard Papers, caixa 6; de Howard para Tom Davin, 26 de maio de 1936, Sidney Coe Howard Papers, caixa 15, Bancroft Library. *Ver também* de Joseph Breen para Vincent Hart, 19 de fevereiro de 1936, de Harry Rather para Joseph Breen, 8 de abril de 1937, e de Val Lewton para Joseph Breen, 8 de junho de 1936, arquivo *It Can't Happen Here*, MPAA, registros da Production Code Administration, Margaret Herrick Library.

116 "Sidney Howard Killed by Tractor on Estate: Playwright is Crushed in Berkshire Garage", *New York Times*, 24 de agosto de 1939, 1.

117 Dorothy Thompson escreveu sobre a morte de Sidney Howard e sobre a assinatura do Pacto de Não Agressão Germano-Soviético na sua coluna seguinte. Ver Thompson, "On the Record: To Sidney Howard", *New York Herald Tribune*, 28 de agosto de 1939, 13.

118 Auswärtiges Amt, Historischer Dienst, ed., *Biographisches Handbuchs des deutschen Auswärtigen Dienstes 1871-1945*, vol. 2 (G-K) (Paderborn: Ferdinand Schöningh, 2005).

119 Para registros do envolvimento de Gyssling com a Friends of the New Germany ["Amigos da Nova Alemanha"] e o German American Bund, ver numerosos itens no JFC, pt. 1, caixa 16, pasta 7; JFC, pt. 2, caixa 66, pasta 24, Urban Archives Center.

120 "Interview with Vice Consul Grah, October 4, 1935", JFC, pt. 1, caixa 16, pasta 7, Urban Archives Center.

121 De Georg Gyssling para Joseph Breen, 25 de outubro de 1935, arquivo *Rendezvous*, MPAA, registros da Production Code Administration, Margaret Herrick Library.

122 De Joseph Breen para Georg Gyssling, 26 de outubro de 1935, arquivo *Rendezvous*, MPAA, registros da Production Code Administration, Margaret Herrick Library; *Rendezvous*, dirigido por William K. Howard (MGM, 1935). Tanto a Margaret Herrick Library como a Cinematic Arts Library têm várias versões do roteiro de *Rendezvous*.

123 Referat des Gesandtschaftsrats Dr. Freudenthal, 18 de abril de 1933, Embaixada Alemã em Paris, 2282: Filmwesen, vol. 5, PAAA, 13.

124 De Henry Blanke para Hagemann, 9 de fevereiro de 1937, arquivo sobre *The Life of Emile Zola*, pasta 1019, USC Warner Bros. Archives, Los Angeles (a partir de agora, WB).

125 De Walter MacEwen para Hal Wallis, 11 de fevereiro de 1937, arquivo sobre *The Life of Emile Zola*, pasta 2297, WB.

126 Hal Wallis, Cutting Notes "Zola", 10 de maio de 1937, arquivo sobre *The Life of Emile Zola*, pasta 2297, WB.

127 *The Life of Emile Zola*, dirigido por William Dieterle (Warner Brothers, 1937).

128 Referat des Gesandtschaftsrats Dr. Freudenthal, 18 de abril de 1933, 8-9. *Ver também* de Jason Joy para Carl Laemmle, 16 de agosto de 1932, arquivo *The Road Back*, MPAA, registros da Production Code Administration, Margaret Herrick Library.

129 De Harry Zehner para Joseph Breen, 13 de outubro de 1936, arquivo *The Road Back*, MPAA, registros da Production Code Administration, Margaret Herrick Library.

130 De William E. Dodd para o ministro do Exterior, 8 de fevereiro de 1937, File 862.4061 Motion Pictures/98, 1930-1939 Central Decimal File, RG 59, National Archives.

131 "Deutschland protestiert. Universal filmt 'Der Weg zurück' von Remarque", memorando sem data, R 105011: Politische Abteilung, Referat Pol IX, Politische und kulturelle Propaganda in den Vereinigten Staaten von Amerika, vol. I, PAAA.

132 Erich Maria Remarque, *The Road Back* (Boston: Little, Brown, and Company, 1931).

133 R. C. Sheriff, "The Road Back", 11 de dezembro de 1936, General Script Collection, nº 1119, Cinematic Arts Library.

134 De Georg Gyssling para Joseph Breen, 5 de novembro de 1936, arquivo *The Road Back*, MPAA, registros da Production Code Administration, Margaret Herrick Library.

135 De Joseph Breen para Will Hays, Re: The Road Back, 12 de fevereiro de 1937, arquivo *The Road Back*, MPAA, registros da Production Code Administration, Margaret Herrick Library. Para um relato das ações de Gyssling focalizadas na experiência do diretor James Whale, ver James Curtis, *James Whale: A New World of Gods and Monsters* (Boston: Faber and Faber, 1998), 291-309.

136 "Nazis Threaten U.S. Actors", *Hollywood Now*, 10 de abril de 1937, 2.

137 *Ibidem*.

138 *Ibidem*. *Ver também* de Georg Gyssling para atores, abril de 1937, arquivo *The Road Back*, MPAA, registros da Production Code Administration, Margaret Herrick

Library. Os registros do Departamento de Estado nos National Archives contêm várias cartas originais de Gyssling dirigidas aos atores.

139 "Nazis Threaten U.S. Actors", 2.

140 De Frederick Herron para Joseph Flack, 16 de abril de 1937, File 811.4061 Road Back/15, 1930-1939 Central Decimal File, RG 59, National Archives.

141 De James Clement Dunn para o ministro do Exterior, 19 de abril de 1937, File 811.4061 Road Back/4, 1930-39 Central Decimal File, RG 59, National Archives.

142 "Universal Cuts 'Road' as a Sop to Germany", *Variety*, 9 de junho de 1937, 6.

143 *The Road Back*, dirigido por James Whale (Universal Pictures, 1937). Sobre o final original, ver Sheriff, "The Road Back", 154-158.

144 De Hans Heinrich Dieckhoff para sub-secretário de Estado Sumner Welles, 9 de junho de 1937, File 811.4061 Road Back/13, 1930-1939 Central Decimal File, RG 59, National Archives.

145 De Sumner Welles para Hans Heinrich Dieckhoff, 10 de junho de 1937, File 811.4061 Road Back/24, 1930-1939 Central Decimal File, RG 59, National Archives.

146 "German Consul Denies Rebuke Received in Actor-Warning Row", *Los Angeles Times*, 16 de junho de 1937, 1.

147 De Georg Gyssling para Joseph Breen, 28 de maio de 1937, e 6 de junho de 1937, arquivo *Lancer Spy*, MPAA, registros da Production Code Administration, Margaret Herrick Library.

148 De Georg Gyssling para Embaixada Alemã em Washington, DC, 30 de setembro de 1937, Embaixada Alemã em Roma, 835a: politische Propaganda, vol. 2, PAAA. De acordo com esse relatório, o Escritório Hays disse a Gyssling que o produtor e o diretor de *Lancer Spy* eram responsáveis pelos piores aspectos do filme. "Ambos judeus!", observou Gyssling.

149 No início de 1936, Gyssling estava preocupado com um filme menor, independente, intitulado *I Was a Captive of Nazi Germany*. Ele se queixou com Joseph Breen, que então tentou encerrar a produção. A resposta do produtor a Breen foi notável: "fui informado por autoridade competente que o cônsul alemão excede sua autoridade quando protesta junto à sua organização a respeito do tema de filmes ou da conduta de indivíduos ou de empresas relacionados com um filme a ser exibido nos Estados Unidos. A retirada de nossa solicitação por conta desse protesto seria uma admissão de nossa parte de que o filme não representa de modo justo a Alemanha e seu povo [...] Se o atual regime da Alemanha não conquistasse sua popularidade inspirando a juventude do país, se não houvesse boicote aos judeus, se o Expurgo de Sangue e a queima de livros não tivessem ocorrido, se o ministro da propaganda Herr Goebbels não tivesse eliminado a fala de Herr von Papen sobre a necessidade de uma imprensa livre, se Isobel Steele não tivesse sido presa e acusada de alta traição, espionagem e mantida em confinamento na solitária por quatro meses na Alexanderplatz e na prisão Moabit em Berlim, sujeita a um interrogatório severo e

depois deportada sem julgamento apenas depois que o Departamento de Estado americano exigiu que ela tivesse julgamento imediato ou fosse libertada, então o filme seria injusto em relação ao governo alemão. Esses fatos são obviamente verdadeiros e devem ter acontecido com o consentimento e a aprovação do governo alemão... Em vista disso, devo insistir urgentemente que receba seu código de aprovação ou seja recusado. Lamento o inconveniente, o incômodo e o fardo que essa questão devem estar representando para o seu escritório". De Alfred T. Mannon para Joseph Breen, 29 de julho de 1936, arquivo *I Was a Captive of Nazi Germany*, MPAA, registros da Production Code Administration, Margaret Herrick Library. *I Was a Captive of Nazi Germany* foi exibido em alguns poucos cinemas independentes e recebeu bem poucas resenhas. Ver, por exemplo, Frank S. Nugent, "The Globe's 'I Was a Captive of Nazi Germany' Dramatizes Isobel Steele's Adventures", *New York Times*, 3 de agosto de 1936, 11.

150 Do Ministério da Propaganda para os consulados e embaixadas alemães, "Betrifft: Hetzfilm 'Hitler, the mad dog of Europe", 26 de janeiro de 1938, Embaixada Alemã em Roma, 835a: deutschfeindliche Filmpropaganda, vol. 3, PAAA. O ator Sam Jaffe não era o produtor de mesmo nome que havia inicialmente assumido *The Mad Dog of Europe* em 1933.

151 *Ibidem.*

152 Erich Maria Remarque, *Three Comrades* (Boston: Little, Brown, and Company, 1937).

153 "Metro Hesitant on Remarque's Story", *Variety*, 30 de junho de 1937, 3.

154 De Georg Gyssling para Joseph Breen, 8 de abril de 1937, arquivo *Three Comrades*, MPAA, registros da Production Code Administration, Margaret Herrick Library. *Ver também* de Gyssling para Breen, 30 de setembro de 1936, e 28 de maio de 1937, arquivo *Three Comrades*, MPAA, registros da Production Code Administration, Margaret Herrick Library.

155 De Joseph Breen para Louis B. Mayer, 11 de maio de 1937, arquivo *Three Comrades*, MPAA, registros da Production Code Administration, Margaret Herrick Library.

156 "Erich Maria Remarque, the Celebrated Author of 'All Quiet on the Western Front,' Is in Paris", *Ce Soir*, recorte de jornal datado de 11 de setembro de 1937, arquivo *Three Comrades*, MPAA, registros da Production Code Administration, Margaret Herrick Library.

157 F. Scott Fitzgerald havia trabalhado em Hollywood duas vezes antes, mas nunca recebera um crédito formal como escritor. Agora era a sua oportunidade de escrever o roteiro de um filme importante estrelado por quatro atores famosos. Matthew J. Bruccoli, ed., *F. Scott Fitzgerald's Screenplay for* Three Comrades *by Erich Maria Remarque* (Carbondale: Southern Illinois University Press, 1978), 255.

158 F. Scott Fitzgerald, "Notes on 'Three Comrades'", 28 de julho de 1937, MGM Collection, Cinematic Arts Library.

159 *Ibidem*.

160 Ver o roteiro completo em Bruccoli, *F. Scott Fitzgerald's Screenplay for* Three Comrades *by Erich Maria Remarque*. A USC Cinematic Arts Library guarda vários esboços do roteiro.

161 *Ibidem*, 263.

162 De Joseph Breen a Louis B. Mayer, 22 de janeiro de 1938, arquivo *Three Comrades*, MPAA, registros da Production Code Administration, Margaret Herrick Library.

163 Kevin Brownlow, entrevista com Budd Schulberg, "Chaplin and the Great Dictator", Photoplay Productions, roll 22. Sou grato a Kevin Brownlow por me dar a transcrição completa de sua entrevista com Schulberg, parte da qual aparece em seu documentário *The Tramp and the Dictator*, dirigido por Brownlow e Michael Kloft (Photoplay Productions, 2002). Tentei entrar em contato com Budd Schulberg quando iniciei esse projeto em 2004. Schulberg morreu em 2009. Segundo uma história oral na Margaret Herrick Library, a MGM também requisitou a ajuda do chefe de sua filial alemã, Frits Strengholt, para a realização de *Three Comrades*. Barbara Hall, *An Oral History with Robert M. W. Vogel*, Margaret Herrick Library, 1991, 120.

164 *Three Comrades*, mudanças numeradas de 1 a 10, arquivo *Three Comrades*, MPAA, registros da Production Code Administration, Margaret Herrick Library.

165 De Joseph Breen para Louis B. Mayer, 27 de janeiro de 1938, arquivo *Three Comrades*, MPAA, registros da Production Code Administration, Margaret Herrick Library.

166 *Ibidem*. Para um relato do encontro, ver "Off-Color Remarque", *New Masses*, 15 de fevereiro de 1938, arquivo *Three Comrades*, MPAA, registros da Production Code Administration, Margaret Herrick Library.

167 F. Scott Fitzgerald e Edward E. Paramore, "*Three Comrades*: Temporary Complete", 8 de janeiro de 1938, MGM Collection, Cinematic Arts Library, 4.

168 *Three Comrades*, mudanças numeradas de 1 a 10.

169 F. Scott Fitzgerald e Edward E. Paramore Jr., "Script Revision [Three Comrades]", 1º de novembro de 1937, MGM Collection, Cinematic Arts Library.

170 Joseph Mankiewicz, F. Scott Fitzgerald, Edward E. Paramore Jr., Ed Hogan, "Conference Notes [Three Comrades]", 20 de dezembro de 1937, MGM Collection, Cinematic Arts Library.

171 Fitzgerald e Paramore, "*Three Comrades*: Temporary Complete", 8 de janeiro de 1938, 29.

172 De Breen para Mayer, 27 de janeiro de 1938.

173 F. Scott Fitzgerald e Edward E. Paramore Jr., "*Three Comrades*: Temporary Complete", 4 de fevereiro de 1938, MGM Collection, Cinematic Arts Library.

174 De Breen para Mayer, 27 de janeiro de 1938.

175 "Off-Color Remarque".

176 Bruccoli, *F. Scott Fitzgerald's Screenplay for* Three Comrades *by Erich Maria Remarque*, 266.

177 *Three Comrades*, mudanças numeradas de 1 a 10; De Breen para Mayer, 27 de janeiro de 1938.

178 De Joseph Breen para Georg Gyssling, 16 de maio de 1938, arquivo *Three Comrades*, MPAA, registros da Production Code Administration, Margaret Herrick Library; *Three Comrades*, dirigido por Frank Borzage (MGM, 1938).

179 De Joseph Breen para Will Hays, 18 de junho de 1938, arquivo *Foreign Correspondent*, MPAA, registros da Production Code Administration, Margaret Herrick Library.

180 Vincent Sheean, *Personal History* (Nova York: Doubleday, Doran & Company, 1934).

181 "Wanger Postpones 'Personal History'", 29 de junho de 1938, recorte de jornal, arquivo *Foreign Correspondent*, MPAA, registros da Production Code Administration, Margaret Herrick Library. Walter Wanger também produziu *Gabriel over the White House*.

182 John Howard Lawson, "Personal History", John Howard Lawson Papers, série 6, subsérie 2, caixa 75, pasta 5, Special Collections, Southern Illinois University Carbondale (a partir de agora, SIUC), 1-14. Há também uma cópia incompleta do roteiro na pasta 56 da James Wong Howe Collection na Margaret Herrick Library, intitulada "Personal History-Changes-6/24/38".

183 Lawson, "Personal History", 51-54.

184 *Ibidem*, 84-85.

185 *Ibidem*, 108.

186 *Ibidem*, 131-112.

187 *Ibidem*, 129-130.

188 De Breen para Hays, 18 de junho de 1938.

189 *Ibidem*; de Joseph Breen para Walter Wanger, 21 de junho de 1938, arquivo *Foreign Correspondent*, MPAA, registros da Production Code Administration, Margaret Herrick Library.

190 De Breen para Hays, 18 de junho de 1938.

191 De Joseph Breen para Will Hays, 21 de junho de 1938 e 22 de junho de 1938, arquivo *Foreign Correspondent*, MPAA, registros da Production Code Administration, Margaret Herrick Library.

192 "'Personal History' Shelved By Wanger; Fonda to RKO", recorte de jornal datado de 29 de junho de 1938, arquivo *Foreign Correspondent*, MPAA, Production Code Administration Records; "Wanger Postpones 'Personal History'", recorte de jornal sem data, arquivo *Foreign Correspondent*, MPAA, Production Code Administration records, Margaret Herrick Library.

193 De Joseph Breen para Will Hays, 18 de março de 1940, arquivo *Foreign Correspondent*, MPAA, registros da Production Code Administration, Margaret Herrick Library.

194 *Foreign Correspondent*, dirigido por Alfred Hitchcock (United Artists, 1940).

195 Lawson, "Personal History", 136.

196 *Ibidem*, 135.

197 Cinco meses após Walter Wanger ter adiado *Personal History*, o editor de um jornal local, *Hollywood Spectator*, propôs uma ideia para um filme antinazista. Ele insistiu para que os chefes de estúdio mostrassem a perseguição aos judeus na Alemanha, mas sua linguagem, que era nitidamente antissemita, revelou que ele tinha um propósito menos nobre: *"um apelo aos judeus que controlam nossos filmes para que usem a poderosa voz das telas em favor dos judeus que são vítimas do maníaco da Alemanha* [...] Existe uma voz poderosa na América que poderia erguer-se em defesa de seus irmãos de sangue perseguidos. Vocês controlam essa voz. É a voz das telas! Vocês têm o controle dela desde que surgiu. Vocês a usaram apenas como algo que produz dinheiro para vocês. Vocês têm seu dinheiro. Que tal usá-lo agora, se não para expressar seus próprios sentimentos, pelo menos para dar expressão aos sentimentos dos gentios? [...] O mundo hoje fica imaginando o que poderia ser feito. Façam um filme mostrando o que deveria ser feito. E tenham coragem para isso! Chamem as coisas pelos devidos nomes. Se Will Hays, pago para ficar em cima do muro, atrapalhar, tirem-no do caminho e sigam adiante. Façam um filme mostrando o que a Alemanha vem fazendo com os judeus, e depois mostrando o que o mundo deveria fazer com a Alemanha. Mostrem uma reunião dos representantes de todos os demais países do mundo; façam-nos declarar que enquanto Hitler reinar de modo supremo na Alemanha, esse país não estará apto a se associar às demais nações do mundo. Isolem a Alemanha e mostrem qual será o efeito quando nenhuma nação vender ou comprar nada dela, quando suas fronteiras passarem a ser linhas de quarentena que nenhuma pessoa decente ousará cruzar. Por tratar de um tema abstrato, um filme de entretenimento pode se basear no isolamento completo de um grande país. Que eu saiba, é um tema que nenhum livro, peça ou filme usou [...] Façam do seu filme uma empreitada hebraica. Montem um elenco de judeus até que o próprio filme seja uma demonstração das alturas que os membros de sua raça alcançaram na arte do cinema. Mas façam-no! Que seja um esforço de Hollywood para proteger os membros de sua raça, e que vocês dediquem os grandes lucros que ele irá gerar para auxiliar aqueles judeus que tanto precisam disso". Welford Beaton, "From the Editor's Easy Chair: To the Jews Who Control the Films", *Hollywood Spectator*, 26 de novembro de 1938, 3-4.

198 Andre Bazin, *What Is Cinema?*, vol. 1 (Berkeley: University of California Press, 1967), 29.

199 Lucien Hubbard, Outline [*It Can't Happen Here*], 14 de janeiro de 1939, MGM Collection, Cinematic Arts Library.

200 Lucien Hubbard, "*It Can't Happen Here*: Complete", 29 de maio de 1939, MGM Collection, Cinematic Arts Library, II, 125.

201 Hubbard, Outline [*It Can't Happen Here*], 14 de janeiro de 1939.

202 Hubbard, "*It Can't Happen Here*: Complete", 29 de maio de 1939.

203 De Hans Kolb para consulados, embaixadas e missões diplomáticas, 26 de julho de 1939, Embaixada Alemã em Roma, 835a: politische Propaganda, vol. 2, PAAA.

204 De John Edgar Hoover para o secretário de Estado, 23 de dezembro de 1937, Arquivo 701.6211/1015, 1930-39 Central Decimal File, RG 59, National Archives.

205 De Joseph Breen para Louis B. Mayer, 22 de março de 1939, e 2 de junho de 1939, arquivo *It Can't Happen Here*, MPAA, registros da Production Code Administration, Margaret Herrick Library.

206 "Screen News Here and in Hollywood", *New York Times*, 2 junho de 1939, 14.

207 "Metro Studio Secretly Receives Nazi Editors", *Hollywood Now*, 23 de junho de 1939, 1, 4.

208 *Ibidem*.

209 "Mussolini, Senior, visits Hitler – Mussolini Jr., visits Hollywood", *Hollywood Now*, 2 de outubro de 1937, 1-2; "Hollywood Closes Doors to Hitler's Film Emissary", *Hollywood Now*, 2 de dezembro de 1938, 1, 4; Neal Gabler, *Walt Disney: The Triumph of the American Imagination* (Nova York: Knopf, 2006), 449.

210 "Metro Studio Secretly Receives Nazi Editors", 1, 4; "Vogel Calls Visit 'Regular Matter of Business'", *Hollywood Now*, 23 de junho de 1939, 1.

211 "Vogel Calls Visit 'Regular Matter of Business'", *Hollywood Now*, 23 de junho de 1939, 1.

212 De Harry Warner para Nicholas Schenck, Sam Katz, Al Lichtman, Eddie Mannix e Mervyn LeRoy, 27 de junho de 1939, Jack L. Warner Collection, caixa 93, Cinematic Arts Library.

213 "MGM Head Sharply Scored For Shelving Lewis Story", *Hollywood Now*, 7 de julho de 1939, 1, 4.

214 "AFA Quiz Pursues Destiny Of 'It Can't Happen Here'", *Hollywood Now*, 14 de julho de 1939, 3.

6. LIGADO

1 William C. DeMille, "Hollywood Thanks Hitler", *Liberty Magazine*, 11 de fevereiro de 1939, 16-17. © Liberty Library Corporation 2013.

2 Ian Kershaw, *Hitler 1936-1945: Nemesis* (Londres: Penguin Books, 2000), 166.

3 Elke Fröhlich *et al.*, eds., *Die Tagebücher von Joseph Goebbels*, entrada para 8 de janeiro de 1939, pt. 1, vol. 6 (Munique: K. G. Saur Verlag, 1998), 228-229.

4 *Ibidem*. BK. Zsg. 101/12, folio 10, 9 de janeiro de 1939.

5 Zsg. 110/11, fólio 23, 9 de janeiro de 1939, BK.

6 *Ibidem*, fólio 22-23.

7 Zsg. 101/12, fólio 3, 3 de janeiro de 1939, BK.

8 "Man hört und liest: Chaplin als Hitler", *Film-Kurier*, 7 de dezembro de 1938, 5.

9 De Georg Gyssling para Joseph Breen, 6 de dezembro de 1939, arquivo *Confessions of a Nazi Spy*, MPAA, registros da Production Code Administration, Margaret Herrick Library.

10 Zsg. 101/12, fólio 3.

11 *Ibidem*, fólio 3-4.

12 Citado em Kershaw, *Hitler 1936-1945*, 153.

13 Max Doramus, ed., *Hitler: Speeches and Proclamations, 1932-1945*, vol. 3 (Londres: I.B. Tauris, 1990), 1456.

14 "Die Filmhetze in USA: Wird die Warnung des Führers beachtet werden?", *Film-Kurier*, 1º de fevereiro de 1939, 2.

15 B. R. Crisler, "Film Notes and Comment", *New York Times*, 11 de dezembro de 1938, 193; "Man hört und liest: Chaplin als Hitler", 5.

16 De Luigi Luraschi para Joseph Breen, 10 de dezembro de 1938, arquivo *Confessions of a Nazi Spy*, MPAA, registros da Production Code Administration, Margaret Herrick Library.

17 De Jack L. Warner para Charles Chaplin, 23 de março de 1939, Jack L. Warner Collection, caixa 58, pasta 5, USC Cinematic Arts Library, Los Angeles (a partir de agora Cinematic Arts Library).

18 Charles Chaplin, declaração assinada à imprensa, 18 de março de 1939; "'Dictator' Foldup Denied By Chaplin", *Hollywood Reporter*, 20 de março de 1939, 1.

19 Christine Ann Colgan, "Warner Brothers' Crusade against the Third Reich: A Study of Anti-Nazi Activism and Film Production, 1933-1941", (dissertação não publicada, University of Southern California, 1985), 308-312. *Ver também* Michael E. Birdwell, *Celluloid Soldiers: The Warner Bros. Campaign against Nazism* (Nova York: New York University Press, 1999).

20 Colgan, "Warner Brothers' Crusade against the Third Reich", 312-315. *Ver também* "G-Man Turrou's Own Account of the Spy Situation", *Hollywood Spectator*, 15 de abril de 1939, 18-19.

21 De Joseph Breen para Jack L. Warner, 30 de dezembro de 1938, arquivo *Confessions of a Nazi Spy*, MPAA, registros da Production Code Administration, Margaret Herrick Library.

22 De Joseph Breen para Will Hays, 30 de dezembro de 1938, arquivo *Confessions of a Nazi Spy*, MPAA, registros da Production Code Administration, Margaret Herrick Library.

23 Da Production Code Administration para Jack L. Warner, 6 de abril de 1939, arquivo *Confessions of a Nazi Spy*, MPAA, registros da Production Code Administration, Margaret Herrick Library.

24 Colgan, "Warner Brothers' Crusade against the Third Reich", 323-327.

25 *Confessions of a Nazi Spy*, dirigido por Anatole Litvak (Warner Brothers, 1939).

26 Colgan, "Warner Brothers' Crusade against the Third Reich", 405-414.

27 De Hans Thomsen para Cordell Hull, 8 de maio de 1939, arquivo 811.4061, Confessions of a Nazi Spy/3, 1930-1939 Central Decimal File, RG 59, National Archives; de Thomsen [para Ministério do Exterior], telegrama, 8 de maio de 1939, Politische Abteilung, Referat Pol IX, Politische und kulturelle Propaganda in den Vereinigten Staaten von Amerika, vol. 4, PAAA; de Hans Kolb para consulados e embaixadas, 12 de outubro de 1939, Embaixada Alemã em Roma, 822: Filme, vol. 6, PAAA. *Ver também* "Objects to 'Spy' Film", *New York Times*, 7 de junho de 1939, 30; Colgan, "Warner Brothers' Crusade against the Third Reich", 415.

28 Colgan, "Warner Brothers' Crusade against the Third Reich", 332.

29 Frank S. Nugent, "The Screen: The Warners Make Faces at Hitler in 'Confessions of a Nazi Spy'", *New York Times*, 29 de abril de 1939, 19.

30 Fröhlich *et al.*, *Die Tagebücher von Joseph Goebbels*, entrada para 30 de setembro de 1939. pt. 1, vol. 7, 131.

31 Douglas W. Churchill, "Hollywood Celebrates Itself", *New York Times*, 18 de junho de 1939, 115.

32 Paul Holt, "Hollywood declares war on the Nazis", *Daily Express*, 10 de maio de 1939, 12.

33 "M-G, Par, 20th Biz Safe in Reich", *Variety*, 19 de abril de 1939, 19; Fröhlich *et al.*, *Die Tagebücher von Joseph Goebbels*, entrada para 5 de fevereiro de 1939, pt. 1, vol. 6, 249.

34 "Last Three U.S. Firms Still in Germany Read Handwriting", *Boxoffice*, 22 de abril de 1939, 14.

35 Paul H. Pearson, "Berlin First Runs in July 1939", 15 de setembro de 1939, e "Berlin First Runs in August 1939", 15 de setembro de 1939. Commercial Attachés in Germany 1931-1940, RG 151, National Archives; Markus Spieker, *Hollywood unterm Hakenkreuz: Der amerikanische Spielfilm im Dritten Reich* (Trier: Wissenschaftlicher Verlag Trier, 1999), 359.

36 Reichsfilmkammer, "Rundschreiben Nr. 125", 12 de dezembro de 1939, R 1091, vol. 1751, Bundesarchiv.

37 De Will Hays para Ben M. Cherrington, 6 de outubro de 1939, arquivo 811.4061 Motion Pictures/298, 1930-1939 Central Decimal File, RG 59, National Archives.

38 R. M. Stephenson, "Special Report 53", 30 de dezembro de 1938, Commercial Attachés in Germany 1931-1940, RG 151, National Archives; "Aufstellung der von den einzelnen Verleihfirmen zum kostenlosen Einsatz für das Kriegswinterhilfswerk zur Verfügung gestellten Filme", 20 de outubro de 1939, R 1091, vol. 751, Bundesarchiv.

39 Spieker, *Hollywood unterm Hakenkreuz*, 359-360.

40 Paul H. Pearson, "Economic and Trade Notes 414", 6 de janeiro de 1940, Commercial Attachés in Germany 1931-1940, RG 151, National Archives; Karl Macht,

"Clark Gable gibt an. Marmorhaus: 'Abenteuer in China'", *Der Angriff*, 5 de outubro de 1939, 5.

41 "Majors Economize to Offset War; Paramount News Gets Siege Films", *Motion Picture Herald*, 23 de setembro de 1939, 16; "19% U.S. Gross in Warland; Restrictions in 50 Places", *Motion Picture Herald*, 7 de outubro de 1939, 28.

42 DeMille, "Hollywood Thanks Hitler", 16-17.

43 Ivan Spear, "More Sociological, Political Film Meat for New Season", *Boxoffice*, 15 de junho de 1940, 22. *Ver também* "43 War or Related Subjects Now Available or are in Production", *Motion Picture Herald*, 9 de setembro de 1939, 23-24; "Rush Production on Pictures Dealing with European War", *Boxoffice*, 8 de junho de 1940, 31.

44 Debate com Mr. Zanuck, "Four Sons", 16 de novembro de 1939, Twentieth Century-Fox Collection, Cinematic Arts Library.

45 *Ibidem*.

46 *Four Sons*, dirigido por Archie Mayo (Twentieth Century-Fox, 1940).

47 "Rambling Reporter", *Hollywood Reporter*, 24 de abril de 1940, 2.

48 Phyllis Bottome, *The Mortal Storm* (Boston: Little, Brown and Company, 1938).

49 Helen Corbaley, Comment [on "The Mortal Storm"], 17 de fevereiro de 1939, Turner/MGM Scripts, Margaret Herrick Library.

50 *The Mortal Storm*, dirigido por Frank Borzage (MGM, 1940).

51 John Goulder *et al.*, "The Mortal Storm", 11 de dezembro de 1939, Turner/MGM Scripts, Margaret Herrick Library, 48. No meu relato dessa cena, usei passagens das várias versões do roteiro disponíveis na Margaret Herrick Library.

52 Andersen Ellis *et al.*, "The Mortal Storm", 2 de fevereiro de 1940, Turner/MGM Scripts, Margaret Herrick Library, 44.

53 *Ibidem*, 50.

54 *Ibidem*, 52.

55 Goulder *et al.*, "The Mortal Storm", 52.

56 Ellis *et al.*, "Mortal Storm Changes", 7 de março de 1940, Turner/MGM Scripts, Margaret Herrick Library, 52.

57 De Phyllis Bottome para Sidney Franklin [on "The Mortal Storm"], 7 de fevereiro de 1940, MGM Collection, Cinematic Arts Library.

58 Ver numerosas cartas de Breen no arquivo *The Mortal Storm*, MPAA, registros da Production Code Administration, Margaret Herrick Library.

59 Hervé Dumont, *Frank Borzage: The Life and Films of a Hollywood Romantic* (Jefferson, NC: McFarland & Company, 2006), 289.

60 Victor Saville afirmou ter dirigido *The Mortal Storm* ele mesmo, mas todas as evidências sugerem que o diretor foi Frank Borzage (como creditado no filme). Ver Roy Moseley, *Evergreen: Victor Saville in His Own Words* (Carbondale: Southern Illinois University Press, 2000), 140-142; Dumont, *Frank Borzage*, 291.

61 *O Mágico de Oz*, dirigido por Victor Fleming (MGM, 1939).

62 *Imaginary Witness: Hollywood and the Holocaust*, dirigido por Daniel Anker (Anker Productions, 2004).

63 Entrevista feita pelo autor, em 11 de outubro de 2012.

64 *Ibidem.*

65 De Howard Strickling para Victor Saville, 5 de junho de 1940, "Mortal Storm", MGM Collection, Cinematic Arts Library.

66 De Wanda Darling para Jeanette Spooner, 31 de maio de 1940, "Mortal Storm", MGM Collection, Cinematic Arts Library.

67 Neal Gabler, *An Empire of Their Own: How the Jews Invented Hollywood* (Nova York: Crown Publishers, 1988), 2. *Ver também* Ben Hecht, *A Child of the Century* (Nova York: Simon and Schuster, 1954), 539-540.

68 *The Mortal Storm* era tão similar a *The Mad Dog of Europe* que o proprietário dos direitos de *The Mad Dog of Europe* tentou mais tarde processar a MGM por ter roubado sua ideia. Os juízes notaram as óbvias semelhanças entre os dois roteiros e declararam: "era natural – quer fosse ou não elogiável – que o acusado [MGM], devido a seus negócios na Alemanha, não quisesse usar esse enredo em 1933; mas sem dúvida é concebível que, mais tarde, em 1939, ele pudesse ter voltado suas atenções para isso e feito uso das cópias que, tendemos a supor, manteria em sua biblioteca". Rosen v. Loews's Inc., nº 263, Docket 20584 (2d Cir. 23 de julho de 1947).

69 *Escape*, dirigido por Mervyn LeRoy (MGM, 1940).

70 Debate com Mr. Zanuck, "I Married a Nazi", 19 de fevereiro de 1940, Twentieth Century-Fox Collection, Cinematic Arts Library; *The Man I Married*, dirigido por Irving Pichel (Twentieth Century-Fox, 1940).

71 Charles Spencer Chaplin, "The Dictator", Copyright Records, reg. nº D60332, 10 de novembro de 1938, Divisão de Manuscritos, BC, 33.

72 *The Great Dictator*, dirigido por Charles Chaplin (Charles Chaplin Film Corp, 1940).

73 De Hans Thomsen [para Ministério do Exterior], telegrama, 13 de fevereiro de 1940, Politische Abteilung, Referat Pol IX, Politische und kulturelle Propaganda in den Vereinigten Staaten von Amerika, vol. 4, PAAA; de Thomsen para Cordell Hull, 16 de julho de 1940, File 811.4061 Mortal Storm/1, 1940-1944 Central Decimal File, RG 59, National Archives.

74 De Henry F. Grady para Frederick Herron, 25 de julho de 1940, arquivo 811.4061 Mortal Storm/1, 1940-44 Central Decimal File, RG 59, National Archives.

75 De Frederick Herron para Henry F. Grady, 29 de julho de 1940, arquivo 811.4061 Mortal Storm/2, 1940-44 Central Decimal File, RG 59, National Archives.

76 Reichsfilmkammer, "Sonder-Rundschreiben Nr. 133", 27 de junho de 1940, R 109I, vol. 1751, Bundesarchiv; De Kirk para o secretário de Estado, 27 de julho de 1940, Arquivo 862.4061 Motion Pictures/132, 1940-44 Central Decimal File, RG 59, National Archives.

77 De W. C. Michel para Cordell Hull, 16 de julho de 1940, arquivo 862.4061 Motion Pictures/131, 1940-44 Central Decimal File, RG 59, National Archives.

78 Paul H. Pearson, "Ban on Exhibition and Distribution of Fox Films in Germany", 30 de julho de 1940, arquivo 862.4061 Motion Pictures/136, 1940-44 Central Decimal File, RG 59, National Archives.

79 Reichsfilmkammer, "Rundschreiben Nr. 135", 13 de agosto de 1940, R 109I, vol. 1751, Bundesarchiv; de Kirk para o secretário de Estado, 20 de agosto de 1940, arquivo 862.4061 Motion Pictures/134, 1940-44 Central Decimal File, RG 59, National Archives; "Nazis Ban More U.S. Films: Metro-Goldwyn-Mayer is Barred as Anti-German Producer", *New York Times*, 15 de agosto de 1940, 2; "Amtliche Bekanntmachungen der Reichsfilmkammer: Verbot der amerikanischen Metro- -Filme", *Film-Kurier*, 10 de agosto de 1940, 3.

80 "Nazis Oust Metro's Pix", *Film Daily*, 15 de agosto de 1940, 1, 6.

81 "MGM Dismissing 660 in Europe: Ban Forces Closing of All Offices of the Company in Nazi-Controlled Countries", *Hollywood Reporter*, 14 de agosto de 1940, 1.

82 De Kirk para o ministro do Exterior, 23 de agosto de 1940, Arquivo 862-4061 Motion Pictures/135, 1940-44 Central Decimal File, RG 59, National Archives.

83 De Kirk para o ministro do Exterior, 20 de agosto de 1940.

84 De Kirk para o ministro do Exterior, 23 de agosto de 1940.

85 "Lawrence (Metro) and Lange (Par) Want to Return to Europe Shortly; All Cos. Liquidating Foreign Biz", *Variety*, 11 de setembro de 1940, 12.

86 "Verbot der Filme der Metro-Goldwyn-Mayer, 20th Century Fox, Paramount im Reich und den besetzten Gebieten", 31 de outubro de 1940, missão diplomática alemã em Berna, 3368: Hetzfilme gegen Deutschland, PAAA.

87 *Man Hunt*, dirigido por Fritz Lang (Twentieth Century-Fox, 1940); *Underground*, dirigido por Vincent Sherman (Warner Brothers, 1941); *They Dare Not Love*, dirigido por James Whale (Columbia Pictures, 1941); *Foreign Correspondent*, dirigido por Alfred Hitchcock (United Artists, 1940).

88 Sobre o movimento isolacionista nesse período, ver Wayne S. Cole, *Roosevelt and the Isolationists 1932-1945* (Lincoln: University of Nebraska Press, 1983), esp. 310-330.

89 Para uma transcrição completa das audiências, ver *Propaganda in Moving Pictures: Hearings Before a Subcommittee of the Committee on Interstate Commerce, United States Senate on S. Res. 152, a Resolution Authorizing an Investigation of War Propaganda Disseminated by the Motion Picture Industry and of Any Monopoly in the Production, Distribution or Exhibition of Motion Pictures*, 77th Cong. (Sept. 9-26, 1941). *Ver também* Clayton R. Koppes e Gregory D. Black, *Hollywood Goes to War: How Politics, Profits, and Propaganda Shaped World War II Movies* (Nova York: Free Press, 1987), 16-47.

90 *Propaganda in Moving Pictures*, 17, 36.

91 *Ibidem*, 57-60. Tirei alguns diálogos redundantes nessa seção com o propósito de maior clareza.

92 Barney Balaban, que participou em nome da Paramount, anunciou que seu estúdio não havia produzido nenhum dos filmes em questão.

93 *Propaganda in Moving Pictures*, 423.

94 *Ibidem*, 19-20.

95 Michael S. Shull e David Edward Wilt, *Hollywood War Films, 1937-1945: An Exhaustive Filmography of American Feature-Length Motion Pictures Relating to World War II* (Jefferson, NC: McFarland & Company, 1996), 291-294.

96 Clayton R. Koppes e Gregory D. Black, "What to Show the World: The Office of War Information and Hollywood, 1942-1945", *Journal of American History* 64, nº 1 (junho de 1977): 87, 93; Koppes e Black, *Hollywood Goes to War*, 66.

97 David Welch, *Propaganda and the German Cinema* [1983] (Nova York: I.B. Tauris, 2001), 38.

98 Koppes e Black, "What to Show the World", 88.

99 "Feature Review: Casablanca", 28 de outubro de 1942, Motion Picture Reviews and Analyses 1943-1945, RG 208, National Archives; *Casablanca*, dirigido por Michael Curtiz (Warner Brothers, 1942).

100 "Feature Review: Mrs. Miniver", 4 de agosto de 1943, Motion Picture Reviews and Analyses 1943-1945, RG 208, National Archives; *Mrs. Miniver*, dirigido por William Wyler (MGM, 1942).

101 Entrada sobre *Mrs. Miniver*, American Film Institute Catalog.

102 Fröhlich *et al.*, *Die Tagebücher von Joseph Goebbels*, entrada para 8 de julho de 1943, pt. 2, vol. 9, 64.

103 "Feature Review: Pied Piper", 25 de junho de 1942, Motion Picture Reviews and Analyses 1943-1945, RG 208, National Archives; *The Pied Piper*, dirigido por Irving Pichel (Twentieth Century-Fox, 1942).

104 "Feature Review: Margin for Error", 11 de dezembro de 1942, Motion Picture Reviews and Analyses 1943-1945, RG 208, National Archives; *Margin for Error*, dirigido por Otto Preminger (Twentieth Century-Fox, 1943).

105 *Once Upon a Honeymoon*, dirigido por Leo McCarey (RKO, 1942). Para uma discussão sobre a contribuição de McCarey para o filme, ver Wes D. Gehring, *Leo McCarey: From Marx to McCarthy* (Lanham, MD: Scarecrow Press, 2005), 174-181.

106 "Feature Review: Once Upon a Honeymoon", 30 de outubro de 1942, Motion Picture Reviews and Analyses 1943-1945, RG 208, National Archives.

107 *Ibidem*.

108 *Ibidem*.

109 Sheridan Gibney, "Once Upon a Honeymoon: Cutting Continuity", sem data, Core Collection Scripts, Margaret Herrick Library, 58-60.

110 Sheridan Gibney, "Once Upon a Honeymoon: Shooting Script", 10 de agosto de 1942 (Alexandria, VA: Alexander Street Press, 2007), 147-148.

111 De Sheridan Gibney para Samuel Spewack [on "Once Upon a Honeymoon"], 30 de junho de 1942, Motion Picture Reviews and Analyses 1943-1945, RG 208, National Archives.

112 "Feature Review: Once Upon a Honeymoon", 30 de outubro de 1942.

113 A United Artists também lançou *To Be or Not to Be*, de Ernst Lubitsch, que criticava a perseguição nazista aos judeus sem mencionar os judeus explicitamente. Esse filme começava na Polônia antes da guerra, com um grupo de atores ensaiando uma peça que ridicularizava Hitler. De repente, um representante do Ministério do Exterior entra no teatro e cancela a peça, dizendo que "poderia ofender Hitler". Nesta cena, Lubitsch provavelmente fazia uma alusão às negociações de Hollywood com Georg Gyssling ao longo da década de 1930. Lubitsch queria que o nome do filme fosse *The Censor Forbids* [O Censor Proíbe], mas os atores Jack Benny e Carole Lombard fizeram forte objeção a isso. Sobre a discussão, ver Scott Eyman, *Ernst Lubitsch: Laughter in Paradise* (Nova York: Simon and Schuster, 1993), 297-298. *To Be or Not to Be*, dirigido por Ernst Lubitsch (United Artists, 1942).
To Be or Not to Be foi atacado pelos críticos na época por ridicularizar uma situação grave. Lubitsch respondeu a essas críticas no *New York Times*: "admito que não recorri a métodos usualmente empregados em filmes, romances e peças para mostrar o terror nazista. Não há nenhuma imagem de câmara de tortura, não é mostrado nenhum açoitamento, nenhum *close* de nazistas excitados usando seu chicote com os olhos revirando de prazer. Meus nazistas são diferentes; já passaram desse estágio há muito tempo. A brutalidade, os açoitamentos e a tortura viraram sua rotina diária. Eles falam sobre isso com a mesma naturalidade de um vendedor ao se referir à venda de uma bolsa de mão. Seu humor é construído em torno de campos de concentração, em torno do sofrimento de suas vítimas". Lubitsch concluiu discutindo uma cena do filme na qual dois aviadores alemães cumprem imediatamente ordens de saltar de um avião: "estou certo de que esta cena não despertaria sequer uma risadinha de um alemão nazista. Ela arranca uma grande gargalhada nos Estados Unidos. Sejamos gratos por ser assim, e vamos esperar que continue assim para sempre". Lubitsch, "Mr. Lubitsch Takes the Floor for Rebuttal", *New York Times*, 29 de março de 1942, X3.

114 Hecht, *A Child of the Century*, 466.

115 Hecht não escreveu *Gone with the Wind* [E o Vento Levou] a partir do zero, mas retrabalhou uma versão anterior do roteiro, de Sidney Howard.

116 De Hecht para Samuel Goldwyn, sem data, Ben Hecht Papers, caixa 67, pasta 1926, Newberry Library, Chicago (a partir de agora, Newberry Library). Nessa carta, Hecht queixava-se das mudanças feitas em *Goldwyn Follies*; no ano seguinte, escreveu o roteiro de *Wuthering Heights*, da Goldwyn.

117 Hecht, *A Child of the Century*, 517-S18; Hecht, *A Guide for the Bedevilled* (Nova York: Charles Scribner's Sons, 1944), 7.

118 Ben Hecht, *A Book of Miracles* (Nova York: Viking, 1939), 23-26.

119 *Ibidem*, 47.

120 *Ibidem*, 53.

121 Hecht, *A Child of the Century*, 520; Ralph Ingersoll, memorando confidencial à equipe da *PM*, 22 de abril de 1940. Sobre a fundação da *PM*, ver os documentos no início da edição microfilmada.

122 Ben Hecht, "A Diplomat Spikes a Cannon", *PM*, 16 de janeiro de 1941, 11.

123 Ben Hecht, "Run, Sheep-Run!", *PM*, 26 de março de 1941, 13.

124 Hecht, "My Tribe Is Called Israel", *PM*, 15 de abril de 1941, 14.

125 Hecht, "These Were Once Conquerors", *PM*, 14 de agosto de 1941, 18; de Peter Bergson para Hecht, 28 de agosto de 1941, Ben Hecht Papers, caixa 55, pasta 1069b, Newberry Library.

126 De Peter Bergson para Hecht, 12 de setembro de 1941, Ben Hecht Papers, caixa 55, pasta 1069b, Newberry Library; Hecht, *A Child of the Century*, 516, 533, 535--536.

127 Hecht, *A Child of the Century*, 536, 537-545; "Orders Waited by Jewish Army: Palestine Organizer Says 100,000 Men Ready to Fight", *Los Angeles Times*, 16 de abril de 1942, A2; "Group Will Honor Jewish Legion: Notables to Speak at Founding Celebration", *Los Angeles Times*, 5 de junho de 1942, 6; "Committee Here to Push Drive for Formation of Jewish Army", *Los Angeles Times*, 26 de julho de 1942, 14.

128 "Himmler Program Kills Polish Jews", *New York Times*, 25 de novembro de 1942, 10; "Wise Gets Confirmations: Checks With State Department on Nazis' 'Extermination'", *New York Times*, 25 de novembro de 1942, 10; "Half of Jews Ordered Slain, Poles Report", *Washington Post*, 25 de novembro de 1942, 6; "2 Million Jews Slain, Rabbi Wise Asserts", *Washington Post*, 25 de novembro de 1942, 6; "Slain Polish Jews Put at a Million", *New York Times*, 26 de novembro de 1942, 16. Para a cobertura do *New York Times* do Holocausto, ver Laurel Leff, *Buried by the Times: The Holocaust and America's Most Important Newspaper* (Cambridge: Cambridge University Press, 2005).

129 David S. Wyman, *The Abandonment of the Jews: America and the Holocaust, 1941--1945* (Nova York: Free Press, 1984), 43-45, 58. Outros livros sobre o assunto são Arthur D. Morse, *While Six Million Died: A Chronicle of American Apathy* (Nova York: Random House, 1968); Walter Laqueur, *The Terrible Secret: Suppression of the Truth about Hitler's "Final Solution"* (Boston, Little, Brown and Company, 1980).

130 Wyman, *Abandonment of the Jews*, 72-73.

131 *Ibidem*, 77-78.

132 *Ibidem*, 84-86. Para uma entrevista com Peter Bergson e Samuel Merlin que não foi incluída no documentário de Claude Lanzmann, *Shoah* (1985), ver Claude Lanzmann Shoah Collection, Story RG-60.5020, Tape 3254-3258, 15 de novembro de

1978, United States Holocaust Memorial Museum, Washington, D.C. Sobre as atividades do grupo de Bergson, ver David S. Wyman e Rafael Medoff, *A Race against Death: Peter Bergson, America, and the Holocaust* (Nova York: New Press, 2002); Rafael Medoff, *Militant Zionism in America: The Rise and Impact of the Jabotinsky Movement in the United States, 1926-1948* (Tuscaloosa: University of Alabama Press, 2002); Judith Tydor Baumel-Schwartz, *The "Bergson Boys" and the Origins of Contemporary Zionist Militancy* (Syracuse, NY: Syracuse University Press, 2005).

133 "Advertisement: To the Conscience of America", *New York Times*, 5 de dezembro de 1942, 16.

134 "Advertisement: Action-Not Pity Can Save Millions Now!", *New York Times*, 8 de fevereiro de 1943, 8.

135 "Advertisement: FOR SALE to Humanity", *New York Times*, 16 de fevereiro de 1943, II.

136 Para a posição do Departamento de Estado, ver Wyman, *The Abandonment of the Jews*. Wyman descobriu vários memorandos perturbadores, como o seguinte, da primavera de 1943 (na página 99): "enquanto, em tese, qualquer aproximação com o governo alemão fosse deparar com uma recusa frontal, havia sempre o perigo de que o governo alemão concordasse em entregar para os Estados Unidos e para a Grã-Bretanha um grande número de refugiados judeus em algum local designado, para transporte imediato a áreas sob controle das Nações Unidas".

137 *Ibidem*, 87

138 *Ibidem*, 87-89.

139 *Ibidem*, 90-91; Hecht, *A Child of the Century*, 557-558.

140 Ben Hecht, "We Will Never Die: National Pageant Memorializing the Two Million Murdered Jews of Europe", Copyright Records, reg. nº 84654, 22 de junho de 1943, Divisão de Manuscritos, LC, 2.

141 Enquanto trabalhava em *We Will Never Die*, Hecht estava no meio de uma de suas brigas com Samuel Goldwyn. Escreveu a um amigo: "também me envolvi na mais desgraçada tempestade de areia com Goldwyn e a marinha dos Estados Unidos sobre um grande filme sobre a marinha... Descobri que Goldwyn quer pegar a marinha emprestada para fazer outro daqueles filmes de beijos entre Gary Cooper e alguma nova estrela. Em vez de trair meu país (de novo), bati em retirada, e o resultado é que o Goldwyn está acelerando a coisa na costa Leste – para conseguir que me prendam, acho eu. Ele vai me encurralar em Washington, DC, onde Billy Rose e eu estamos envolvidos em fazer um grande *lobby* no Departamento de Estado sobre o massacre na Europa, na forma de um espetáculo encenado ao vivo. É bom que eu esteja rodeado por 220 rabinos quando Goldwyn chegar". De Hecht para Gene Fowler, 8 de abril de 1943, Ben Hecht Papers, caixa 67, pasta 1899, Newberry Library.

142 Wyman, *Abandonment of the Jews*, 92. "O grupo de Bergson era um anátema para a maioria das lideranças judaicas estabelecidas. As organizações de Bergson, in-

sistiam seus oponentes, não tinham legitimidade para falar em nome dos judeus americanos, pois não representavam nenhum círculo da vida judaica americana. Eram intrusos em áreas de ocupação das organizações judaicas estabelecidas."

143 *Ibidem*, 113, 114-115.

144 *Ibidem*, 120-121, 157-177.

145 "Advertisement: To 5,000,000 Jews in the Nazi Death-Trap Bermuda Was a 'Cruel Mockery'", *New York Times*, 4 de maio de 1943, 17.

146 Wyman, *Abandonment of the Jews*, 144-146.

147 "Advertisement: Time Races Death", *New York Times*, 17 de dezembro de 1943, 31; "Advertisement: They Are Driven To Death Daily, But They Can Be Saved", *New York Times*, 12 de agosto de 1943, 10; "Advertisement: We All Stand Before the Bar of Humanity, History and God", *New York Times*, 30 de agosto de 1943, 10; "Advertisement: How Well Are You Sleeping?", *New York Times*, 24 de novembro de 1943, 13.

148 "Advertisement: Ballad of the Doomed Jews of Europe, by Ben Hecht", *New York Times*, 14 de setembro de 1943, 12.

149 Wyman, *Abandonment of the Jews*, 148, 152-153, 154. Para uma avaliação mais favorável dos esforços de Roosevelt, ver Richard Breitman e Allan J. Lichtman, *FDR and the Jews* (Cambridge, MA: Harvard University Press, 2013).

150 "Advertisement: My Uncle Abraham Reports ... By Ben Hecht", *New York Times*, 5 de novembro de 1943, 14.

151 *Ibidem*.

152 *Ibidem*.

153 *Ibidem*.

154 *Ibidem*.

155 Wyman, *Abandonment of the Jews*, 155- 156, 200-201.

156 "Rabbi Wise Urges Palestine Action: Tells House Committee Rescue Resolution on Jews Does Not Go Far Enough", *New York Times*, 3 de dezembro de 1943, 4.

157 Wyman, *Abandonment of the Jews*, 203.

158 De Billy Rose para Hecht, 30 de janeiro de 1944, Ben Hecht Papers, caixa 61, pasta 1586, Newberry Library.

159 De Samuel Merlin para Hecht, 25 de janeiro de 1944, Ben Hecht Papers, caixa 60, pasta 1472, Newberry Library.

160 Wyman, *Abandonment of the Jews*, 213, 285-287.

161 De Peter Bergson para Franklin D. Roosevelt, 23 de janeiro de 1944, *Palestine Statehood Committee Records, 1939-1949*, ed. em microfilme, Primary Source Media, cilindro 1.

162 De Hecht para Rose Hecht, 2 de abril de 1945, Ben Hecht Papers, caixa 73, pasta 2257, Newberry Library.

163 Hecht, *A Child of the Century*, 578.

164 "Eu tinha consciência de que estava fazendo todas essas coisas como judeu. Minha eloquência em defesa da democracia era inspirada principalmente em meus anos de juventude. Seus pecados me pareciam mais proeminentes do que suas virtudes. Mas agora que ela era o inimigo potencial do novo Estado Policial Alemão, eu era seu fiel discípulo. Assim, estranhamente, além de me tornar judeu, em 1939, eu me tornei também americano – e permaneci como tal." Hecht, *A Child of the Century*, 518.

165 Hecht, *A Guide for the Bedevilled*, 202-203.

166 *Ibidem*, 207-210.

167 *Ibidem*, 213.

168 *Ibidem*, 212-213.

169 *The Seventh Cross*, dirigido por Fred Zinnemann (MGM, 1944); Helen Deutsch, "The Seventh Cross: Outline", 5 de maio de 1943, Turner/MGM Scripts, Margaret Herrick Library. Os outros filmes que mencionavam a perseguição aos judeus eram *Address Unknown,* dirigido por William Cameron Menzies (Columbia Pictures, 1944); *The Hitler Gang*, dirigido por John Farrow (Paramount, 1944); *Hotel Berlin*, dirigido por Peter Godfrey (Warner Brothers, 1945).

170 *None Shall Escape*, dirigido por Andre DeToth (Columbia Pictures, 1944)

171 Hecht, *A Guide for the Bedevilled*, 197-198.

172 *Ibidem*, 198.

173 *Ibidem*, 206-207.

EPÍLOGO

1 Francis Harmon, "Western Europe in the Wake of World War II: As seen by a group of American motion picture industry executives visiting the European and Mediterranean Theaters of Operation as guests of the military authorities, June 17-July 18, 1945", Jack L. Warner Collection, scrapbook 2, European trip, caixa 81A, USC Cinematic Arts Library, 1; "U.S. Film Heads in London, Plan Study Tour of Reich", *New York Times*, 19 de junho de 1945, 14. Harmon era também o vice-presidente do War Activities Committee do setor da indústria cinematográfica.

2 Harmon, "Western Europe in the Wake of World War II", 1.

3 Public Relations Division, Supreme Headquarters Allied Expeditionary Force, "Itinerary-Motion Picture Executives," 17 de junho de 1945, Jack L. Warner Collection, scrapbook 1, European trip, caixa 81A, Cinematic Arts Library. Uma cópia do itinerário pode ser encontrada também no Records of the Information Control Division, Office of Military Government for Germany (U.S.), Records of United States Occupation Headquarters World War II, caixa 290, "Films-Technical Consultants", RG 260, National Archives.

4 De J.J. McCloy para Harry Hopkins, 8 de janeiro de 1944, arquivo 862.4061 MP/1--1145, 1940-44 Central Decimal File, RG 59, National Archives. Zanuck não estava trabalhando oficialmente para a Twentieth Century-Fox quando fez essa proposta a Harry Hopkins. Ele havia obtido uma licença da companhia e estava servindo como coronel no Corpo de Comunicações do Exército dos EUA.

5 S. I. R., Memorandum for the President, 8 de fevereiro de 1945, Official File 7J: Motion Pictures; de Franklin D. Roosevelt para Harry Warner, 3 de março de 1945, Official File 73: Motion Pictures; de Roosevelt para John G. Winant, 3 de março de 1945, Official File 73: Motion Pictures; de Winant para Roosevelt, 27 de março de 1945, Official File 73: Motion Pictures, Franklin D. Roosevelt Library, Hyde Park, Nova York.

6 De McCloy para Hopkins, 8 de janeiro de 1944.

7 "Urges Films for Reich: Zanuck Tells Truman of Plan for Movies of Life in U.S.", *New York Times*, 16 de junho de 1945, 10.

8 Harmon, "Western Europe in the Wake of World War II", 13-14.

9 Public Relations Division, Supreme Headquarters Allied Expeditionary Force, "Itinerary-Motion Picture Executives", 17 de junho de 1945. Os executivos estavam programados para ir até o campo de concentração de Nordhausen, um subcampo de Buchenwald.

10 Nota nº 12 de Harmon, Jack L. Warner Collection, scrapbook 2, European trip, caixa 81A, Cinematic Arts Library.

11 Public Relations Division, Supreme Headquarters Allied Expeditionary Force, "Itinerary-Motion Picture Executives", 17 de junho de 1945.

12 Harmon, "Western Europe in the Wake of World War II", 15; Fotografia marcada com "1st Putsch Parade: Doorway Munich Adolph Ducked", Jack L. Warner Collection, scrapbook 2, European trip, caixa 81A, Cinematic Arts Library.

13 Harmon, "Western Europe in the Wake of World War II", 15-16.

14 Fotografia marcada com "Dachau Death Boxes" e "Dachau Boxes", Jack L. Warner Collection, scrapbook 2, European trip, caixa 81A, Cinematic Arts Library.

15 Harmon, "Western Europe in the Wake of World War II," 15.

16 *Ibidem*, 16-20; notas nº 13 de Harmon, "Covering Discussions on Psychological Warfare and Information Control in Occupied Germany, July 4, 1945", Jack L. Warner Collection, scrapbook 2, European trip, caixa 81A, Cinematic Arts Library.

17 Harmon, "Western Europe in the Wake of World War II", 16, 18-19; Public Relations Division, Supreme Headquarters Allied Expeditionary Force, "Itinerary--Motion Picture Executives", 17 de junho de 1945.

18 Francis Harmon *et al.*, "Report Of Motion Picture Industry Executives to Major General A. D. Surles, Chief, Bureau of Public Relations of the War Department, Following their Tour of the European and Mediterranean Theatres of Operations as Guests of the Army", 10 de agosto de 1945, Jack L. Warner Collection, scrapbook 2, European trip, caixa 81A, Cinematic Arts Library, 5.

19   De Jack Warner para Francis Harmon, 9 de agosto de 1945, Jack L. Warner Collection, scrapbook 2, European trip, caixa 81A, Cinematic Arts Library.

20   De Francis Harmon para Jack Warner, 10 de agosto de 1945, Jack L. Warner Collection, scrapbook 2, European trip, caixa 81A, Cinematic Arts Library.

21   De Jack Warner para Francis Harmon, 10 de agosto de 1945, Jack L. Warner Collection, scrapbook 2, European trip, caixa 81A; Harmon *et al.*, "Report Of Motion Picture Executives to Major General A. D. Surles".

22   O Corpo de Comunicações do Exército dos EUA já havia registrado em filme imagens dos campos de extermínio. Para um registro abrangente desses filmes, ver Charles Lawrence Gellert, "The Holocaust, Israel, and the Jews: Motion Pictures in the National Archives", National Archives and Records Administration, Washington, DC, 1989, 13-50.

23   Os primeiros filmes de Hollywood a mencionar o Holocausto foram *The Diary of Anne Frank* [O Diário de Anne Frank] (1959), *Judgment at Nuremberg* [Julgamento de Nurembergue] (1961), e *The Pawnbroker* [O Homem do Prego] (1965).

AGRADECIMENTOS

QUERO AGRADECER ÀS EQUIPES DOS SEGUINTES ARQUIVOS PELA AJUDA PRES-
tada na localização do material sobre o qual se baseia este livro: Political
Archive of the Foreign Office, Bundesarchiv e Bundesarchiv-Filmarchiv
em Berlim; Bundesarchiv em Coblenz; German Film Institute em
Frankfurt; Film Museum em Munique; Margaret Herrick Library, USC
Cinematic Arts Library, USC Warner Bros. Archives e Urban Archives
Center em Los Angeles; Bancroft Library em Berkeley; Hoover Institu-
tion em Stanford; Biblioteca do Congresso e United States Holocaust
Memorial Museum em Washington; National Archives em College Park;
Franklin D. Roosevelt Presidential Library em Hyde Park; Newberry Li-
brary em Chicago; Reform Congregation Keneseth Israel Archives em
Elkins Park; e Morris Library em Carbondale. Sou especialmente grato
a Ned Comstock (USC Cinematic Arts Library), Gerhard Keiper (Poli-
tical Archive of the Foreign Office), Jenny Romero (Margaret Herrick
Library) e Alice Birney (Biblioteca do Congresso).

Comecei a escrever este livro enquanto estava na University of California, Berkeley, onde tive a felicidade de trabalhar com três acadêmi-
cos que infelizmente não se encontram mais entre nós: Michael Rogin,
Lawrence Levine e Norman Jacobson. Também sou imensamente grato
a Leon Litwack, pelo seu maravilhoso apoio; a Martin Jay e Carol Clo-
ver, que me deram excelente orientação; e a Kathleen Moran, Waldo
Martin e Anton Kaes, que fizeram de tudo para me ajudar.

Ao longo do último ano e meio, beneficiei-me imensamente de ser
parte da Harvard Society of Fellows, e sou muito grato a Bernard Bailyn,
Walter Gilbert, Joseph Koerner e Maria Tatar. Gostaria de agradecer

especialmente a Noah Feldman por ter sido um dos primeiros a acreditar neste projeto, e a Elaine Scarry e a David Armitage por terem lido o manuscrito inteiro e dado sugestões extremamente valiosas.

Na procura de material de arquivo, recebi assistência de Kevin Brownlow, Julian Saltman, Rob Schwartz, Anthony Slide, Markus Spieker, David Thomson e Andreas-Michael Velten. Uma bolsa do Milton Fund ajudou-me a levar adiante boa parte da pesquisa. Obtive muitas informações a partir de uma entrevista com Gene Reynolds. Fui muito auxiliado nas traduções do alemão por Daniel Bowles e Daniel Jütte. Shane White, da University of Sydney, forneceu estímulo contínuo.

Este livro foi acolhido pela Harvard University Press, e sou grato a todos ali, especialmente ao meu editor John Kulka, que contribuiu com seus vislumbres perspicazes ao longo do último ano. Também quero agradecer a Andrew Wylie e a Kristina Moore por seu incansável apoio.

Greil Marcus guiou-me desde o momento em que comecei a deparar com o material dos arquivos. Ele tem sido de uma generosidade inacreditável e uma inspiração constante.

Minha maior dívida é com Melissa Fall. Sem ela, nunca teria chegado ao final desta empreitada.

ÍNDICE

As numerações de página em itálico referem-se a imagens

42nd Street (1933), 67, 69

After the Thin Man (1936), 128, 235
Agência Telegráfica Judaica, 86
All Quiet on the Western Front (1930), 29-34, 35-38, 41-42, 54-56, 61, 71, 90, 152, 163; distúrbios em Berlim, 16, 35-36; proibição dos censores alemães, 36-39; o Ministério do Exterior investiga o impacto de, em outros países, 39-41; Laemmle faz cortes em, 42-47, 203; *Triumph of the Will* como resposta a, 48, 50-51
Amigos da Nova Alemanha. *Ver* German American Bund
Antissemitismo, 26, 27, 45-47, 75, 86, 151, 159, 163, 224, 320n74, 336n197; e vendedores alemães de filmes, 72-74; nos Estados Unidos, 84, 183, 244, 248, 262; e O Eterno Judeu, 106-108; e censura a filmes americanos na Alemanha, 151-159, 162; e lista negra das personalidades de Hollywood, 164; e *It Can't Happen Here*, 194-196; e *The Life of Emile Zola*, 201-203; e *Personal History*, 216-219; e *The Mortal Storm*, 238-244; e *Once Upon a Honeymoon*, 253-257; Hecht sobre, 276. *Ver também Mad Dog of Europe, The* (filme não produzido); *House of Rothschild, The* (1934)

Argentina, Imperio, 18, 47
Arliss, George, 90, 91, 94-98; na capa da revista *Time*, 102-104
Arthur, Jean, 164
Artigo Quinze, 58, 70, 201, 227-228; aplicado a estúdios individuais, 59-61, 67, 70, 246-248; opinião de Freudenthal sobre o, 64-66; e *The Mad Dog of Europe*, 81; aplicado aos trabalhadores em filmes americanos, 205
Áustria, 166, 178, 217, 220, 238, 254, 263

B'nai B'rith, 76, 264. *Ver também* Liga Antidifamação do B'nai B'rith
Bacmeister, Arnold, 155, 156, 158
Baer, Max, 151-152, 153, 154, 157, 158; derrota Max Schmeling, *151*
Balaban, Barney, 278, 343n92
"Ballad of the Doomed Jews of Europe" (Hecht), 268, *270*
Barrymore, Lionel, 187, 192

Baruch, Bernard, 271

Bataan (1943), 257

Bazin, Andre, 14, 220

Beaton, Welford, 336n197

Beck, Joseph, 226

Beery, Wallace, 187, 188

Bélgica, 53, 247

Below the Sea (1933), 68-70, 296n18

Berghof, perto de Berchtesgaden, 17, *18*, 143, 226, 279, 322n87

Bergman, Ingrid, 19, 253

Bergner, Elisabeth, 152

Bergson, Peter, 262, 272-273, 345n132

Berliner Tageblatt (jornal), 135, 135-136, 139, 143

Block-Heads (1938), 20

Blonde Venus (1912), 148

Bluebeard's Eighth Wife (1938), 19

Bogart, Humphrey, 253

Bohemian Girl, The (1936), 170

Boicote a produtos alemães, 75, 86, 301n95

Born to Be Bad (1934), 105

Borzage, Frank, 215, 241, 340n60

Bottome, Phyllis, 237, 240-241

Boyer, Charles, 19, 171, 324n110

Brando, Marlon, 266

Brant, H., 123, 124, 127, 130, 154

Breen, Joseph, 104, 205, 332n149; e *The Mad Dog of Europe*, 82; e *It Can't Happen Here*, 192-194; e *Three Comrades*, 210, 212-216; e *Personal History*, 217, 219-220; e *Confessions of a Nazi Spy*, 232; e *The Mortal Storm*, 237

Briand, Aristide, 56

Brinck, P. N., 162

Broadway Melody of 1936 (1935), 128

Broadway Melody of 1938 (1937), 128

Broadway Serenade (1939), 235, 312n53

"Brown House" (Quartel General do Partido Nazista, Munique), 279

Bruning, Heinrich, 56

Cagney, James, 164

Câmara Alemã de Cinema, 130, 132, 162, 163

Camille (1937), 20

Campos de concentração, 163, 264, 265, 278, 279, 283, 320n74; em filmes americanos, 126, 238, 242, 245, 255, 257, 274; em roteiros abandonados, 189, 190, 196, 219, 245

Canty, George, 70-74

Capra, Frank, 129

Captains Courageous (1937), 144

Captured! (1933), 66-69, 87-88, 200, 208

Caravan (1934), 149

Casablanca (1942), 253

Casamento inter-racial, 147, 157, 163, 168-172, 237-238, 320n74

Censorship: audiências diante de conselhos alemães, 7-13, 36-41, 42, 145-150, 155-157, 170; internacional, 60-62, 149, 288n26; nos Estados Unidos, 104, 191; na Alemanha, 148-150, 157-164. *Ver também* Hays Office

Chamberlain, Neville, 18

Chaplin, Charlie, 227, 229, 230-231, 245, 293-294n99

Churchill, Winston, 253, 272

Ciganos, 150, 169-170

Citizen Kane (1941), 76

Cleopatra (1914), 123

Cohn, Harry, 75, 101, 103, 105, 236, 278, 280; no iate pessoal de Hitler, 282

Colaboração, 14-16, 42-46, 67-69, 70, 86-87, 108-109, 145, 164-166, 199, 200-202, 206, 212, 214, 221, 227-230, 235; estúdios oferecem promessas de, 65, 72, 122, 202-206; primeiro uso do termo por Freudenthal, 65-66; e vendedores judeus na Alemanha, 72-74; e *The Mad Dog of Europe*, 81-89; e censores alemães, 158-165, 227; evolução da, 166-167; SS põe-se à, 167, 171-173; persistência da, 244, 257, 273-275; fim da, 245-248

Colbert, Claudette, 19, 123, 130-132

Columbia Pictures, 68, 73, 101, 105, 142, 160, 236, 248, 276-276, 278

Comitê da Comunidade Judaica de Los Angeles, 104

Comitê de Comércio Interestadual (Senado Americano), 248-251

Comitê Emergencial para Salvar os Judeus da Europa. *Ver* Comitê para um Exército Judaico de Judeus Palestinos e Sem Estado

Comitê Judaico Americano, 76, 264, 301n95

Comitê para um Exército Judaico de Judeus Palestinos e Sem Estado, 263-268, 270, 269-273, 346n142; muda de nome para Comitê Emergencial para Salvar os Judeus da Europa, 267

Comunistas, 110-111, 183-185, 214-216

Conferência das Bermudas, 267-268

Confessions of a Nazi Spy (1939), 227, 228, 230-234, 236

Congress Dances, The (1932), 60

Congresso Judaico Americano, 75, 76, 82, 86, 264,266

Congresso Judaico Mundial, 264, 266

Conselho de Refugiados de Guerra, 271-272, 275

Conselho Nacional de Mulheres Judias, 101

Cooper, Gary, 19, 132-133, 142; visita a Alemanha depois da *Kristallnacht*, 137

Corpo de Comunicações do Exército dos EUA, 280, *281, 282,* 349n4, 350n22

"Corra, carneirinho, corra!!" (Hecht), 262

Correll, Ernst Hugo, 142-143

Corti, conde Egan Caesar, 94, 96, 97

Cosmopolitan (revista), 177

Cosmopolitan Pictures, 117

Coughlin, Charles, 121-122

Cowdin, John Cheever, 203-204

Cranz, Carl, 222

Crawford, Joan, 164

Crítica de filmes: na Alemanha, 167-168. *Ver também Berliner Tageblatt* (jornal); *Der Angriff* (jornal); *Völkischer Beobachte* (jornal)

Crosby, Bing, 164

Crusades, The (1935), 105

Cummins, Joseph Jonah, 100-101

Dachau (campo de concentração), 279-280, 349n14

Davis, Elmer, 252

DeMille, Cecil B., 105, 125

DeMille, William C., 226, 236

Departamento de Comércio, 15, 70, 73, 286n18

Departamento de Estado, 88, 204, 206, 232, 246, 23-264, 265, 346n136

Der Angriff (jornal), 13, 20, 39, 123, 136, 139-140, 143, 154-155, 164, 164

Design for Living (1933), 259

Desire (1936), 128

Dietrich, Marlene, 123, 148, 316n16

Diretores alemães emigrados, 164, 301n88

Disney, 142, 199, 289n15

Disraeli (1929), 90, 92

Disraeli, Benjamin, 90, 91, 239

Dodd, William E., 179-180

Dodsworth (Lewis), 181, 186, 193

Dog of Europe, 81-82, 85-87, 88-89, 209;
e *The House of Rothschild*, 100-101;
e *Gabriel over the White House*, 118-
120; e *It Can't Happen Here*, 191-196,
222; e *Three Comrades*, 210, 212-215;
muda de posição a respeito dos filmes
antinazistas, 246

Dr. Jekyll and Mr. Hyde (1932), 149

Dr. Seuss, 261

Dreiser, Theodore, 164

Dreyfus, Alfred, 201-202

Dupont, E. A., 54-55, 56, 63

E o Vento Levou. Ver *Gone With the
Wind*.

Eckert, Gerd, 137

Eckman, Sam, 194

"Era de Ouro" (do cinema americano),
13, 219

Escape (1940), 244

Escaping the Hun (1917), 29

Esclarecimento Popular e Propaganda,
Ministério do Reich do, 8, 19, 46, 73,
128, 142, 170-171, 203, 226-227,
235, 247, 253; posição a respeito de
King Kong, 10-12; posição a respeito
de *Tarzan the Ape Man*, 147; posição a
respeito de "filmes judeus", 155-159;
e lista negra das personalidades de
Hollywood, 164; diz à imprensa alemã
como resenhar os filmes americanos,
167-168, 171-172

Escritório Hays, 44, 69, 104, 200-201,
204-205, 207, 218-219, 231, 240; e
All Quiet on the Western Front, 44-46;
e *Hell's Angels*, 56-57, 59-60; como
obstáculo para Freudenthal, 61, 62-63;
e *The Mad*

Estipulação de cotas, 57-60, 70-72, 74,
159-160

Eterno Judeu , O (1940), 106-109

Ever in My Heart (1933), 299n64

Executivos de Hollywood: origens
judaicas dos, 16, 74-75, 89, 94,
101-102, 203, 244, 257; boicote
a *The Mad Dog of Europe*, 83-89;
retiram personagens judeus das telas
americanas, 103-106; reagem às perdas
financeiras de tempos de guerra, 234-
237; e investigação de propaganda em
filmes, 250-251; e viagem pós-guerra
à Europa, 278-280, 282-283; no iate
pessoal de Hitler, 280, *281, 282*;
pressionados a expor a perseguição aos
judeus na Alemanha, 336n197

Fairchild, Henry Pratt, 223-224

Fascismo americano, 84, 121, 122-123,
181-184, 196-198. Ver *também Gabriel
over the White House* (1933); *It Can't
Happen Here*

Filmes antinazistas, 15, 159, 163, 175,
208, 227-230, 248, 251; primeira
tentativa dos estúdios de boicotar,
75-89; exemplos de, 88, 229-234,
236-239, 245, 252-258, 274-276;
estúdios cancelam ou editam, 211-225;
Gyssling protesta contra filmes de
guerra para evitar realização de, 208;
como resposta a perdas da receita do
exterior, 235-239; referências a judeus
removidas de, 238-245; resultam na
aplicação do Artigo Quinze, 245-248.
Ver *também* "Filmes de ódio".

Filmes de horror, 149, 150

"Filmes de ódio", 28-29, 54-56, 60-68,
200-202, 203-208, 227, 247; e *All
Quiet on the Western Front*, 33-40, 48,
56; comparados a filmes antinazistas,
81, 209; Hays promete que não haverá

ciclos de, 235. *Ver também* Filmes antinazistas

Fineshriber, William H., 194-196

Fitzgerald, F. Scott, 210-214

Foreign Correspondent (1940). *Ver Personal History* (filme não produzido)

Forsaking All Others (1934), 128

Four Sons (1940), 237-238, 246, 248

Fox Film Corporation, 62, 65, 74-75, 103

Fox, William, 75-76, 103

França, 41-42, 51-53, 55-57, 61, 149, 177, 235, 247

Frankenstein (1931), 149

Frankfurter, Dr., 36, 39-40

Franklin, Sidney, 240, 241

Frels, Wilhelm, 168-169, 171, 172

Freudenthal, Martin, 60-66, 68, 70

Friedland, Max, 73

Führ, Alexander, 153-154

Fürst, Leonhard, 137

Gable, Clark, 129, 130-132, 235

Gabriel over the White House (1933), 114-127, 138, 142, 152, 197, 310n29; Roosevelt sugere mudanças em, 118-119; receptividade de, na Alemanha, 121-124, 127, 130

Gângsteres, 20-21, 124-126, 148, 312n49

Garbo, Greta, 20, 123

General Died at Dawn, The (1936), 163

General Motors, 15, 72

Gentleman's Agreement (1948), 92

German American Bund, 199, 232-233, 330n119

Gillette, Guy M., 267

Give Us This Night (1936), 163

Goebbels, Joseph, 9, 19-20, 29, 129-130, *131*, 134, 172, 226, 234; e *All Quiet on the Western Front*, 34-35;

compreensão da propaganda, 130, 252; e *The Prizefighter and the Lady*, 153-154, 156; proíbe crítica de filmes, 168-169; assiste a *Confession of a Nazi Spy*, 233-234; assiste a *Mrs. Minivet*; 252-253

Goldwyn, Samuel, 193, 197, 259, 301n88, 346n141

Gone with the Wind (1939), 13, 199, 259, 344n115

Gordo e o Magro, O. *Ver* Stan and Laurel.

Göring, Hermann, 110, 112

Grã-Bretanha, 44, 55, 106, 150, 235, 248, 251, 262, 346n136

Grace, Dick, 62-63

Grande Ditador, O. Ver Great Dictator, The.

Grant, Cary, 254-256

Great Dictator, The (1940), 227, 229-230, 249, 293-294n99; Chaplin atenua o roteiro original de, 245

Great Victory, The (1919), 28

Gründgens, Gustaf, 18, 47

Grzesinski, Albert, 36

"Guerra dos filmes", 34, 39, 47, 53

Guide for the Bedevilled, A (Hecht), 274-276

Guilherme II, Kaiser, 26, 33

Gutstadt, Richard, 84-85, 98, 102, 104-105

Gypsy Princess, The. Ver Wings of the Morning (1937)

Gyssling, Georg, 66, 92, 159, 199, 207, 223, 227, 230, 232, 237, 245, 332n148-149; e *Captured!*, 66-70; e *The Mad Dog of Europe*, 81, 86, 87, 88, 209; atividades de propaganda de, em Los Angeles, 199-201, 330n119; e *Rendezvous*, 200-202; e *It Can't Happen Here*, 200-202, 207, 221; e

The Life of Emile Zola, 202-203; e *The Road Back*, 204-206, 208; e *The Lancer Spy*, 208, 332n148; estratégia de, 209-210; e *Three Comrades*, 210, 212, 215; e *Personal History*, 216, 218; e *Four Sons*, 237

Hanisch, Reinhold, 22-23, 290n28
Harmon, Francis, 278, 280-281, 348n1
Hart, Moss, 266
Hays, Will, 44, 61, 104-105, 196-197, 218-219, 312n49; e *The Mad Dog of Europe*, 81-82; e *The House of Rothschild*, 100-101; e *Gabriel over the White House*, 118-120, 122; e *It Can't Happen Here*, 191-197; promete que não haverá ciclos de filmes de ódio, 235
Hearst, William Randolph, 42-43, 46-47, 125, 153, 177, 327n69; contribui para *Gabriel over the White House*, 117-118, 120, 124; apoia o Comitê Emergencial, 267; entrevista Hitler e comparece à manifestação em Nuremberg, 312n52
Hecht, Ben, 173, 258-259, 259, 346n141, 348n164; prevê o genocídio de judeus, 259-261; como colunista do *PM*, 262-263; recrutado pelo Comitê para um Exército Judaico, 263; escreve anúncios publicados em jornais americanos, 265, 268-271, 270; e *We Will Never Die*, 266; faz criticas a Roosevelt, 268-273; auxilia na criação do Conselho de Refugiados de Guerra, 272; redefine o judaísmo na América, 273; ideias sobre Hollywood, 273-276
Hell's Angels (1930), 54-60, 62-63, 65, 71
Hemingway, Ernest, 164, 210
Herron, Frederick, 44-46, 62, 68, 310n29; e *Hell's Angels*, 56, 57, 59-60;

opinião sobre Martin Freudenthal, 62-63; e *The Lost Squadron*, 62-63; opinião sobre Georg Gyssling, 67; e *Captured!*, 67-69, 87-89; e *The Mad Dog of Europe*, 87-89; defende filmes antinazistas, 246
Hess, Rudolf, 24
Hitchcock, Alfred, 219
Hitler Youth, 132-137
Hitler, Adolf, 16, *18*, 52, 65, 135, 142, 149-150, 154, 226-227, 236, 237, 279, 280, 312n52; projeções de filmes feitas por, 12-14, 17-22, 137, 143, 172, 226; compreensão do cinema, 21-24, 46-48, 185-186; técnica oratória de, 22-24, 31, 48, *115*, 141, 182, 293n96; descreve cinematograficamente a guerra, 24-27; antissemitismo de, 26, 27; compreensão da propaganda, 27-28, 130, 159, 185-186, 319n60; e *All Quiet on the Western Front*, 31, 33-35, 47; Laemmle preocupado com a ascensão de, 45-47; como produtor de cinema, 47-51, 139, 294n100; intervenções de, em noticiários, 50-53, 294-295n101; prevê genocídio de judeus, 108, 228; dissolve o Reichstag, 110-111; planos de criação de trabalho de, 124; alegações de desejar a paz feitas por, 126; Twentieth Century-Fox escreve a, 163-165; Thompson entrevista, 176-180; Chaplin faz paródias de, 227, 229-230, 239, 293-294n99; ameaça Hollywood no Reichstag, 228-229
Hitler's Children (1943), 257
Hitler's Reign of Terror (1914), 88, 304n138
Holanda, 125, 247, 263
Hollywood, 28-29, 54, 122, 167-169; popularidade de, na Alemanha nazista,

14, 123, 127-128; colaboration com a Alemanha nazista, 14-16, 65-66, 86-87, 108-109, 145, 158-167, 199, 200-202, 211, 215, 222, 227-230, 235, 244, 257, 273-275; estratégias de negócios de, na Alemanha, 57-59, 83, 164-166, 234; representantes estrangeiros de, 60-67; receita de, proveniente da Alemanha, 69-70, 82, 87, 161, 235; afasta vendedores judeus das filiais alemãs, 72-74; filmes de, que impõem a ideologia nazista, 103, 127, 143-144, 197; e problemas com os censores alemães, 145-164; e a lista negra nazista, 164; filmes de, que contradizem a ideologia nazista, 168-173; filmes antinazistas de, 227, 230-245, 251-259, 275-277; Hitler ameaça no Reichstag, 228-230; expulsão de, da Alemanha, 245-248; investigação de propaganda em, 248-251; ideias de Hecht sobre, 259, 262, 272-277

Holocausto: Laemmle prevê, 45-46; Hitler prevê, 108, 228; Hecht prevê, 259-261; primeiras informações em jornais sobre o, 262-264; reação do Comitê para um Exército Judaico ao, 264-272; ausência do, em filmes americanos, 273-276, 283, 350n23

Honolulu (1939), 168-169, 235

Hoover, Herbert, 118, 267

Hoover, J. Edgar, 222

House of Rothschild, The (1914), 91-105, 194-196, 273; leva à retirada de personagens judeus das telas de cinema americanas, 103-106; incorporado ao *The Eternal Jew*, 105-108

Howard, Sidney, 186-196, 198, 199, 220-221, 327n69

Howell, Maude, 94, 95

Hubbard, Lucien, 220-221

Hughes, Howard, 54, 57, 62-63

Hutchinson, Walter J., 234

I Am a Fugitive from a Chain Gang (1932), 67

I Married a Nazi. Ver *Man I Married, The* (1940)

I Was a Captive of Nazi Germany (1936), 332-333n149

IBM, 15, 72

Ickes, Harold, 267

Ingersoll, Ralph, 261, 345n121

Invisible Man, The (1933), 149

Isaacson, Isadore, 83

Isolacionismo, 248-252

It Can't Happen Here (filme não produzido), 186-196, 219-222; cancelamento da primeira versão, 196-198, 199; e colaboração, 199-201; Gyssling queixa-se à MGM sobre, 221; cancelamento da segunda versão, 221, 224-225

It Can't Happen Here (Lewis), 182-186, 198; originalmente concebido como filme, 186

It Can't Happen Here (peça), 198-199

It Happened One Night (1934), 13, 129-132

Itália, 121, 125, 198, 248

Jaffe, Sam (ator), 209, 333n150

Jaffe, Sam (produtor), 76, 81-83, 85, 86, 164

Jazz Singer, The (1927), 90, 92

Jefferson, Thomas, 10

Jogos Olímpicos (1936), 52

Johnson, Crockett, 261

Johnson, Edwin C., 267

Johnson, Nunnally, 95

Jolson, Al, 164

Judeus, 26, 45-46, 54, 92, 93, 150, 199-200, 244; proclamações de Hitler a respeito dos, 26, 27, 108, 229-230; afastados das filiais alemãs dos estúdios de Hollywood, 72-74; perseguição aos, na Alemanha, 75, 91, 137, 162, 164, 320n74, 336n197; e *The Mad Dog of Europe*, 76-89; discussões sobre, nos Estados Unidos, 82, 84-87, 195, 222-224, 230; descrições dos, retiradas dos filmes americanos, 90, 103-106, 108-109, 195-196, 201-203, 214, 244-245, 248, 257, 273-275; e *The House of Rothschild*, 91-105; e *The Eternal Jew*, 106-108; não totalmente banidos do cinema alemão, 151-159, 161-164, 174-175; e a lista negra de personalidades de Hollywood, 164; e *Personal History*, 215-220; e *The Great Dictator*, 230, 245; e *The Mortal Storm*, 237-244; o registro do OWI em relação aos, 253-257; visão de Hecht sobre os, 259-263, 266, 272-277. *Ver também* Antissemitismo; Comitê para um Exército Judaico de Judeus Palestinos e sem Estado; Executivos de Hollywood; Holocausto

Kaas, Prälat Ludwig, 111

Kaiser, the Beast of Berlin, The (1918), 28, 229

Kauffman, Phil, 73, 300n81

Kelly, Arthur, 59-60

Kennedy, Joseph P., 261

King Kong (1933), 7-14, 145-146

Kolberg (1945), 294n100

Kristallnacht (Noite dos Cristais), 137, 164, 166, 220, 245, 260

La Guardia, Fiorello, 266, 267

Laemmle, Carl Jr., 65, 105

Laemmle, Carl, 37, 41, 43, 73, 74-75, 102, 202; faz cortes em *All Quiet on the Western Front*, 42-47; prevê o genocídio dos judeus, 46-47; ajuda os judeus alemães a virem para os Estados Unidos, 47; encontra-se com Freudenthal, 65; perde o controle da Universal, 203

Lancer Spy, The (1937), 208, 332n148

Lang, Fritz, 164

Langer, William, 267

Laurel and Hardy, 19, 20, 170

Laval, Pierre, 56

Lawson, John Howard, 216, 237

Lei de Cinema Alemã, 146. *Ver também* Artigo Quinze; Regulamentações sobre divisas na Alemanha; regulamentação sobre cotas

Lei Habilitante, 110-114

Leichte Kavallerie (1935), 129

Leichtenstern, Ernst von, 226-228

Let Freedom Ring (1939), 173-174, 312n53, 321n79

Lewis, Leon, 82-86, 98-100, 104-105

Lewis, Sinclair, 176, 178, 180, 191, 198, 225; escreve *It Can't Happen Here* (livro), 180-185; reage ao cancelamento de *It Can 't Happen Here* (filme), 196-198, 201

Lichtman, Al, 59

Lieberman, Albert H., 194

Life of Emile Zola, The (1937), 202

Liga Antidifamação do B'nai B'rith: opõe-se a *The Mad Dog of Europe*, 82-86, 89; opõe-se a *The House of Rothschild*, 98-102, 103, 108; insiste para que os estúdios evitem representações de judeus, 103-106, 195-196

Liga Antinazista de Hollywood, 223-224

Liga das Nações, 126, 138

"Lista Negra" de personalidades de Hollywood, 164, 321n82

"Little Candle, The" (Hecht), 260

Lives of a Bengal Lancer, The (1935), 130, 132, 137, 139, 142, 143; exibido para a Juventude Hitlerista, 133-136

Lloyd George, David, 116, 309n20

Long, Huey, 121, 181-182, 183, 198, 329n110

Looking Forward (1933), 143

Lost Horizon (1937), 209

Lost Squadron, The (1932), 62-64

Lubitsch, Ernst, 19, 160, 164, 344n113

Lusitania (afundamento do), 62

Luther, Hans, 87

Mad Dog of Europe, The (filme não produzido), 76-89, 108, 164, 208, 209, 218, 244, 273, 341n68; cria abertura de *The House of Rothschild*, 89-91

Madison Square Garden, 75, 266

Mágico de Oz, O (1939), 13, 241

Magnin, Edgar, 101-102, 243-244

Main Street (Lewis), 181

Man Hunt (1940), 249

Man I Married, The (1940), 245, 248-250

Mandelstamm, Valentin, 61

Mankiewicz, Herman J., 76-77, 78, 81-82, 164, 258-259

Mankiewicz, Joseph L., 210, 211, 212, 214, 215

Mannix, Eddie, 242, 278; no iate pessoal de Hitler, *281*

Mannon, Alfred T., 332-333n149

March, Fredric, 85, 164

Mare Nostrum (1926), 29

Margin for Error (1943), 254, 257

Marshall, George, 278

Maurice, Emil, 24

Mayer, Louis B., 14, 75, 86, 90-91, 105, 106, 151, 213, 278, 287n20; e *The Mad Dog of Europe*, 87; e *The House of Rothschild*, 101-102; e *Gabriel over the White House*, 118-119; e *It Can't Happen Here*, 192-197, 223-225; e *Three Comrades*, 212, 215; e *The Mortal Storm*, 242-243

McCloy, John J., 279

McClure, Robert A., 280

McFarland, Ernest, 248-250

McWilliams, Carey, 183

Mein Kampf, 22-25, 27-29, 31, 47, 49, 51, 159, 184

Men in White (1934), 149-150

Merlin, Samuel, 272, 345-345n132

Merry Widow, The (1934), 160

MGM: e colaboração, 14-15, 73, 122, 200-201, 210-215, 235; e *Gabriel over the White House*, 118-124; e *Tarzan the Ape Man*, 145-147; e *The Prizefighter and the Lady*, 151-157; negócios da Alemanha, 152, 160, 161, 235; financia armamentos alemães, 165-166; e *It Can't Happen Here*, 186-187, 192-198, 220-221, 225-225; convida editores nazistas a visitarem o estúdio, 221-225; faz filmes antinazistas, 236, 237-245, 276; expulsa da Alemanha, 246-248

Mickey Mouse, 19-20

Milestone, Lewis, 163, 164

Miller, Douglas, 161-162

Ministério do Exterior (da Alemanha), 15, 39-46, 55-62, 64-67, 73, 153, 156, 199, 202, 206, 233, 247

Mintz, Sam, 94, 95

Miss Fane's Baby Is Stolen (1934), 167

Mito da "Punhalada pelas costas", 27, 28

Morgan, Frank, 241, 242

Morgenthau, Henry, Jr., 271

Mortal Storm, The (1940), 237-243, 341n68; opinião de Magnin sobre, 243; impacto limitado de, 243-244; MGM expulsa da Alemanha por conta de, 245-247

Mortal Storm, The (Bottome), 237

Motion Picture Producers and Distributors Association of America. *Ver* Escritório Hays

Mozartsaal, 35, 35, 36

Mr. Deeds Goes to Town (1936), 142, 143, 209, 315n94

Mr. Smith Goes to Washington (1939), 13, 142

Mrs. Miniver (1942), 253

Müller, Gustav, 68

Muni, Paul, 164, 266

Mussolini, Benito, 125, 197, 250

Mussolini, Vittorio, 222

Mutiny on the Bounty (1935), 143

"My Tribe Is Called Israel" (Hecht), 262-263

"My Uncle Abraham Reports..." (Hecht), 269, 271

Nada de Novo no Front, ver *All Quiet on the Western Front*.

Nation, The (revista), 183, 307n191, 311n41, 314n83, 326n37

Neurath, Konstantin von, 153-154, 156

New York Times, 114, 179, 233, 264, 265, 267, 270

Night Flight (1933), 144

Noite das Facas Longas, 178

None Shall Escape (1944), 276

Noticiários, 51-53, 165-166, 235, 246, 247, 294-295n101

Nye, Gerald P., 248-251

Office of War Information (OWI), 252-257

Once Upon a Honeymoon (1942), 254-257

Oratória: ligada à visão de Hitler do cinema, 21-23, 48, 51, 141; em *All Quiet on the Western Front*, 29-34; de Hitler, 49-51, *115*; em *Gabriel over the White House*, 115-117; em *The Great Dictator* 293-294n99

Our Daily Bread (1934), 138-143

Pacto de Não Agressão, 199

Palestina, 262-263, 271

Paramount, 62, 73, 75, 105, 125, 132, 161, 171, 234, 253, 343n92; nomeia um nazista como chefe da filial alemã, 162; investe nos noticiários alemães, 165-166; reage a *Confessions of a Nazi Spy*, 231; expulsa da Alemanha, 247

Parker, Dorothy, 267

Partido Nacional Socialista dos Trabalhadores Alemães, 35, 65, 66, 70-71, 110-114, 163-164, 167; e *All Quiet on the Western Front*, 35-37, 39; e afastamento dos judeus das filiais de Berlim dos estúdios de Hollywood, 71-72; e censura a filmes, 176-165; e crítica de cinema, 167-175

Pearl Harbor (1941), 252

Personal History (filme não produzido), 216-220; torna-se *Foreign Correspondent*, 220, 248

Personal History (Sheean), 216

Pied Piper, The (1942), 254, 257

PM (revista), 262-263

Polônia, 235, 255, 260, 263, 344n113

Primeira Guerra Mundial, 10, 18, 20, 22, 27-29, 57, 62, 70, 199; Hitler descreve cinematograficamente a, 24-27. *Ver também* "Filmes de ódio"

Princípio do Líder, 123, 137-144, 167

Prisão de Landsberg, 24

Private Worlds (1935), 324n110

Prizefighter and the Lady, The (1933), 151-159

Production Code Administration: código da, 104, 191, 194, 210, 218, 222, 231. *Ver também* Hays Office

Propaganda nos Filmes (audiências no Senado americano), 248-251

Propaganda: durante a Primeira Guerra Mundial, *11*, 12, 28; como Hitler entendia a, 26-30, 33, 45, 51-53, 129, 159, 184-185, 319n60; filmes alemães como, 48-51, 106-108, 132, 139, 143, 253, 313n69; filmes de Hollywood reforçam o nazismo, 103, 106-108, 127, 132-144, 198; visão de Goebbels da, 129; Gyssling dissemina a, em Los Angeles, 199-200; a visão da OWI da, 251-253. *Ver também* Filmes antinazistas; "Filmes de ódio"

Proposta romena (libertar 70 mil judeus), 265-266

Queen Christina (1934), 123, 144

Ramona (1936), 168-179, 171-173

Rathbone, Basil, 192

Regulamentações sobre divisas na Alemanha, 72, 164-165, 299-300n75

Reichstag, 34, 36, 65, 66, 108, 127, 229; dissolução do, 110-114, *113*

Remarque, Erich Maria, 29, 205, 209-210

Rendezvous (1935), 200-201

Reynolds, Gene, 241-242, *242*

Ribbentrop, Joachim von, 19

Riefenstahl, Leni, 48-51, *207*, 222-223, 291n64

Rise of Catherine the Great, The (1934), 152

Rise of the House of Rothschild, The (Corti), 94, 97

RKO, 62-63, 76, 105-106, 138, 256; promete colaboração, 65

Roach, Hal, 222

Road Back, The (1937), 65, 203-208, 209, 210

Robinson, Edward G., 266

Rogers, Ginger, 254

Röhm, Ernst, 178

Rolland, Romain, 275

Roosevelt, Franklin D., 118, 182, 230, 252, 264, 268-272; sugere mudanças em *Gabriel over the White House*, 118-119; críticas de Hecht a, 272-273

Root, Lynn, 77

Rose, Billy, 266, 346n141

Rose-Marie (1936), 168, 235

Rosen, Al, 85-88, 209, 302n100

Rosson, Richard, 223

Rothschild, Mayer Amschel, 94, 98

Rothschild, Nathan, 91, 94

Ruben, J. Walter, 186

Rumrich, Günther, 231

SA (*Sturmabteilung*), 50, 110, 150, 178, 238

Sacrifício, como um traço admirável, 135, 137

San Francisco (1936), 129

Saville, Victor, 241-242, 340n60

Scarface (1932), 148, 259, 297n28

Scarlet Empress (1934), 123

Schenck, Joseph, 90-91, 92, 99-100, 104

Schenck, Nicholas, 195, 224, 250

Schmeling, Max, 150-151, *151*, 154

Schulberg, Budd, 14, 212, 219, 287n20, 334n163

Seeger, Ernst, 148-149, 153, 159-162, 170; permite *King Kong*, 7-12; proíbe

All Quiet on the Western Front, 36-41; proíbe *Tarzan the Ape Man*, 145-148; proíbe *The Prizefighter and the Lady*, 156-157

Segunda Guerra Mundial, 51-53, 165-166, 235-236, 251

Selfridge, Harry Gordon, 116

Selznick, David, 63, 105

Seventh Cross, The (1944), 275

Shanghai (1935), 19, 171

Share Our Wealth Society, 181-182

Shearer, Norma, 164

Sidney, Sylvia, 164

Sievers, Johannes, 39-41

Silver Shirts, 84

Sinatra, Frank, 266

Sindicato dos Vendedores (do Partido Nazista), 72-73

Singing Fool, The (1928), 29

Sionismo, 264-265, 266, 267

Social-Democratas (SPD) 110-113

Song of Songs, The (1933), 148

Souls at Sea (1937), 144

SS (Schutszstaffel, Esquadrão de Proteção), 110, 111, 167, 171-173

Stärker als Paragraphen (1936), 129

Stewart, James, 192, 243

Strengholt, Frits, 73, 151-156, 159, 160; promete colaboração em nome da MGM, 122; divorcia-se de usa esposa judia, 162, 320n74

Stroheim, Erich von, 55, 63

Struve, Gustav, 44-45

Success at Any Price (1914), 105

Sullavan, Margaret, 211, 242, 242

Surrender (1931), 62

Susannah of the Mounties (1939), 171

Swiss Miss (1938), 19

Tarzan the Ape Man (1932), 19, 145-149

Tchecoslováquia, 19, 51, 220, 237, 247

Technicolor, 168-170

Temple, Shirley, 171, 324n113

Tendenzfilm, 132

Tentativa de golpe (Putsch), 24, 79, 279, 349n12

Texas Rangers, The (1936), 163

Thalberg, Irving, 104

They Dare Not Love (1941), 248

Thiefes, Paul, 162

This Day and Age (1933), 125

Thomas, Elbert D., 267

Thompson, Dorothy, 185-186, 197, 329-330n110; entrevista Hitler, 176-178; expulsa da Alemanha, 178-179; vislumbra o fascismo na América, 179-181

Three Comrades (1938), 210-216

Three Comrades (Remarque), 210-211

Thunder Afloat (1939), 221-222

Time (revista), 102-103

Tip-Off Girls (1938), 19, 21

To Be or Not to Be (1942), 344n113

To Hell with the Kaiser! (1938), 28

Too Hot to Handle (1938), 235

"Toque de comédia leve", 128, 167, 312n55

Tratado de Versailles, 42

Tribunal Superior de Los Angeles, 86

Triumph of the Will (1935), 48-50, 129, 132, 293-294n99, 313n69; como resposta a *All Quiet on the Western Front*, 50-51; *Our Daily Bread* como uma versão mais divertida de, 139

Truman, Harry S., 279

Tunnel, The (1915), 22, 290n29

Turrou, Leon G., 231

Tweed, Thomas F., 116

Twentieth Century Pictures, 91-93, 100-103, 105

Twentieth Century-Fox, 103, 160, 227, 234, 235; busca a opinião de Hitler sobre os filmes americanos, 162-164; investe em noticiários alemães, 164-165; convida Gyssling a visitar seu estúdio, 208; faz filmes antinazistas, 236-237, 245; é expulsa da Alemanha, 246-247

Ufa (Universum-Film-Aktiengesellschaft), 60, 70, 71, 72, 142
Underground (1941), 248
Underworld (1927), 259
United Artists, 138, 216, 228, 344n113; como primeiro alvo do Artigo Quinze, 56, 59-60, 228; promete colaboração, 65
Universal Pictures, 73, 74-75; e *All Quiet on the Western Front*, 16, 29, 41-46; e colaboração, 65, 202-203; e *The Road Back*, 65, 203-208

Variety (revista), 69-70, 74
Vidor, King, 138-139
Viva Villa (1934), 235, 259
Vogel, Robert, 223, 320n74
Völkischer Beobachter (jornal), 13, 67, 123, 139, 155, 167, 222

Wanger, Walter, 216, 218-219, 335n181
Warner Brothers, 61, 73, 90-91, 92, 299n64; edita *Captured!* de acordo com os desejos alemães, 66-68; banida do mercado alemão, 69, 200, 228; muda *The Life of Emile Zola* depois de uma conversa com Gyssling, 201-203; faz o primeiro filme antinazista, *Confessions of a Nazi Spy*, 227-234
Warner, Harry, 90, 91, 92, 101, 103, 223, 250, 279
Warner, Jack, 90, 91, 92, 101, 103, 202, 230, 300n81; e viagem à Europa no pós-guerra, 278-283; no iate de Hitler, *281, 282*
Way Out West (1937), 19
We Will Never Die (espetáculo ao vivo), 266, 345n141
Weill, Kurt, 266
Weizmann, Chaim, 266
Wels, Otto, 111
West Point of the Air (1935), 144
Westley, George Hembert, 94, 95
Whale, James, 204-206
Willkie, Wendell, 251-252
Wilson, Carey, 117
Wings of the Morning (1937), 168, 169-171
Wise, Stephen S., 75, 103, 264, 266, 271
Work, Clifford, 278

Young, Loretta, 19, 91, 171

Zanuck, Darryl F., 90-91, 93, 103, 237-238, 245, 279, 349n4; e *The House of Rothschild*, 91-95, 100-103; fala na investigação sobre propaganda em filmes, 250; participa da viagem à Europa no pós-guerra, 278
Zeiss, Professor, 7-10, 12-13
Zukor, Adolph, 75, 103, 105

QUER SABER MAIS SOBRE A LEYA?

Fique por dentro de nossos títulos, autores e lançamentos.

Curta a página da LeYa no Facebook, faça seu cadastro na aba *mailing* e tenha acesso a conteúdo exclusivo de nossos livros, capítulos antecipados, promoções e sorteios.

A LeYa está presente também no Twitter e Google +

www.leya.com.br

facebook.com/leyabrasil

@leyabrasil

google.com/+LeYaBrasilSãoPaulo

Este livro foi composto em
Fairfield LT Std para LeYa
em julho de 2014.